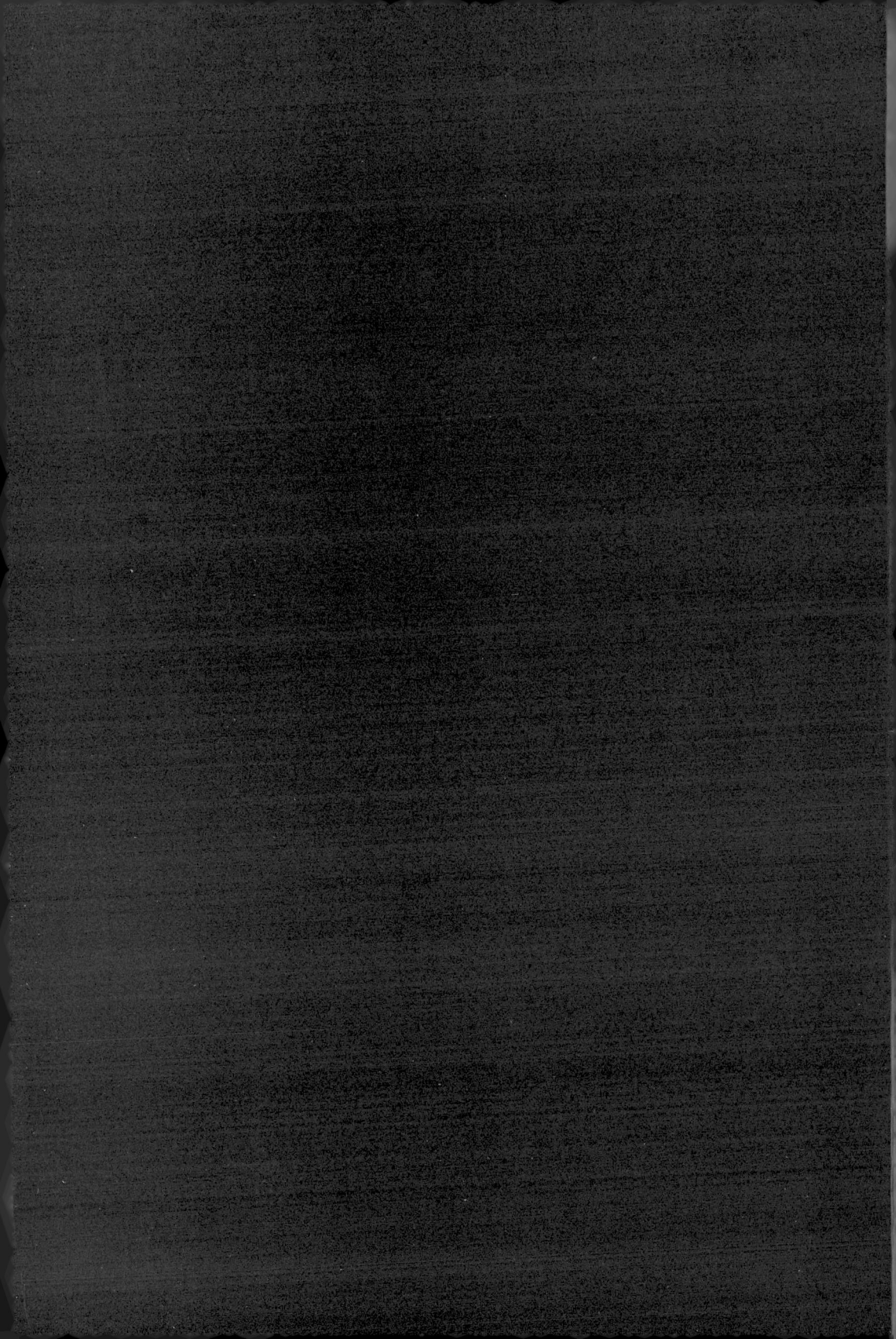

回首
1978
历史在这里转折

童青林 编著

人民出版社

责任编辑：王世勇

装帧设计：曹　春

责任校对：周　昕

图书在版编目（CIP）数据

回首 1978——历史在这里转折／童青林 编著 . —北京：人民出版社，2008.3
（2024.11 重印）

ISBN 978－7－01－006895－4/01

I.①回…　II.①童…　III.①国家机构－行政管理－研究－中国　IV. K270.6

中国版本图书馆 CIP 数据核字（2008）第 021901 号

回首 1978

HUISHOU 1978

——历史在这里转折

童青林　编著

人 民 出 版 社 出版发行

（100706　北京市东城区隆福寺街 99 号）

北京旺都印务有限公司印刷　新华书店经销

2008 年 3 月第 1 版　2024 年 11 月北京第 3 次印刷

开本：710 毫米 × 1000 毫米 1/16　印张：27

字数：340 千字

ISBN 978－7－01－006895－4/01　定价：98.00 元

邮购地址 100706　北京市东城区隆福寺街 99 号

人民东方图书销售中心　电话（010）65250042　65289539

目　录

第一章　生死攸关的选择 /1

1976 年 9 月 9 日，毛泽东逝世。"四人帮"加紧了篡夺最高领导权的活动。

华国锋决定采取隔离审查的方式，解决"四人帮"的问题，李先念表示赞同，他说："你是中央第一副主席，这场斗争是你领导的。只要你领头干，人民是会支持你的！"作为这次行动的关键人物，叶剑英深知"这是一步险棋，"他要求"行动果断，更要周密，必须万无一失。"

在江青一伙被隔离审查的第二天，还处在"禁锢"状态的邓小平得知了他盼望已久的消息。终于度过"一生最痛苦"时期的邓小平，不禁感叹道："看来，我可以安度晚年了！"

回首
1978

第二章 转折的前奏 /53

1977 年，中国经历了一场前所未有的高考，设在全国各地的考场就达上万个。一时间，洛阳纸贵，纸张成了严重的大问题。中共中央只得批准动用出版《毛泽东选集》第五卷的纸张。恢复高考在全国产生了巨大反响，被称为"拨乱反正的第一声号角"。

当时，百废待兴，高考制度还不完善，可是全社会都洋溢着公正、平等的人文空气，"依靠自己的奋斗站起来"，成为当时很流行的一种价值观念。

刘心武的短篇小说《班主任》发表后，在全社会引起不小的震动，有人称之为中国第一篇"伤痕"小说。文艺界终于迎来了"解冻"期，"伤痕文学"登上了中国文坛。

第三章　清理冤假错案 /143

胡耀邦到中央组织部后不到一个月，几乎每天都有几百人上访，来信足足装了六大麻袋。用他的话来说就是："积案如山，步履艰难。"

胡耀邦明确表示：对于历史上的冤假错案，经过调查核实，凡是不实之词，凡是不正确的结论和处理，不管是什么时候、什么情况下搞的，不管是哪一级组织，什么人定的和批的，都要实事求是地改正过来。

回首
1978

第四章 真理标准大讨论 /227

有人对真理标准问题的讨论提出了质疑，说：《实践是检验真理的唯一标准》这篇文章在理论上是"荒谬的"，在思想上是"反动的"，在政治上是"砍旗子的"。

形势骤然变得紧张起来，"在当时的高压之下，已是一片鸦雀无声。有人已经开始作沉痛检查。"正是在这种压力之下，胡耀邦甚至萌发了"冷却一下"的想法。

关键时刻，邓小平公开表示，支持真理标准问题的讨论。他说，有一种议论，叫做"两个凡是"，不是很出名？凡是毛泽东同志圈阅过的文件都不能动，凡是毛泽东同志做过的、说过的都不能动。这是不是叫高举毛泽东思想的旗帜呢？不是！这样搞下去，要损害毛泽东思想。

第五章　农村改革的兴起 /301

　　提起中国农村改革，邓小平向一位外国客人这样介绍过：开始的时候，有两个省带头，一个是赵紫阳主持的四川省，那是我的家乡；一个是万里主持的安徽省。

　　在中国农村改革的历史上占有特殊地位的是安徽凤阳县的小岗村。其实，小岗村实行包产到户要比肥西县山南区略晚一些。是什么原因导致小岗村的影响远比山南区大？最有说服力的解释，就是小岗村的农民实行了"大包干"，而且在分田到户的时候签了一份契约。

　　如果没有万里的支持，包产到户就不可能成为现实。万里在安徽敢走"独木桥"，还有一个重要的原因，就是邓小平对包产到户给予了极大的支持。

回首
1978

第六章　改变中国命运的会议 /347

于光远回忆说，华国锋的讲话有它的可取之处。给人的印象是，"华国锋的确是一个热心建设的人，情况掌握的不错，思想也开放。粉碎'四人帮'后他的确想好好地干出一点名堂来。"可是，华国锋在讲话中没有提出停止使用"以阶级斗争为纲"的口号。因此，这个讲话的作用就要大打折扣，并且引发了一场激烈的争论。

在中央工作会议即将结束的时候，邓小平发表了一个著名的讲话。正是这个讲话，后来被称为第三次思想解放运动的宣言书。

第一章
生死攸关的选择

1976 年 9 月 9 日，毛泽东逝世。"四人帮"加紧了篡夺最高领导权的活动。

华国锋决定采取隔离审查的方式，解决"四人帮"的问题，李先念表示赞同，他说："你是中央第一副主席，这场斗争是你领导的。只要你领头干，人民是会支持你的！"作为这次行动的关键人物，叶剑英深知"这是一步险棋，"他要求"行动果断，更要周密，必须万无一失。"

在江青一伙被隔离审查的第二天，还处在"禁锢"状态的邓小平得知了他盼望已久的消息。终于度过"一生最痛苦"时期的邓小平，不禁感叹道："看来，我可以安度晚年了！"

1.1976 年"天安门事件"被定性为"反革命政治事件"

1976 年 10 月，中共中央政治局对王洪文、张春桥、江青、姚文元实行隔离审查，历时十年之久的"文化大革命"随之结束。这一重大历史事件的意义是不言而喻的，如果没有这一事件，也就不可能有中共十一届三中全会的转折。可以说，粉碎"四人帮"为实现这一历史转折提供了契机。

这年 4 月清明节期间发生的"天安门事件"，为粉碎王、张、江、姚"四人帮"奠定了强大的群众基础。

事件发生的起因是周恩来的逝世。在周恩来逝世治丧期间，"四

对周恩来的悼念逐步发展为对"文革"的不满和对"四人帮"的控诉。

人帮"发出种种禁令，阻挠群众的悼念活动，引起群众的极大不满。
事件发生后，"四人帮"又对其大做手脚，颠倒黑白，以致毛泽东
和中央政治局对天安门事件的性质作出了错误的判断，并对邓小平
作出了不正确的处理。由于"天安门事件"的定性是毛泽东同意的，
就使得这一事件在随后的两年时间里成为极其敏感的话题。

1976 年"天安门事件"
被定性为"反革命政
治事件"
叶剑英决定"摊牌"，
解决"四人帮"问题
"两个凡是"出台
邓小平复出始末

图为南京大学教师和学生在集会。

1976 年 3 月 29 日至 30 日，南京市的学生和市民自发地举行悼
念周恩来、反对"四人帮"的游行，有人还贴出"保卫周恩来"、"打
倒大野心家、大阴谋家张春桥"的标语。他们甚至把标语贴在南来
北往的火车上。这些举动引起了"四人帮"的恐慌。3 月 30 日，王
洪文在电话中问《人民日报》的一位负责人，你们报社在南京有没

回首
1978

3

有记者，如果有的话，就让他们"反映重要情况。"王洪文还说，南京大街上贴出打倒张春桥的大字报，"那些贴大字报的是为反革命制造舆论"。因为江苏省委有走资派，所以，南京事件的性质是"对着中央的"。[1]

从这天起到 4 月 26 日，王洪文、姚文元等先后给《人民日报》负责人打了 24 次电话，其内容是：一是把群众悼念周恩来总理的活动定性为反革命性质；二是诬陷邓小平；三是打击敢于同他们作斗争的群众；四是为他们篡党夺权制造舆论。[2]

图为"四五"运动期间，有人在天安门广场发表演说，抨击时政。

4 月 1 日，中共中央通知各地，称南京事件是"扭转批邓大方向的政治事件"，要各地追查"幕后策划人"和"谣言制造者"。也就在这一天，山西的一位青年在人民英雄纪念碑上贴了一首后来广为流传的诗词：

"欲悲闻鬼叫，我哭豺狼笑，洒泪祭雄杰，扬眉剑出鞘。"

4月2日，姚文元打电话给《人民日报》负责人说：这是一股"反革命逆流，看来有个司令部。"他还说："到天安门前纪念碑送花圈悼念周总理，和当前批邓精神不相适应，是针对中央的，是破坏批邓的。"他指示报纸"要继续'反击右倾翻案风'，掌握斗争大方向。"第二天，姚文元打电话称，是否写一篇社论，题目叫《牢牢掌握斗争大方向》，先讲当前"反击右倾翻案风"斗争形势大好，党内那个不肯改悔的走资派已经很孤立。"在这种形势下，我们要牢牢掌握斗争大方向。"然后讲"阶级斗争是很激烈的，要提防阶级敌人的破坏，要追查谣言。"〔3〕至于社论写些什么，姚文元已经想好了。社论写好之后，他又加了几句话："必须从无产阶级对资产阶级的斗争，去分析运动过程中出现的各种倾向和口号的阶级实质。"〔4〕

清明节这天，天安门广场的悼念活动达到高潮。到广场去的达 200 万人之多。送来的花圈有 2000 多个，而且写了很多诗词。其中一首写道：

"黄浦江上有座桥，江桥腐朽已动摇。江桥摇，眼看要垮掉，请指示，是拆还是烧？"

科学院 109 厂的职工写了"红心已结胜利果，碧血再开革命花，倘若魔怪喷毒火，自有擒妖打鬼人。"这首诗后来登在《人民日报》编写的有关天安门事件的《情况汇编清样》上。可是，姚文元对这首诗做了完全歪曲

1976 年"天安门事件"被定性为"反革命政治事件"
叶剑英决定"摊牌"，解决"四人帮"问题
"两个凡是"出台
邓小平复出始末

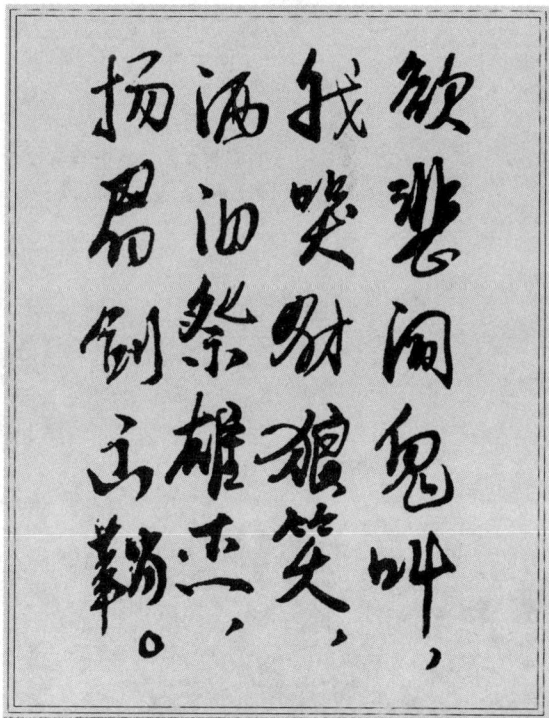

"四五"运动期间张贴在人民英雄纪念碑上的一篇诗作。

的解释:"所谓'再开革命花',就是要推翻社会主义革命和'反击右倾翻案风'的斗争。"[5] 结果,这个厂的领导被戴上"走资派"的帽子,30多人被隔离审查,3人被逮捕。

《人民日报》记者还从天安门广场抄了一份传单,其中有这样几句话:"在周总理患病期间,由邓小平同志主持中央工作,斗争取得了决定性胜利。邓小平同志重新主持中央工作,全国人民大快人心。"结果,姚文元断章取义,把邓小平污蔑为"匈牙利反革命事件的头子纳吉。"

与此同时,姚文元再一次打电话给《人民日报》负责人,明确地说:天安门人民英雄纪念碑前的活动,是"反革命性质。"他还指示《人民日报》:"一要抓紧批邓,二要打击反革命。"报社内部应"继续讨论这种活动的性质,认清性质。"[6]

4月4日晚,华国锋主持召开中央政治局会议,讨论天安门广

清明前夕,北京近百万群众连续几天到天安门广场献花圈,颂诗词,悼念周恩来,声讨"四人帮"。

场发生的事情。叶剑英、李先念没有参加。会议认为，天安门广场上的悼念活动是"反革命搞的事件"，是"反革命煽动群众借此反对主席、反对中央，干扰、破坏斗争的大方向。"江青在会上扬言要清理广场上的花圈，逮捕"反革命"。

第二天凌晨，天安门广场上的花圈、诗词一夜之间全都不见了，人民英雄纪念碑周围布置了三道封锁线。群众同民兵、警察和军队发生了激烈冲突，双方都有人负伤。下午6时30分，北京市委书记吴德发表广播讲话。他说："极少数别有用心的坏人利用清明节，蓄意制造政治事件，把矛头直接指向毛主席，指向党中央，妄图扭转批判不肯改悔的走资派邓小平的修正主义路线，'反击右倾翻案风'的大方向。我们要认清这一政治事件的反动性，戳穿他们的阴谋诡计，提高革命警惕，不要上当。"他还说，天安门广场"有坏人进行破坏捣乱，进行反革命破坏活动"，要求"革命群众应立即离开广场。"[7]这天，王洪文亲自跑到天安门广场坐镇指挥，要警察"跟着最坏的，离开天安门再抓。"在吴德讲话三个小时之后，一万多名民兵和警察手持棍棒封锁天安门广场，殴打群众，并逮捕了30多人。

就在这天深夜，姚文元给《人民日报》负责人打电话，要求把那篇已经写好的《牢牢掌握斗争大方向》的社论在第二天登出来，而且还要放在"一版头条加框"。姚文元要这位负责人转告新华社，在当天就播发，"全国明日都发出，电台明晨6时半广播。"他还叮嘱这位负责人："这篇社论对反革命是狠狠的打击"，"今天晚上你要把发表社论这件事办好，这是我交给你的政治任务。"[8]

4月6日一大早，中央政治局的部分委员听取了北京市委的汇报，认为天安门事件是"反革命暴乱性质"，要求"尽快通报全国"，并指示公安部门"揪出司令部"。

1976年"天安门事件"
被定性为"反革命政
治事件"
叶剑英决定"摊牌"，
解决"四人帮"问题
"两个凡是"出台
邓小平复出始末

**回首
1978**

7

据毛泽东的机要秘书张玉凤回忆，这几天，毛远新经常到毛泽东那里汇报情况。他说，政治局的同志连夜开会，认为天安门前发生的事件不是孤立的，是一次匈牙利事件在中国的重演，还说了"邓纳吉"这类词。政治局决定将天安门前所有的花圈烧掉，还通过了吴德同志的那篇讲话稿。"这一时期的决定都是政治局议定后报告主席的。主席也无力细问，只能点头，表示知道了。"4月6日的中央政治局会议之后，毛远新将会议报告送给了毛泽东。毛泽东在报告上批示，同意政治局的处理意见。

在此期间，《人民日报》通讯员和记者写了一篇《天安门广场的反革命政治事件》的报道。姚文元指示《人民日报》负责人，"要鲜明地点出邓小平。"〔9〕这篇报道详细地叙述了4月5日天安门广场发生的情况，歪曲事实真相，认为这个事件是"一小撮阶级敌人打着清明节悼念周总理的幌子，有预谋、有计划、有组织地制造的反革命政治事件。"

张春桥、姚文元和《人民日报》的那位负责人，把"欲悲闻鬼叫"这首诗同另外一首诗拼凑在一起，经过删改后塞进这篇报道里，以此为依据，说明"反革命分子是怎样以极其腐朽没落的反动语言，含沙射影地、恶毒地攻击污蔑伟大领袖毛主席、党中央的领导同志。"

4月7日上午，毛泽东在听取毛远新的汇报后肯定了中央政治局对天安门事件所采取的措施。他还提议中央政治局作出两项决议：（一）华国锋担任中共中央第一副主席、国务院总理；（二）撤销邓小平党内外一切职务，保留党籍，以观后效。他主张公开发表这两项决议和有关天安门事件的报道。

在下午举行的中央政治局会议上，江青一伙咬定邓小平是天安门事件的总后台，无中生有地说邓小平坐着车子到广场指挥，提出要把邓小平抓起来。汪东兴向毛泽东作了汇报，毛泽东当即指示，不能让人冲击邓小平。

当晚，广播电台播发了中共中央的两个决议、《天安门广场的反革命政治事件》的报道和吴德的广播讲话。第二天，《人民日报》等各主要报刊发表了这两个决议和报道。

谁知，消息发布后，群众仍在继续举行抗议。有人贴出"邓副主席是我们的贴心人"、"打倒江青、姚文元、张春桥"的标语。还有人打电话、写信给《人民日报》社，对歪曲"天安门事件"真相的报道表示强烈不满。其中有一封信这样写道："令人震惊！党报堕落了！你们演的这场'国会纵火案'实在不高明"。〔10〕

"天安门事件"又称为"四五运动"，实际上也是一次思想解放运动，它唤起了民族的觉醒。持续 10 年的"文化大革命"，给中国造成了深重灾难，引起了人们的怨怒。人们本来把恢复社会秩序和执行正确方针的希望寄托在周恩来、邓小平等老一辈革命家身上，而他们又受到不公正的对待，这就更加激起人民群众对"四人帮"的憎恨，天安门事件就是这种爱恨的集中爆发。这一运动，实质上又是拥护以邓小平为代表的中国共产党的正确领导，表现了人心向背。11 年后，邓小平在同外国朋友谈起这件事时还说，1976 年的"四五运动"，人民怀念周总理，支持我的也不少。这证明，1974 年到 1975 年的改革是很得人心的，反映了人民的愿望。

1976 年"天安门事件"被定性为"反革命政治事件"
叶剑英决定"摊牌"，解决"四人帮"问题
"两个凡是"出台
邓小平复出始末

回首
1978

2. 叶剑英决定"摊牌"，解决"四人帮"问题

1976 年 9 月 9 日，毛泽东逝世。华国锋同王洪文、张春桥、江青、姚文元之间的权力斗争开始尖锐化。"四人帮"加紧了篡夺最高领导权的活动。

毛泽东在世的时候曾多次批评过江青、王洪文这几个人，也曾想解决他们的问题。1974 年 3 月 20 日，毛泽东在给江青的信中批评说："你有特权，我死了，看你怎么办？你也是个大事不讨论，小事天天送的人。"毛泽东还埋怨江青，说他已经是 81 岁的人了，江青一点"也不体谅"。4 月 23 日，毛泽东在审阅姚文元送来的准备让新华社发表的一篇文章中毫不客气地写道："我党懂马列的不多，有些人自以为懂了，其实不大懂，自以为是，动不动就训人，这也是不懂马列的一种表现。"毛泽东这里所说的"不懂马列"的人不是别人，指的正是江青。7 月 17 日，毛泽东在中央政治局会议上，当着各位政治局委员的面公开批评江青。他指着江青向在场的政治局委员说"她算上海帮呢!"他还直言不讳地告诉江青："别人对你有意见，又不好当面对你讲，你也不知道。不要设两个工厂，一个叫钢铁工厂，一个叫帽子工厂，动不动就给人戴大帽子。不好呢，要注意呢。"就在这次政治局会议上，毛泽东提到了"四人帮"的问题。他劝江青这四个人："你们要注意呢，不要搞成四人小宗派呢。"〔11〕12 月 24 日，毛泽东再次提醒这几个人："不要搞宗派，搞宗派要摔跤的。"1975 年 5 月 3 日，毛泽东在政治局会议上，对江青等人再一次表示了不满。他说：不要搞"四人帮"，你们不要搞了，为

什么还照样搞？为什么不和200多个中央委员搞团结，"搞少数人不好，历来不好。"毛泽东指示政治局讨论这几个人的问题，他还明确表示：他们的问题，"上半年解决不了，下半年解决；今年解决不了，明年解决；明年解决不了，后年解决。"〔12〕

江青有野心，这一点毛泽东是清楚的，所以，他早就料到，江青将来会跟所有的人闹翻。现在别人只不过是敷衍她而已，在他死了之后，"她会闹事"。

可惜，毛泽东逝世前没能解决"四人帮"的问题，他把这个问题留给了他的继任者。他对江青等人的多次批评，包括华国锋、叶剑英在内的政治局委员都非常清楚。这从后来华国锋、叶剑英的几次讲话中就可以看出。毛泽东的这几次谈话，更坚定了他们解决"四人帮"问题的决心。

10月1日，华国锋、李先念商谈了解决"四人帮"的问题。考虑到舆论工具操纵在"四人帮"手里，如果采取通常解决党内矛盾的方式，在会场上将这几个人抓起来，他们就会利用手中的舆论工具进行宣传，势必在社会上造成混乱。所以，华国锋建议采取隔离审查的方式。李先念表示赞同，他对华国锋说："你是中央第一副主席，这场斗争是你领导的。只要你领头干，人民是会支持你的！"〔13〕

第二天，叶剑英在同汪东兴谈话时明确表示："'四人帮'不除，我们的党和国家是没有出路的。"汪东兴赞同地说："形势逼人，不能再拖下去了，到了下决心的时候了！"在这次谈话中，叶剑英决定"摊牌"了。他说，这几个人的气势发展到如此地步，不能失掉时机，"兵贵神速，乘人之不及！"〔14〕

就在这次谈话之后，汪东兴将中央办公厅副主任张耀祠、8341部队政委武建华召到自己的办公室，直截了当地告诉他们：中央已经下定决心，要对"四人帮"采取行动。"你们先琢磨出一个行动

1976年"天安门事件"被定性为"反革命政治事件"
叶剑英决定"摊牌"，解决"四人帮"问题
"两个凡是"出台
邓小平复出始末

回首
1978

方案"。

据武建华回忆，他们在讨论方案时考虑了以下因素：一是把握江青等人的心理。在这段时间里，张春桥处心积虑地想把《毛泽东选集》第五卷的出版大权抓到手。他曾要李鑫汇报过有关出版《毛泽东选集》第五卷的情况。所以，把中央政治局常委会的内容定为研究《毛泽东选集》出版一事，这将对张春桥有很大的吸引力，他一定会来参加会议；二是按惯例行事。中央以前有过规定，凡属毛泽东的稿件，不得带出中南海。因此，《毛泽东选集》的出版问题，通常都在怀仁堂开会研究。这些规定，张春桥和王洪文都清楚；三是研究建造毛主席纪念堂的问题，这是中央政治局常委必须参加的，张春桥和王洪文无法推脱；四是在怀仁堂采取行动较为方便。[15]

纪希晨在《粉碎"四人帮"全景写真》一文中这样写道：在讨论行动方案时，李鑫说："现在张春桥、姚文元想抓《毛选》，要《毛选》五卷材料要得很急。因此，用中央常委会讨论《毛选》五卷的名义在中南海怀仁堂召开会议，调他们来开会，他们一定会来。过去中央讨论《毛选》工作的会议，都是在中南海怀仁堂召开的，他们肯定不会怀疑，一定会上钩的。"他还建议说："在抓'四人帮'的同时，我们要高举毛主席的旗帜。这样有利于稳定形势。"于是，李鑫提出起草以下三个文件：一是隔离审查"四人帮"的决定；二是关于出版《毛泽东选集》第五卷的决定；三是关于建立毛主席纪念堂的决定。

10月3日，武建华、张耀祠、李鑫已经拟好了行动方案。在这个方案中，解决"四人帮"的顺序为：在怀仁堂解决王洪文和张春桥，然后依次处置江青和姚文元。

华国锋觉得这个方案是"可行的"，但建议把时间"再缩短一些，争取提前解决。"汪东兴也赞成提前行动，以提防江青这几个人"铤

而走险先动手的可能。"〔16〕

1976年"天安门事件"
被定性为"反革命政
治事件"
叶剑英决定"摊牌",
解决"四人帮"问题
"两个凡是"出台
邓小平复出始末

第二天,也就是《光明日报》发表《永远按毛主席的既定方针办》这篇文章的当天,汪东兴向叶剑英汇报了行动方案。叶剑英对这个方案表示赞同,在他看来,"这个计划比较成熟,安排也相当周全了。照这个方案执行,必会成功。"叶剑英还叮嘱汪东兴:"要特别注意保密"。〔17〕

10月5日,华国锋、叶剑英、汪东兴再一次商谈了行动计划。作为这次行动的关键人物,叶剑英深知"这是一步险棋",他要求"行动果断,更要周密,必须万无一失。"华国锋表示,他已经向陈锡联和吴德做了部署,北京卫戍部队归吴德指挥,负责解决江青在北京的几个死党。

原定于10月10日采取的行动为什么要提前到10月6日?事后,华国锋在谈到其中的原因时做了这样的解释:"主席逝世后,如果不是他们变本加厉,逼人太甚,我们也不想现在解决。但他们太疯狂了,根本不把毛主席,不把政治局放在眼里,公然抢班夺权,另立中央。据我们得到的可靠情报:他们准备在10月10日搞政变,王洪文把标准像都拍好了;上海不仅给民兵发放了枪炮,还发了大批红布红纸,说要庆祝伟大的节日。我们感到事态严重,一旦让他们的阴谋得逞,毛主席开创的无产阶级革命事业就会丧失……在这种情况下,我们才决定采取这种特殊措施,把他们全扣起来,进行审查。"〔18〕

刘志坚也回忆说:"主席逝世后,我们就估计到了,'四人帮'一定要发难,'四人帮'一定要抓人,老干部们,特别是坐牛棚的人都提心吊胆,觉得动手晚了我们要遭殃,所以说先下手为强。我也知道有些人到叶帅那里去,我也想去,但我又怕暴露目标。去的人太多了,暴露目标,万一'四人帮'知道了,可能不利,所以我就叫叶帅

回首
1978

的一个儿子到我家里来，我相信他是可靠的，我就把我的意思，把我接触到的老干部们的意思让他转告叶帅，即觉得主席去世以后'四人帮'肯定要动手，如果我们不赶快动手，就要遭殃。"〔19〕

10月6日下午3时，中央办公厅通知中央政治局常委到怀仁堂开会，内容如下：一是研究《毛泽东选集》第五卷的出版问题；二是研究毛主席纪念堂的选址问题。

汪东兴还对四个行动小组宣布了两条纪律：第一，要绝对保守机密；第二，要坚决服从命令，听从指挥。

按照当时的部署，四个行动小组分别负责控制王洪文、张春桥、江青和姚文元。王洪文、张春桥是中央政治局常委，拘押这两个人的地点选择在怀仁堂。但是，这两个人谁先到场，却有两种迥然不同的说法，而且都出自当事人之口。

一种说法是汪东兴的回忆。他这样叙述了当时的经过：1976年10月6日晚上8时，我们在怀仁堂正厅召开政治局常委会。当时，华国锋、叶剑英同志就坐在那里，事先我已写好了一个对他们进行"隔离审查"的决定，由华国锋宣布。我负责组织执行。张春桥先到，宣布决定就顺利解决了。接着来的是王洪文，他有一点挣扎，当行动组的几个卫士在走廊里把他扭住时，他一边大声喊叫："我是来开会的，你们要干什么？"一边拳打脚踢，拼命反抗。但很快就被行动小组的同志制服了，扭着双肩押到大厅里。华国锋同志把"决定"又念了一遍。还没等他念完，王洪文突然大吼一声，挣脱开警卫人员扭缚，像头发怒的狮子伸开双手，由五、六米远的地方向叶帅猛扑过去，企图卡住叶帅的脖子。因为双方距离太近，我也不能开枪。就在他离叶帅只有一两米远时，我们的警卫猛冲上去把他扑倒，死死地摁住，给他戴上手铐。随后，几个人连揪带架地把他抬出门，塞进汽车拉走了。姚文元住在家里，他那地方是由卫戍区管的。因此，我事先请吴忠同志在我办公室等着，如果他不来怀仁堂，就让吴忠带人去他家解决。结果，姚文元也来了。我怕再发生意外，经请示华国锋和叶帅同意，没有让他进正厅，只让人把他领到东廊的大休息室，由警卫团一位副团长向他宣读了中央决定。他听完后好像很镇静，没有争辩，也没有反抗，只说了声"走吧"，就随行动小组的几名卫士出了门……与此同时，李鑫、张耀祠、武建华几位同志负责在江青、毛远新的住处采取行动，把这两个人也抓起来了。他们都没有抵抗。这次行动从8点开始，到9点半以前就全部结束了。因为准备工作做得比较细致，比较扎实，几个人解决得很顺利。[20]

时任8341部队政委的武建华却回忆说：10月6日晚7点55分，隐隐听到怀仁堂入口处，不高的话音和"嚓嚓"的脚步声。我顺着东休息室的长廊向南瞧去，王洪文刚转弯向北走来，我飞速地分别报告华、叶、汪。突击王洪文的队员，业已虎视眈眈，设伏于门内两侧，进入临战状态。王洪文仍是往常的着装习惯，上身穿一件"制式"军上衣便装，下身着一条草青色笔挺的西装裤，皮鞋光亮。左手提着一只文件包，挺胸直背、趾高气扬地走向正厅。看上去毫无介意地走进了小门，向华国锋、叶剑英望了望，还没来得及吭声，便被两眼射光、威武勇猛的突击队员霍际龙、吴兴禄从左右两侧，饿虎下山般地扑过去，两双强有力的大手，紧紧地钳住王洪文的两臂，一手压下他的肩胛，一手抓住他的手腕高高提举，形成了头低腰弯的"喷气式"。这迅雷不及掩耳的"突击"，使王洪文一时晕了头脑。他涨红着脖项，转动着不太灵便的脑袋，急促地咕了两句："你们干什么？你们干什么？"并拼命地扭着双臂，蹦跳着两脚，竭力妄图挣脱。霍、吴由两侧加大力度，李广银、王志民从背后狠狠地抓住他的腰带，使王洪文两脚踏空，无力可施。牢牢地被禁锢

1976年"天安门事件"
被定性为"反革命政治事件"
叶剑英决定"摊牌"，
解决"四人帮"问题
"两个凡是"出台
邓小平复出始末

回首
1978

在离华国锋、叶剑英5米左右的正面……华国锋两臂依托在桌子上，面对王洪文庄严地宣布："王洪文，你不顾中央的一再警告，继续拉帮结派，进行非法活动，阴谋篡党夺权，对党和人民犯下了不可饶恕的罪行。中共中央决定，对你实行隔离审查，立即执行。"王洪文惊恐万状，还未来得及反应，就被行动小组继以"喷气式"的架势扭离现场。临走前，他还说了一句话："想不到你们这样快！"

武建华还特意提到，在擒拿处置王洪文的过程中，外界有一种传闻。说王洪文被擒拿后，曾一度为其挣脱，甚至渲染成拳打脚踢，直扑华国锋、叶剑英而去，等等，凡此，均属谬误流传，并非事实。

在行动时间上，武建华说的是7点55分，这比汪东兴的回忆早了5分钟。正是在这段时间里，解决了王洪文的问题。7点58分，张春桥来了，四名突击队员迅速将其控制住。接着，华国锋宣布了中央的决定。8时前，王洪文、张春桥的问题顺利解决了。随后，武建华、张耀祠带领行动小组赶往江青的住处。她见一下子来了这么多人，连忙问道："你们要干什么？"张耀祠向江青宣读了中央的决定。此时的江青关心的却是存放在她这里的文件，她当即给华国锋写了一封信，连同文件柜钥匙一起交给华国锋。她在信中说："国锋同志：来人称，他们奉你之命，宣布对我隔离审查。不知是否为中央决定？"[21]

最后解决的一个人是姚文元。因为他不是中央政治局常委，所以事先没有通知他到怀仁堂开会。为了把姚文元叫到怀仁堂来，华国锋给他打了电话，说自己正在同王洪文、张春桥商量出版《毛泽东选集》第五卷一事，想请他来，"一道研究一下。"姚文元分管宣传工作，所以他接到华国锋的电话后就匆匆忙忙地向怀仁堂赶来。他刚走进东休息室，就被武建华带领的行动小组控制了。武建华随即宣读了华国锋的指令，对姚文元实行隔离审查。

此时，已是 8 点 30 分。仅用了 35 分钟就解决了王洪文、张春桥、江青和姚文元这几个人的问题。

随即而来的是控制中央人民广播电台和电视台，这项任务落在耿飚身上。当晚 8 时许，耿飚接到华国锋的电话后立即赶往怀仁堂。华国锋向他交代任务说：你和邱巍高到中央广播局去，要事先控制住电台和电视台。"不能出任何差错，否则后果不堪设想。"

临行之前，华国锋给耿飚写了一纸手令，让他交给邓岗。华国锋在信上写道："为了加强对广播、电视的领导，中央决定，派耿飚、邱巍高同志去，请你们接受他俩的领导，有事直接向他们请示。"华国锋还叮嘱说："总的原则可以采取处理林彪事件的办法，内部已发生了变化，但外面不要让人看出异常来。"

有的文章说，耿飚带了多少军队去占领电台。对此，耿飚解释说："这是误传"。虽然在他去之前，警备一师已派了一些战士去电台，但这是他们为加强警卫力量而作的内部兵力调配，与"带领军队去占领电台"完全是两码事。"事实上我只是同邱巍高和警备一师副师长王甫三个人前往中央广播事业局去进行一场特殊的战斗。"[22]他们到达广播局已是 22 点了，耿飚把华国锋的手令交给了邓岗，然后派人迅速控制了电台和电视台。

第二天，迟浩田等人奉命控制了《人民日报》社。迟浩田向报社负责人鲁瑛宣布了三条纪律：过去管《人民日报》社的那几个人，从现在起不能再领导《人民日报》了；我们受中央委托到《人民日报》社工作，在宣传、版面上要请示我们，不得擅自做主；你要服从中央的命令，听从中央的指挥，不能搞小动作，不能泄露机密。

在王洪文、张春桥、江青和姚文元被拘押的当天晚上，华国锋在玉泉山 9 号楼叶剑英住处主持召开中央政治局会议。叶剑英、汪

1976 年"天安门事件"被定性为"反革命政治事件"
叶剑英决定"摊牌"，解决"四人帮"问题
"两个凡是"出台
邓小平复出始末

回首
1978

17

东兴、李先念、陈锡联、苏振华、纪登奎、吴德、倪志福、陈永贵、吴桂贤参加了会议。

参加会议的政治局委员们大多并不知道会议的内容。叶剑英的警卫员马西金回忆说,22点30分,开会的人到齐了。先来的纪登奎、陈永贵、吴桂贤和另一位还坐在后排沙发上,我请他们到前排来坐。纪登奎说:"你的座位不够,还有四个人没有来呀!"我说:"人到齐了,请到前边来吧。"他们你看看我,我看看你,还是没有到前边来。这时,汪东兴同志说话了,他说:"马头儿说得对,人到齐了,你们都到前边来坐。"这样,他们才坐到前排的座位上。我立即去请叶帅和华国锋同志。[23]

华国锋在会上开门见山地说:"今晚把大家请到这里来,是要向大家通报一个重要事情:王洪文、张春桥、江青和姚文元乘毛主席逝世之机,秘密勾结,疯狂活动,阴谋篡夺党和国家的最高领导权。为了及时粉碎这个将给中国人民带来严重灾难的反革命集团,10月6日晚8时,党中央不得不采取断然措施,对'四人帮'实行隔离审查。"华国锋在讲话中还谈到了对江青这几个人实行隔离审查的意义,他说:"这次粉碎'四人帮'的伟大胜利,使我们党避免了一次大灾难,使我们的事业避免了一次大倒退。"[24]

随后,叶剑英在会上发表了长篇讲话,提到了中央政治局做的两件大事。他说:1976年10月6日至7日,在我们中国共产党的历史上是很有意义的日子。"我们中央政治局办了两件大事:第一件大事,从组织上打垮了'四人帮'反党集团;第二件大事,一致通过了华国锋同志担任中国共产党中央委员会主席、中国共产党中央军事委员会主席的决定。这是全党全军全国人民的大事。"

叶剑英在讲话中还谈到了毛泽东的"两着棋"和临终"嘱托"。第一着棋是指1974年、1975年毛泽东多次在政治局会议上当着在

图为北京市民欢庆"四人帮"的倒台。

京的全体政治局委员的面，毫不客气地说江青有野心，批评他们不要搞"四人帮"。毛泽东还多次对叶剑英说："四人帮"的问题一定要解决，"不然要出大乱子。"毛泽东临终前，拉着叶剑英的手叮嘱说："我死后江青可能要闹事，你要协助国锋同志制止他们。"叶剑英进而解释说："我牢记着毛主席的教导，协助国锋同志进行了这场斗争。这就是说，我们解决江青这几个人的问题，不是中央政治局少数人的想法，也不是我们临时的决定，而是毛主席生前想解决而没有来得及解决的问题，我们是继承毛主席的遗志。"叶剑英还列举了王洪文这四个人的几条罪状。其中之一，就是他们"结成宗派，想夺取最高领导权。"周恩来在世的时候，他们想打倒他。周恩来逝世后，他们"又要打倒新的国家领导人。"更有甚者，"他们已在准备三中全会的报告了。他们准备在三中全会上达到篡党夺权的目的。王洪文可能没有把政变的龙袍做好，但是准备悬挂的标准相也照好了。"江青还跑到清华大学，大造反革命舆论，"到了迫不及待的地步。"可见，"情况已经到了不破不立的紧急时候。"不破了"四

回首
1978

19

人帮"，中央就不能立起来。不破了"四人帮"，我们这个党就很危险。在这个关键时刻，"以国锋同志为首的党中央采取了非常果断的措施，揭露和粉碎了'四人帮'篡党夺权的阴谋活动，挽救了革命、挽救了党。"

毛泽东的第二着棋，是指组织上的安排。周恩来病重以后，"四人帮"以为，按照原来的次序，政治局应该由王洪文主持，国务院应该有张春桥主持。但是，"毛主席就是不给他们。"邓小平被推下台后，毛泽东经过反复考虑，选定华国锋作为中央第一副主席、国务院总理。"毛主席为什么要下这盘棋呢？目的就是为了防止'四人帮'篡夺党和国家的最高领导权。"叶剑英评价说，毛主席的这两着棋非常英明，"为我们这次解决'四人帮'的问题奠定了基础。"[25]

会议一直开到第二天凌晨6点钟。经叶剑英提议，会议通过了华国锋担任中央主席和中央军委主席的决定，还决定尽快出版《毛泽东选集》第五卷以及修建毛泽东纪念堂。

紧接着，中央政治局又召开了打招呼会议，向中央党、政、军机关，各省、市、自治区负责人通报了"四人帮"的问题，以及对他们采取措施、实行隔离审查的决定。10月18日，中共中央发出《关于王洪文、张春桥、江青、姚文元反党集团事件的通知》，要求传达到全体党员。中共中央在通知中列举了"四人帮"的罪状以及对他们实行隔离审查的原因。

3."两个凡是"出台

　　粉碎"四人帮"、结束"文化大革命"，只是为实现历史转折提供了契机。但是，华国锋作为党和国家的最高领导人，他没有抓住这个契机，反而提出并推行"两个凡是"，结果使"文化大革命"结束后出现了在徘徊中前进的局面，这个局面维持了两年。

　　毛泽东选定华国锋作为自己的接班人，并不是因为华国锋有多大的能力。所以，毛泽东提议由55岁的华国锋出任国务院总理，出乎很多人的意料。华国锋于1938年入党，1954年在毛泽东的家乡湖南省湘潭县担任县委书记，后任湘潭地委书记、湖南省委书记。"文化大革命"之前，毛泽东到湖南视察，对华国锋有所了解。"文化大革命"期间，随着见面机会的不断增多，毛泽东对华国锋的了解也多起来。1971年"林彪事件"后，华国锋和王洪文几乎同时调到中央工作。在1973年召开的中共十大当选为中央政治局委员。华国锋的这些经历，使毛泽东感觉到，华国锋既有基层工作经验，又有在省里和中央工作的经验。特别是他在国务院业务组工作期间，表现得相当不错，而且处

1976年10月，叶剑英摄于玉泉山。

事慎重。所以，毛泽东认定，华国锋"忠厚少文""公道不蠢"。其实，毛泽东对华国锋的能力和才干不一定很满意。即便如此，毛泽东还是表示："人家说他水平低，我就选这个水平低的。"〔26〕毛泽东为了让华国锋主持中央工作，甚至建议叶剑英和李先念"休息"。因为毛泽东十分清楚，这两个人比华国锋的威望都高，能力也比他强，如果这两个人在台上，华国锋的位子很可能就会被架空。〔27〕

由此看来，毛泽东看中的并不是华国锋的才干和能力。相比较而言，华国锋是各方面都能够接受的人，因而可以维持当时的局面。更重要的一点，就是华国锋不会否定"文化大革命"。而毛泽东把"文化大革命"看做是他一生中所做的两件大事之一，认为它是巩固社会主义制度所必需的，担心有人要翻"文化大革命"的案。随着他的健康状况日益恶化，这种担心也就越来越强烈。1975年11月2日，他曾对毛远新说："有两种态度，一是对'文化大革命'不满意；二是要算账，算'文化大革命'的账。"毛泽东还向毛远新谈了他对"文化大革命"的评价，说："对'文化大革命'，总的看法：基本正确，有所不足。现在要研究的是在有所不足方面。三七开，七分成绩，三分错误。"他认为"文化大革命"的错误有两个："一、打倒一切；二、全面内战。"〔28〕

据叶剑英后来在一次中央工作会议上说，毛泽东曾召见华国锋等几个人谈话，讲了他一生中的两件大事。他说：中国有句古话叫"盖棺定论"，我虽未"盖棺"也快了，总可以定论了吧！我一生干了两件事：一是与蒋介石斗了那么几十年，把他赶到那么几个海岛上；抗战八年，把日本人请回老家去了。对这些事持异议的人不多，只有那么几个人，在我耳边叽叽喳喳，无非是让我及早收回那几个海岛罢了。另一件事你们都知道，就是发动"文化大革命"。这事拥护的人不多，反对的人不少。这两件事没有完，这笔"遗产"得交

给下一代。怎么交？和平交不成就动荡中交，搞不好就得"血雨腥风"了。你们怎么办？只有天知道。〔29〕

1976年"天安门事件"
被定性为"反革命政
治事件"
叶剑英决定"摊牌"，
解决"四人帮"问题
"两个凡是"出台
邓小平复出始末

"文化大革命"作为"以阶级斗争为纲"这一理论的实践，毛泽东在维护"文化大革命"的同时，一再强调"阶级斗争"的重要性。他曾向毛远新解释说："'文化大革命'是干什么的？是阶级斗争嘛。"1976年1月1日，《人民日报》、《红旗》杂志和《解放军报》发表题为《世上无难事，只要肯登攀》的社论，把"怎样看待无产阶级'文化大革命'"上升到"两个阶级、两条道路、两条路线斗争"的高度来认识。不仅如此，社论还引用了毛泽东的一段话："安定团结不是不要阶级斗争，阶级斗争是纲，其余都是目。"〔30〕

华国锋作为毛泽东选定的接班人，他忠实地执行了毛泽东既定的路线和方针，用他的话说，就是"绝不怀疑，绝不动摇，绝不含糊。"此外，华国锋作为"文化大革命"的既得利益者，他理所当然地要维护毛泽东晚年的错误和"文化大革命"那一套，后来的事实也证明了这一点。

在对王洪文、张春桥、江青、姚文元实行隔离审查后的第三天，即10月8日，华国锋就在中共中央召开的打招呼会议上宣布：批判"四人帮"一定要按照毛泽东的指示办，对"文化大革命"要充分肯定，解决"四人帮"的问题，不要算他们在"文化大革命"期间的账，他们的核心问题是阴谋篡党夺权，解决"四人帮"是"文化大革命"的胜利。几天后，他在西北组会议上向高级干部们表示：我们要继承毛主席的遗志，把毛主席开创的无产阶级革命事业进行到底。这就是要"更高地举起毛泽东思想的伟大红旗"，把毛主席的革命路线贯彻执行得更好。

回首
1978

"更高地举起毛泽东思想的伟大红旗"，这是华国锋为自己确定的根本的政治纲领，也是他的奋斗目标。可以说，这就是毛泽东逝世后，华国锋为自己树立的第一个政治形象。他在讲话中表示，对"文化大革命'总的看法"，还是按照毛泽东所说的那样，"基本正确，有所不足"，"要注意解决有所不足的方面"。

华国锋为什么强调不要算"四人帮"在"文化大革命"中的账？因为王洪文、张春桥、江青、姚文元这几个人在中央政治局结成"四人帮"，是"文化大革命"的产物，如果算他们在"文化大革命"中的账，就会导致对"文化大革命"的彻底否定。毛泽东之所以迟迟没有解决江青等人的问题，原因也就在这里。华国锋还特意提出，"文化大革命"是毛泽东亲自发动的，江青他们代表不了。他还提醒说，要教育干部注意"正确对待'文化大革命'、正确对待群众、正确对待自己。"不然的话，有人就会说："在'文化大革命'中整得我好苦啊，这下可把根子找到了"，要翻过来。所以，要注意这个问题，特别是在"文化大革命"中受过冲击的人一定要注意。

10月9日，中共中央作出一项重大决定：出版《毛泽东选集》第五卷。这是一部按照"左"的观点编辑的著作，尽管收入的一些文章，反映了毛泽东关于社会主义改造和社会主义建设的正确和比较正确的思想，但不少文章还是带有"左"的内容，尤其是关于阶级斗争的"左"的观点。

毫无疑问，解决"四人帮"的问题，本应该是否定"文化大革命"的一个必要步骤，但是，华国锋表示了相反的看法。中共中央发布的《关于王洪文，张春桥、江青、姚文元反党集团事件的通知》明确指出：解决"四人帮"的问题，"这是毛主席关于无产阶级专政下继续革命的伟大理论的一次伟大实践，是无产阶级'文化大革命'的伟大胜利"。

由此可见，本来是对"文化大革命"的否定，却变成了对"文化大革命"的肯定。把本来就是"左"的产物却当做右的东西加以批判，这就维护了毛泽东晚年"左"的错误理论和实践。在这种思维支配下，"四人帮"被说成是"反对毛主席的无产阶级革命路线"，认为他们"打着马克思主义的旗号"，"大搞投降主义和卖国主义"，认定他们推行的是"一条反革命的修正主义路线，一条极右的路线。"并且把王、张、江、姚这四个人当做"党内资产阶级的典型代表，是不肯改悔的正在走的走资派，是一伙资产阶级的阴谋家、野心家。"〔31〕

　　发动"文化大革命"，这是毛泽东晚年所犯的严重错误。"文化大革命"是"阶级斗争"理论走向绝对化的结果，也是"无产阶级专政下继续革命"理论的实践。华国锋担任中共中央主要领导职务之后，对"阶级斗争这个纲"，是牢牢抓住不放的，而且贯穿于各个方面。在1976年10月到1978年12月两年多的时间里，"以阶级斗争为纲"、"坚持无产阶级专政下的继续革命"被反复地宣传和强调。毛泽东逝世后的第二天，中共中央就在《告全党全军全国各族人民书》中提出："我们一定要继承毛主席的遗志，坚持以阶级斗争为纲，坚持党的基本路线，坚持无产阶级专政下的继续革命。"在9月18日的追悼大会上，华国锋表示：要以阶级斗争为纲，坚持党在整个社会主义历史阶段的基本路线，巩固和发展"文化大革命"的胜利成果。10月24日，北京市100多万人聚集在天安门广场，举行庆祝大会。华国锋在《大海航行靠舵手》的乐曲声中登上天安门城楼。吴德在大会上讲话说，华国锋同志是"伟大领袖毛主席亲自选定的接班人"，"毛主席又给华国锋同志亲笔写了'你办事，我放心'，表达了毛主席对华国锋同志的无限信任"。我们同王、张、江、姚斗争的实践表明，"毛主席的事业后继有人，我们党又有了自己的领袖华国锋主席。"这场斗争的胜利，是"无产阶级'文化大革命'的胜利"。吴德表示，我们一定要"最紧密地团结在以华国锋主席为首

1976年"天安门事件"被定性为"反革命政治事件"
叶剑英决定"摊牌"，解决"四人帮"问题
"两个凡是"出台
邓小平复出始末

回首
1978

的党中央周围"，坚持无产阶级专政下继续革命，以阶级斗争为纲，"巩固和发展无产阶级'文化大革命'的胜利成果"。

11月24日，毛主席纪念堂举行奠基仪式。华国锋到场发表讲话，强调了"三个坚持"。他说："全党全军全国各族人民要继承毛主席的遗志，坚持以阶级斗争为纲，坚持党的基本路线，坚持无产阶级专政下的继续革命，再接再厉，乘胜前进"。

大寨本来是山西省昔阳县一个名不见经传的山村，后来却成了毛泽东树立的一面旗帜，全国农业学习的榜样，华国锋也照样把这个"左"的东西继承下来了。12月25日，第二次全国农业学大寨会议召开。华国锋在会上宣称：这次大会是"深入开展农业学大寨、普及大寨县运动的促进大会，是用毛泽东思想统一我们的认识和行动的大会。"他再一次表示：粉碎"四人帮"是"毛主席关于无产阶级专政下继续革命伟大理论的又一伟大实践，是无产阶级'文化大革命'的又一伟大胜利。"他担心的仍然是对"文化大革命"的态度问题，所以，他在讲话中继续强调了"三个正确对待"。

华国锋继承和坚持毛泽东晚年"左"的错误，集中体现在"两个凡是"的提出，并作为全党的指导思想。对此，邓小平后来评价说，我们党的历史上，真正形成成熟的领导，是从毛、刘、周、朱这一代开始。华国锋只是一个过渡，"说不上是一代，他本身没有一个独立的东西，就是'两个凡是'"[32]

在解决"四人帮"后不久，华国锋就在一次讲话中表示："各条战线都要以毛主席制定的党的基本路线为指导"，"要保卫和发展无产阶级'文化大革命'的胜利成果，继续搞好教育革命、文艺革命、卫生革命、科技战线的革命和知识青年上山下乡的工作，扶植社会主义新生事物，限制资产阶级法权，真正把巩固无产阶级专政的任务落实到基层。"[33]这一系列有关方针和政策的提法，同毛泽东在"文化大革命"期间所说的几乎没有什么区别。

　　人们现在所知道的"两个凡是"的提法其实有好几个大同小异的版本。有人认为，华国锋对中央宣布部门负责人的讲话第一次提出了"两个凡是"。但是，于光远表示，"两个凡是"最早在什么时候提出，他不知道。他认为最早公开宣布"两个凡是"的人应该是吴德。1976年11月30日，吴德在四届人大常委会第三次会议上的讲话中提出了"两个凡是"。

学好文件抓住纲

《人民日报》、《红旗》杂志、《解放军报》社论

　　伟大领袖和导师毛主席的光辉著作《论十大关系》和华主席在第二次全国农业学大寨会议上的讲话这两个重要文件发表以来，全党全军全国各族人民热烈欢呼，衷心拥护，普遍进行了学习和讨论。当前，各级党委要加强领导，更加广泛地发动群众，紧密地联系本地区、本部门、本单位的实际，进一步把这两个重要文件认真学习好，宣传好，贯彻执行好，在两个重要文件的指导下，把本地区、本单位揭批"四人帮"的群众运动更加深入地开展起来。学好文件抓住纲，深入揭批"四人帮"，这是胜利完成一九七七年各项战斗任务的关键。

　　毛主席说过："有句古语，'纲举目张'，拿起纲，纲就是主题。社会主义和资本主义的矛盾，并且逐步解决这个矛盾，这就是主题，就是纲。"当前，社会主义和资本主义的矛盾，无产阶级和资产阶级的矛盾，马克思主义和反正主义的矛盾，集中表现为我们党和"四人帮"的矛盾。深入揭批"四人帮"，这就是当前的主题，就是当前的纲。紧紧抓住这个纲，斗争的大方向就掌握了，各项工作就有正气了。"捉住了这个主要矛盾，一切问题就迎刃而解了。"这一点，各级党委一定要在思想上非常明确。不光领导者要明确，还要使广大干部和群众都明确。

　　华主席讲话中指出，在两个阶段的激烈斗争中，实现安定团结，巩固无产阶级专政，达到天下大治。按照这个决策，把我们的社会主义国家建设得更加强大，是全国人民的根本利益和共同愿望。不要忘记虎狼在前，在反对帝国主义、社会帝国主义的斗争中，我们必须依照这个决策去做，而要实现这个战略决策，就必须紧紧抓住深入揭批"四人帮"这个纲。各地区、各部门、各单位，进行各项矛盾，处理各项矛盾，都必须服从这个战略决策，紧紧抓住这个纲。

　　毛主席多次教导，要用三大纪律八项注意教育党员和人民，"三大纪律八项注意是一切行动听指挥，步调一致，才能得胜利。步调不一致，就不能胜利。"当前，就在以华主席为首的党中央和各级党委的统一指挥下，在抓纲治国的战略决策上，把我们的步调一致起来。紧紧抓住深入揭批"四人帮"这个纲，一切服从抓纲治国的战略决策，我们的步调就能一致。离开了这个纲，违背这个战略决策，我们的斗争就达不到预期的目的，我们的步调就不一致。

　　步调一致，必须认识一致。因此，要首先认真学好两个重要文件。各级党委，特别是主要领导同志，都应当自己带头学好，真正吃透文件的精神，着重领会《论十大关系》中提出的调动一切积极因素，建设强大社会主义国家的基本方针和华主席讲话中提出的抓纲治国的战略决策。同时，应对当前自己讲两个重要文件和中央其他有关文件，广大干部和群众的学习组织领导好，用两个重要文件的精神来武装起大家的头脑，统一大家的认识。

　　学好文件是为了指导实际斗争。各级党委都要提高政治警惕，提高领导艺术，用极大的力量，把本地区、本部门、本单位深入揭批"四人帮"的运动深入下去。一定要深刻地懂得这场斗争的性质和意义，懂得揭好这场斗争对工作全局的影响，使自己对这场运动的理解和领导，能够适应斗争的需要和群众的要求。真正立场坚定、旗帜鲜明地抓好这个纲，带领群众把运动搞彻底，不获全胜，决不收兵。一定要把一般号召和具体指导结合起来，有周密的部署和计划，有切实的措施和办法，有党委的督促和检查，首长负责，亲自动手，层层抓基层，抓点带面。一定要加强政治思想工作，根据运动的基本精神，及时了解党内和社会上的政治思想情况，经常研究政治思想动向，加强思想教育，提高革命警惕，有针对性、有说服力地向群众进行深入细致的思想政治工作，解决人们思想中存在的各种问题。这样，就能深刻掌握指导运动的主动权，排除各种干扰，一个战役接着一个战役，一个浪潮推动一个浪潮地把揭批"四人帮"的运动扎扎实实引向深入。

　　通过四个多月来的揭发批判，通过纪念伟大领袖毛主席诞生八十三周年和纪念敬爱的周总理逝世一周年，广大干部和群众对"四人帮"污蔑横遭，政治积极性空前高涨，各级党委一定要保护好向群众观点和两者矛盾的学说为指标，及时正反映和十分爱护群众的积极性，善于把群众的积极性化为做好当前工作的实际行动。只要我们把各单位揭批"四人帮"的运动进一步有力地领导起来，围绕这个中心，把党内和群众中的政治思想工作抓好，把工农业生产和其他各项工作都抓好，有什么困难，把情况告诉群众，同群众一起想办法去战胜困难，不断地用揭批"四人帮"的新战果，用生产和工作的新成绩，用克服困难的新进展，去鼓舞群众的斗志，我们就一定能够巩固和发展四个多月来的大好形势，更好地去完成华主席讲话中提出的一九七七年的各项战斗任务。

　　伟大领袖和导师毛主席，领导我们奋战了半个多世纪，经历了十次重大的党内路线斗争。历史反复证明，什么时候，我们执行毛主席的革命路线，遵循毛主席的指示，革命就胜利；什么时候背离了毛主席的革命路线，违背了毛主席的路线，革命就失败，就要受挫。毛主席的指示，就是胜利的旗帜。毛主席在世的时候，我们团结战斗在毛主席的伟大旗帜下。现在，毛主席逝世了，我们更要高举和坚决捍卫毛主席的伟大旗帜，这是我们八亿人民、三千多万党员的神圣职责，是我们继续团结战斗的政治基础，是我们进一步取得胜利的根本保证。华主席领导我们，继承毛主席的遗志，进行了并在继续进行彻底粉碎"四人帮"的斗争，这是我们党的历史上又一次重大的路线斗争。经过这个斗争，我们党掌握了毛主席的伟大旗帜，保证了新的历史时期毛主席的革命路线继续贯彻，这是华主席的伟大历史功勋。在英明领袖华主席领导下，我们踏上了新的征途，正在做披往开来的伟大事业。我们面前还有不少困难，我们有勇气、有信心、挑起重担、战胜一切困难。毛主席曾经号召我们："团结起来，以大局为重，炎发精神，努力工作。"让我们高举毛主席的伟大旗帜，以最自觉地贯彻执行毛主席的一切指示为最高准则，凡是毛主席作出的决策，我们都坚决维护，凡是毛主席的指示，我们帮始终不渝地遵循，最紧密地团结在以华主席为首的党中央周围，按照毛主席为首的党中央的部署，一切行动听以华主席为首的党中央指挥，同心同德，步调一致，牢牢抓住深入揭批"四人帮"这个纲，去夺取下大治的新的伟大胜利。

　　1977年2月7日，经华国锋批准，《人民日报》、《红旗》杂志、《解放军报》发表社论《学好文件抓住纲》，公开提出"两个凡是"的错误方针。

27

不过，于光远认为，按照通常的做法，在党外讲这么重要的观点，在党内会有一个过程。因此，在这之前某一次中央的小型会议上应该有人讲过。但这只是一个推理，没有材料证明。所以，于光远说，吴德的讲话是他所知道的"两个凡是"的第一个版本。[34]吴德是这样说的："凡是毛主席指示的，毛主席肯定的，我们要努力去做，努力做好。"

实际上，在吴德的讲话之前，即10月26日，华国锋在谈到报刊批判"四人帮"的问题时曾明确表示，要注意把"四人帮"的罪行同毛主席的指示区分开来，凡是毛主席讲过的，点过头的，都不要批。

于光远说的第二个版本，就是大家所知道的1977年2月7日《人民日报》《红旗》杂志和《解放军报》发表的那篇著名社论《学好文件抓住纲》提出的"两个凡是"。这篇社论，是李鑫和他领导的中央理论学习组的人起草的，汪东兴在社论清样上写了一段话："这篇文章，经过李鑫同志和理论学习组的同志多次讨论修改，我看可以用。"他决定以"两报一刊"社论形式发表。社论说："让我们高举毛主席的伟大旗帜，更加自觉地贯彻执行毛主席的革命路线，凡是毛主席作出的决策，我们都坚决拥护，凡是毛主席的指示，我们都始终不渝地遵循"。这是"两个凡是"的标准版本，人们现在所提到的"两个凡是"，就是这个版本。于光远后来说，这是"两个凡是"很正式地提出，也是影响最大的一次。

其实，在这之前还有一种提法。华国锋要求把他在10月26日的中央宣传口的意见写进为他准备的一个讲话稿中。这就是1977年1月21日的讲话提纲，其中有这样两句话："凡是毛主席作出的决策，我们都必须维护，不能违反；凡是损害毛主席的议论，都必须坚决制止，不能容忍。"

对于这段历史，耿飚后来回忆说，他离开中央广播局的第二天，参加了中央政治局的一次会议。这次会议决定，在中央宣传部未恢复之前，先成立临时中央宣传口，将宣传舆论阵地统管起来，他负总责。李鑫也在宣传口兼任了一个领导职务，但他不在宣传口办公，只是负责传达汪东兴的指示。汪东兴代表中央领导宣传口，并主管全党、全国的宣传工作。在报刊和广播宣传方面，我们致力于扫除"四人帮"的影响及一些明显的极左思想。但是，由于历史的原因以及认识上的局限，当时对有些问题，我们还没有深刻地认识。例如，对"两个凡是"的问题，就是如此。

耿飚还说，汪东兴把华国锋10月26日同中央宣传口负责人的谈话意见概括成两句话，并把它写进一篇题为《学好文件抓住纲》的社论中，命令宣传口通知《人民日报》《红旗》杂志和《解放军报》等报刊发表，还要宣传口组织各个新闻单位抓紧宣传"两个凡是"的观点。"这样，该观点便离开了批判'四人帮'的特定环境而变成为具有普遍指导意义的政策观点。"〔35〕

耿飚接到社论后，找宣传口的几位负责人进行了讨论。他说，刊登这篇文章，就等于"四人帮"没有粉碎。"如果按照这篇文章的'两个凡是'，什么事情也办不成了。"〔36〕但是，听了李鑫传达汪东兴的指示之后，觉得还是遵照中共中央的决定，把社论稿送到"两报一刊"编辑部发表。

这篇社论发表后不到一个月，《人民日报》又接连发表批判姚文元《论林彪反党集团的社会基础》和张春桥《论对资产阶级的全面专政》的文章。这两篇文章曾分别发表于《红旗》杂志1975年第3期、第4期。文章借批判"经验主义"为名，把矛头指向周恩来。毛泽东当着十几位政治局委员的面，评说姚文元的文章：我没有看出来，只听了一遍，我是没有看，我也不能看，讲了经验主义的问

1976年"天安门事件"被定性为"反革命政治事件"

叶剑英决定"摊牌"，解决"四人帮"问题

"两个凡是"出台

邓小平复出始末

回首
1978

题我放过了。〔37〕这算是毛泽东点过头了。于是,这两篇文章也不能批判。因为文章是"经过中央和伟大领袖毛主席看过的,只能'不点名'批评文中的错误观点。"

在编辑《毛泽东选集》第五卷的时候,编辑人员发现,毛泽东在1955年写的《关于〈胡风反革命集团的材料〉的序言和按语》一文,有这样一句话:"坚决、彻底、干尽(净)、全部地将这些反抗势力镇压下去"。毛泽东把"净"字写成"尽"字。于是,有人提出把这个字改正过来。可是,按照"两个凡是",这个字万万改不得。结果,1977年4月出版的《毛泽东选集》第五卷照原样编排,那个错字也就留在句中了。

从11月30日吴德的讲话到2月7日《人民日报》社论的发表,有关"两个凡是"的提法越来越明确。直到3月中旬中央工作会议召开之前,华国锋仍然没有清醒过来,还在依靠"两个凡是"来控制局面。在3月中旬的中央工作会议上,华国锋继续肯定了"文化大革命"。他说:"对无产阶级'文化大革命',应当正确对待。无产阶级'文化大革命'是七分成绩,三分错误。七分成绩,是在毛主席领导下取得的;三分错误,是林彪、陈伯达、'四人帮'干扰破坏造成的。如果不这样看,就会发生有损我们旗帜的问题。"为了避免损害"旗帜",华国锋强调:在揭批"四人帮"的斗争中,一定要注意:"凡是毛泽东作出的决策,都必须维护;凡是损害毛主席形象的言论,都必须制止。"这就是于光远所说的"两个凡是"的第三个版本。

随着1977年新年的到来,华国锋在继承毛泽东晚年错误的基础上又提出了一个"左"的战略决策,这就是"抓纲治国"。1977年1月1日,"两报一刊"发表题为《乘胜前进》的社论,称华国锋在第二次全国农业学大寨会议上的讲话,"阐明和捍卫了毛主席关于无产阶级专政下继续革命的伟大理论。"毛泽东在"文化大革命"初期说过的关于"天下大乱，达到天下大治"，竟被华国锋继承下来了。华国锋据此提出了"在两个阶级的激烈斗争中，实现安定团结，巩固无产阶级专政，达到天下大治"的战略决策。华国锋甚至号召："在新的一年里，抓住阶级斗争这个纲，努力作战，去夺取更大的胜利。"这实际上是毛泽东"阶级斗争一抓就灵"思想的一种演绎。

随后，《人民日报》接连发表了《全面落实抓纲治国的战略决策》《抓纲治国推动国民经济新跃进》等几篇社论，宣传华国锋的"抓纲治国"思想。在那篇著名的2月7日社论中，除提出"两个凡是"外，还强调要认真学习毛泽东的《论十大关系》和华国锋在第二次全国农业学大寨会议上的讲话，紧紧抓住"深入揭批'四人帮'这个纲"。实际上，也就是"抓紧阶级斗争这个纲"，然后"把国民经济搞上去。"

1976年"天安门事件"被定性为"反革命政治事件"
叶剑英决定"摊牌"，解决"四人帮"问题
"两个凡是"出台
邓小平复出始末

毛泽东称华国锋"你办事，我放心"。

回首
1978

31

　　华国锋虽然提出要把国民经济搞上去，其出发点无疑是好的，但方法不对头，他以为通过抓阶级斗争就能达到他的目的。其实，这条路不可能走得通。华国锋这样做，只能说明，这是毛泽东晚年的错误和悲剧在他身上的再现。

　　以华国锋的能力，他不可能在毛泽东逝世后这么短的时间里，使在"左"的轨道上快速奔驰了十年之久的历史车轮立即停顿下来，然后提出一套全新的理论。其实，他内心里也不是百分之百地赞同毛泽东晚年的错误，但是，为了维护自己的地位，他只能高举毛泽东的旗帜。也就是说，他只有沿着这条"左"的通道继续走下去。

　　后来，胡耀邦在谈到华国锋对毛泽东晚年的错误所采取的态度时曾作过一番评价。他说：按理来说，国锋同志内心不是对毛泽东同志晚年的错误全都赞成的。我可以举一个例子，国锋同志很关心生产，至少有三次：第一，我们在湘潭时，他对生产的兴趣很大；第二，他自己讲，1971年揭露林彪时，毛主席同他谈话，批评他：你满脑子都是生产；第三，1975年他在听取科学工作汇报提纲座谈会上的讲话。可是，国锋同志在粉碎"四人帮"后讲的却是另外的东西，什么基本路线，什么阶级斗争为纲，什么全盘肯定"文化大革命"，什么继续革命，等等。但也不全是真心话。这里就产生一个实用主义的问题。这就是要害的地方。

　　针对实用主义的问题，胡耀邦进一步解释说：国锋同志在对待毛泽东同志的问题上，是拣他的需要，只顾眼前，不顾后果，只考虑个人得失，不考虑党和国家的安危。这是一种典型的实用主义，这很不好。〔38〕

　　胡耀邦说的一点没错，事实也确实如此。华国锋在修建毛主席纪念堂的问题上就没有按照"两个凡是"去办。毛泽东在世的时候，听说长沙地委和湘潭县委为他修整故居，便写信给中南局书记陶铸："令他们立即停止，一概不要修建，以免在人民中引起不良影响。"[39]"文化大革命"期间，很多单位竖起了毛泽东铜像，毛泽东得知后，责令中央政治局出面"加以制止"。提倡领导者死后要实行火化，这一点毛泽东也是同意的，而且还签了字。可是，毛泽东刚去世，华国锋就决定修建毛主席纪念堂。在这个问题上，华国锋却把"两个凡是"丢在一边，其中的原因，只能用"实用主义"来解释。

4月7日，中共中央作出关于学习《毛泽东选集》第五卷的决定，对无产阶级专政下继续革命的理论给予了高度评价，认为这是毛泽东"在马克思主义理论上最伟大的贡献"。5月1日，为学习《毛泽东选集》第五卷，华国锋发表了题为《把无产阶级专政下继续革命进行到底》的长篇文章。他在文章中解释了什么叫继续革命，他说：贯穿在《毛泽东选集》第五卷的根本思想，"就是坚持和发展马克思主义的不断革命的原理，在无产阶级夺得政权的时候，立即把民主革命转变为社会主义革命，在无产阶级专政下把社会主义革命继续进行下去。"他认为，毛泽东在国际共产主义运动的历史上，"第一次科学地回答了"有关无产阶级专政的历史命运的重大问题，"创立了在无产阶级专政下继续革命的伟大理论。"华国锋甚至断定，毛泽东是"用无产阶级专政下继续革命的理论来指导我国的社会主义建设"的。而且，这也是毛泽东为中国共产党制定的"一条清楚的、明确的、正确的马克思列宁主义路线"。他还说："毛主席要我们时刻不要忘记阶级斗争，抓住阶级斗争这个纲，一步步地做好社会主义革命和社会主义建设的工作，把我国建设成为一个伟大的社会主义国家"。[40]华国锋这样说，无疑为他提出"抓纲治国"的思想找到了依据。

七天之后，即5月9日，华国锋在全国工业学大庆会议上发表

1976年"天安门事件"被定性为"反革命政治事件"
叶剑英决定"摊牌"，解决"四人帮"问题
"两个凡是"出台
邓小平复出始末

回首
1978

讲话,说《毛泽东选集》第五卷的最重要内容,就是"毛主席创立的无产阶级专政下继续革命的伟大理论"。他甚至提出,在今后 23 年,中国共产党的任务"就是要领导全国人民,继承毛主席的遗志,遵循党的基本路线,以阶级斗争为纲,坚持无产阶级专政下的继续革命,把我国建设成为伟大的社会主义的现代化强国。"[41]

直到 1977 年 8 月召开的中共十一大,华国锋在指导思想上依然没有转过弯来,还在倡导"两个凡是"。8 月 12 日,他在政治报告中对"毛主席作出的决策"和"毛主席的指示"做了极为充分的阐述,继续肯定了"文化大革命"和作为它的指导思想的"无产阶级专政下继续革命的理论"。华国锋强调说,在社会主义时期,"毛主席对无产阶级'文化大革命'和无产阶级专政理论的最大贡献",就是"完整地创立了无产阶级专政下继续革命的伟大理论,指明了无产阶级革命胜利的国家,如何巩固无产阶级专政,防止资本主义复辟,建设社会主义的根本道路。"他认为,"这是当代马克思主义最重要的成果",是中国"亿万群众进行胜利战斗的光辉旗帜。"他把"四人帮"的罪行归结为"全面篡改毛主席无产阶级专政下继续革命的伟大理论。"这样一来,同江青这伙人的斗争,就变成了"围绕着坚持还是篡改无产阶级专政下继续革命的理论来展开的"。这无疑是说,揭批"四人帮"的斗争越深入,就越要坚持"无产阶级专政下继续革命的理论"。

这次代表大会在揭批"四人帮"、动员全国人民建设社会主义现代化强国方面,是有历史贡献的。它虽然宣布"文化大革命"已经结束,却又是在肯定"文化大革命"的前提下宣布的。因此,这次代表大会不可能真正实现从"文化大革命"造成的困境中摆脱出来,开辟新道路、开创新局面的转折。华国锋在政治报告中依然重申了毛泽东说过的话:"这次无产阶级'文化大革命',对于巩固无产阶级专政，防止资本主义复辟，建设社会主义，是完全必要的，是非常及时的。"他甚至表示："安定团结不是不要阶级斗争。第一次无产阶级'文化大革命'的胜利结束，决不是阶级斗争的结束，决不是无产阶级专政下继续革命的结束。"他还声称："'文化大革命'这种性质的政治大革命今后还要进行多次。我们一定要遵照毛主席的教导，把无产阶级专政下的继续革命进行到底。"

在讲到当前的形势和任务时，华国锋又一次强调了"抓纲治国"的战略决策。他指出，第一次无产阶级"文化大革命"的结束，使我国社会主义革命和建设进入新的发展时期。"在进入这个时期的关键时刻，党中央作出了抓纲治国的战略决策"。他进而解释说，这个战略决策有一个中心点，"就是高举和捍卫毛主席的伟大旗帜，放手发动群众，团结一切可以团结的力量，把揭批'四人帮'的伟大斗争进行到底，彻底肃清他们的反革命修正主义路线的流毒和影响，巩固和发展第十一次路线斗争的胜利成果，在我国政治、经济、军事、文化和对外工作的各个领域，全面正确地贯彻执行毛主席的无产阶级革命路线。"为了"坚决维护""毛主席作出的决策"，必须"始终不渝地遵循""毛主席的指示"。为此，华国锋要求从这次代表大会之后，"对毛主席关于无产阶级专政下继续革命的伟大理论，来一个全党的学习竞赛，看谁真正地学到了一点东西，看谁学的更多一点。"

华国锋或许没有想到，"两个凡是"后来遭到了很多人的批评，他自己为此作过检讨，也因此而离开了中央的领导岗位。

1976年"天安门事件"被定性为"反革命政治事件"
叶剑英决定"摊牌"，解决"四人帮"问题
"两个凡是"出台
邓小平复出始末

回首
1978

4.邓小平复出始末

日本首相中曾根康弘曾经问过邓小平："最痛苦的是什么?"邓小平回答说，他一生当中最痛苦的是"文化大革命"的时候。邓小平一生"三起三落"，在"文化大革命"的十年里，就有两次被打倒。一次被下放到江西，一次被禁锢起来，冒着被暗害的危险。而他的复出又是同"天安门事件"联系在一起，这成了当时两个敏感的话题。

邓小平第三次被打倒，是因为毛泽东不愿意看到他系统地纠正"文化大革命"的错误。1973年周恩来病重，邓小平从江西"牛棚"里回到北京，开始代替周恩来分管国务院的工作。他在主持中央和国务院日常工作期间，于1975年开始对各方面进行整顿。这种整顿实际上是系统地纠正"文化大革命"以来各种"左"的错误做法。用邓小平后来的话说，"这些整顿实际上是同'文化大革命'唱反调"。这是毛泽东所不能允许的。在此期间，毛远新经常在毛泽东跟前搬弄是非。他在1975年9月曾告诉毛泽东，现在社会上有股风，就是对"文化大革命"怎么看，是肯定还是否定，成绩是七个指头还是错误是七个指头，有分歧。他还对毛泽东说，邓小平很少讲"文化大革命"的成绩。

恰好在这个时候，清华大学党委副书记刘冰、惠宪钧等几个人通过邓小平向毛泽东转交了两封信，这使毛泽东感到不悦。他由此认为，刘冰等人写信的动机不纯，他们的意见代表了对"文化大革命"的不满。他把这件事同毛远新汇报的情况联系起来，断定有人

1973 年，毛泽东决定重新起用免职已久的邓小平。图为回京前邓小平在江西望城乡与夫人卓林（右）、秘书王瑞林（左）合影。

要"算'文化大革命'的账"。他希望邓小平主持召开中央政治局会议，通过一个肯定"文化大革命"的决议。他让邓小平主持通过这个决议，一是让邓小平这些对"文化大革命"有看法的人作这个决议，就可以堵住那些对"文化大革命"有异议的人的嘴，使他们不再唱反调；二是毛泽东想给邓小平一次机会，让他改变观点。但是，邓小平没有接受毛泽东的建议。他还说，由我主持写这个决议不适宜，我是桃花源中人，"不知有汉，何论魏晋。"随之而来的是，邓小平的大部分工作被停止了。

1976 年 2 月，华国锋代理国务院总理职务，并主持中央日常工作。这时，全国开展了"反击右倾翻案风"的运动。华国锋分批向党内高级干部传达了毛泽东的"重要指示"。在这个指示中，毛泽东点名批评了邓小平。他说，邓小平这个人是"不抓阶级斗争的，历来不提这个纲。"他甚至认为邓小平"代表资产阶级"。尽管如此，毛泽东对邓小平的批评还是留了一定的余地，说："批是要批的，但不应一棍子打死。"[42]

华国锋在传达毛泽东"重要指示"时发表了一个讲话，这个讲话经毛泽东审阅过。华国锋还强调说：要在学习毛泽东"重要指示"的基础上，"深入揭发批判邓小平同志的修正主义路线错误"。他希望高级干部在这个问题上要"转过弯来"。随后，毛泽东的"重要指示"和华国锋的讲话向全党作了传达。

毛泽东虽然对邓小平作出了不正确的处理。但是，他对邓小平"保留党籍"的意见，也反映了毛泽东对邓小平的处理仍留有余地、甚至寄予某种希望的心态。

在"文化大革命"的十年中，邓小平两次被打倒，但毛泽东两次都把邓小平的问题当做内部矛盾，对邓小平的处理都留有余地。其中的原因，很重要的一点，就是毛泽东看中了邓小平的才华。而且邓小平的性格又很像毛泽东，就是在原则问题上不肯让步。所以，毛泽东很欣赏邓小平。他不只一次地在公开场合下评论过邓小平。在中共八大召开前夕，为了推选邓小平当中央书记处总书记，毛泽东在七届七中全会上当着70多名中央委员的面评价邓小平："我看邓小平这个人比较公道，他跟我一样，不是没有缺点，但是比较公道。他比较有才干，比较能办事。你说他样样事情都办得好呀？不是，他跟我一样，有许多事情办错了，也有的话说错了；但比较起来，他会办事。他比较周到，比较公道，是个厚道人，使人不那么怕。我今天给他宣传几句。他说他不行，我看行。"[43]

在邓小平第二次复出的时候，毛泽东在中央政治局会议上又一次评价邓小平："他呢，有人怕他，但他办事比较果断。他一生大概是三七开。"

还有一点，就是邓小平在 20 世纪 30 年代曾作为"毛派"的头子第一次被打倒。后来，毛泽东在谈起这件事时还说，邓小平没有历史问题，即没有投降过敌人。他协助刘伯承同志打仗是得力的，有战功。他率领代表团到莫斯科谈判，没有屈服于苏修。

从毛泽东对邓小平的多次评价中可以看出，毛泽东很赏识邓小平的才干和他的品格。毛泽东也预感到，他去世后，中国政坛上会有一场较量，这场斗争很可能是在华国锋同江青这几个人之间展开，"搞不好就得'血雨腥风'。"他当然不愿看到这种局面的发生。华国锋的资力毕竟太浅，能否驾驭局势，这正是毛泽东所担心的问题。他临终前，两次见叶剑英，似乎想表达什么。叶剑英也在猜测，毛泽东是不是"还有什么嘱咐？"可能出于同样的考虑，毛泽东"以一种特殊方式"把邓小平保留下来了。

邓小平的女儿邓榕在《我的父亲邓小平（"文革"岁月）》一书中这样写道："毛泽东作出了打倒邓小平的决定。在决定打倒邓小平的同时，他再一次把邓小平保护了起来，免遭'四人帮'的毒手，并决定再一次保留邓小平的党籍。也许，毛泽东自知，他的'大限'已经不远，他是在最后的时刻，用一种特殊的方式刻意地保留下了邓小平。以毛泽东八十多年的人生阅历和半个多世纪的政治经验，他完全知道，他身后的中国，非但不会是一个'太平盛世'，还必有大的政治恶斗。他也应该料到，那场斗争，将在华国锋等人和'四人帮'之间进行。这些斗争将有如何结局，实在是世事难料……"但是，仅凭着这个也许，毛泽东作出了保留邓小平党籍的决定。在未来不可预知的岁月中，邓小平，以他极其独特的品格和极强的政治生命力，绝不会就此沉沦，也许，在某个时刻，在某种特定的条件下，历史还会赋予他以机会，重燃他那不会熄灭的政治生命之火……毛泽东保留邓小平党籍的这一决定，对于邓小平今后再次复

1976 年"天安门事件"被定性为"反革命政治事件"
叶剑英决定"摊牌"，解决"四人帮"问题
"两个凡是"出台
邓小平复出始末

回首
1978

39

出所起的作用，虽然不是决定性的，却是不可忽视的。"〔44〕

对邓小平来说，毛泽东保留了他的党籍，可能有些出乎他的预料。"天安门事件"发生后，邓小平已经做了最坏的打算。没想到，在最后的关头，毛泽东竟然保留了他的党籍。还指定专人和部队保护邓小平的安全，并明确交代"别人不准插手干预"，也就是不准"四人帮"干预这件事。〔45〕4月8日，邓小平提笔给汪东兴写了一封信，对中央的决议表示拥护，对继续保留他的党籍表示感谢。

在江青一伙被隔离审查的第二天，还处在"禁锢"状态的邓小平终于得知了他盼望已久的消息。传递这个消息的人是邓小平的女婿贺平。因担心家里安装了窃听器，全家人就聚集到厕所里，听贺平讲完了粉碎"四人帮"的经过。终于度过"一生最痛苦"时期的邓小平，不禁感叹道："看来，我可以安度晚年了！"〔46〕

10月10日，"四人帮"被粉碎的消息被证实后，邓小平致信中共中央和华国锋，表达了自己当时的激动心情。他在信中写道："最近这场反对野心家、阴谋家篡党夺权的斗争，是在伟大领袖毛主席逝世后这样一个关键时刻紧接着发生的，以国锋同志为首的党中央，战胜了这批坏蛋，取得了伟大的胜利……我同全国人民一样，对这个伟大斗争的胜利，由衷地感到万分的喜悦，情不自禁地高呼万岁，万岁，万万岁！我用这封短信表达我内心的真诚的感情。"〔47〕

然而，华国锋没有立刻对此作出反应。在他看来，关于邓小平的问题，毛泽东曾作过"重要指示"。按照"两个凡是"，华国锋在邓小平复出问题上没有采取积极的态度。

相反，叶剑英却在为邓小平的复出而尽力。在玉泉山召开的一次中央政治局会议上，叶剑英提出了让邓小平复出的问题。他说，我建议让邓小平出来工作，我们在座的同志总不会害怕他吧？他参加了政治局，恢复了工作，总不会给我们挑剔吧？叶剑英的这番话显然是针对华国锋说的，因为他多次向华国锋提出这个问题，但华国锋没有同意。

10月10日，也就是邓小平给华国锋写信的当天，"两报一刊"发表了题为《亿万人民的共同心愿》的社论，提出当前的任务，就是要"认真学习毛主席关于无产阶级专政下继续革命的理论，学习毛主席的批邓、反击右倾翻案风斗争中的一系列重要指示，深入批邓，继续反击右倾翻案风。"

11月18日，汪东兴在宣传口会议上说，1975年10月，"毛主席就发现邓小平不行，而且错误是严重的，搞原来那一套。毛主席见邓不行，另找华国锋，而邓小平的严重错误一直发展到'天安门事件'。"他还说，对于批邓，"毛主席已经有了一个四号文件。四号文件里面不管怎样总是正确的，是毛主席的指示。"针对当时出现的要邓小平复出的消息，他提醒说，对邓小平，"毛主席讲过'保留党籍，以观后效'嘛！"邓小平那两下子，"比华国锋差得远嘛！对邓小平试了一下不行嘛！"在谈到"天安门事件"时，汪东兴表态说，"天安门事件"被反革命分子利用了。"在批判邓小平错误的时候，反革命利用了这个东西，形成暴乱。"汪东兴不满地说：现在有人"对'文化大革命'还是不理解，三个正确对待做得不好。"[48]他要求老同志注意这个问题。

一个月之后，情况出现了变化。12月14日，中共中央作出决定，允许邓小平看文件。据邓榕回忆，为了让邓小平第三次复出，叶剑英让他的儿子把还处于"软禁"中的邓小平接到他的住处。两人谈了很长时间。胡耀邦也托人传话给叶剑英，其中一句话是：停止批邓，人心大顺。12月25日，华国锋在第二次全国农业学大寨会议上讲话，谈到1977年的任务时没有再提"批邓、反击右倾翻案风"的问题。从年初发表的社论来看，也没有提、"批邓"的问题。

回首
1978

41

可是，问题并没有那么简单。华国锋始终坚持"两个凡是"，不愿意触及为"天安门事件"平反和邓小平复出这两个敏感问题。虽然不提"批邓"，但并不等于华国锋同意邓小平出来工作。在这两个问题上，华国锋还没有松口。

据余焕春回忆，"四人帮"垮台后不久，他被推举参加领导《人民日报》社的清查工作，从五七干校回到了编辑部。临行前，很多人对他说："头一件要清查的就是'天安门事件'，那是人命关天的大事。"

回到编辑部后，"人们首先谈到的也是'天安门事件'，要求为它平反，恢复邓小平同志职务，把颠倒了的历史再颠倒过来。"在大家的努力下，报社很快查清了真相，写出《"四人帮"在天安门广场事件中的阴谋活动》的清查材料，于12月10日以迟浩田、孙轶青等人的名义报送中央。当时主管宣传口的耿飚看到材料后，高兴地说，"天安门事件"可以平反了。但是，事情并不是那么简单。〔50〕

很快，事情的原因就搞清楚了。就在这个时候，李冬民等十几个人在天安门贴出大标语，要求邓小平复出、为"天安门事件"平反。全国其他地方也出现了类似的大字报和标语。针对社会上出现的要邓小平复出和为"天安门事件"平反的呼声，1977年1月8日和25日，负责中央宣传口的一位领导在传达华国锋的意见时表示：要写一篇社论，引导人们学文件，不要再关注"天安门事件"和邓小平的问题。2月7日，"两报一刊"发表社论，要人们认真学习文件，抓住"阶级斗争这个纲"。社论有针对性地提出了"两个凡是"，这无疑给"天安门事件"的平反和邓小平的复出设置了障碍。据耿飚回忆，他接到社论稿后，立即同宣传口的几位负责人进行讨论。大家意识到，"如果按照这'两个凡是'的提法，首先就会影响到邓小平同志复出工作的问题。"

在 3 月 10 日至 22 日召开的中央工作会议上，"天安门事件"和邓小平复出成为争论的话题。叶剑英在会前就说过，在报告中要对邓小平的表现写得好一些，以便使他能够尽快地出来工作。"天安门事件"是个冤案，不是"反革命事件"。

华国锋对报告的起草者也谈了自己的看法，希望按照"两个凡是"去办。他甚至向各小组召集人打招呼，在发言的时候不要触及"天安门事件"和邓小平复出的问题。

然而，会议并没有按照华国锋事先设想的那样进行。对此，萧劲光有过回忆。他说：按照"两个凡是"，当时两个大家关心的问题就无法解决，一个是"批邓、反击右倾翻案风"不能改，一个是"天安门事件"的案不能翻。对此我是不赞成的，我和陈云同志谈过，和王震、王铮、耿飚等一些老同志也谈过。大家在一起议一议，谈一谈，感到大多数老同志的心是相通的，所见也基本相同，思想上越来越感到这两件事的解决势在必行。经过一段时间的考虑，陈云同志决心向中央上书，直言自己的意见。我们这些老同志自然十分赞同，又十分高兴，因为陈云同志德高望重，推举陈云同志挑头，代表大家向中央陈述这些意见，也正是这段时期大家在酝酿之中的事情。在会议召开前夕，王震打电话邀请他去商讨要事。同去的还有王铮、耿飚，大家在一起议论的中心议题还是那两件事。过了一会儿，陈云来了，他发表了意见，大意是说中央工作会议要召开了，他写了一个书面意见，准备在会上做一个发言。〔51〕

果然，3 月 13 日那天，陈云在会上发言谈了他对"天安门事件"的几点看法：第一，当时绝大多数人是为了悼念周总理；第二，尤其关心周恩来同志逝世后党的接班人是谁；第三，至于混在群众中的坏人是极少数；第四，需要查一查"四人帮"是否插手，是否有诡计。他明确指出："邓小平同志与'天安门事件'是无关的。为

1976 年"天安门事件"被定性为"反革命政治事件"
叶剑英决定"摊牌"，解决"四人帮"问题
"两个凡是"出台
邓小平复出始末

回首
1978

了中国革命和中国共产党的需要，听说有些同志提出让邓小平同志重新参加党中央的领导工作，是完全正确、完全必要的，我完全拥护。"〔52〕

会上，王震引用毛泽东说过的话，称"邓小平同志政治思想强，人才难得。"他还肯定了邓小平1975年主持中央和国务院工作期间，对各方面整顿所取得的成绩。正因为如此，"现在全党全军全国人民都热切希望邓小平同志早日出来参加领导工作"。在谈到"天安门事件"时，王震称赞说：这是首都人民在毛主席病重、周恩来总理逝世后自发地进行的大规模悼念活动，是首都人民对"四人帮"罪行的群众性声讨，表现了首都人民的无产阶级义愤。这是我们民族的骄傲，是全国人民阶级觉悟大大提高的表现。"这就是'天安门事件'的本质和主流，不承认这个本质和主流，实质上是替'四人帮'的罪行进行辩护。"〔53〕

3月14日，华国锋在会上发表讲话。从这个讲话来看，在两个敏感问题上，华国锋仍然坚持了"两个凡是"。他说：最近一个时期，在党内和群众中围绕邓小平的问题和"天安门事件"，有不少议论。在这样一些问题上，我们要站得高一些，看得远一些，要有一个根本的立足点。所谓的立足点就是"高高举起和坚决维护毛主席的伟大旗帜"。关于邓小平的问题，华国锋解释说："'批邓、反击右倾翻案风'，是伟大领袖毛主席决定的，批是必要的。"江青一伙也在批邓，但他们另搞一套，对邓小平进行打击、诬陷，这是他们"篡党夺权阴谋的重要组成部分。"这几个人被隔离审查后，中央决定当时继续提"批邓、反击右倾翻案风"的口号，是经过反复考虑的。这样做，就从根本上打掉了"四人帮"利用这个问题进行反革命煽动的任何借口，有利于稳定全国的局势。

华国锋还告诉与会者：现已查获，有那么一小撮反革命分子，

1976 年"天安门事件"
被定性为"反革命政
治事件"
叶剑英决定"摊牌",
解决"四人帮"问题
"两个凡是"出台
邓小平复出始末

"他们的反革命策略是,先打着让邓小平同志出来工作的旗号,迫使中央表态,然后攻击我们违背毛主席的遗志,从而煽动推翻党中央,'保王洪文上台',为'四人帮'翻案。所以,如果我们急急忙忙让邓小平同志出来工作,就可能上阶级敌人的当,就可能把揭批'四人帮'的斗争大局搞乱,就可能把我们推向被动的地位。"基于这样的考虑,华国锋坚持认为,在邓小平的问题上应该遵照毛泽东的指示去办。他强调说:对邓小平的功过,毛泽东早有明确评价,1973 年邓小平重新出来工作后,是有成绩的,也犯过错误。"应当遵照毛主席提出的批是要批的,但不应一棍子打死的指示精神,对邓小平同志采取'惩前毖后、治病救人'的方针,帮助他改正错误。"

不过,在邓小平复出的问题上,华国锋也做了一些让步。他承认,邓小平根本没有插手"天安门事件"。经过五个多月揭批"四人帮"和多方面的工作,"解决邓小平同志的问题,条件逐步成熟。他由此认为,"四人帮"对邓小平的一切污蔑不实之词,都一定推倒。但是,华国锋又不愿意马上让邓小平复出,他考虑应该在"适当的时机让邓小平同志出来工作"。什么是适当时机?华国锋解释说"经过党的十届三中全会和党的第十一次代表大会,正式作出决定,让邓小平同志出来工作,这样做比较适当。"总之,邓小平的问题正逐步在解决,"要做到瓜熟蒂落,水到渠成"。对华国锋提出的这个"适当时机",陈云表示赞同。

不过,在"天安门事件"这一敏感问题上,华国锋也肯定,这是在"四人帮"迫害周恩来、压制群众悼念活动的情况下,群众表示对周恩来总理的悼念之情,是"合乎情理的"。但在事件的性质上,华国锋坚持认为,"确有极少数反革命分子把矛头指向伟大领袖毛主席,乘机进行反革命活动,制造了天安门广场反革命事件。"但他同时也承认,当时去天安门广场的绝大多数群众是好的,是悼念

回首
1978

45

周恩来总理的。其中许多人对"四人帮"表示不满，因此，"不能把他们，包括纯属反对'四人帮'而被拘捕过的群众，说成是参加了天安门广场的反革命事件。"[54]

尽管华国锋在两个敏感问题上的态度有所松动，但由于他在讲话中提出了"两个凡是"。结果，在邓小平复出问题上，他坚持要等到"适当时机"解决。在"天安门事件"的性质上，他依然坚持认为，不要在这个问题上"再争论了"。

由于陈云、王震在中央工作会议上提出让邓小平出来工作，华国锋也同意在"适当时机"解决邓小平的工作问题，于是，4月7日，汪东兴、李鑫奉命看望了邓小平，希望他就"天安门事件"表个态，承认"天安门事件是反革命事件"。但是，邓小平拒绝了，而且认为"两个凡是"不行。按照"两个凡是"，就说不通为我平反的问题，也说不通肯定1976年广大群众在天安门广场的活动"合乎情理"的问题。所以，邓小平表示：我出不出来没有关系，但是"天安门事件"是革命行动。[55]

4月10日，邓小平致信华国锋、叶剑英和中共中央，对"两个凡是"提出了批评。因为按照"两个凡是"，不管毛泽东说的话或作出的决策是对还是错，都应该"维护"或"遵循"，这无疑把毛泽东错误的东西也一同继承下来了。所以，他在信中说："我们必须世世代代地用准确的完整的毛泽东思想来指导我们全党、全军和全国人民，把党和社会主义的事业，把国际共产主义运动的事业，胜利地推向前进。"[56]

三个月后，邓小平在谈到这封信时这样说过：我说要用准确的完整的毛泽东思想作指导的意思是，要对毛泽东思想有一个完整的准确的认识，要善于学习、掌握和运用毛泽东思想的体系来指导我们各项工作。"只有这样，才不至于割裂、歪曲毛泽东思想，损害毛

1976 年"天安门事件"
被定性为"反革命政
治事件"
叶剑英决定"摊牌"，
解决"四人帮"问题
"两个凡是"出台
邓小平复出始末

泽东思想。"

5 月 3 日，中共中央将邓小平这封信和他在 1976 年 10 月 10 日写的那封信一起转发了。这实际上是让邓小平复出所采取的一个重要步骤。

5 月 24 日，邓小平同王震和邓力群谈话，对"两个凡是"提出了严厉批评。他说："按照'两个凡是'，就说不通为我平反的问题，也说不通肯定 1976 年广大群众在天安门广场的活动'合乎情理'的问题。"把毛泽东在这个问题上讲的移到另外的问题上，在这个地点讲的移到另外的地点，在这个时间讲的移到另外的时间，在这个条件下讲的移到另外的条件下，这样做，不行嘛！"毛泽东同志自己多次说过，他有些话讲错了。他说，一个人只要做工作，没有不犯错误的。"邓小平认为，"一个人讲的每句话都对，一个人绝对正确，没有这回事情。"一个人能够三七开就很不错了。"我死了，如果后人能够给我以'三七开'的估计，我就很高兴、很满意了。"彻底的唯物主义者，应该像毛泽东说的那样对待这个问题。马克思、恩格斯没有说过"凡是"，列宁、斯大林没有说过"凡是"，毛泽东同志自己也没有说过"凡是"。[57]

7 月 16 日，中共十届三中全会召开。这次会议恢复了邓小平中央委员、中央政治局委员、中央政治局常委、中央副主席、国务院副总理、解放军总参谋长的职务。7 月 21 日，邓小平在会上就他的复出问题讲了几句交心的话。他说：作为一名老共产党员，还能在不多的余年里为党为国家为人民做一点力所能及的事情，在我个人来说是高兴的。"我出来工作，可以有两种态度，一个是做官，一个是做点工作。我想，谁叫你当共产党人呢，既然当了，就不能够做官，不能够有私心杂念，不能够有别的选择。"[58]

邓小平在第三次被打倒后，并没有沉沦下去。粉碎"四人帮"

回首
1978

47

之后，华国锋提出并推行"两个凡是"，遭到很多人的反对。让邓小平复出的呼声日渐高涨。在这种特定的条件下，历史又一次赋予邓小平机会，"重燃他那不会熄灭的政治生命之火"。在沉寂了一年半之后，邓小平再次出现在中国政坛上。

也就是在这次会议上，华国锋被追认为中共中央主席和中央军委主席。会议既肯定了华国锋是"毛主席的好学生、好接班人，是我们的领袖、好统帅"，也肯定了华国锋提出的"抓纲治国"的战略决策"大得党心、军心、民心"。而且，还肯定华国锋为首的中央的政治路线和组织路线，以及中央政治局为实现"抓纲治国"的战略决策所采取的各项措施是"完全正确的"。会议甚至认为，确认华国锋的领导地位，对于我们高举毛泽东的伟大旗帜，"在无产阶级专政下进行革命，是最可靠的保证。"

粉碎"四人帮"，结束"文化大革命"，历史并没有因此而出现转折，原因是当时主要领导人提出并推行"两个凡是"，继续坚持毛泽东晚年的错误。另一方面，邓小平又多次对"两个凡是"提出批评，强调要坚持实事求是的思想路线。这实际上是两条道路的选择，是继续走"文化大革命"以前的老路，还是开辟一条新路？这是一次生死攸关的选择。

参考文献

〔1〕余焕春：《〈人民日报〉与1976年天安门事件》，《百年潮》1998年第2期。

〔2〕余焕春：《〈人民日报〉与1976年天安门事件》，《百年潮》1998年第2期。

〔3〕余焕春:《〈人民日报〉与1976年天安门事件》,《百年潮》1998年第2期。

〔4〕余焕春:《〈人民日报〉与1976年天安门事件》,《百年潮》1998年第2期。

〔5〕余焕春:《〈人民日报〉与1976年天安门事件》,《百年潮》1998年第2期。

〔6〕余焕春:《〈人民日报〉与1976年天安门事件》,《〈百年潮〉1998年第2期。

〔7〕吴德同志4月5日在天安门广场发表广播讲话,新华社1976年4月7日讯。

〔8〕余焕春:《〈人民日报〉与1976年天安门事件》,《百年潮》1998年第2期。

〔9〕余焕春:《〈人民日报〉与1976年天安门事件》,《百年潮》1998年第2期。

〔10〕余焕春:《〈人民日报〉与1976年天安门事件》,《百年潮》1998年第2期。

〔11〕毛泽东召集在京中共中央政治局成员谈话记录,1974年7月17日。

〔12〕毛泽东在中共中央政治局会议上的讲话记录,1975年5月3日。

〔13〕纪希晨:《粉碎"四人帮"全景写真》〔下〕,《炎黄春秋》2000年第11期。

〔14〕武建华:《粉碎"四人帮"的策划过程》,《中华儿女》2001年第10期。

〔15〕武建华:《粉碎"四人帮"的策划过程》,《中华儿女》2001年第10期。

〔16〕武建华:《粉碎"四人帮"的策划过程》,《中华儿女》2001年第10期。

〔17〕武建华:《粉碎"四人帮"的策划过程》,《中华儿女》2001年第10期。

〔18〕张树军、高新民主编:《中共十一届三中全会历史档案》(上),中国经济出版社1998年版,第20—21页。

1976年"天安门事件"被定性为"反革命政治事件"
叶剑英决定"摊牌",解决"四人帮"问题
"两个凡是"出台
邓小平复出始末

回首
1978

49

〔19〕转引自范硕:《〈叶剑英在1976〉》,中共中央党校出版社1990年版,第216页。

〔20〕参见金春明:《"文化大革命"史稿》,四川人民出版社1995年版,第451—452页。

〔21〕武建华:《粉碎"四人帮"的实施过程》,《中华儿女》2001年第11期。

〔22〕《耿飚回忆录》(1949—1992),江苏人民出版社1998年版,第293页。

〔23〕《叶剑英——叶剑英身边工作人员和亲人的回忆》,广东旅游出版社1997年版,第62页。

〔24〕张树军、高新民主编:《中共十一届三中全会历史档案》(上),中国经济出版社1998年版,第19、21页。

〔25〕参见《叶剑英选集》,人民出版社1996年版。

〔26〕《毛泽东传》(1949—1976)(下),中央文献出版社2003年版,第1767页。

〔27〕《"文革"结束后国民经济的恢复工作》,《百年潮》2002年第7期。

〔28〕《毛泽东传》(1949—1976)(下),中央文献出版社2003年版,第1754、1756页。

〔29〕叶剑英在中央工作会议上的讲话记录,1977年3月22日。

〔30〕《人民日报》1976年1月1日。

〔31〕《万里河山红旗展,八亿神州尽开颜》,《人民日报》1976年10月25日。

〔32〕《邓小平文选》第三卷,人民出版社1993年版,第298页。

〔33〕《乘胜前进》,《人民日报》1977年1月1日。

〔34〕于光远等:《改变中国命运的41天——中央工作会议、十一届三中全会亲历记》,海天出版社1998年版,第174页。

〔35〕《耿飚回忆录》(1949—1992),江苏人民出版社1998年版,第

297—298 页。

〔36〕于光远等:《改变中国命运的 41 天——中央工作会议、十一届三中全会亲历记》,海天出版社 1998 年版,第 116—117 页。

〔37〕《毛泽东传》(1949—1976)(下),中央文献出版社 2003 年版,第 1731—1732 页。

〔38〕张占斌:《政治发展与当代中国》,吉林文史出版社 1990 年版,第 240 页。

〔39〕《建国以来毛泽东文稿》第 1 册,中央文献出版社 1987 年版,第 529 页。

〔40〕华国锋:《把无产阶级专政下继续革命进行到底》,《人民日报》1977 年 5 月 1 日。

〔41〕华国锋:《在全国工业学大庆会议上的讲话》,《人民日报》1977 年 5 月 13 日。

〔42〕《毛泽东传》(1949—1976)(下),中央文献出版社 2003 年版,第 1771 页。

〔43〕《毛泽东文集》第 7 卷,人民出版社 1999 年版,第 111—112 页。

〔44〕毛毛:《我的父亲邓小平(“文革”岁月)》,中央文献出版社 2000 年版,第 483 页。

〔45〕《邓小平年谱》(1975—1997)(上),中央文献出版社 2004 年版,第 201 页。

〔46〕范硕:《叶剑英在 1976》(修订本),中共中央党校出版社 1995 年版,第 399 页。

〔47〕范硕:《叶剑英在 1976》(修订本),中共中央党校出版社 1995 年版,第 400 页。

〔48〕于光远等:《改变中国命运的 41 天——中央工作会议、十一届三中全会亲历记》,海天出版社 1998 年版,第 115 页。

1976 年“天安门事件”被定性为“反革命政治事件”
叶剑英决定“摊牌”,解决“四人帮”问题
“两个凡是”出台
邓小平复出始末

回首
1978

〔49〕余焕春:《〈人民日报〉与 1976 年天安门事件》,《百年潮》1998 年第 2 期。

〔50〕《耿飚回忆录》(1949—1992),江苏人民出版社 1998 年版,第 298 页。

(51)《萧劲光回忆录》(续集),解放军出版社 1989 年版,第 356—357 页。

〔52〕《陈云文选》第 3 卷,人民出版社 1995 年版,第 230 页。

〔53〕中华人民共和国国史学会:《国史研究通讯》,1993 年第 4 期。

〔54〕张树军、高新民主编:《中共十一届三中全会历史档案》(下),中国经济出版社 1998 年版,第 210—212 页。

〔55〕大型电视文献纪录片《邓小平》(解说词),中央文献出版社 1997 年版,第 122 页。

〔56〕《邓小平思想年谱》(1975—1997),中央文献出版社 1998 年版,第 26 页。

(57)《邓小平文选》第二卷,人民出版社 1994 年版,第 38—39 页。

〔58〕《邓小平思想年谱》(1975—1997),中央文献出版社 1998 年版,第 29—30 页。

第二章
转折的前奏

1977 年，中国经历了一场前所未有的高考，设在全国各地的考场就达上万个。一时间，洛阳纸贵，纸张成了严重的大问题。中共中央只得批准动用出版《毛泽东选集》第五卷的纸张。恢复高考在全国产生了巨大反响，被称为"拨乱反正的第一声号角"。

当时，百废待兴，高考制度还不完善，可是全社会都洋溢着公正、平等的人文空气，"依靠自己的奋斗站起来"，成为当时很流行的一种价值观念。

刘心武的短篇小说《班主任》发表后，在全社会引起不小的震动，有人称之为中国第一篇"伤痕"小说。文艺界终于迎来了"解冻"期，"伤痕文学"登上了中国文坛。

1."两个估计"寿终正寝

　　邓小平恢复职务后，主动要求抓科教方面的工作。当时，教育领域面临的重大问题是对"文革"前17年的教育工作如何估计，以及怎样看待知识分子。在这个问题上，人们反映最强烈的，也是最不满意的就是"两个估计"，即：一、建国17年来（指"文革"前），教育战线是"资产阶级专了无产阶级的政"，是"黑线专政"；二、教师队伍中的大多数和17年培养的学生的大多数，"世界观基本上是资产阶级的"，是"资产阶级知识分子"。

　　这"两个估计"出自1971年《全国教育工作会议纪要》，它的幕后策划者不是别人，正是张春桥和姚文元。1969年6月，张春桥、姚文元在上海组织一班人马，精心制定了一个《上海市中、小学教育革命纲要》。其中写道："'文化大革命'的伟大胜利，打破了资产阶级知识分子统治学校的局面，使上海市中、小学出现了翻天覆地的变化。"1970年7月22日，《人民日报》发表了迟群、谢静宜主持撰写的文章《为创办社会主义理工科大学而奋斗》，介绍了当时教育革命中影响较大的一些权威"经验"，提出要"彻底结束中产阶级知识分子对学校的统治"。12月下旬，张春桥跑到上海为即将出台的"两个估计"定调。他在上海市党代会代表学习班上说："至于十七年，我们哪里占领过？一百七十年，一千七百年我们也未占领。"他还谈了对知识分子的看法：现在教师队伍中，有些人非常恶劣，要大换一批。"对这些人我非常恼火。可都枪毙也不行啊！"

　　1971年4月14日，全国教育工作会议召开。会议开了3个多月，一直到 7 月 31 日。会议被张春桥、迟群所控制。迟群声称，科教组不需要高教部和教育部的人。结果，在会议领导成员和工作机构中，也就没有原高教部和教育部的人了。会议领导小组 12 名成员当中，张春桥一伙几乎占了一半。出席会议的 631 名代表，"文化大革命"前从事教育工作、甚至包括那些同教育只沾过一点边的人在内，也不过三分之一。其中担任过省一级厅（局）长、大专院校主要负责人的，也只有 50 来人。这就是说，参加会议的大多数人，都不熟悉"文化大革命"前 17 年的教育工作情况。

结果，在张春桥和迟群的控制下，会议形成了一种对建国以来 17 年的教育工作和知识分子，只许否定不能肯定的氛围。张春桥甚至在小组会议上扬言，17 年教育战线领导权的问题"始终没有解决"，"毛主席的路线没有落实"，"名义上是共产党领导，实际上是假的。"会上，凡是不提 17 年"资产阶级专政"的发言材料都不准登《简报》。至于那些提出不同看法的人，不是当场受到责问，就是被扣上"否定'文化大革命'新生事物"的帽子。

根据会议讨论的情况，迟群起草了一个《全国教育工作会议纪要》，由姚文元、张春桥修改定稿。张春桥究竟做了哪些修改呢？关于第一个估计，原稿上写道："毛主席的无产阶级教育路线基本上没有得到贯彻执行"，张春桥在修改稿上加上无产阶级对教育部门的领导权"还没有从根本上解决"这样一句话。他还授意迟群在"高教六十条"写下这些话："高教六十条"，使"教授治校"、"智育第一"、"业务挂帅"等"黑货更加系统化，加紧推行修正主义路线，达到十分猖狂的程度。"其中，"更加系统化"、"达到十分猖狂的程度"，是张春桥特意加进去的。关于第二个估计，原稿上是这样写的："解放以来，特别是经过无产阶级'文化大革命'，知识分子的大多数在政治上、思想上有了显著的进步，涌现出一批决心把无产

回首
1978

阶级教育革命进行到底的积极分子。但是，他们世界观的彻底改变需要一个很长的时间，要经过痛苦的磨炼"。张春桥把"解放以来，特别是"这 7 个字删掉了，把"显著的进步"改为"不同程度的进步"，增加了"大多数……世界观基本上是资产阶级的"。

这个"纪要"经毛泽东圈阅后，中共中央于 1971 年 8 月 13 日转发。从那以后，"两个估计"就成了套在教师和广大知识分子脖子上一副沉重的精神枷锁。

问题在于，这个"纪要"是经毛泽东圈阅过的。如果按照"两个凡是"，这个"纪要"就不能批判了。邓小平在 1975 年着手各方面整顿的时候，就试图系统地纠正"文化大革命"的错误，包括科研和教育战线的错误。由于毛泽东的不满，邓小平又一次被打倒。但是，邓小平在原则问题上从不肯让步。所以，第三次复出后，他依然着手纠正"文化大革命"的错误，而突破口就选择在教育战线上，切入点就是批判毛泽东曾经圈阅过的《全国教育工作会议纪要》。

中共十届三中全会结束后不久，8 月 4 日至 8 日，邓小平邀请 30 多位科学家和教授座谈，听取他们对教育和科研的意见。会上，与会者反映最强烈的问题果然是"两个估计"，希望能为建国以来 17 年的教育工作正名。

通过几天的座谈，邓小平了解了一些情况."也开始了解了当前应该首先解决的一些问题。"考虑到对建国以后 17 年怎样估计成为大家非常关心的问题，所以，在最后一天的座谈会上，即 8 月 8 日，邓小平做了一个讲话，谈了他对这个问题的看法。他认为，毛泽东在"文化大革命"以前的大部分时间里，对科研工作和教育工作的一系列指示，"基本上是鼓励，是提倡，是估计到我们知识分子中的绝大多数是好的，是为社会主义服务或者愿意为社会主义服务的。"

毛泽东虽然在 1957 年后讲过一些过头话，但在 60 年代初期，他对"科学十四条"和"高教六十条"还是支持的。所以，邓小平强调，"要把毛泽东同志在教育方面的主导思想，在知识分子问题上的主导思想讲清楚。"至于教育战线 17 年的工作怎样估计，邓小平相信，"主导方面是红线"。他指出："应当肯定，十七年中，绝大多数知识分子，不管是科学工作者还是教育工作者，在毛泽东思想的光辉照耀下，在党的正确领导下，辛勤劳动，努力工作，取得了很大的成绩。"邓小平还特别提到教育工作者，认为他们的劳动更辛苦。"现在差不多各条战线的骨干力量，大都是建国以后我们自己培养的，特别是前十几年培养出来的。如果对十七年不做这样的估计，就无法解释我们所取得的一切成就了。"[1]

那么，对知识分子的世界观又怎么判断呢？邓小平认为，我们知识分子的绝大多数是自觉自愿地为社会主义服务的，反对社会主义的是极少数，对社会主义不那么热心的也只是一小部分。

邓小平在对建国后 17 年的教育工作和知识分子队伍做了上述估计之后，意识到就当前的现状而言，"要特别注意调动教育工作者的积极性，要强调尊重教师。"所以，他强调，教师和科研工作者都是劳动者。有位科学家曾经反映，在农业科学院种庄稼不算劳动，要到农村种庄稼才算劳动，邓小平觉得"这真是怪事"，难道"一定要用锄头才算劳动？"

"文化大革命"期间，"四人帮"把知识分子摆在地、富、反、坏、右、叛徒、特务、"走资派"之后，名列第九。这还不算，他们又在"老九"前面又加了一个"臭"字。对此，邓小平明确表示："老九"并不坏，《智取威虎山》里的"老九"杨子荣就是一个好人！"错就错在那个'臭'字上。毛泽东同志说过，'老九'不能走。这就对了。知识分子的名誉要恢复。"[2]

回首
1978

57

邓小平的这个讲话，在当时所产生的影响不可低估，它确实使知识分子兴奋了一阵子。因为人们已经好久没有听到这样的讲话了。用邓小平的话说：这是一个"大胆的讲话"。但是，在随后召开的中共十一大上，华国锋仍然强调要坚持"无产阶级专政下继续革命的伟大理论"，甚至宣布："文化革命这种性质的政治大革命今后还要进行多次"。在这种"左"的理论氛围的笼罩下，"两个估计"自然被很多人视为不可逾越的"禁区"。就连邓小平的讲话也"有人反对"。[3]

如果说邓小平8月8日的讲话还"照顾了一点现实"的话，那么，在看到新华社记者穆扬和王惠平写的内参之后，他的讲话就显得毫不客气了。9月19日，邓小平同教育部的几位负责人谈话，再次批评了"两个估计"。他说，最近《人民日报》记者找了6位参加过1971年全国教育工作会议的同志座谈，写了一份材料，讲了《全国教育工作会议纪要》产生的经过，很可以看看。"《纪要》是姚文元修改、张春桥定稿的。当时不少人对这个《纪要》有意见。《人民日报》记者写的这份材料说明了问题的真相。"在谈到"两个估计"时，邓小平肯定地说，建国后的17年，各条战线，包括知识分子比较集中的战线，都是以毛泽东同志为代表的路线占主导地位，"唯独你们教育战线不是这样，能说得通吗？"他明确表示，《纪要》是毛泽东画了圈的，"毛泽东同志画了圈，不等于说里面就没有是非问题了。我们不能简单地处理。"姚文元、张春桥修订的这个《纪要》虽然引用了毛泽东的一些话，但都是断章取义，里面还加进了不少他们自己的话。所以，"对这个《纪要》要进行批判，划清是非界线。"邓小平进而表态说："两个估计"是不符合实际的，"怎么能把几百万、上千万知识分子一棍子打死呢？我们现在的人才，大部分还不是十七年培养出来的？"

邓小平还当着这几位负责人的面直截了当地批评了教育部,说
他们的思想没有解放出来。"你们管教育的不为广大知识分子说话,
还背着'两个估计'的包袱,将来要摔筋斗的。现在教育工作者对
你们教育部有议论,你们要心中有数。"他提醒这位负责人:"你们
还没有争取主动,至少说明你们胆子小,怕又跟着我犯'错误'。我
知道科学、教育是难搞的,但是我自告奋勇来抓。"他希望教育部能
够争取主动,放手大胆地去抓,"不要东看看,西看看。把问题弄清
楚了,该怎么办就怎么办。"该自己解决的问题就自己解决,自己解
决不了的,就报中央。[4]

在这次谈话中,邓小平鼓励教育部"要敢于大胆讲话"。所以,
在这次谈话之后不久,教育部成立了由副部长李琦为首的写作组。
李琦又找到《人民日报》总编辑吉伟青、教育部研究室的罗劲波,
要他们写一篇批判"两个估计"的文章。

但是,吉伟青、罗劲波对批判毛泽东圈阅过的红头文件仍心
有余悸。在李琦的耐心解释下,写作组拟订了文章的指导思想和框
架,并将题目定为《教育战线的一场大论战》。[5]

二十年后,李琦在谈到这件事时说:"批判'两个估计',我们
是非常乐意的。这个臭名昭著的'两个估计',乱讲什么反对'两个
估计'就是反对毛泽东思想,污蔑学生是'一年土,二年洋,三年
不认爹和娘'。并断章取义地利用毛主席关于教育问题的指示,一
味地打击教育界,简直坏透了。"[6]

对"两个估计"如何批判?这是写作组遇到的一道难题。恰好
这个时候,他们发现了迟群的笔记本,这才算解决了这个难题。《人
民教育》编辑部的孙长江,在审查"四人帮"的骨干分子薛玉珊的
过程中意外地发现了这个笔记本上不完整地记录了毛泽东的一些指
示,孙长江向李琦作了汇报。后经有关部门批准,孙长江查看了迟

群和谢静宜的笔记本，核对了其中有关毛泽东在 1971 年全国教育工作会议期间对教育工作指示的记录。写作组研究后，将毛泽东的这些指示写进了文章。

李琦回忆说："9 月 20 日，我们集中在一块，10 月中旬就写出初稿，在教育部讨论了四五次后，交给胡乔木同志审查。为了让文章更有说服力，胡乔木当时提笔就给写了几句话：'这里，我们受权向全党和全国人民郑重地宣告：就在 1971 年夏季"四人帮"把 17 年抹得一团漆黑的时候，我们的伟大领袖和导师毛主席针锋相对地批驳了他们的谬论。'"[7]

胡乔木审阅之后将稿子转给了邓小平，10 月 31 日，邓小平批了两句话："此稿写的不算很好，但还可以用。"[8]

按照邓小平的指示，写作组对文章又做了一些修改。11 月 13 日，胡乔木将第二稿送给邓小平审核。邓小平看过之后觉得"此稿可发"，并于 17 日退给了写作组。根据胡乔木的批示，文章以教育部大批判组的名义发表，并通知《人民日报》、《红旗》杂志同时转载。

11 月 18 日，《人民日报》发表了这篇文章，并且配发了该报记者写的《"两个估计"是怎样炮制出来的?》文章。与此同时，《红旗》杂志也在第 12 期上发表了该文，各省、市、自治区分别于 19 日至 20 日相继转载。人民出版社还出版了单行本。

教育部大批判组的文章一发表，当天就成了轰动全国、振奋人心的大事。事后，有人称《人民日报》的一篇内参推翻了"两个估计"，做了一件功德无量的事情。[9]

这篇 12000 多字的文章究竟写了些什么? 从文章的结构来看，主要讲了四个方面的问题:（一）"两个估计"是怎样出笼的? （二）十七年是红线主导还是"黑线专政"? （三）知识分子是革命力量还是革命对象? （四）高举毛主席的伟大旗帜，把无产阶级教育革命进行到底。

"两个估计"寿终正寝
恢复高考招生制度
邓小平强调尊重教师，
教育事业逐步走上正轨
中国经历了一场前所
未有的高考
一部小说引起巨大反响，
文艺领域开始"解冻"
"科学的春天"

文章批判"两个估计"的主要证据就是毛泽东的三条指示：一是十七年的估计不要讲得过分。在无产阶级专政下执行了错误的路线，不是大多数人，是一小部分人；二是多数知识分子还是拥护社会主义制度。执行封、资、修路线的人还是少数。"一年土、二年洋、三年不认爹和娘，还是认得的，就是爱面子，当人的面不认，背地里还是认的，只不过有资产阶级思想，过后还是要认的；三是"高教六十条"。总的来说还有它对的地方嘛，难道没有一点对的地方嘛，错误的要批，批它错误的东西。

此外，文章还引用了毛泽东有关知识分子的一段讲话："人家是教师，还要尊重他嘛。一讲不对就批评，那能都讲对呀，讲不对没关系，讲错了没关系，大家共同研究，怎么能一下子都讲对嘛。"

毛泽东的上述指示均是胡乔木加进去的。他还解释说："毛主席的指示是多么好啊！这就是毛主席关于教育战线形势和知识分子状况的根本估计。"文章由此认为，"毛主席的估计和'四人帮'的'估计'完全对立，这种对立是两个阶级、两条路线尖锐斗争的反映。"

为了说明建国后十七年教育战线是红线占主导地位，文章列举了几组数据：我国高等学校由解放初的 200 多所，发展到 400 多所；各级各类学校的学生人数达到 1 亿 3 千多万人。教学质量不断提高，为国家输送了大批又红又专的人才。"所有这一切，都是贯彻执行毛主席的教育革命路线的结果。否定这些成就，岂不是否定毛主席的革命路线吗？"

文章引用的毛泽东语录竟达 20 多条！作者通过引用毛泽东的讲话，是想说明"两个估计"产生的责任不在毛泽东，而是张春桥、姚文元歪曲了毛泽东的指示，并断章取义的结果。关于教育界和知识分子的问题，毛泽东在建国后有很多论述。可是，他对知识分子

回首
1978

也有很多看法。1956年1月，周恩来在全国知识分子工作会议上明确宣布：知识分子中的绝大部分"已经成为国家工作人员，已经为社会主义服务，已经是工人阶级的一部分。"这个早已定下的结论，后来却多次出现反复。同年召开的中共八大，虽然承认"我国知识分子的面貌已经发生了根本的变化"，但又恢复了"资产阶级和小资产阶级的知识分子"的提法。到了1957年，知识分子再一次被归为资产阶级的范畴。毛泽东在这年3月召开的全国宣传工作会议上说："我们现在的大多数的知识分子，是从旧社会过来的，是从非劳动人民家庭出身的。有些人即使是出身于工人农民的家庭，但是在解放以前受的是资产阶级教育，世界观基本上是资产阶级的，他们还是属于资产阶级的知识分子。"这就否定了周恩来的结论。可是，教育部大批判组的文章引用了毛泽东的这段话，并且认为，这是毛泽东当时就500万知识分子的状况讲的，而1971年我国知识分子已经达到2000万。于是，毛泽东对知识分子状况又做了新的估计。张春桥、姚文元封锁了毛泽东的指示，"硬把毛主席14年前的估计扣到七十年代两千万新老知识分子的头上，这只能说明他们蓄意歪曲和篡改毛泽东思想。"

那么，在1957年到1971年这段时间里，毛泽东对知识分子究竟是怎样看待的呢？1962年3月，陈毅在全国话剧、歌剧创造会议上说要给知识分子"脱帽加冕"，即脱"资产阶级知识分子"之帽，加"劳动人民知识分子"之冕。不久，周恩来在准备全国人大二届三次会议报告时作了这样的肯定：我国的知识分子在社会主义建设的各条战线上，作出了宝贵的贡献。经过12年的锻炼，已经起了根本的变化。知识分子中的绝大多数，都是积极地为社会主义服务，接受中国共产党的领导，并且愿意继续进行自我改造，"毫无疑问，他们是属于劳动人民的知识分子"。如果"还把他们看做是资产阶级知识分子，显然是不对的。"但是，这个问题仍然没有得到透彻解决。胡乔木这样说过："党中央对思想政治上的'左'倾观点没有作出彻底清理。周恩来、陈毅在广州会议上关于知识分子问题的讲话，在党中央内部有少数人不同意甚至明确反对，在周恩来要求毛泽东对这个问题表态时，毛泽东竟没有说话。这种情形是后来党对知识分子、知识、文化、教育的政策再次出现大的反复的预兆。"[10] 作为"文化大革命"发动标志的《五一六通知》，就是毛泽东主持起草的。《通知》要求全党高举无产阶级"文化大革命"的大旗，"彻底揭露那批反党反社会主义的所谓'学术权威'的资产阶级反动立场，彻底批判学术界、教育界、新闻界、文艺界、出版界的资产阶级反动思想，夺取在这些文化领域的领导权。"

从上述这段论述来看，毛泽东对"两个估计"的出台是负有一定责任的。而且，他还在《全国教育工作会议纪要》上划过圈。正因为这个原因，"两个估计"的出台才有了尚方宝剑，而且在随后的几年时间里，甚至在粉碎"四人帮"之后的一段时间里，"两个估计"成了人们无法逾越的"禁区"。

用现在的眼光来看，作者当年在写这篇批判文章的时候，明显地受制于"左"的理论影响，以致文章不可避免地打下了"两个凡是"的烙印，结果给人的印象是：凡是毛泽东说的话都是对的，"两个估计"的出台，板子应该打在"四人帮"的身上。

尽管如此，文章所起的作用不能小视。在当时的环境下，它的发表无疑是一声惊雷，对解放思想，解决知识分子问题，以及教育战线上的拨乱反正，起了相当大的作用。

文章发表后，最受鼓舞的当然是教育界，有的学校还举行了集会。北京市委、市政府召开中小学教师座谈会，批判"两个估计"。会上，有人说：我们解放了，套在我们头上的精神枷锁被砸

回首
1978

碎了。[11] 当时发表的一篇文章这样说：许多人听到被"四人帮"封锁多年的毛主席在1971年关于教育战线形势和知识分子状况的根本估计，万分激动，热泪盈眶。

1977年11月19日，《人民日报》发表评论员文章，认为推倒"两个估计"后，"教育事业大有希望"。作者在文章中指出：当形势的发展迫切要求教育工作大干快上的时候，"四人帮"炮制的"两个估计"仍然束缚着广大教育工作者和知识分子的手脚。这种情况引起了广大工农兵和知识分子特别是教育工作者的强烈不满。党中央率领我们冲破了"四人帮"设置的"禁区"，揭穿了"四人帮"炮制"两个估计"的大阴谋。作者还写道："原来就反对'两个估计'，坚决同'四人帮'作斗争的同志，现在可以意气风发，为全面贯彻毛主席的教育路线贡献力量。原来受到压抑、戴过帽子、挨过棍子的同志，现在可以解脱精神上枷锁的束缚，甩开膀子大干快上了。那些心有余悸、东张西望、左顾右盼、徘徊不前的同志，现在没有任何借口或理由再动动摇摇了"。最后，作者宣称："现在，揭批'四人帮'炮制'两个估计'的大阴谋的序幕已经拉开，清算'四人帮'破坏教育革命的滔天罪行的战斗已经打响。"[12]

第二天，清华大学党委副书记何东昌写了一篇《"两个估计"给清华带来大灾难》的文章，发表在11月20日的《人民日报》上。何东昌说，清华大学是"四人帮"严密控制多年的学校。"四人帮"为了炮制"两个估计"，打击了许多人。刘仙洲就是其中一例。他是一位爱国知识分子。解放后，他积极参加思想改造运动，认真学习马列和毛主席著作。1953年，他向党提出申请，要求加入中国共产党。清华大学党委请示了中共华北局，同意吸收他入党。这是我们贯彻执行党的团结、教育、改造知识分子政策的一个胜利，当时对知识界影响很大。刘仙洲长期从事科学技术史的研究，学术上是有

图为周培源在发言。

成就的。可是，"四人帮"的黑干将迟群一伙拿不出任何材料，硬是把他打成"反动学术权威"。学校的一些同志多次提出要落实政策，他们就是不同意，直到1975年刘仙洲含冤逝世。"四人帮"炮制"两个估计"后，迟群一伙更是拿着这根大棒，对同他们作斗争的同志实行残酷镇压，无情打击。1973年10月以后，他们在清华搞了一个所谓"反对修正主义回潮"的运动，被列案审查的有几十人，重点批判的达数百人。他们动不动就抡起"两个估计"这两根大棒镇压群众。在清华，只要说一句"对十七年要一分为二"，就要挨他们的批斗。教育部大批判组的文章，向全党全国人民公布了毛主席关于教育工作的指示，"这对'四人帮'多年来对教育工作者的精神统治，是一个致命的打击。"何东昌表示：我们在学校工作的同志有这么一个体会："两个估计"不推倒，我们进行实际工作就困难重重。粉碎"四人帮"后，改组了学校党委，并"对'文化大革命'前在毛主席革命路线指引下做的正确的事情做了肯定"。现在，"我们正在批判'两个估计'，形势必将有很大的变化。"〔13〕

回首
1978

65

"两个估计"的出台同"四人帮"在上海的亲信有直接的关系，所以，在教育部大批判组的文章发表后一个星期，即11月24日，上海市教育局也以批判组的名义在《人民日报》上发表了一篇题为《"四人帮"炮制"两个估计"的前前后后》的文章，披露了一些内情。文章说，"四人帮"让他们在上海的那个亲信出面，于1971年8月8日抛出了《会议的汇报提纲》，同时下达指示："传达要以会议文件为准，首长指示精神穿插起来讲。"传达中，他们连篇累牍地吹捧"四人帮"。据统计，仅是吹捧张春桥、姚文元的地方就达11处之多。他们传达说："7月9日起由春桥主持对第十三稿进行修改，文元作了几处重要修改。"他们还称，"整个第一段是张春桥搞的"，并摘录了其中的几段。相反，"对于周总理在会议期间的两次重要讲话，'四人帮'的余党却以种种借口，加以封锁，不作传达。直到粉碎'四人帮'后，上海的广大干部和教师才第一次知道周总理在全教会上有过重要讲话。"[14]

邓小平在8月8日的讲话中强调，要尊重教师，对于那些终身为教育服务的人，应当鼓励。他还称赞说："一个小学教师，把全部精力放到教育事业上，就是很可贵的。"[15]

随后，教育部门开始采取各项措施，加强教师队伍建设。1978年1月，国务院转发《关于加强中小学教师队伍管理工作的意见》，对教师队伍进行整顿。4月22日，全国教育工作会议隆重召开。邓小平在开幕式上发表讲话说，粉碎"四人帮"以来，特别是批判"两个估计"之后，教育战线出现了许多新气象。但是，无论在教育界，还是在社会上，大家都希望教育工作有更快的进展。"在这方面，我们有许多问题要解决，有许多事情要做。"邓小平提到，"四人帮"反对严格要求学生学习科学文化，把这说成是"智育第一"。他们鼓吹"宁要没有文化的劳动者"，胡说"知识越多越反动"，把掌握文化的劳动者及其子女污蔑为资产阶级知识分子。"四人帮"这些谬论的流毒，"现在仍然需要大力肃清"。邓小平在讲话中再次强调了尊重教师的问题。他指出，我们要提高教师的政治地位和社会地位，"不但学生应该尊重教师，整个社会都应该尊重教师。"他表示，"要采取适当的措施，鼓励人们终身从事教育事业。"他还提出，"特别优秀的教师，可以定为特级教师。"[16]

回首
1978

2. 恢复高考招生制度

1977 年 6 月 29 日，教育部召开全国高校招生工作座谈会。令人遗憾的是，会议依然是老调重弹。尽管与会者议论纷纷，对现行的招生制度表示不满，但教育部就是迟迟下不了从高中毕业生当中直接招收大学生的决心。

出现这种情况的原因有两个，一是不敢突破"两个估计"的"禁区"；二是受毛泽东"七·二一指示"的影响。

所谓"七·二一指示"，是指 1968 年 7 月 21 日毛泽东在一份报告上的批示。当时，《文汇报》和新华社的记者写了一份调查报告，即《从上海机床厂看培养工程技术人员的道路》。记者在报告中写道：上海机床厂是一个著名的生产精密磨床的工厂，有 600 多名青年技术人员。其中，大专院校毕业生 350 人，从工人中提拔起来的有 250 人。记者在列举了大学生与工人出身的技术人员的工作成绩后断言："实践证明，后一部分比前一部分强。一般说，前者落后思想多，实际工作能力较差；后者思想较前进，实际工作能力较强。目前，工人出身的技术人员，绝大多数是工艺方面的技术骨干，约有十分之一的人能独立设计高、精、尖的新产品。"

记者还分析了其中的原因：工人出身的技术人员之所以能够成长快、贡献大，是因为他们"对毛主席、对党有着深厚的无产阶级感情，他们在向科学技术进军的道路上，不为名，不为利，不畏艰险，不怕困难，不达目的誓不罢休。他们牢记毛主席的教导，时刻想到与帝修反争速度，争质量，并且处处考虑为国家节约，为工人

图为工农兵学员在上课。

操作方便。"可是，青年知识分子就不同了，他们当中有些人"受了
修正主义教育路线毒害"，而且"长期脱离劳动，脱离工人，追求资
产阶级名利，结果一事无成。"[17]

从这份调查报告中可以看出，记者强调了技术人员的出身和政
治思想在成绩上所起的决定作用。这份调查报告所产生的影响相当
之大。毛泽东在阅读报告时写了一个批示："学制要缩短，教育要革
命，要无产阶级政治挂帅，走上海机床厂从工人中培养技术人员的
道路，要从有实践经验的工人农民中间选拔学生，到学校学几年以
后，又回到生产实践中去。"[18]

根据毛泽东的这个指示，1970年6月27日，中共中央批转了《北
京大学、清华大学关于招生（试点）的请示报告》，其中提到，大学
招收的学生"要具有三年以上实践经验"，"有相当于初中以上的文
化程度"。而那些有"丰富实践经验的工人、贫下中农"却"不受年

回首
1978

龄和文化程度的限制"。招生方法是"实行群众推荐、领导批准和学校复审相结合"。

9月21日，《人民日报》发表了一篇文章，其中写道：招生制度的改革是整个教育制度的重要一环，在学校这个阵地上，两个阶级、两个路线的斗争，"首先集中地表现在招生上"。过去，"在修正主义教育路线的统治下，高校在招生中，大搞'分数挂帅'，鼓吹'分数面前人人平等'，实际上是对劳动人民实行资产阶级的文化专制。工农兵群众一针见血地说：'分数线、分数线，工农兵的封锁线'。"所以，这次高校招生，"要用毛泽东思想统率招生工作的全过程，突出无产阶级政治，放手发动群众，实行群众路线，采取自愿报名，群众推荐，领导批准，学校复审的办法，真正把工农兵和上山下乡以及回乡知识青年中的优秀分子挑选出来。"〔19〕

这种招生制度所带来的消极影响是非常明显的。一些所谓"根红苗正"的年轻人凭着他们的出身和手上的老茧，不需要通过文化考试就能够上大学。实际上，也并不是所有的普通工人和农民家庭出身的子女都能被推荐上大学。在被推荐上大学的学生当中，有的只有初中文化程度，有的甚至连小学都没有毕业，这些人跨进大学之后，给学校的教学带来极大的不方便。更为严重的是，中学也随之取消了升学考试。高中不能直接上大学，很多学生只好中断学业。

无论是"两个估计"，还是"七·二一指示"，均与毛泽东有关。按照"两个凡是"，这些都必须遵循。所以，在这次招生工作会议上，主持者以《纪要》经毛泽东画过圈为由，不同意批判"两个估计"，也不愿意改变现行的招生制度，继续搞"群众推荐"。不过，会议对招生制度也作了一些变动，除了招收"有实践经验的工农兵"外，还准备从应届高中毕业生当中试招4000至10000人，但这只占整个招生计划的2%至5%，而且这部分学生仍然以政治条件为选拔

1973年辽宁考生张铁生（前左）在大学招生文化考试中交了白卷，被江青等人称做"反潮流英雄"。

的主要标准。

全国教育工作座谈会于7月15日结束。就在座谈会结束的第二天，即7月16日，中共十届三中全会召开，会议恢复了邓小平在中央的领导职务。

邓小平复出后，用他的话说，"我自告奋勇管科教方面的工作"。7月29日，邓小平同教育部几位负责同志谈话，提出了几个问题：第一，是否废除高中毕业生一定要劳动两年才能上大学的做法？第二，要坚持考试制度，重点学校一定要坚持不合格的要留级；第三，要搞一个汇报提纲，提出方针、政策、措施。教育与科研的关系很密切，要狠抓，从教育抓起，要有具体措施，否则就是放空炮。[20]

8月1日，邓小平又听取了有关方面负责人关于教育工作的汇报。他说，办教育要两条腿走路，学校可以搞多种形式，总的目标是尽快地培养一批人才。根本大计是要从教育着手，从小学抓起，否则就变成了一句空话。重点大中小学校，数量不能太少，现在要立即着手指定。他建议，重点学校的重点就是直接从高中招生。邓小平还说，"四人帮"称知识分子是"臭老九"，如果按照他们的说法，到了共产主义，人们岂不都成了"臭老九"吗？[21]

8月4日，邓小平邀请30多名科学家和教育工作者座谈。武汉大学的一位副教授列举了现行教育制度的四大弊端：第一，埋没人才，大批热爱科学、有培养前途的青年人选不上来，而那些不想读书、文化程度又不高的人却挤占了招生名额；第二，从阶级路线上看，现行的招生制度卡住了工农兵子弟上大学的路，群众中曾流传着这样的说法："十七年上大学靠分，现在靠权。"第三，坏了社会风气，而且愈演愈烈。据说，1977年的招生工作还没有开始，已经有人在请客送礼了。如果招生制度不改革，走后门的不正之风就刹不住；第四，严重影响了中小学生和教师的积极性，现在连小学生都知道，"今后上大学不需要学文化，只要有个好爸爸。"所以，这位副教授希望改革现行的招生制度。

听了这位副教授的发言，邓小平问道："今年是不是来不及了？"

有人回答说："还来得及，最多晚一点。"

邓小平表示："既然大家要求，那就改过来。"他问教育部部长刘西尧："报告送出去没有？"

刘西尧回答："上午刚送出去。"

邓小平说："那还来得及追回。"

就在这天，教育部将《关于全国高等学校招生工作座谈会的情况报告》送至国务院，并且附上了《关于1977年招生工作的意见》，仍然采用了"自愿报名，群众推荐，领导批准，学校复审"的老办法。至于考试方式，《意见》提出："重视文化程度"，文化考试采取"口试、笔试等多种形式进行，提倡开卷考试，独立完成。"同时也表示："不要凭一次考试决定取舍"。

"两个估计"寿终正寝
恢复高考招生制度
邓小平强调尊重教师，
教育事业逐步走上正轨
中国经历了一场前所
未有的高考
一部小说引起巨大反响，
文艺领域开始"解冻"
"科学的春天"

座谈会的最后一天，即8月8日，邓小平发表了讲话。他说，就高等教育来说，大专院校是一条腿，各种半工半读和业余大学是一条腿，要两条腿走路。

高等院校学生来源于中学，中学学生来源于小学，因此要重视小学教育。他批评教育制度问题太多，建议恢复小学5年，中学5年学制。在谈到高校招生问题时，邓小平明确表示："今年就要下决心恢复从高中毕业生中直接招考学生，不要再搞群众推荐。"〔22〕他认为，这是早出人才、早出成果的一个好办法。

在邓小平讲话后的第四天，即8月12日，中共十一大召开。开幕式上，华国锋虽然在报告中肯定："我国现有的知识分子，一部分是从旧社会过来的，大部分是新社会培养的。他们中的绝大多数是愿意和努力为社会主义事业服务的，这是一支很可贵的力量。"他还批评了"四人帮"对知识分子的污蔑，提出要重视知识分子。但他同时又强调，要"搞好无产阶级教育革命"。也就是说，要"建立一个充分体现毛主席的无产阶级教育路线"的"无产阶级教育制度"，主张知识分子"在三大革命运动的实践中，努力改造世界观"，"逐步无产阶级化"。〔23〕从华国锋的讲话中很容易看出，他依然在坚持"凡是毛主席的指示，我们都始终不渝地遵循。"

在上述氛围下，8月13日，全国第二次高等学校招生工作会议召开，9月25日结束，开了44天。参加会议的有各省、市、自治区文教办公室、教育局和招生办公室的负责人，还有国务院有关部委和部分高校的代表。会上，围绕要不要改革现行的招生制度再次展开了激烈的争论。教育部负责人甚至表示："邓副主席在讲话时都说，他的讲话只代表他个人的意见，最后以中央下达的文件为准"。〔24〕

在当时的情况下，教育部负责人有这种顾虑是可以理解的。教

回首
1978

育界在"文化大革命"期间是重灾区。1975 年教育部部长周荣鑫按照邓小平的指示，对教育部门进行整顿，结果被迫害致死。事情才过去两年，作为教育部主要负责人的刘西尧难免心有余悸。

据参加过会议的《人民日报》记者穆扬回忆，当时受到"两个凡是"的束缚，主要是教育部，"有个别领导同志，思想转变不过来。"[25] 9 月 3 日，穆扬和另一位记者王惠平利用休息时间找到曾经参加过 1971 年全国教育工作会议的几位代表，请他们回顾了当时的情况，弄清楚了《纪要》和"两个估计"产生的详细经过。对于两位记者的举动，会议主持者大为不悦，认为他们是在"煽风点火"，"干扰会议大方向"，扬言要把他们"撵出会场"。[26]

但是，两位记者还是根据他们掌握的材料写了一篇题为《全教会〈纪要〉是怎样产生的?》内参，"主要内容就是说明《纪要》要不得，特别是'两个估计'对教育战线，对知识分子的'两个估计'，那是错误的。"[27]

这篇内参在当时产生了相当大的影响。穆扬和王惠平掌握的材料已经说明：《全国教育工作会议纪要》，特别是其中的"两个估计"是教育战线的一个"毒瘤"，高校招生工作要想取得突破，就必须铲除这个"毒瘤"。

9 月 5 日，刘西尧给邓小平写了一封长达四页的信，就教育工作问题作了汇报。第二天，邓小平又将此信转给华国锋、叶剑英、李先念和汪东兴。他还写道："招生问题很复杂。据调查，现在北京最好中学的高中毕业生，只有过去初中一年级的水平（特别是数学），所以至少百分之八十的大学生，需在社会上招考，才能保证质量。如何才能避免大的波动，办法正在研究。方案拟订后，拟先送请批准。"[28]

9 月 15 日，穆扬和王惠平写的那份内参在《人民日报〈情况汇编〉》特刊第 628 期上发表。四天之后，即 9 月 19 日，邓小平找教育部主要负责人谈话。他说，周恩来在 1972 年同一位美籍华人物理学家谈话时，讲要从应届高中毕业生中直接招收大学生。在当时的情况下，提出这个问题是很勇敢的。"这是要教育部门转弯子，但是教育部门没有转过来。"为什么要直接招生呢？道理很简单，就是不能中断学习的连续性。18 岁到 20 岁正是学习的最好时期。过去我和外宾讲过，中学毕业后劳动两年如何地好。但实践证明，劳动以后，"原来学的东西丢掉了一半，浪费了时间。"他告诉这位负责同志：你们起草的招生文件写得很难懂，太繁琐。关于招生的条件，我改了一下。政审，主要看本人的政治表现。政治历史清楚，热爱社会主义，热爱劳动，遵守纪律，决心为革命学习，有这几条，就可以了。"总之，招生主要抓两条：第一是本人表现好，第二是择优录取。"

谈话中，邓小平还特意提到毛泽东的"七·二一指示"。他认为，对这个问题要正确理解，七·二一大学、共产主义劳动大学，各省自己去搞，办法由他们自己定，毕业生不属于国家统一分配。但是，"清华大学、北京大学恐怕不能这样办，并不是所有大学都要走上海机床厂的道路。"〔29〕

这次招生会议决定将 1977 年高校招生工作推迟到第四季度进行，新生将于 1978 年 2 月底以前入学。会议还提出，录取学生时，将优先保证重点院校。医学院校、师范院校和农业院校，将分别注意招收表现好的赤脚医生、民办教师和农业科技积极分子。强调要注意招收少数民族学生，并注意招收一定数量的台湾省籍青年、港澳青年和归国华侨青年。毕业后要服从国家统一分配，到祖国最需要的地方去，到最艰苦的地方去。会议要求广大青年响应党中央的号召，树立为革命努力攀登文化科学高峰的雄心壮志，接受祖国的

回首
1978

挑选。要做到"一颗红心，两种准备"。录取的，要努力学习；没有录取的，要坚守工作岗位，愉快地上山下乡，在实践中努力学习，提高自己。

很快，教育部就起草了一份《关于一九七七年高等学校招生工作的意见》，并报送邓小平。10月3日，邓小平在《意见》上批示说："此事较急"，建议中央近日召开政治局会议进行讨论。5日，根据邓小平的建议，中央政治局召开会议，讨论了教育部报送的《意见》。华国锋虽然同意抓好高校招生工作和批判"两个估计"，但他又强调了"社来社去"的必要性，要看到工农兵学员的优点，鼓励他们尽快赶上来。尽管如此，10月21日，国务院还是批转了《关于一九七七年高等学校招生工作的意见》。其中规定：

（一）招生对象、条件

凡是工人、农民、上山下乡和回乡知识青年（包括按政策留城而尚未分配工作的）、复员军人、干部和应届高中毕业生，年龄20岁左右，不超过25周岁，对实践经验比较丰富并钻研有成绩或确有专长的，年龄可放宽到30周岁，婚否不限（要注意招收1966、1967两届高中毕业生）。符合下列条件者，均可申请报名：

（1）政治历史清楚，拥护中国共产党，热爱社会主义，热爱劳动，遵守革命纪律，决心为革命学习；

（2）具有高中毕业或相当于高中毕业的文化程度（在校的高中学生，成绩特别优良，可自己申请，由学校介绍，参加报名）；

（3）身体健康。

（二）招生办法

为了保证招收新生的质量，在各级党委领导下，贯彻群众

路线，根据德、智、体全面衡量，择优录取的原则，实行自愿
报名，统一考试，地市初选，学校录取，省、市、自治区批准
的办法。

（1）自愿报名。各级领导要积极支持和鼓励优秀青年报
名。符合招生条件者，均可向自己所在的单位报名。按学校和
学科类别填写二至三个报考志愿。由公社、厂矿、机关、学校
等单位按招生条件进行审核，符合条件者，报县（区）招生委
员会批准后，参加统一考试。

（2）统一考试。考试的目的主要是了解掌握基础知识的状
况和分析问题、解决问题的能力。今年的考试分文理两类。文
科考试科目：政治、语文、数学、史地。理科考试科目：政治、
语文、数学、理化。报考外语专业的加试外语。由省、市、自
治区拟题，县（区）统一考试。

（3）地市初选。地（市）招生委员会组织评卷，根据考试
成绩提出参加政审、体检的名单，并征求所在单位群众的意见。

由公社或厂矿、机关、学校的党组负责政审。主要看本人
的政治表现。按照现行体检标准，由县（市）统一组织，到指
定医院进行体检。

地（市）招生委员会根据政审、考试和体检的情况提出初
选（全省的初选总数应为录取总数的二倍或稍多于二倍）名单，
并汇总全部材料报省、市、自治区招生委员会。

（4）学校录取，省、市、自治区批准。在省、市、自治
区招生委员会领导下，组织招生院校对地（市）上报的初选名
单及全部材料进行认真审查，参考本人志愿，德、智、体全面
衡量，择优确定录取名单，报省、市、自治区招生委员会批准
后，由学校签发入学通知书。

"两个估计"寿终正寝
恢复高考招生制度
邓小平强调尊重教师，
教育事业逐步走上正轨
中国经历了一场前所
未有的高考
一部小说引起巨大反响，
文艺领域开始"解冻"
"科学的春天"

回首
1978

这次招生制度改革最引人注目的一点就是恢复文化课的考试。几年前，"四人帮"捧出了一个交"白卷"的先生，从那以后，大中小学的文化考试，要么干脆取消了，要么名存实亡。"考不考，都升学"，"学不学，都毕业"在当时颇为流行，影响非常之坏，给教育战线带来了一场灾难。

上海市对1977年分配到本市科技系统的大学毕业生进行了一次摸底考试。考题大都是中学曾经学过的基础知识。不仅考试前向他们打了招呼，而且还给了他们复习的时间。可是，考试的结果令人大失所望。只有少数人的成绩勉强过得去，多数人不理想。数学不及格的占百分之六十八，物理不及格的占百分之七十，化学不及格的高达百分之七十六。更令人吃惊的是，有些人甚至对自己所学专业的基本知识一题也答不出来，只好交了白卷。〔30〕有鉴于此，文化课考试成了这次招生制度改革的一项重要内容。

10月21日，《人民日报》以《高等学校招生进行重大改革》为题公布了高校招生制度作出重大改革的消息。同一天，《人民日报》还发表了题为《搞好大学招生是全国人民的希望》的社论。其中写道："高等学校的招生工作，直接关系大学培养人才的质量，影响中小学教育，涉及各行各业和千家万户，是一件大事。各级党委必须重视招生工作，切实加强领导。我们要把这次招生的过程，变成动员广大知识青年和在校学生更积极、更自觉地为革命学文化，走又红又专道路的过程。"社论宣布："今年，高等学校的招生工作进行了重大改革。"这就是："采取自愿报名，统一考试，地市初选，学校择优录取，省、市、自治区批准的办法。"但是，社论不加分析地全盘肯定了建国以来28年的招生工作"取得了很大成绩，积累了不少经验"，把"文化大革命"期间招生工作出现错误的责任全部推到"四人帮"身上。说："四人帮"抹杀了建国以来招生工作的巨大成绩，鼓吹"宁要没有文化的劳动者",反对大学培养工人阶级自己的知识分子队伍。他们把交白卷的考生誉为"真正的又红又专",反对招生进行文化考试。他们极力破坏中国共产党的优良传统和作风,致使招生工作"走后门"的恶劣现象,越来越严重。"这一切,对招生工作和整个高等教育的破坏,都是灾难性的。它严重地妨碍了优秀人才的选拔。招收的学生,文化水平低,程度不齐,教师难教,学生难学,教学质量大大下降。它破坏了工人阶级知识分子队伍的建设,造成了各条战线科技人员青黄不接的严重状况,拖了四个现代化的后腿。"社论还说,从应届高中毕业生当中直接招收大学生,"是1972年敬爱的周总理根据毛主席的指示精神提出来的。由于'四人帮'的拖延和破坏,这一指示未能执行。"

这次招生制度改革虽然强调了文化课考试的重要性,但仍然突出政治第一。从考试科目来看,文理两科都把政治课摆在第一位。这次招生规定从应届高中毕业生中只招收"一定比例的大学生",而把重点放在有工作经验的工农兵和知识青年身上。应届高中毕业生招生的扩大,要等到"毛主席教育革命路线全面地正确地贯彻落实",以及"中学生文化质量的提高"。《人民日报》社论还说,学生入学以后,"一面学习,一面参加必要的对口劳动。"这样做,"充分体现了毛主席一贯倡导的要无产阶级政治挂帅,知识分子与工农相结合,理论与实践相统一的基本精神,完全符合毛主席关于'教育必须为无产阶级政治服务,必须同生产劳动相结合'的方针。"[31]

对高校招生制度进行重大改革,废除"文化大革命"期间实行的推荐入学的办法,恢复统一考试制度,在高校招生工作中实行德智体全面考核、择优录取。这一举动在全国产生了巨大反响,被称为"拨乱反正的第一声号角"。

20年后有人这样称赞说,1977年,邓小平同志作出了恢复高

回首
1978

考的决定，它的意义是十分重大的。恢复高考是拨乱反正的标志，是邓小平同志"尊重知识、尊重人才"思想的具体体现。恢复高考激发起一代青年人的学习热情，确立了一个公平的竞争机制。[32]

对此体会最深刻的应该是那个时代的知识青年，用他们自己的话说，当他们听到"恢复高考"的消息时，真是"做梦也没想到"，"简直不敢相信自己的耳朵"，"真是绝处逢生"，"整整一代人得救了"，"感谢邓小平"。不能不承认，他们当中的很多人因此而改变了自己的命运。

胡风之子张晓山回忆说："恢复高考实际上是对我这样的人，很多这样的人，给了一个平等竞争的机会。等于恢复了作为一个人的尊严。因为在恢复高考之前，评判一个人，或者是不是给他一个机会，不是看他这个本人，而是看你很多外在的东西，看你的家庭，看你的社会关系，把人分成了不同的等级。"[33]

另一位当事人这样描述了自己当时的心情：1966 年这一年——当我们一只脚刚刚迈进青年，另一只脚还没来得及离开少年时，就遇到了"文化大革命"风暴，在半明白半不明白时就进入了社会。这以后，我在北京郊区农场当了五年农民，又当了几年工人，吃过窝窝头咸菜，二十几个人同睡一铺大炕。我曾迫切地想上大学，但由于家庭原因，且莫说推荐，连雨后春笋般出现在城市乡村全国各地的"七·二一大学"也没有我的份。以我当时的处境，本来以为没有上大学的可能了，工农兵学员、"七·二一大学"都因政治条件不合格而成了泡影。1977 年，当恢复高考的消息传来时，我的第一个念头就是"天上掉馅饼"。[34]

从更高的意义上来说，恢复高考，不只是恢复了一种考试制度，而是对"文化大革命"拨乱反正的一个前奏，是中国走向改革开放的一个起点。

3. 邓小平强调尊重教师，教育事业逐步走上正轨

十年"文化大革命"时期，教育战线受到严重干扰和破坏。所以，邓小平复出后，首先着手进行教育领域的整顿。

1977 年 8 月上旬，邓小平在几次讲话中都提到了教育的整顿问题。他说："教育部门有一个调整的问题，希望这个调整搞得快一些。"他建议从第二年开始执行新的教育制度，把学制、教材、教师、学生来源、招生制度、考试制度都确定下来。根据 1975 年整顿的经验，邓小平首先想到的是领导班子问题。他说，在调整中，具体问题很多，第一位的是配备领导班子。一个单位有三个人要选得好。党委统一领导，书记很重要，一定要选好，哪怕是外行也不要紧，但对教育事业要热心，如果能找到内行的人更好，这是第一个人。第二个人是领导教学的人，要内行。还有一个是管后勤的，应当是勤勤恳恳，甘当无名英雄的人。"有了这样的三把手，事情就比较好办了"。[35] 他称这三个人就是"三套马车"。在 9 月 19 日的谈话中，邓小平告诉教育部负责同志，要把教育部的机构健全起来。找一些 40 岁左右的人，天天到学校去跑。搞 40 个人，至少 20 个人专门下去跑，就像下连队当兵一样，下去当"学生"，到班里听课，了解情况，监督计划和政策的执行，然后回来报告。"这样才能使情况反映得快，问题解决得快。"[36]

在此期间，邓小平还特别关心重点学校的建设。他在复出之前，曾约方毅、李昌就教育问题谈话。他说，抓教育，关键在中学，中学又以小学教育为基础。中小学现在接不上茬，十年没有好

回首
1978

好上课，数理化不行，外文也不懂。多数教师水平不高。因此，"要抓好重点小学、重点中学。"[37] 随后，邓小平在另一次谈话中提到，办教育要两条腿走路，既注意普及，又要注意提高。要通过考试，把最优秀的人集中到重点中学和大学。[38]

什么叫重点，邓小平解释说，坚持两条腿走路，"水平比较高的，叫做重点，重点大学、中学、小学。"[39] 为了开好科学和教育工作座谈会，两个月后，即7月29日，邓小平约方毅、教育部部长刘西尧汇报教育工作，并谈了自己对创办重点学校的看法。他说，要抓一批重点大学。重点大学既是教育的中心，又是科研的中心，必须承担相当多的科研项目。几天之后，邓小平再次同方毅、刘西尧谈起这个问题。他说，根本大计是要从教育着手，从小学抓起。重点大中小学校，数量不能太少，现在要立即着手指定。两条腿走路，但要有重点。"重点学校应以搞基础理论教学为主，培养学得比较深、水平比较高的科研人才。"相比之下，一般大学招的学生水平可能低一些，教学内容应该有所不同，出的人才普通一些。

至于重点大学究竟办多少，由哪个部门来主管，体制怎样确定？邓小平认为，重点大学由教育部，教育部直属重点大学，双重领导，以教育部为主。就当时情况来看，他觉得"重点学校太少了，要再增加一些，好多专业院校也应该列为重点学校。"[40] 他建议教育部要直接抓几个学校，搞一些示范。学校每周学习时间有多少，政治活动时间不能超过多少，这些都要具体化，教育部要干预。[41] 此外，他还要求教育部也要抓一些中小学重点学校，在北京就可以抓四十所到五十所。[42]

邓小平对创办重点学校是相当乐观的，在他看来，从现在开始办重点中学，过了五年，教学质量就可以转好。十年后，重点小学的学生也可以升入大学。"这样，研究人才的来源才有保证。"他满怀信心地说，我们希望科教方面的整顿五年初步见效，十年见到中效，十五年见到大效，十五年以后还要不断进步。

就办好重点大学来说，邓小平最关心的还是像北京大学、清华大学这样的名牌高校。"文化大革命"期间，"四人帮"在这两所学校都有亲信，他们的写作班子用过的笔名"梁效"，就是"两校"的谐音。那个时候，北大、清华招收的学生都是工农兵学员，文化水平普遍较低，以致有人戏称为"北京中学"、"清华中学"。有的学生甚至只有小学文化水平，学校课程简直没法教。针对这种情况，邓小平复出后明确表示，"清华、北京大学要恢复起来"，不能按照毛泽东"七·二一指示"办，并不是所有大学都要走上海机床厂的道路。毛泽东一贯强调要提高科学文化水平，从来没有讲过大学不要保证教育质量，不要提高文化水平。

也就在这时，北京大学部分教师反映，本校党委对揭批"四人帮"运动领导不力，认为北京市委对此应负有重大责任，并且给中央写了一封信。9月6日，邓小平看到这封信后立刻意识到，北京市委已经无力解决北大问题。于是，他决定让刘西尧同北京市委协商重新配备干部。他还在信中批示说："北大这样的重点学校，以后要有教育部的双重领导才行。"他建议吴德、倪志福解决这个问题。

10月20日，邓小平约见刘西尧、周林、高铁讨论北京大学的工作问题。他说，重点大学要实行双重领导，以教育部领导为主。北京大学、清华大学是重点的重点。要利用北大、清华的经验。最近有人说我们只重视自然科学，文科没人研究。北大是综合大学，理科要抓，文科也不要丢掉。北大文科有基础，搞好文科是必要的。现在许多科学家提出要"回炉"的问题，1964年、1965年入学的大学毕业生，实际上只学了一、两年，有些人想"回炉"，要办"回炉"班。他还说，北京大学一要批"四人帮"，抓运动；二要搞

回首
1978

好招生工作，筹备教学，不能耽误教学。邓小平还特意强调，要抓"梁效"的问题。因为抓了"梁效"，就可能把问题解决得彻底一些。人的处理要慎重，并且放在最后。[43]

考虑到北京大学的问题亟待解决，10 天之后，邓小平建议周林"宜早去北大"。他对北大试行党委领导下的校长负责制、任命周培源为校长、建立校务委员会表示赞同，认为"这是一个重要改变"。当天，邓小平审阅了刘西尧、周林关于解决北大问题的请示报告。这份报告提到了"四人帮"在北大代理人的处理问题，邓小平批示说：请北京市委"迅速批复"，并且同意今后中央报刊不登北大署名的批判文章。关于增强北大领导力量的问题，他提请汪东兴、吴德考虑。邓小平在当天还表示，他"以后可去北大参观一次"，但"时间要晚一点"。[44]

经过十年"文化大革命"的破坏，学校的教育质量严重下降。邓小平在 8 月 8 日的讲话中说过，把一些青少年带坏，这是"四人帮"一条很大的罪状。我们现在要把风气扭转过来，这就需要学校培养好的风气。他认为，教师有责任把好风气带动起来。这涉及一个如何提高教师水平的问题。邓小平说，前几年教师不敢教，现在要敢教。要做到这一点，就应该加强师资培训工作。请一些好的教师当教师的教师，大学教师要帮助中学教师提高水平。因为"只有老师教得好，学生才能学得好。"[45]为此，他强调，要尊重教师，对于那些终身为教育服务的人，应当鼓励。

随后，教育部门开始采取各项措施，加强教师队伍建设。在 11 月召开的全国中小学教师培训工作座谈会达成三点共识：第一，争取用三五年的时间，经过有计划的培训，使现有水平较低的教师大多数达到合格水平；第二，建立和健全师资培训机构，组织好师资培训队伍；第三，各级教育部门和学校要制定培训规划。

1978年1月7日,国务院转发了《关于加强中小学教师队伍管理工作的意见》,决定对教师队伍进行整顿。1月18日,教育部颁布《全日制中小学教学计划试行草案》,就学制问题做了明确规定。

邓小平在五个月前曾谈到研究生的培养问题,那时全国高考还没有恢复,所以,他考虑把知识青年当中自学成才的人选拔出来当研究生。他还建议,那些成绩好的青年人,不等毕业就可以当研究生。

于是,教育部和中国科学院制定了研究生招生制度。许多科学家、教师自告奋勇地承担起培养研究生的任务。擅长自然辩证法的于光远带了自然辩证法专业的研究生,数学家华罗庚、高能物理学家张文裕、生物学家王应、天文学家王绶琯、力学专家吴仲华、地理学家尹赞勋等,也积极带研究生。还有老教授周培源、唐敖庆、杨石先、苏步青等都带头招收研究生。吴作人、刘开渠、李可染、蒋兆和、古元、李桦等也参加了研究生的指导工作。

经国务院批准,1977、1978两年研究生招生工作合并进行,同时报考,一起入学,统称1978届研究生。报名时间为3月1日至3月31日,初试时间定在5月。

《人民日报》为此还发表评论员文章说,全国统一招收研究生的工作即将开始,这是教育战线上的一件大事。"研究生制度的恢复,是加速培养高水平的又红又专的科学技术人才,争取早日实现四个现代化的一项重要措施"。"四人帮"破坏、摧残社会主义教育和科技事业,是从破坏无产阶级知识分子宏大队伍的建设入手的。因此,"我们必须深入揭批'四人帮',特别是他们炮制的'两个估计',以只争朝夕的精神加速人才的培养,建设起一支又红又专的知识分子宏大队伍,这是历史赋予我们的责任。"[46]

几乎就在同时,教育部发出关于办好一批重点中、小学试行

回首
1978

方案的通知，决定在全国办好一批重点中、小学。通知要求各省、市、自治区和国务院各部委的教育部门，都应在认真总结建国28年来教育革命正反两方面经验的基础上，对发展和办好本地区、本部门的重点中、小学作出规划和部署。1978年上半年，各地要对所确定的重点中、小学认真进行一次整顿。

这个方案提出，大中城市可在市和区县两级创办重点学校。市办好一批重点中小学；区县可办二、三所重点中学，五、六所重点小学。各省，自治区，可在省、地市、县三级举办重点学校。省和地市两级可各自办好一批重点中小学；县一级可办好二、三所重点中学，五、六所重点小学。要城乡兼顾。工交企业办的重点中、小学，在教学内容上可以有所侧重。例如，石油、冶金、煤炭、地质部门办的重点学校，可以侧重学习该行业所需要的有关基础知识，从小对口劳动，以利于为这些部门培养人才。目前还不是重点中小学的学校，也应按照重点学校的要求，努力搞好教育革命。各级教育行政部门今后应根据需要和可能，将确实办得好的中小学逐步纳入重点学校的行列。

这时，教育部所属的重点中学和重点小学也已确定，共20所：北京景山学校、北京新华小学、天津南开中学、天津同义大街小学、上海师大二附中、上海实验小学、山西昔阳大寨学校、山西交城县城内七年制学校、黑龙江大庆铁人学校、江西共大总校附属"七·三〇"学校、河北束鹿县辛集中学、陕西延安中学、陕西延安杨家湾小学、广东梅县东山中学、河南尉氏三中（原长葛三中）、吉林延吉市六中、吉林哲盟科左后旗甘旗卡育红小学、湖南第一师范学校、湖南一师附小、山东梁堤头农业中学。[47]

2月26日，华国锋在全国五届人大一次会议上表示，要努力办好各级各类学校，首先是办好重点大学和重点中、小学。采取有力措施培训教师，加速编写新教材，充分利用各种现代化手段，提高教育质量。

华国锋的这个讲话很快就得到贯彻。第二天，国务院转发了教育部关于恢复和办好全国重点高校的报告方案，确定北京大学、清华大学、复旦大学、武汉大学、吉林大学、西安交通大学、中山大学、山东大学、南开大学、哈尔滨工业大学、浙江大学、西北大学、中国科技大学、同济大学、北京师范大学、上海师范大学、华北农业大学、北京医学院、中山医学院、北京外国语学院、上海外国语学院、西南政法学院、中央音乐学院、北京体育学院、中央民族学院等 88 所大学为全国重点高校。

教育部的报告强调，恢复和办好全国重点高校是一项战略性措施，这对于推动教育战线的整顿工作，迅速提高高等教育水平，尽快改变教育事业与社会主义建设严重不适应的状况，是完全必要的。

同时，教育部又同国家计委联合发出通知，决定在普通高等学校试行招收走读生，增加高等学校的招生名额。《通知》指出，普通高等学校在完成原定 1977 年招生计划外，可以根据本校师资、教室、实验室和图书馆等条件，试行招收走读生。走读的学生，在校期间和毕业后的待遇，与住校生相同。增加招生的专业，应该是通用和急需的。增加招生的学生来源，都从符合录取条件和具备走读条件的考生中，择优录取。已经录取的学生中自愿走读的，也可以走读。

教育战线的调整，是与批判"四人帮"在教育领域散布的谬论同时进行的。3 月 21 日，北京大学党委在《人民日报》发表《论梁效》的署名文章，对"梁效"几年来的所作所为进行了批判。文章说，臭名昭著的"梁效"就是原北京大学、清华大学大批判组的化名。

回首
1978

这个班底，是在 1973 年 10 月拼凑起来的，迟群和"四人帮"的另外一名女黑干将充任它的总管。"'梁效'三年的短命历史，就是充当'四人帮'反党集团篡党夺权急先锋的罪恶史。"

"四人帮"的舆论班子，除"梁效"之外，还有罗思鼎、唐晓文、程越、初澜、任明等。但是，唯独"梁效"的地位和作用特殊，与众不同。对于"梁效"的叫嚣，"四人帮"的亲信视为"重大信号"，按照它的调子策划行动。"'梁效'的黑文，报刊必须排在显赫位置，照登不误，不容改动。"像"梁效"这样一个由数十人组成的两个学校的所谓"大批判组"，"地位之奇，能量之大，危害之甚，在我党历史上是没有过的。""四人帮"诬蔑攻击中央领导同志的所谓"重型"材料，由"梁效"炮制。"四人帮"篡党夺权的部署，由"梁效"撰写文章，首先发难。"四人帮"的反动理论，由"梁效"加工制造。这些情况表明，"梁效"是"四人帮"的喉舌，是"四人帮"进行篡党夺权阴谋活动的一根指挥棒，也是"四人帮"资产阶级帮派体系、特别是他们控制的舆论阵地的神经枢纽。"梁效这种地位和作用，连罗思鼎、唐晓文之类也是莫能望其项背的。"文章列举了"四人帮"自 1974 年假借批林批孔之名，授意"梁效"影射攻击周总理，到 1976 年 4 月批所谓"三株大毒草"的种种罪行，"梁效"当之无愧地成了"四人帮"反动理论的"加工厂"和"推销店"。但它最终还是与其主子一起走上了历史的审判台。[48]

正值教育战线整顿初见成效之际，全国教育工作会议于 1978 年 4 月 22 日隆重召开。在此前的 4 月 13 日，邓小平同方毅、胡乔木、刘西尧等几个人谈话时明确表示，一定要把这次会议开好。"四人帮"对教育工作的干扰破坏很厉害，现在的中心问题就是把各级教育班子配起来。他再次强调，学校一定要整顿，整顿后可以多招收学生。教师要按时晋级，待遇也应该改变。

1978 年 4 月 22 日至 5 月 16 日，全国教育工作会议在北京召开，邓小平在会上发表重要讲话。

　　在全国教育工作会议开幕式上，邓小平发表了讲话。他说，粉碎"四人帮"以来，特别是批判"两个估计"之后，教育战线出现了许多新气象。但是，无论在教育界，还是在社会上，大家都希望教育工作有更快的进展。可见，"在这方面，我们有许多问题要解决，有许多事情要做。"在谈到提高教育质量问题时，邓小平提出了培养人才的质量标准。这就是"使受教育者在德育、智育、体育几个方面都得到发展，成为有社会主义觉悟的有文化的劳动者。"

　　邓小平在讲话中还强调了尊重教师的问题。他认为，学校能不能培养合格的人才，关键在教师。我们要提高教师的政治地位和社会地位，"不但学生应该尊重教师，整个社会都应该尊重教师。"他还表示，"要采取适当的措施，鼓励人们终身从事教育事业。"他还提出，"特别优秀的教师，可以定为特级教师。"〔49〕

回首
1978

与会者听了邓小平的讲话后，"心情十分激动，久久不能平静。"当晚，与会者举行座谈会，讨论邓小平的讲话。"许多代表连夜打电话、写信，向本单位的同志和自己的亲人传达邓副主席的讲话内容。"西安交通大学党委书记刘若曾、西北大学党委副书记郭琦说，重视教育工作，是中国共产党的优良传统。可是，"四人帮"破坏了这个传统。粉碎"四人帮"后，党中央如此重视教育工作，"这个优良传统又恢复了，教育战线大有希望了。"华北农业大学党委书记高鹏先声称，"这次听了邓副主席的讲话，心里豁亮了，方向明确了，可以甩开膀子大干教育革命了。"

无论是华国锋在五届人大一次会议上的报告，还是邓小平在全国教育工作会议上的讲话，都提到了同一个问题，即："特别优秀的教师，可以定为特级教师"。于是，在全国教育工作会议进行期间，经教育部批准，北京景山学校提升马淑珍、郑俊选、方碧辉三位小学教师为特级教师。

马淑珍自1960年北京景山学校创办时起，17年来一直坚持小学一、二年级学生识字教学的改革试验。她使用集中识字的方法，使六、七岁的小学生在两年中掌握2500个左右的汉字，大大提前了学生的整个学习进程。在这项试验中，马淑珍一直起着带头作用和骨干作用，积累了丰富的识字教学经验，成为优秀的小学识字教学专家。

郑俊选也是从景山学校创办开始就在小学低年级参加数学现代化的教学改革试验。她敢于创新，在小学数学教学改革中进行了十分可贵的探索，并曾把代数的某些知识渗透进小学低年级的数学教学中去。她善于进行启发式教学，在教学中着眼于培养学生的独立学习能力，抓好学生数学基本功的训练，具有出众的教学水平。

方碧辉长期参加景山学校小学各年级的外语教学试验。"文化大革命"期间，小学低年级外语教学试验面临严重干扰和破坏。方碧辉在非常困难的情况下自编教材，坚持试验。而且，她善于调动学生学习外语的积极性，生动活泼地进行外语教学，注重对学生听说能力的训练。她在小学外语教学方面摸索和积累了一套经验，有很高的小学外语教学技巧。〔50〕

据教育部副部长李琦回忆，当时只给了三位特级教师政治上的荣誉，一点物质奖励都没有。但是，这对于不久前还被污蔑为"四十几岁的党员教师最危险"，甚至被看做"只会讲马尾巴功能的迂腐书呆子"的教师们来说，"恢复政治上的荣誉正是春天里应有而且重要的一部分。"〔51〕

这三位教师是全国第一批特级教师，消息传出后在会上引起了强烈反响。全国教育工作会议还提出，要把大学、中学、小学优秀教师的示范教学录音、录像，拍摄电影、电视，广为传播。

这次会议还提出了狠抓落实干部政策和知识分子政策的问题，并且要求各级教育部门和学校认真查一查，本部门和本单位"有哪些案件该复查的没有复查，该平反的没有平反，该昭雪的没有昭雪，还有哪些同志该安排的没有安排，务必使每个冤案、假案都得到正确地解决，使每个受迫害的同志的问题都得到妥善处理。"〔52〕

在全国教育工作会议期间，有一位教师以"钟诚"的化名给大会寄来了一封来信，对长时间不批判《一个小学生的来信和日记摘抄》一事表示不满。为此，《人民日报》记者进行了一些调查。结果他们发现，所谓"不能完全否定'师道尊严'存在"、"日记确是小学生本人所写，内容已经查证落实"云云，"完全是欺人之谈"。所谓的"来信和日记摘抄"完全是"四人帮""蓄意编造出来的，是一个政治骗局。"于是，记者披露了"来信和日记摘抄"的真相。

早在1973年12月，迟群、谢静宜得知北京一位小学生写了对

"两个估计"寿终正寝
恢复高考招生制度
邓小平强调尊重教师，
教育事业逐步走上正轨
中国经历了一场前所未有的高考
一部小说引起巨大反响，文艺领域开始"解冻"
"科学的春天"

回首
1978

老师不满的日记，就对这位学生说：你反映的问题，不是你和老师之间的关系问题，而是两个阶级、两条道路斗争的问题。他们根据反"师道尊严"的需要对日记做了修改，以《一个小学生的来信和日记摘抄》为题在《北京日报》上发表，还加了编者按，说："这个12岁的小学生以反潮流的革命精神，提出了教育革命中的一个大问题，就是在教育战线上，修正主义路线的流毒还远没有肃清，旧的传统观念还是很顽强的。"

姚文元发现后又指使《人民日报》于12月28日转载。而且，《人民日报》在转载时又加了一个编者按，吹捧这位小学生"敢于向修正主义教育路线开火"。随后，全国掀起了批判"师道尊严"、"智育第一"的狂潮。

那位教师在信中还说，当初用小学生署名向几家报刊寄出那封信的时候，并没有日记。见报时才增加了"日记摘抄"。"我们看了这个小学生1973年的全部日记，经过对比分析，不难看出，'日记摘抄'同样是为了迷惑视听而歪曲、编造出来的。"[53]

事实是，这位小学生的日记从1973年4月23日起到11月5日止，共140篇。9月4日以前的所有日记中，没有任何一处反映师生之间的对立。相反，倒是几次提到班主任对自己的帮助和教育。例如，6月21日，全班学生参加修篱笆。班主任见他们修得不符合要求，就让拆了重修。这位小学生写道："这时我才意识篱笆修得很不好，左看右看不合式（适），老师说得对，老师这种认真精神值得我学习"。班主任看了这位学生的日记后写了一段评语，称日记"写得认真"，"希望为革命努力学好外语"。

然而，"事实被歪曲了，是非被颠倒了，于是一个十二岁孩子被树成'反潮流英雄'、'可爱的革命小将'。"此后，这位小学生"被吹捧为不可一世的'风云人物'，又是请她在报上写文章，大会作报

1973 年年底，江青等人利用北京海淀区中关村第一小学学生黄帅（前右）的一封信，组织大批"师道尊严"。

告，又是上银幕，赴宴会。"

实际上，在粉碎"四人帮"后，就不少教师强烈要求揭发批判"四人帮"炮制《一个小学生的来信和日记摘抄》的罪行。然而，这件事还是拖了近 20 个月，"现在总算基本上弄清楚了，这是一件大好事。"其实，在这个事件中，"小学生是无辜的，是受害者。"现在彻底揭露"四人帮"炮制这个事件的罪行，还历史以本来面目，"也是为了消除'四人帮'给小学生造成的压力，并使小学生从这个事件中吸取有益的教训。"〔54〕

6 月 23 日，邓小平听取了刘西尧关于清华大学情况的汇报。他指出，教育要抓重点，考虑到国家财力有限，钱要首先花在重点上。先办好重点学校，才能早出人才。学校引进设备，也要抓重点。重点学校规模应该逐步扩大。像中国这样的大国，有三五百万大学生也不算多。

谈话中，邓小平还提到了向国外派遣留学生的问题。他同意增

回首
1978

加留学生的数量，认为这些人主要学习自然科学。他甚至表示，"要成千上万地派，不是只派十个八个。"他要求教育部就此事进行研究，"在这方面多花些钱是值得的。这是五年内快见成效、提高我国科学水平的重要方法之一。"他嫌步子迈得太小了，"要千方百计加快步伐，路子要越走越宽。"〔55〕

半年之后，中国首批50名留学生赴美国。其中北京大学10人，清华大学8人。这一年，全国高等学校招生开始统一命题。590多万人参加了考试，录取40.2万人。

从1978年开始，中国教育事业逐步走上正轨。

4. 中国经历了一场前所未有的高考

在招生条件中，有一条格外引人注目，即：对实践经验比较丰富并钻研有成绩或确有专长的，可放宽到 30 周岁，婚否不限，要注意招收 1966、1967 届高中毕业生。教育部负责人在 10 月 23 日答记者问时特意重申了这一点。正是这一附加条件，为 1966、1967、1968 三届毕业生提供了一次难得的考试机会，不少老三届的知青因此而激动得热泪盈眶。

电影《决裂》剧照。

到 1977 年恢复高考时，"文化大革命"期间共有 11 届毕业生，人数达 1000 多万。当年报名参加高考的就有 590 万人，其中包括工人、农民、战士、上山下乡和回乡知识青年、应届高中毕业生，以及机关、学校工作人员。设在全国各地的考场就达上万个。这在中国教育史上是前所未有的。在当时的条件下，要想一下子印出这么多试卷，确实很困难。一时间，洛阳纸贵，纸张成了严重的大问题。中共中央只得批准动用出版《毛泽东选集》第五卷的纸张。

考试从 11 月 28 日开始，到 12 月 25 日结束，历时近一个月。有位记者这样写道：1977 年的招生，给中央音乐学院的干部和教师留下了难忘的印象：招生的消息发表不几天，北京、上海、广州、成都四个考区就有一万七千人报名，出现了许多令人感动的情景。在上海，天刚透亮，考生就冒着初冬的寒冷排队等候报名，事

图为 1977 年高校招生时北京市的一个考场

先准备的一千五百张准考证两天就发完了，实际报考的人数突破了
五千。在中央音乐学院，每天都有成百上千的人来报名，校园里
笑语盈盈，盛况空前。在广州、成都两个考区，报名的人每天络绎
不绝。为了表达无比喜悦的心情，藏族、维吾尔族、蒙古族、朝鲜
族、白族、壮族、纳西族、锡伯族、鄂温克族、羌族、达斡尔族等
少数民族的考生，还穿上节日盛装来到考场。他们是普通的工人、
农民、上山下乡和回乡知识青年、商店营业员、机关干部、教师、
学生和文艺工作者。他们从云贵高原、松花江畔、海南椰林、东海
渔村汇集到一起，接受祖国的挑选。他们流着激动的热泪说："要不
是打倒了'四人帮'，我们哪有机会来报名应试啊！是以华主席为首
的党中央给了我们报考的权利"。

大量的人才汇集到一起，为学校选拔高水平的学生提供了极
为有利的条件。声乐系计划招几十人，报名人数达到五千；计划招
四五人的琵琶专业和十几个人的小提琴专业，报名的考生达 1000
多人；作曲系计划招收 10 名学生，报考人数达到 1400 多。素质好，
有音乐才能，有培养前途的青少年成批地涌现出来，预示着音乐事
业蓬勃发展的光辉前景。

中央音乐学院革委会主任赵讽同志兴奋地告诉记者说：中央音
乐学院创办快三十年了，像这次报考人数之多，考生质量之高是从
来没有过的。老师们兴奋地把这次招生比喻为音乐人才的大检阅、
大盛会，称赞这是中国音乐教育史上的奇迹。[56]

北京市的高考于 12 月 10 日至 12 日进行，有近 16 万人参加了
这场考试。北京市参加监考的一位教师颇为感慨地说：今天的考场，
就是生动具体的课堂。"华主席、邓副主席这么一抓，很多学生变成
了另一个人。我原来想，青年们被'四人帮'毒害了这么多年，个
别人考试答不上来，可能捣乱。没有想到，考场秩序会这样好，考

"两个估计"寿终正寝
恢复高考招生制度
邓小平强调尊重教师，
教育事业逐步走上正轨
中国经历了一场前所
未有的高考
一部小说引起巨大反响，
文艺领域开始"解冻"
"科学的春天"

回首
1978

生态度会这样端正。学生真的变样了。有些过去被'四人帮'一伙骂得抬不起头来的老教师,今天看到学生这样遵守纪律,尊重老师,严肃认真地对待考试,感动得热泪盈眶。他们说:看到下一代这种好的表现,确实感到我国的青年大有希望,我们的国家大有希望。"〔57〕

《北京日报》的一位记者写了一篇《考场见闻》的报道,这样描写了考试的情景:每一个考场都洋溢着节日般的气氛,既庄严,又欢快。各个考场所在学校的师生们,为了支持这次高考,前几天即整顿校容,把校舍内外打扫得干干净净,教室安排得整整齐齐。一九〇中学校门扎着彩色牌坊,红旗迎风招展,热烈欢迎新考生。二中大门迎面,书写着大字标语:"一颗红心,两种准备,把自己的一切献给党!"教学大厅里庄严醒目地书写了叶副主席的《攻关》诗。许多考场里都写着鼓励考生的标语:"早出人才,早作贡献","刻苦学习,又红又专",等等。成千上万的考生朝气蓬勃地来到指定的考场。他们自觉地遵守考场纪律,服从工作人员指挥,考场秩序井然。一五〇中学设有 35 个考场,1400 多人参加考试。答卷期间,整个楼里竟像没有人一样,听不到一点声音。在六十五中的一个考场里,考理化时,有位考生基本不会答题,但仍静静地在自己的位置上坐了两个小时,等到最后和大家一起交卷。他想的是不要因为自己过早交卷而影响别人。

考场上,监考人员与考生亲密无间,从根本上改变了过去那种"以学生为敌"的考试状况。有的考生忘了带三角板、圆规,监考人员主动帮助解决。有的考生生病,工作人员主动送水送药……〔58〕

还有一位诗人写了这样一诗:

  当、当、当,考试的钟声响了,

   多么动听,多么悠扬,

像春风掀动一池清水，

欢腾的人群涌进考场。

鬓发斑白的老师高兴地打开试卷，

为什么，眼里却闪动着激动的泪光，

莫非这是一幅建设的蓝图，

你看到祖国江山似锦，前景辉煌？

意气风发的小青年庄重地接过试卷，

为什么，青春的热血烧红脸庞，

莫非这是一份出征的通告，

你想到重任在肩，无上荣光？

也许，你们在想，这不是什么考试，而是祖国在选才点将，

笔杆虽轻，却注满八亿人民的力量，

试卷虽小，却凝聚整个阶级的希望。〔59〕

全国高考结束的当天，新华社发表了一则电讯，称：今年的高校招生考试，震动了全国，在我国各条战线，各行各业，引起了强烈的反响。通过考试，极大地调动了广大青年的学习积极性，形成了空前未有的为革命刻苦学习的热潮。各地中小学都普遍采取措施提高教学质量，学生勤奋学习的生动事迹大量涌现。许多工厂工人、商店职工、机关干部、学校教师和农村青年，业余自学的空气更浓了，收听广播讲座的青年非常踊跃。有个工厂文化班的学员过去只有30多人，最近猛增到300多人。广大考生普遍反映，"这次高考，提高了思想认识，增长了知识，更坚定了为实现四个现代化加紧学习的决心，收获很大，考不上心里也高兴。许多青年工人、上山下乡知识青年和学生，考完以后，回去就制定了自学计划，更加有计划地提高自己的科学文化水平。"〔60〕

考试结束之后，考生又是怎样想的呢？上海的一位报考英语专

"两个估计"寿终正寝
恢复高考招生制度
邓小平强调尊重教师，
教育事业逐步走上正轨
中国经历了一场前所未有的高考
一部小说引起巨大反响，文艺领域开始"解冻"
"科学的春天"

回首
1978

99

业的青年这样说:"如录取,我决心进一步学好英语和其他外国语,为实现四个现代化从事更多的外文翻译工作。即使不录取,我也安心在原来的生产岗位上,加倍努力为建设社会主义祖国而奋斗。"北京的一位六六届高中毕业的中学教师表示:参加这次高考,对他的学习是很好的鞭策;即使考不上大学,今后也要发扬这一段刻苦学习的劲头,学习更多的知识,把教学工作做得更好。[61]

1978年1月,高考录取工作开始。鉴于"文化大革命"期间高校招生"走后门"的现象十分严重,这次新生录取能否真正做到择优录取,成为人们普遍关心的问题。

1月28日,教育部的一位负责人就高考录取工作回答了记者的提问。这位负责人对录取工作表示相当满意,认为"总的情况是好的,说明新的招生制度,确实有利于发扬党的优良传统和作风,有利于选拔优秀人才。"清华大学在黑龙江录取7名新生,平均分数为317分,有5人的数学成绩是满分,2人为99分;在广西录取14名新生,平均分数高于300分,单科成绩数学平均80分,物理85分。北京大学在福建录取26名新生,文科、理科的最低成绩为290分,最高分为340分,平均每门课85分。"这就是说,经过政审和体检,如果德育、体育条件相同,文化考试成绩仍是择优录取的重要依据。"[62]

《中国新三级学人》的作者钟岩采访了时任北京市高等学校招生委员会考务组组长的利峰,谈了北京市当年的录取工作。作者提出,"分数面前人人平等",可以说是个划时代的观念,不论出身、年龄、地位,只看分数。否定"阶级斗争为纲",就是从这儿迈出了不大却很关键的一步。当时录取真的一下子就杜绝了"后门"了吗?

利峰十分肯定地回答说:真没有人"走后门",够分才能上学,这是天经地义的事。我是考务组长,党的干部,1945年北京师范大学女子附中毕业后就在北平党的城市工作部的领导下参加革命斗争，邪的歪的我不会，就是市委领导发话，说得对我执行，说得不对我也敢顶。这种想法当时是很有代表性的。坚持原则，坚持规则，各所大学的招生工作人员都这样互相感染，互相监督。

钟岩问道：听说前党中央总书记的儿子因为分数不够也没有被录取？

利峰说：确有此事。另外，当时刚卸任的北京市市长的女儿只差几分，1977年没录取，1978年再考，才进了一所医学院。有人提过几句，是不是照顾一下？但是那位领导以及秘书没有提。我们多数人认为他们这种做法是对的，不论当官还是当老百姓，待遇应该是一样的。我可以告诉你，那时候的人很自觉，没有人递条子，有问题顶多向市委反映反映。

"文化大革命"中受迫害的老一辈无产阶级革命家，像贺龙、朱德等同志的后代，也要参加考试够分才能入学，分数不够除非国家教委正式下文。我印象中总共就照顾了四个人。"依靠自己的奋斗站起来"，成为当时很流行的一种价值观念。譬如，刘少奇当时还没有平反，但他的四个子女都在同一年里考上了大学，其中一个女儿一下子考上了北大物理系。听说在动乱的年月里，即使教室里只剩下一个人，她也还是坚持读书，所以她得到了报偿。有个老同志两个孩子也考得很好，当时我们还做了许多工作，反对把父亲的问题算到子女身上。同时，对那些够了分数的普通老百姓的孩子，我们也排除阻力帮助他们实现自己的愿望。比如，有个考生的母亲天天来招生办坐着，就因为孩子的父亲是右派而不能录取，这位母亲说："我们当右派受挫折都没有像儿子够分数而不录取这么难过！"还有一个孩子得了小儿麻痹症，还有的学校不愿招女生。怎么办？我们就去找白介夫副市长，为这些孩子呼吁。白介夫亲自召开市属

"两个估计"寿终正寝
恢复高考招生制度
邓小平强调尊重教师，教育事业逐步走上正轨
中国经历了一场前所未有的高考
一部小说引起巨大反响，文艺领域开始"解冻"
"科学的春天"

回首
1978

院校会议，要求录取！我们这些工作人员马上向各校送档案。

钟岩说，人们都清楚，当时是百废待兴，高考制度还不完善，可是全社会都洋溢着公正、平等的人文空气，人们太痛恨封建的血统论和特权思想了，因此自发地追求平等。

利峰表示赞同，她说，一方面我们这个单位没说，就是我们自身也不例外，我的女儿当时没考上大学，后来是凭自身的努力，自学拿到文凭的。从另一方面看，77级的考生素质真是好，根本没有人"走后门"、托人情，就是靠自己硬邦邦的成绩，让人没话说。〔63〕

教育部负责人在答记者问时也表达了同样的意思，他说，各级招生委员会，按照新的招生办法，严格地进行了统一考试，并根据录取新生的最低分数线进行初选，提出了参加政审、体检的名单。他举了浙江省的例子，说这个省的群众反映本次政审、体检名单有两个硬碰硬：一是领导干部以身作则，干部子女选上是硬碰硬，没有选上也不搞特殊化。嘉兴地区有些领导干部和招生办公室主任，他们的子女这次考试成绩在最低分数线以下，初选没有选上，他们都表示要严格按政策办事。所以，群众反映说："领导干部这样坚持原则，模范地执行党的政策，为我们作出了榜样。"二是根据考试成绩提出名单，硬碰硬。吴兴县北里公社这次参加高考的共有19人，两个公社干部的子女参加高考，都没有选上。相反，普通群众的子女参加高考，都选上了。群众反映说："现在只要符合国家要求就能选上，哪怕一家选两个也可以，这样才能真正把优秀的人才选拔出来。"〔64〕

重视考生分数，会不会被说成是"分数挂帅"？教育部负责人对这个问题的看法是，青年学生为了实现四个现代化，努力学习文化科学知识，这正是有社会主义觉悟的表现。在政治、身体条件基本相同的情况下，重视考生的文化水平，录取分数高的，也不是什么"分数挂帅"。相反，正是坚持了德智体全面衡量、择优录取的原则。[65]

不可否认，在录取过程中也有个别干部和招生人员利用职权，营私舞弊。山东省莘县古城公社教育组组长、考点负责人李明河，其子女分别参加了大学本科和中专的文化考试。考试之前，李明河利用职权密谋策划，对部分教师、监考人员和考点服务人员作了交代。考试开始后，他以巡视为名进入考场拿走试题，交给事先安排好的教师，让其为自己的子女做题，然后由李明河本人及考点服务员送入考场。李明河之子的政治、语文、数学试卷，其女的全部试卷，都是由他指定的教师代做的。该县大多数考生和教师对李明河的行为表示极为不满。考试结束后，群众纷纷写信揭发。中共莘县县委及时做了处理，对李明河给予开除党籍、撤销职务的处分。

无独有偶。山东故城县县委书记马连宝，他的女儿是该县郑口中学高中二年级学生，事先没有参加学校的选拔考试，不符合报考条件。但是，马连宝为了让其女儿上大学，从报名、考试到初选，进行了一系列的营私舞弊活动。

马连宝带头违法乱纪，使故城县高考遭到严重破坏。郑口考点是全县最大的考点，共设有15个考场，有740名考生参加考试。在考试之前，考点负责人串通一些人有组织，有计划地进行舞弊活动。考场办公室、教师宿舍，甚至连考场附近的马棚，都成了场外答题的场所，厕所、医务室则成了试题与答案的交换点。

由于县委书记马连宝明目张胆地破坏招生制度，带头营私舞弊，在当地造成了极其恶劣的影响。经调查，故城县委有七名常委为其子女或亲属报考大中专学校进行了非法活动。另外，全县还有20名科、局级干部，以及部分县直机关干部，均存在不同程度的舞弊行为。

回首
1978

　　这两起高考舞弊事件，引起教育部的高度重视。教育部在转发山东省招生委员会关于对李明河在招生文化考试中严重违法乱纪的通报时表示，各省、市、自治区在招生工作中发现违法乱纪、营私舞弊、"走后门"等问题，都应像山东省招生委员会那样，在党委领导下，紧紧依靠群众，认真查实，严肃处理，对那些无视党纪国法、违法乱纪、营私舞弊，以及搞"走后门"等破坏招生制度的人，不管是谁，都要根据情节，给予必要的处分，直至开除党籍，依法惩处，决不应该姑息。对于坚持原则，同违法乱纪、营私舞弊行为作斗争的群众、干部和教师，要大力给予支持和表扬，并且要加以保护。

　　经中共河北省委批准，衡水地委对马连宝等人做了严肃处理，决定给予马连宝以撤销党内外一切职务，开除党籍的处分；给予主管文教工作的县委常委、县招生委员会副主任张砚生以撤销党内外一切职务、开除党籍的处分；其他犯有营私舞弊错误的干部，也分别给予了处分。衡水地委还为此召开了全地区县以上干部大会。河北省招生办公室也作出决定，故城县郑口考点于1月下旬重新进行考试。

　　2月20日，《人民日报》为此发表了题为《党纪国法岂容践踏》的评论员文章，指出：这次对高等学校招生制度进行重大改革，是党中央为了克服"四人帮"干扰破坏造成教育质量下降的严重恶果，贯彻择优录取的原则，堵塞"走后门"等漏洞，达到广开才路，提高新生质量和整个教学质量，适应实现四个现代化的需要，快出人才，多出人才的一项重要决策，受到全国人民的热烈拥护。"每一个共产党员、党的干部，特别是负责干部都应当坚决支持，模范地贯彻执行新的招生办法。"可是，故城县委书记、县革委会主任马连宝则反其道而行之。在他的眼里，什么保证新生的质量，什么择优录取的原则，什么党纪国法，什么四个现代化的宏伟历史任务，全都不值一顾，只要他手中有了权，便可以任意行使，执法犯法，为所欲为。在他的带动和授意下，经过精心密谋策划的舞弊活动大量出现，诸如改考号，变座位，设"助考"，偷试题，送答案，把整个考场闹得乌烟瘴气，使招生工作遭到严重的破坏，情节十分恶劣。"这种营私舞弊的行为如不坚决制止，改革招生制度的目的便不可能达到，恢复和发扬党的优良传统和作风，也就成为一句空话。"文章把此事看做是影响党风的大事，认为故城的这起违法事件，"使我们看到整顿党的作风的迫切性。"文章最后指出，高等学校招生工作已进入录取新生的最后阶段，参加这项光荣任务的干部和教师，要善始善终，圆满地完成党中央交给我们的神圣任务。在招生工作的各个环节上发生的任何舞弊行为，都要认真对待，严肃处理。对有舞弊行为或"走后门"上来的学生，查清属实，要取消其录取资格；已经录取入校的，要坚决退回原单位。[66]

尽管招生工作存在着不尽如人意的地方，但是，令人欣慰的是，通过这次考试，各地发现了大批优秀人才。中国科技大学录取了 20 名十三、四岁的新生，他们成了科大第一批少年班的学生。中央音乐学院计划招生 130 人，结果从 17000 名考生中一下子就挑选出 300 多人。用这个学院教师的话说：这些是他们无论如何也舍不得淘汰的考生，"水平超过了录取标准的音乐人才"。结果只得要求增加录取名额。1 月 30 日、2 月 3 日，中央音乐学院还举办了 1977 年考生汇报演出音乐会。在北京外语学院的口试中，英语口试得满分的有 93 人。

从考试成绩来看，1966、1967、1968 年三届毕业生考得普遍比较好。当时的作文题是《我在这战斗的一年里》，题目充满着浓厚的时代特征。2 月 19 日，《人民日报》发表了三篇具有代表性的高考

"两个估计"寿终正寝
恢复高考招生制度
邓小平强调尊重教师，教育事业逐步走上正轨
中国经历了一场前所未有的高考
一部小说引起巨大反响，文艺领域开始"解冻"
"科学的春天"

回首
1978

作文，即：《我在这战斗的一年里》，考生是北京市密云县知青刘学红；《紧跟华主席永唱〈东方红〉》，考生是安徽省利辛县上海知青刘建新；《紧跟华主席永唱〈东方红〉》，考生是安徽省全椒县蒙古族青年罗元和。这三位考生都是"老三届"毕业生。从这三篇作文的内容来看，考生写的都是上山下乡亲身经历和遇到的事情。尽管内容是颂扬华国锋，但就其语言措词来说，写得相当生动。在那种"读书无用论"的环境下，能有这样的文笔确实不易。有人这样评价说："青年中确实大有人才，涌现了一批内容健康、构思新颖、文笔优美的优秀作文。"《人民日报》在发表这三篇文章时还特意加了编者按说：

> 1977年高等学校招生工作行将结束。我们高兴地看到，实行招生制度的改革，广开才路，择优录取，为选拔各方面的优秀人才开拓了广阔的道路。通过这次考试，各个学科都发现了不少优秀的人才，充分显示了新的招生制度的优越性。尽管由于"四人帮"的干扰和破坏，使教育质量严重下降，但是许多青年为革命刻苦学习，仍然取得了比较好的成绩。这里发表的三位考生的作文答卷就是有力的证明。[67]

利峰在谈到这个问题时颇为感慨地说：这些"老三届"考得真好，所以，当时北京市委书记林乎加决定1978年扩招，建立分校。这一下子又扩招了16000人，比原计划超过了一倍。我们当时的感觉是，年轻人在变，整个国家都在变，在变好，人气向上，朝着理想的方向走。[68]

2月26日，华国锋在五届人大一次会议上提到："我国科学、教育、文化战线摧毁了'四人帮'的法西斯文化专制主义，批判了他们炮制的'两个估计'的反动谬论，激发了广大知识分子的积极性，开始出现了欣欣向荣的生动局面。"他还提出了"积极扩大招生人数，加快建设新的高校"的建议。

不久，教育部和计划委员会联合发出通知：鉴于仍有一批成绩优秀的考生未能入学，根据中央指示，各地应采取积极措施，凡能挖掘潜力的高校，均可在众多上线考生中再扩招一批新生。

据当年的一位考生回忆，他有幸成为一名扩招生。他说，最初的结果正是这样，发录取通知书时，我们一帮朋友全部榜上无名。平心而言，当年我并不觉得十分意外。世界之大，天外有天，北京本是藏龙卧虎之地，断不缺少高人。何况那年作文的试题《我在这战斗的一年里》也与我路数不对，整天与兔皮羊皮厮混，毫无战绩可言，文章不免空洞。主题如此，落选于是不能算沉重打击……看起来，北大的校门已经对我关上了。谁知事情竟会出现转机。因系第一次恢复高校招生考试，积压的人数太多，许多成绩优秀的考生，只为年龄偏大而取消录取资格，不免愤愤不平。后来与我同时入校的一位同学，便设法打听出各门科目的分数，不断上访，据理力争。依靠他们的努力，北京市破例创行"扩大招生"办法，由各高校在落榜者中，再挑选一批合格者。我有幸加入这一行列，才终于在 1978 年 3 月初的一天，踏进我向往已久的北大校园。[69]

5 月 12 日，教育部负责人就 1977 年高校招生制度改革的有关情况再次回答了记者的提问。这位负责人说，由于广开了才路，恢复了被"四人帮"剥夺的广大青年报考大学的权利，为选拔优秀人才提供了广泛的基础。去年全国共录取了 27.8 万人，超额完成了招生任务。在 27.8 万人中，属于扩大招生的有 60，000 多人。据他介绍，各地录取新生的质量普遍较高。据四川、甘肃、湖南、浙江、江苏、安徽、天津、河北、黑龙江等 22 个省、市、自治区的统计，在录取的新生当中，工人、农民、解放军战士、复员军人占 80%，党团员占 74%，工人、贫下中农、军人、干部、知识分子的子女占

"两个估计"寿终正寝
恢复高考招生制度
邓小平强调尊重教师，
教育事业逐步走上正轨
中国经历了一场前所未有的高考
一部小说引起巨大反响，文艺领域开始"解冻"
"科学的春天"

回首
1978

87%。这些新生的文化水平比较整齐，知识基础较好，为提高教育质量创造了良好的条件。

值得注意的是，尽管邓小平强调政审"主要看本人的政治表现"，可是，仍有一些考生因为家庭历史问题而无法录取。出现这种情况的原因，在于长期受"左"的思想束缚。河南省郑州二中15岁的考生竺稼就是其中的一位。据他说，1977年学校推荐他参加了高考，被西安外语学院法语专业录取。接到录取通知书后，他激动得热泪盈眶，决心为革命学好外语。怀着一腔热血，他告别了亲人和同学，高高兴兴地来到学校报道。谁知，刚跨进校门，他便得到消息：从德智体各方面衡量，你在西安外语学院学习不适合。当天，学校给他买了一张火车票，让他返回郑州。"我茫然回到家中，难过极了。"但他很快就得知，自己被退回的主要原因与外祖父有关。他的外祖父很早以前被人民政府镇压了。他无论如何也弄不明白，他连外祖父的面都没有见过，父母也从来没向他提起过。"如果这事也要影响到我的话，那我的命运岂不是在娘肚子里就决定了吗？一个死了二十七年的坏人，为什么要和我这十五岁的孩子联系在一起呢？我祖父是老汽车司机，历史清白，从小抚养我长大，为什么政审时不联系我的祖父，却要联系我根本不知道的外祖父？况且我的父母历史清白。根据党的政策，我母亲也不应背家庭出身的包袱，难道我这十五岁的第三代应该背吗？"[70]

愤懑不平的竺稼给有关部门写了一封信，反映了自己的情况。所幸的是，有关部门在查清事实后，很快做了处理。不久，竺稼被郑州大学英语系录取。

还有，安徽的一位考生也经历了类似的遭遇。4月24日，这位考生的家长给《人民日报》编辑部写了一封信，她在信中充满激情地写道：

要不是打倒了"四人帮"，做梦也想不到我的孩子能上大学！编辑同志：在这大雪覆地、寒风凛冽的夜半三更，我披衣伏案给你们写信。我的思绪像波涛一样翻滚，翻来覆去怎么也不能入睡。为什么？因为我的大孩子今天接到了高考录取通知书。不，绝不单纯是这层意思。更重要的是因为，党中央关于认真落实干部政策的一系列指示，在我身上具体落实了。

党中央关于改革高等学校招生制度的特大喜讯传来了。我的大女儿从小学到中学，学习成绩一直很好。原班主任特地写信来要孩子抓紧复习，准备报考；好多朋友争相报信，鼓励孩子准备应试。我的孩子也夜以继日刻苦钻研，准备让祖国挑选。

文化课考试结束了，初选被录取了，体检也合格了，我们全家人该是多么高兴啊！可是，政审开始了，全家都为我的问题没有最后解决捏了一把汗。政审结束了，但没有一点音讯。过了一段时间，听说又来搞我的外调。这时我的心啊，真是"十五个吊桶打水一七上八下"。我爱人说："完了，又叫你的问题给'卡'住了。"我翻阅《人民日报》上一篇篇关于落实干部政策的文章，把《干部工作者应有的品质和作风》那篇文章，读了一遍又一遍，心潮澎湃，热泪盈眶，暗暗地想："党报上的句句话，都说到咱们心眼里去了，可是下面会不会这样做呢！"我焦急！我担心。昨天晚上，我们全家度过了一个难以忍受的漫漫长夜。

今天一早，我爱人去市招生办公室查询。招生办公室的负责同志热情地接待了我的爱人，语重心长地说：你们孩子文化考试成绩优秀，我们又进行了认真负责的政审，发现你爱人过去犯过错误，后来单位党组织又作了平反结论，但是至今上级

"两个估计"寿终正寝
恢复高考招生制度
邓小平强调尊重教师，教育事业逐步走上正轨
中国经历了一场前所未有的高考
一部小说引起巨大反响，文艺领域开始"解冻"
"科学的春天"

回首
1978

党委未批。大学党委和省招生办公室又责成我们重新了解。我们找了你爱人单位党组织，了解了你爱人的全部历史和一贯表现，由于"四人帮"的干扰，致使你爱人的问题长期拖下来，未能解决。后来我们又打长途电话请学校来人详细汇报了情况。经学校录取和省招生办公室批准，你的孩子已被录取到中国科技大学微波技术专业。从你孩子的身上可以看出共产党政策的正确。你们得感谢共产党，要不是打倒了"四人帮"，恐怕你们连做梦也想不到吧！我爱人激动得泪如泉涌，一句话也说不出来……

4月26日，《人民日报》为此发表了题为《高考政审必须坚决执行党的政策》的评论员文章，直言不讳地指出：长期以来，"四人帮"利用血统论刮起了一股父母有问题，儿女受连累的妖风。父母出身不好，或父母亲属有某些政治问题的青年，即使本人表现再好，也难以升学、就业、入党、入团和服兵役，等等。"四人帮"的这种罪恶行径，严重地破坏了党的政策，使大批青年受到不白之冤，打击了他们为无产阶级革命事业服务的积极性。

文章说，明确规定高考政审"主要看本人的政治表现"，"这是招生制度进行重大改革的一项重要内容。它受到广大群众的衷心拥护。各地认真贯彻执行党中央的规定，落实党的阶级政策，使一大批优秀青年得到了深造的机会。影响所及，极大地调动了各方面的社会主义积极性。安徽省芜湖地区陈炳南同志的来信，生动具体地说明了这一点。"

但是，由于"四人帮"的流毒没有肃清，有些单位、有些同志在这个问题上仍然心有余悸，没有坚决执行党中央关于父母的历史问题不应影响子女和家属的指示。他们对考生的政治审查，不是主要看考生本人的政治表现，而是主要看家庭、看亲属的政治历史问题；他们不去认真调查分析这些人和事对考生本人有无联系和影响，就武断地作出不能入学的结论，这种片面的、不负责任的做法，是极端有害的，严重干扰了党的政策的落实。竺稼同学来信反映的问题就是一个例子，"应当引起各级党委的重视。"

文章强调："父母的历史或现实政治问题，子女是不能承担责任的。父母的问题应当与子女区别开来，家庭出身应与本人表现区别开来，政审主要应看本人的政治表现。那种不认真审查考生本人的表现，只要看到父母或社会关系中有的人有问题，就一概不予录取，这是违背无产阶级政策的。"现在报考的青年，大多数在 20 岁左右，是在全国解放后出生的，是在党的教育下长大的。即便是地富子女的子女，也是孙子辈的人了，是靠他们父母的劳动收入生活的。这样的社会存在，对这些青年的思想必定产生深刻的影响。"谁如果忽视了这个基本事实，谁就不能理解党的政策，就不能正确地执行党的政策。"现在这些青年，绝大多数是拥护共产党、热爱社会主义、愿意为工农兵服务的。所以，"高考政审主要看本人政治表现的政策，是完全符合这一实际情况的，它有利于调动一切积极因素，也有利于这些青年世界观的确立。不论在招生工作中，或是在其他方面，都必须认真贯彻执行党的这一阶级政策。"[71]

总的来说，1977 年高校招生制度的重大改革，得到广大人民群众的拥护，在全国各地引起了巨大反响，被称为"拨乱反正的第一声号角"。一个"考"字，在当时犹如一声号令，使社会风气发生了根本转变。通过考试，发现了长期被埋没的大批优秀人才，调动了年轻人的学习积极性，确立了一个公平的竞争机制，由此推动了中小学教育事业的发展。而且，遭到"四人帮"严重破坏的党的优良传统和作风，也随之得到恢复和发扬。

不可否认，1977 年招生工作取得了显著成绩，这是主流。但是，

回首
1978

招生制度改革毕竟刚刚开始，加之时间紧，又缺少经验，因此，不可避免地存在一些问题。在招生录取过程中，不适当地强调了所谓的阶级路线，即在条件基本相同的情况下，应优先录取工人、贫下中农及其子女。据24个省、市、自治区的统计，1977年招收的工人、贫下中农和其他劳动人民的子女，占录取新生总数的97.4%。"事实上，各省、市、自治区都注意了优先录取工人、贫下中农的子女入学。从学校来说，中国科技大学，去年招收新生七百三十八人，百分之九十九以上的学生来自劳动人民家庭；上海交通大学，去年招收新生一千零五十八人，剥削阶级家庭出身的子女只占百分之零点六。"事实充分说明，"新的招生制度切切实实保证了工人、贫下中农子女享受教育的优先权，正确地体现了党的阶级路线。工人、贫下中农和其他劳动人民的子女升学率保持了绝对的优势。"[72]

上述这些情况的出现，表明当时的招生工作在一定程度上仍然受到"左"的困扰，拨乱反正，依然是任重道远。

5. 一部小说引起巨大反响，文艺领域开始"解冻"

1977 年 11 月，正当教育界酝酿批判"两个估计"的时候，《人民文学》编辑部在北京召开了短篇小说创作座谈会。据说，这次座谈会的目的是"为了繁荣短篇小说创作，促进短篇小说创作跟上当前抓纲治国的大好形势"。参加座谈会的有张光年、刘白羽、周立波、沙汀、王朝闻、马烽、李准、张天民、王愿坚、张庆田、茹志鹃、韦君宜、林雨、赵燕翼、萧育轩、叶文玲、邹志安等，还有部分业余作家和文学评论工作者，共 20 多人。由于"四人帮"对文艺创作的破坏和干扰，已经多年没有召开这样的会议了。所以，与会者欢聚一堂，畅所欲言，座谈会开得生动活泼。

会议提出要"彻底砸烂'四人帮'的精神枷锁"。与会者揭露说，"四人帮"推行文化专制主义，打着塑造工农兵英雄形象的幌子，鼓吹"三突出"、"三陪衬"、"多侧面"、"立体化"以及英雄人物排号、英雄人物必须高、大、全等一整套形而上学的"创作原则"，搞乱了文艺界的思想，严重地破坏了中国的文艺事业。在"四人帮"把持文坛期间，中国文艺园地，出现了"怕写文章，怕写戏。没有小说，没有诗歌"，以致"百花齐放都没有了"的荒凉局面。现在，"四人帮"虽然被粉碎了，但他们在文艺创作和文艺评论方面所散布的流毒还相当广泛，"至今有不少人还用'四人帮'那套'三突出'等谬论来衡量作品"。所以，当前"亟须把被'四人帮'搞乱了的路线是非、思想是非和理论是非加以澄清，进一步从理论上深入批判，肃清流毒，彻底砸碎精神枷锁。"坚持运用革命现实主义与革命浪漫主义相

回首
1978

结合的创作方法进行创作，"这样我们的社会主义文艺事业才能更加繁荣和昌盛。"

与会者还批评说，由于"四人帮"残酷迫害文艺工作者，使得许多群众熟悉的老作家长期脱离生活，与现实隔膜了，"笔也生了，多少年无法创作。"现在，"老作家解放了，思想也应该解放，要重振旗鼓，挥笔上阵。老作家不但自己要写，还应当做浇花的工作，扶植青年作者，使他们健康成长。"中年作家既有创作经验，精力也充沛，正是创作的兴旺时期，更应该奋力创作。作家们表示，当前的文艺创作还远远不能适应形势发展的需要，所以"要尽快组成一支老、中、青相结合的浩浩荡荡的文艺大军，开赴社会主义革命和社会主义建设的第一线，写出更多更好的、迅速反映我们伟大时代的优秀短篇小说，鼓舞人民群众推动历史前进。"[73]

几天之后，即11月19日，《人民日报》以《让文学创作迅速跟上抓纲治国大好形势》为题报道了座谈会的情况。这次座谈会虽然不是直接批判"文艺黑线专政论"，但它对清理"四人帮"在文艺界的影响产生了一定的作用。

随着教育界对"两个估计"的批判，文艺界也开始批判"文艺黑线专政论"，它开始于一次座谈会。11月21日，《人民日报》编辑部邀请部分文艺界人士举行座谈，"控诉和批判'四人帮'炮制的'文艺黑线专政'论"的滔天罪行。茅盾、刘白羽、张光年、贺敬之、谢冰心、吕骥、蔡若虹、李季、冯牧、李春光参加了座谈会。

此时，文艺界正式开始了对"黑线专政"论的批判。与会者指出，所谓"文艺黑线专政"论，就是"四人帮"强加在文艺工作者和广大人民身上的精神枷锁、政治镣铐。所以，"我们要抓住'文艺黑线专政'论的反动实质，把它作为文艺界揭批'四人帮'运动第三战役的中心问题，批深批透。"[74]

11 月 25 日，《人民日报》以《坚决推倒、彻底批判"文艺黑线专政"论》为题报道了这次座谈会的情况，还加了编者按说："四人帮"举着"黑线专政论"这把刀子，否定十七年革命文艺的成就，并从文艺界打开"突破口"，扩展到各条战线，全盘否定"文化大革命"以前十七年的伟大成就。

但是，编者按不适当地肯定了毛泽东 1963 年 12 月和 1964 年 6 月关于文艺界的两个批示，而且认为"毛主席的红线一直照耀着社会主义文艺事业的进程"。

当天，《人民日报》还发表了茅盾在座谈会上的发言。茅盾在发言中肯定了"《人民日报》编辑部这个座谈会非常及时，非常必要。"他说，教育界的同志们已经开过这样的座谈会，愤怒声讨"四人帮"炮制的"两个估计"。文艺工作者，乃至广大读者，受"四人帮"的"文艺黑线专政"论以及由此而来的文化专制主义的毒害，"也是极其深重的"。所以，我们也迫切需要揭发和批判"四人帮"炮制"文艺黑线专政"论的阴谋，肃清"四人帮"在文艺理论上的流毒。

茅盾还说，"四人帮"为了篡党夺权的需要，大肆污蔑新中国建立以来的文艺战线，称之为"黑线专政"，这是"狂妄地否定'文化大革命'前十七年文艺领域中所取得的辉煌成果"。对此，他举例说.这 17 年中，就长篇小说而言，有《暴风骤雨》、《创业史》、《青春之歌》、《林海雪原》、《红岩》等等，至于短篇小说、诗歌、话剧、歌剧、电影、音乐、美术、舞蹈、曲艺，那名目就更多了。可是，令人气愤的是，"四人帮"把许多香花统统打入冷宫，而把他们为了篡党夺权而炮制的帮派文艺，强加于广大读者和观众，这"怎能不天怒人怨，人人侧目！这是事实，'四人帮'的罪恶，是赖不了的。"

"四人帮"粉碎后，文艺虽然获得解放。但"四人帮"的流毒，依然不容低估。当前任务就是"运用马列主义、毛泽东思想这战无

回首
1978

不胜的思想武器，坚决推倒'四人帮'炮制的'文艺黑线专政'论，进一步肃清'四人帮'在文艺界的种种流毒，同时也必须为广大的观众和读者提供更多更好的精神食粮。"

而要完成这些任务，首先要坚持"百花齐放、百家争鸣"的方针。换言之，也就是要做到题材的多样化，以及体裁和风格方面的多样化。茅盾认为，题材的多种多样，会引发多种多样的体裁，也会引发多种多样的风格。而一个具有多方面生活经验、富于创造性的作家，有可能运用各种题材，并且也具有个人独特的风格。他相信，在粉碎"四人帮"强加于人的精神枷锁之后，"我们的百花园里必将出现万紫千红的景象。而这正是'双百'方针得到贯彻的必然结果。"

茅盾在发言中还批评说，"四人帮"的又一荒谬理论，就是关于作品中的人物描写的脸谱化的创作方法。"按照他们的说法，作品中的英雄人物（主角、正面人物）必须是高、大、全的。也就是说，这个英雄人物，必须是始终正确、高出于一切陪衬人物（这些陪衬人物也是作品中的正面人物）之上，比所有这些陪衬人物都伟大。换言之，即这个英雄人物不能犯错误，甚至也不能有片刻的犹豫不决。否则，就损伤了这个英雄形象。这是十足违反马克思主义的认识论的"。"四人帮"所要写的"高"和"大"，"已经是给公式化、概念化大开绿灯；更要全，那就只能画脸谱，不是人物性格的描写。"

同样，"四人帮"搞的那套"脸谱主义"，对作品中的反面人物，"那就滥用得更加出奇了"。反面人物不仅面目灰溜溜，甚至衣服也是灰色的，"以至他一出场，连小孩都立刻知道这是个坏蛋。这不是在教育读者怎样辨别好人或坏人，而是在腐蚀读者本来还有的辨别能力。"

所以，茅盾表示，要繁荣创作，就必须贯彻"百花齐放、百家争鸣"的方针。而批判"文艺黑线专政"论，进一步从理论上肃清"四人帮"在各方面的流毒，"彻底粉碎他们强加于文艺工作者乃至广大读者的精神枷锁，则是实现'百花齐放、百家争鸣'的首先必要的步骤。与此同时，供应广大读者以优秀作品，则又是粉碎精神枷锁、肃清'四人帮'流毒的必要而且有效的保证。"〔75〕

座谈会的消息和茅盾的文章见报后，中央分管宣传工作的一位副主席表示不满。他甚至责问《人民日报》：你们批了"教育黑线"论，怎么又批起"文艺黑线专政"论？《全国教育工作会议纪要》是毛泽东主席批准的，《文艺座谈会纪要》是毛泽东主席亲自修改过三次，怎么能推翻呢？

但是，对"文艺黑线专政"论的批判并没有因为这位副主席的指责而停顿下来。紧接着，《解放军文艺》编辑部又邀请在北京的部队文艺工作者举行座谈会，揭露江青同林彪勾结制造"文艺黑线专政"论的阴谋。

进入12月份，文艺界批判"文艺黑线专政"论的势头更为强劲，《人民日报》相继发表了贺敬之、丁玲、巴金在11月21日座谈会上的发言。

文艺界在批判"文艺黑线专政"论的时候，也连带批判了刘少奇的所谓"修正主义路线"，认为刘少奇干扰和破坏了文艺工作。在刘少奇还没有平反的情况下，尤其是在"两个凡是"没有被推倒的背景下，有这样的认识是难以避免的。

但是，不可否认，对"文艺黑线专政"论的批判，为文艺创作打开了新局面，文艺界终于迎来了"解冻"期，"伤痕"文学随即登上中国文坛。

就在《人民文学》编辑部召开短篇小说创作座谈会后不久，该

"两个估计"寿终正寝
恢复高考招生制度
邓小平强调尊重教师，教育事业逐步走上正轨
中国经历了一场前所未有的高考
一部小说引起巨大反响，文艺领域开始"解冻"
"科学的春天"

回首
1978

杂志第11期发表了刘心武的短篇小说《班主任》，这在当时引起不小的震动，有人称之为中国第一篇"伤痕"小说。

北京师范学院的一位教师看了小说之后，颇为感慨。这位教师也是班主任，体会可能会更深刻一些。正如这位教师所说，或许是工作岗位相同的缘故，所以，"一看到《人民文学》1977年第11期里的小说《班主任》，就信手翻开了书页。""你愿意结识一个小流氓，并且每天同他相处吗？"这真是一个别开生面、富有吸引力的开头。读下去后才发现，"它与我猜想的决然不同，小说没有惊心动魄的矛盾冲突，曲折离奇的故事情节，但是却引人深思，震人心弦。"

这位教师认为，小说的作者"把故事的背景安排在1977年春天，寓意深长。严冬摧残，祖国的幼苗受到了不同程度的伤害。但是，春回地暖，有园丁的辛勤培育，它们将会蓬勃地成长起来，为祖国更美好的春天增添色彩，这难道还有疑问吗？"[76]

刘心武当过15年的中学教师，后来调到北京人民出版社当编辑。《班主任》写于1977年夏，素材就来源于刘心武当教师的体验。据刘心武回忆，他在出版社当文艺编辑时接触过两部小说，其中一部是两位农民创作的《大路歌》，内容是写当地农村修路的故事。当时，"两报一刊"刚刚提出了"两个凡是"，强调以"阶级斗争为纲"。按照这个标准，小说《大路歌》必须有阶级敌人搞破坏才行，可是，稿子里没有这样的场面怎么办？于是，刘心武特意跑到那个村子，告诉那里的农民，如何这般地编出阶级敌人搞破坏的情节。可惜，任凭刘心武怎样解释，农民就是无法圆满地编出这样的故事来。结果，《大路歌》自然也就不能出版了。这件事给刘心武的触动很大，他由此产生了放弃胡编乱造、力求写真实生活的想法。

这年夏天，刘心武在十多平方米的房间里偷偷地创作起《班主任》。他为什么要写这篇小说，据刘心武说，这是出于对"文化大革命"的"积存已久的腹诽,其中集中体现对'四人帮'文化专制主义的强烈不满。"[77]

写完之后,刘心武自己看了一遍,难免"心里直打鼓",因为他明白,这是在否定"文化大革命"。但是,在发表欲的强烈支配下,他终于鼓起勇气,打算把稿子寄出去。没想到,在邮电局却遇到了麻烦。那位女工作人员把刘心武的大信封认真地检查了一番,发现里面还有一个小信封,便神情严肃地告诉刘心武,稿子里不能夹带信件,否则要收一元钱。刘心武一想,这可就划不来了,因为稿子当印刷品邮寄不过才几分钱。这位工作人员居然要一元钱!一气之下,刘心武索性不寄了。随后找了一个幽静的地方,拿出稿子',"再仔细看了一遍,竟被自己所写的文字感动。我最后决定,还是投出去吧,大不了发表不出来,还能把我怎么样?"[78]过了几天,他找了另外一家邮电所把稿子寄给了《人民文学》杂志社。最后,由张光年拍板,这篇小说才得以同读者见面。

《班主任》发表后,读者反映颇为强烈,尤其是在中央人民广播电台播出之后,影响就更大了。那时,《人民文学》每发行到一处,那里的读者就会来信。从当时的反映来看,褒贬不一。像冯牧、陈荒煤、严文井这些著名作家,"很快站出来支持"。但是,"反对的意见也颇强烈"。有人批评说,谢惠敏这个人物歪曲了团干部和进步青年的形象。也有人表示不满,说《班主任》是问题小说。在他们看来,只有资本主义国家才会出现问题,社会主义国家应该是一片光明。有人甚至给有关部门写信,指责小说是"解冻文学"。

这时,中国香港和台湾地区又在大力介绍《班主任》,称刘心武是中国"伤痕文学之父"。而在那个时候,这样的"海外反响"越多,"便越令一些当事人侧目"。因此,刘心武在相当长的一段时间里,"心里都不是非常踏实"。[79]

"两个估计"寿终正寝
恢复高考招生制度
邓小平强调尊重教师,
教育事业逐步走上正轨
中国经历了一场前所未有的高考
一部小说引起巨大反响,
文艺领域开始"解冻"
"科学的春天"

回首
1978

就连外国人也有同感，多年之后，有位日本朋友见到刘心武还关切地问道："你是不是差一点被关起来了？"

应当承认，刘心武写这篇小说确实冒了很大的风险。20多年后，他回忆说："当时，我确实有'闯禁区'的意识。因为，如果我还是个中学教师，可能我不懂；但那时我当编辑了，在那个敏感的圈子里，我知道有话要说，知道有点儿冒险，也感到有点儿怕。"[80]当他寄稿子的时候还想到其中的危险，正如他所说："我的政治生命也全在这里面了"。[81]以致20多年后，刘心武回忆起来还觉得"恍若一梦"。

小说之所以能够引起轰动，主要是因为"带头讲出了'人人心中有'，却一时说不出或说不清的真感受，也就是说，它是一篇承载民间变革祈求的文章。"[82]

对于这篇小说所产生的影响，国内外学者都有较高的评价。荷兰一所大学的教授这样写道："在新作家里，刘心武是第一个批判性地触及'文化大革命'的不良后果的作家，他的短篇小说《班主任》引起了全国的注意。他涉及了'文化大革命'给作为其受害者的青年人正常生活带来的不良影响和综合后果。"美国的一位大学教授称赞说："伤痕文学"的第一次表露，"也是实际上的宣言书，应推刘心武1977年发表的《班主任》。"[83]

国内的一位评论家在谈到这篇小说时也颇为动情地说："在目击了这几年的文学发展的几个历史阶段之后，又重新阅读了《班主任》，我最突出的感受是：简直为他捏一把汗。难道这就是1977年给读者以心灵解放的喜悦的历史名篇吗？这就是当年那轰动一时令许多人奔走相告的时代杰作吗？当年那使我眼睛看到更多色彩，使我沉睡的心灵感到更多的欢欣和痛苦，使我冻僵的嘴唇吐出更复杂的语言就是这样一篇作品吗？"[84]

但是，"伤痕文学"这一特定概念的命名，是青年作家卢新华于 1978 年 8 月发表的短篇小说《伤痕》定下来的。小说通过上山下乡知青旺晓华的遭遇，揭露了极左路线和"血统论"给社会造成的伤害。

小说发表之后同样引起了轰动，也引起了争论。陈荒煤评价说："《伤痕》排除了'四人帮'的毒焰，一扫帮气作风，不是'主题先行''从路线出发'，而是从生活出发，选取了一个触动千千万万读者心灵的题材。"

"伤痕文学"推动了人们对"文化大革命"的思考，进而推动了对冤假错案的平反。

"两个估计"寿终正寝
恢复高考招生制度
邓小平强调尊重教师，
教育事业逐步走上正轨
中国经历了一场前所未有的高考
一部小说引起巨大反响，文艺领域开始"解冻"
"科学的春天"

回首
1978

6."科学的春天"

邓小平在 1978 年全国科学大会上的讲话，引起了一阵又一阵的掌声，以至会议参加者在多少年后回忆起这一情景时依然激动不已。邓小平在讲话中谈到了知识分子的阶级属性问题，明确肯定了"知识分子是工人阶级的一部分"。正是这个表态，让与会者足足激动了很多年。

其实，邓小平在 1977 年 8 月 8 日同教育部负责人谈话时就已经肯定了知识分子当中"绝大多数是好的，是为社会主义服务或者愿意为社会主义服务的"，而且，他还称知识分子是劳动者。只是这次谈话的范围比较小，没有产生广泛的共鸣而已。

后来，华国锋在全国五届人大一次会议上提出要"造就一支宏大的工人阶级的知识分子队伍"，强调充分发挥知识分子的作用，对于加快发展科学教育文化事业，对于建设社会主义的现代化强国，"关系都是很大的"。他还对知识分子作了一番评价，说："我国知识分子的绝大多数是热爱党，热爱社会主义，拥护毛主席的革命路线的。他们在历次政治运动中，在学习马列主义、毛泽东思想的过程中，在同工农结合和工作实践的过程中，资产阶级世界观的改造和无产阶级世界观的树立，获得了显著进步，在社会主义革命和建设中发挥了重要作用。"于是，他又强调了对知识分子的改造问题，表示要"全面地正确地贯彻执行党的团结、教育、改造知识分子的政策"，"热情帮助和鼓励他们在三大革命运动的实践中，努力改造世界观，坚持同工农相结合，沿着又红又专的道路不断前进。"

这似乎给人的感觉是，知识分子的世界观还不是无产阶级的，仍然需要继续改造，这就容易使人把知识分子还当做"资产阶级的知识分子"。

不可否认，华国锋的上述讲话也有可取的地方，他毕竟说出了知识分子是"工人阶级的知识分子"。但遗憾的是，华国锋的思想还没有完全转过弯来。就在五届人大政府工作报告中，他仍然提出了很多"左"的东西。他说，我们加速实现社会主义现代化，"必须坚持以阶级斗争为纲，坚持无产阶级对资产阶级的斗争。我们要牢牢记住毛主席的教导，充分认识社会主义社会这个历史阶段始终存在着阶级和阶级斗争，存在着社会主义同资本主义两条道路的斗争，充分认识这种斗争的长期性和复杂性。我们必须善于正确处理阶级、阶级矛盾和阶级斗争的问题，正确处理敌我矛盾和人民内部矛盾，继续改革不适应经济基础的上层建筑，继续改革不适应生产力发展的生产关系，深入进行社会主义教育，反修防修。我们必须坚持'抓革命，促生产，促工作，促战备'的方针，把阶级斗争、生产斗争和科学实验三大革命运动一齐抓起来。"所以，他坚持要求

"两个估计"寿终正寝
恢复高考招生制度
邓小平强调尊重教师，教育事业逐步走上正轨
中国经历了一场前所未有的高考
一部小说引起巨大反响，文艺领域开始"解冻"
"科学的春天"

1978年3月18日至31日，全国科学大会在北京召开，图为大会会场。

知识分子在"三大革命运动"中改造自己的世界观。毫无疑问，这种"左"的东西不可避免地冲淡了他关于知识分子问题的讲话意义。况且，全国人大代表并不都是知识分子，以致华国锋有关知识分子的讲话没有立刻引起知识分子的强烈反应。

在全国科学大会上，华国锋、邓小平都发表了讲话，但两人的讲话有相当大的出入。据邓小平讲话稿的起草人之一、时任国家科委副主任的吴明瑜回忆，"当时筹备全国科学大会的时候，决定会议上主要包括四个报告：小平同志致开幕词，方毅做会议主题报告，华国锋在会议中间演讲，郭沫若作总结。中科院、科工委组织了一个文件起草小组，由中科院副秘书长童大林领导。当时组里一共有9位同志，林自新、罗伟和我等几个人负责起草邓、华、方的讲话。郭沫若的讲话由徐迟起草，这是出于诗人心心相通的考虑，所以准备让诗人写诗人的稿子。"〔85〕

对起草小组来说，这并不是一件轻松的事情。作为中央主要领导人的华国锋和分管教育的邓小平都要讲话，两人如何分工？这需要认真考虑。最后商定，邓小平主要讲科学和教育方针问题，华国锋则站在全局高度提出问题。

根据邓小平1977年5月12日和8月8日两次讲话的内容，吴明瑜、林自新很快就把讲话稿起草好了。邓小平、方毅表示同意，但送到中央政治局时遇到了麻烦。当时主管宣传工作的副主席表示了不满。用当事人的话说，那位副主席的不满就是"劈头盖脸地把稿子批了一通"。那位副主席说："我看这稿子的马克思主义水平不高，毛主席关于知识分子、科学工作讲了那么多观点，你们为什么不引用？毛主席讲知识分子要团结教育改造，你们为什么不讲？"

那位副主席发话之后，无论是中科院的领导，还是讲话稿的起草者，都感到非常紧张。他们只好请示邓小平："稿子要不要改，如

何改?"〔86〕

2月下旬,邓小平就讲话稿的修改问题同胡乔木、邓力群和于光远谈了自己的看法。他说,国家科委替我起草的大会讲话稿,"我看了一遍,写得很好,文字也很流畅,讲话稿中的意思多半是我过去讲过的,按照这个稿子讲是可以的。"邓小平当即表示,他准备在会上讲四个问题:第一个是关于科学技术是生产力;第二个是关于又红又专;第三个是关于科学技术队伍;第四个是关于党委领导下的所长负责制。至于讲话稿如何修改,他强调说:有把握的就写进去,需要探讨的可以不写以后继续探讨。〔87〕

尽管这个讲话初稿得到邓小平的肯定,但里面毕竟讲了很多大胆的话,这在当时并不是所有的人都能接受或赞同的。果然,3月17日,毛泽东著作编辑委员会办公室的一位负责人打电话给方毅,对邓小平的讲话稿提了两条意见:第一,有个地方的标点符号得修改一下;第二,"知识分子是工人阶级的一部分"的提法应该改为"我们已有一支又红又专的知识分子队伍"。其实,这句话是毛泽东说过的,华国锋在五届人大政府工作报告里也有类似的说法。这样提,实际上绕过了知识分子阶级属性这个长期争论不休而又没有得到解决的棘手问题。

方毅接到电话后立即召集起草小组成员开会讨论,大家对那位副主任的建议表示不赞成。随后,他们把处理意见如实向邓小平作了汇报。邓小平的答复是:"标点符号可以改,内容不可以改!"

据吴明瑜回忆,邓小平和华国锋的讲话稿同时送给了中央,可是,到开幕那天,邓小平的话都讲完了,华国锋的讲话稿仍然没有见到。起草小组只好耐心地等待。直到3月22日,也就是距华国锋讲话只有两天的时间了,讲话稿才姗姗来迟。他们感到吃惊的是,这篇稿子已经不是他们原先起草的那篇,而且同原来的那篇讲话稿

回首
1978

相比，主题思想相差很远。[88]

自 1977 年 9 月中共中央发出关于召开全国科学大会的通知之后，各地群众、知识分子，纷纷给国家科委、中国科学院等部门写信，表示拥护中共中央的这一决定，还踊跃地提建议、献成果、推荐人才。几个月内，仅中国科学院每天就收到二、三百封来信。

江西省有位教授激动地向中国科学院报告说：他所在的单位和卫生部门的一些同志，对当地一种严重的地方病进行了反复调查研究，终于找到了发病的原因，采取措施成功地控制住了病情。他把这项科研成果推荐给大会，还在信中饱含深情地写道："我虽年逾古稀，但还能替党替人民做些事，在今天，也只有在打倒了'四人帮'以后的今天，我才能心情愉快地为祖国的科学事业服务。"[89]

为了庆祝大会的召开，北京人艺话剧团赶排了五幕话剧《丹心谱》，中国话剧团排练了三幕话剧《山泉》，中国歌舞团民乐队也为大会准备了一场精彩的乐器民族音乐会。3 月 18 日，全国科学大会开幕。来自各省、市、自治区，中央直属机关和国家机关，人民解放军和国防工业部门的 5500 多名代表参加了大会。他们当中，年龄最大的有 90 岁，最小的只有 22 岁。

当天，会议场内场外热闹非凡。代表们在经历十年"文化大革命"劫难后能够参加这样的大会，自然是兴奋不已。大庆来的 20 名代表到达北京后，竟然激动得一夜都没有睡好觉。中科院院士林兰英回忆说，我在 1978 年前受的苦更多，遭的罪也更大。"文化大革命"给我最深刻的印象是思想上压力非常沉重。那时候，每天晚上回家吃饭都提心吊胆，不知道第二天会发生什么事情，是不是又被隔离审查，是不是又要被批斗。"尤其是清理阶级队伍那一年，天天提心吊胆，白天提心吊胆在所里，晚上提心吊胆在家里。"当时，林兰英所在的半导体研究所里的专家差不多都被批判过，有的被隔离审查，有

的被批斗。好在全国科学大会的召开，"等于替我们平了反"。〔90〕

有位记者这样报道说：现在是 1978 年 3 月 19 日早晨六点半钟，我相信你们正打开收音机听来自北京的这条振奋人心的消息：全国科学大会在北京隆重开幕了！我相信全中国——不，全世界都在收听这条消息，无论是我们的朋友，或者是我们的敌人。昨天中午，代表团宣布，吃好午饭，睡好午觉，准备下午两点钟出发去人民大会堂。谁吃得下？谁睡得着？许多代表都在院子里、汽车旁边等着，在屋里的也在看表，等待出发。两点一刻钟，我们准时来到人民大会堂外面广场上。一行一行地排成几十路，整齐步伐，走向大门。这不是五千多人在广场上跨步前进，这是人类的五分之一在跨步前进。我听到这伟大进军的脚步声，我感觉到这个小小寰球在脚下颤动。

记者热情洋溢地写道：那满头银发的人是谁？周培源教授。就是那个听了毛主席和周总理的话，写篇文章呼吁加强基础理论研究，就被"四人帮"围攻不已的物理学家！那一位，一定是数学家华罗庚，就是他，从一个小店的学徒，努力奋斗，学成为一个出色的数学家；就是他不愧为一个伯乐，发现和培养了"千里马"陈景润；就是他，立下誓言要把两个肩头献出来，让后辈踏上，去攀登科学高峰。陈景润也在台上，就是那瘦瘦的高个。那位头上开顶高的人我认识，是钱学森，他在我国征服太空的事业中作出了卓越的贡献。那位是原子能专家钱三强，那位是在生物遗传学上酝酿大突破的童第周。那个是喷气专家吴仲华，国外就是根据他的理论，设计了高速喷气客机。那位农民模样的是谁？是用辩证法种花生出名的姚士昌！坐在手推车上推过来的是谁？高士其，爱科学的孩子们的老朋友。还有高能物理学家张文裕，半导体专家黄昆，妇科专家林巧稚，桥梁专家茅以升……都来了，真是数不尽的群星灿烂！〔91〕

大会开幕的当天，邓小平发表讲话。他开宗明义地说，全国科

"两个估计"寿终正寝
恢复高考招生制度
邓小平强调尊重教师，教育事业逐步走上正轨
中国经历了一场前所未有的高考
一部小说引起巨大反响，文艺领域开始"解冻"
"科学的春天"

回首
1978

学大会胜利召开，我们大家都感到非常高兴。今天能够举行这样一个大会在我国科学史上是空前的，这清楚地说明，"四人帮"摧残科学事业、迫害知识分子的那种情景，"一去不复返了"。

邓小平讲了三个问题。半个多月前他同方毅谈话时准备讲四个问题，但这次在大会上他把原来的第二、第三个问题合到一起了。邓小平讲的第一问题是关于科学技术是生产力的问题。其实，这并不是什么新问题，马克思早在100多年前就已经说过了。但是，"文化大革命"期间，在这个问题上，"四人帮"搞乱了人们的思想，所以需要加以澄清。邓小平举例说，近30年来，现代科学技术不只是在个别的科学理论上、个别的生产技术上得到了发展，也不只是有了一般意义上的进步和改革，而是几乎各门科学技术领域都发生了深刻的变化，出现了新的飞跃，产生了一系列新的科学技术。特别是由于计算机、控制论的发展，正在迅速提高生产自动化的程度。同样数量的劳动力，在同样的劳动时间里，可以生产出比过去多几十倍几百倍的产品。"社会生产力有这样巨大的发展，劳动生产率有这样大幅度的提高，靠的是什么？最主要的是靠科学的力量、技术的力量。"〔92〕

还在5个月以前，邓小平在会见一位英籍女作家时曾谈起过科学研究问题。他说，1964年中国爆炸了原子弹，这是科研水平的集中表现。世界科学技术在60年代末70年代初有一个突飞猛进的发展。一个新东西发明出来，可以带动其他方面走得很远。邓小平告诉这位女作家，他在1975年就说过，中国同日本相比落后了50年。"那时我老想抓科研，结果不仅没有抓上去，反而我自己被抓下去了。"他深深地体会到，科研方面要恢复起来并不容易，这里存在着一个后继有人的问题。他当即表示，"科学研究要走在前面"。〔93〕

在这次科学大会上，邓小平再次提起中国同世界发达国家在科学技术上的差距。他承认，中国现有的生产技术状况不容乐观。几亿人口搞饭吃，粮食问题还没有真正过关。中国钢铁工业的劳动生产率只有外国先进水平的几十分之一。新兴工业的差距就更大了。承认这种落后，会不会使人失去信心？邓小平认为，这种人可能有。但是，"这种人是连半点马克思主义气味也没有的"。在他看来，"认识落后，才能去改变落后。"〔94〕

与上述问题相关联的是需要回答这样一个问题：如何看待科学研究这种脑力劳动，以及从事科学技术工作的人是不是劳动者？邓小平明确地指出，知识分子与体力劳动者的区别，只是社会分工的不同。无论是从事体力劳动的，还是从事脑力劳动的，"都是社会主义社会的劳动者"。

在回答这个问题时，邓小平提出了一个非常重要的观点，即：知识分子是工人阶级的一部分。他说：知识分子中的绝大多数"已经是工人阶级和劳动人民自己的知识分子，因此也可以说，已经是工人阶级自己的一部分。"总之，正确认识科学技术是生产力，正确认识为社会主义服务的脑力劳动者是劳动人民的一部分，"这对于我们迅速发展我们的科学事业有极其密切的关系"。〔95〕

邓小平讲的第二个问题是关于建设一支宏大的又红又专的科学技术队伍。他说，我们向科学技术现代化进军，要有一支浩浩荡荡的工人阶级的又红又专的科学技术大军，要有一大批世界一流的科学家、工程技术专家。"造就这样的队伍，是摆在我们面前的一个严重任务。"那么，对又红又专怎样理解呢？"四人帮"扬言"知识越多越反动"，鼓吹"宁要没有文化的劳动者"，把既无知又反动的交白卷的人捧为"红专"典型。相反，他们以"脱离政治"为名，把那些孜孜不倦，刻苦钻研业务，为国家科学技术事业作出贡献的人污蔑为"白专"典型。对于这种逻辑思维，邓小平觉得不可理解。"白

回首
1978

是一个政治概念。只有政治上反动，反党反社会主义的，才能说是白。怎么能把努力钻研业务和白扯到一起呢！"

在讲到红专问题时，.原稿中是这样说的："毛主席提倡知识分子又红又专……应该说这就是资产阶级世界观得到了根本改造，就是初步树立无产阶级世界观……"邓小平在头一天对这段话做了改动，删除了其中的一句话："就是资产阶级世界观得到了根本的改造"。[96]他解释说，世界观的重要表现是为谁服务。一个人，如果热爱国家，自觉地为社会主义服务，为工农兵服务，"应该说这表示他初步确立了无产阶级世界观，按政治标准来说，就不能说他是白，而应该说是红了。我们的科学事业是社会主义事业的一个重要方面。致力于社会主义的科学事业，做出贡献，这固然是专的表现，在一定意义上也可以说是红的表现。"他认为，自新中国成立以来，广大科技人员热爱共产党，热爱社会主义，努力同工农兵相结合，满腔热情地对待科学技术工作，并且做出了成绩。即使在"文化大革命"期间，科技人员始终没有动摇对共产党和社会主义的信任，在极端困难的条件下，仍然坚持科学技术工作。"这样的队伍，就整个来说，不愧是我们工人阶级自己的又红又专的科学技术队伍！"

尽管如此，邓小平并不否认，"在科学技术人员中，也有一部分人资产阶级世界观没有得到根本改造，或者受到资产阶级思想的影响比较深，在尖锐、激烈、复杂的阶级斗争中，常常摇摆不定。"[97]对于这些人，他觉得还是团结他们为好，发挥他们的长处，帮助他们进步。

由于"四人帮"的干扰和破坏，科学技术队伍出现了青黄不接的现象，这就使得加速培养年轻一代的科学技术人才的任务更加迫切了。出于这种考虑，邓小平提出，要使教育事业有一个大的发展，各级党委都要认真地把教育作为大事来抓。他强调说，在培养人才的问题上，"必须打破常规去发现、选拔和培养杰出的人才"，这是被"四人帮"搞乱了的一个重大问题。他们把有贡献的科学家污蔑为"资产阶级学术权威"，把中青年科学技术人员说成是"修正主义苗子"。所以，要彻底肃清这种流毒，"把尽快地培养出一批具有世界第一流水平的科学技术专家，作为我们科学、教育战线的重要任务。"

"两个估计"寿终正寝
恢复高考招生制度
邓小平强调尊重教师，
教育事业逐步走上正轨
中国经历了一场前所
未有的高考
一部小说引起巨大反响，
文艺领域开始"解冻"
"科学的春天"

邓小平在讲话中谈到的最后一个问题是有关科研部门的领导体制问题，也就是党委领导下的所长负责制。他说，能不能把科学技术尽快搞上去，关键在于共产党是不是善于领导科学技术工作。中共中央已经作出规定，科研机构要建立技术责任制，实行党委领导下的所长负责制。这是一项非常重要的组织措施。"它既有利于加强党委的领导，又有利于充分发挥专家的作用。"

最后，邓小平指出，路线是非基本上澄清了，规划制订了，措施也提出来了，群众已经发动起来了。现在，摆在各级党组织面前的任务，就是要鼓起实劲，切实解决问题，踏踏实实地工作。"一句话，就是要落在实处。"〔98〕

应该说，在刚刚走出"文化大革命"的浩劫，但还没有完全摆脱"两个凡是"阴影的情况下，邓小平的讲话犹如平地一声惊雷，震动了很多人的心灵，对人们的思想无疑是一次解放。这也就不难理解，为什么在"开会期间，代表们激动得不得了，讨论最多的就是邓小平的讲话。"〔99〕

在邓小平讲话的当天，很多小组连夜召开座谈会，讨论邓小平的讲话。"听了邓副主席的讲话，使我们精神上如释重负"，这几乎成了代表们的共同心声。来自北京石化总厂的一位女代表，从小在台湾长大，1974年从国外留学回到大陆。在回国申请书上，她清楚地写道："要把自己的青春和生命献给亲爱的祖国，要参加祖国的社

回首
1978

会主义革命和社会主义建设，要解放自己的家乡。"可是，她回国后就赶上了"文化大革命"，加上"四人帮"兴风作浪，"心里很不是味道"。粉碎了"四人帮"，现在又听到了邓小平副主席的讲话，"心里燃起了一团火"，觉得"邓副主席的讲话给了我极大的信心"。

全国科学大会召开时，正值春意盎然的季节。新华社的一位记者以《春天的温暖》为题记述了大会开幕时的情况。其中写道：当邓副主席讲到党委的领导还必须做好后勤保证工作，为科技人员创造必要的工作条件的时候，他说，我愿意当大家的后勤部长，愿意同各级党委的领导同志一起，做好这方面的工作。"这时，暴风雨般的掌声中断了邓副主席的讲话，经久不息。"

会议休息时，"休息厅里一片欢乐，笑声盈盈。"那些曾经遭到"四人帮"迫害的人，"今天都感受到了春天的温暖"；那些顶住"四人帮"的干扰破坏，作出了出色成绩的人，"今天更显得意气风发"。多年的战友喜相逢，昔日的师生重会面。成都地质学院59岁的罗蛰潭教授，在会上一看到他的老师、比他年长31岁的何杰教授，马上前去伸出双手，扶着老师走进了休息室。他们已经阔别23年了，今天师生俩相依而坐，倾诉衷肠。散会后，代表们走出大会堂，十里长街已是万盏灯火。这是一个欢乐的夜晚，兴奋得令人难以入眠的夜晚。在代表们居住的宾馆里，人们心欢气畅，或三五成群地叙谈，或在座谈会上争相发言，纷纷表示要把党中央的关怀化作向四个现代化进军的力量。[100]

马识途在文章里这样叙述了邓小平讲话时的情景：邓副主席讲话了，字字句句那么明确，亲切，大家屏息听着，生怕漏掉一个字。每讲到精彩之处，随之而起的是雷动的掌声，响彻会堂，掌声中还夹杂着赞叹声。

"科学技术是生产力"——热烈的掌声。

"科学工作者是劳动者"——更热烈的掌声。

"你们是无产阶级的一部分"——极其热烈的掌声。

"我愿意做你们的后勤部长"——极其热烈而持久的掌声。

马识途富有感情地写道："我本想记住鼓掌次数，但是因为次数太多，我自己也忘乎所以了。陪伴掌声的又有多少无声的笑和擦不尽的眼泪呀。"〔101〕

李准以《号角》为题写了一篇抒情散文，讴歌全国科学大会的召开：

> 北京的春天是明媚的。在这杨花吐穗，柳枝抽芽的春天里，全国科学大会召开了……在今天的人民大会堂里，向世界发出了一篇雄伟的宣言，吹响了声震宇宙的号角。如雷的掌声，激动的泪水，伴和着这战斗的号角。春天来了。北京的春天是迅疾的、猛烈的。它送着和暖的春风，把这号角送到祖国各地，送到各个村落和工厂，送到八亿人民的心里。〔102〕

邓小平的讲话对人心的震动确实是太大了，恐怕也只有经历过"文化大革命"的知识分子，才能真正体会到了它的意义，以至多少年后与会者谈起邓小平的讲话仍然激动不已。

当年大会的参加者、中科院院士林兰英对邓小平的讲话刻骨铭心。她回忆说，在会上，一共有4个人讲了话，邓小平、华国锋、方毅和郭沫若，但是，只有邓小平的讲话她"记得最清楚"。那次全国科学大会，给她"印象最深刻的，也最能鼓舞人心的有两句话，一个是知识分子是工人阶级的一部分，另一个就是科学技术是生产力。"

经历过那场浩劫的林兰英，自然不会忘记知识分子在"文化大革命"期间的遭遇。就在1978年之前，知识分子还是"臭老九"，而且是坏人当中地位最低的。"邓小平讲了这话之后，情况可就大不一样了。工人阶级是领导阶级，知识分子从在坏人中的第九位，变

回首
1978

133

1978年3月，出席全国科学大会的部分科学家在一起，左起：杨乐、张广厚、华罗庚、陈景润。

成了和工人老大哥一样的领导阶级。这一点，对于当时的我，或者说出席全国科学大会的代表，甚至全国人民而言，都很有震撼力！"

可想而知，对这位背着沉重的包袱刚从"文化大革命"中艰难地走过来的知识分子，邓小平的讲话对她的宽慰该有多大！

3月31日，在大会闭幕式上，郭沫若发表了一个简短的讲话。他说，我是上一个世纪出生的人，"能参加这样的盛会，百感交集，思绪万千。"我们这些参加过"五四"运动的人，喊出过发展科学的口号，结果也不过是一场空。大批仁人志士，满腔悲愤，万种辛酸，想有所为而不能为，真是英雄无用武之地。我们不少人就是在这种暗无天日的岁月中，颠沛流离，含辛茹苦地度过了大半生。新中国成立后，人民得到了解放，科学得到了解放。毛主席和周总理又亲自为我国规划了建设社会主义现代化强国的宏伟蓝图，对科学事业和科学工作者给予了无微不至的关怀。我国的科学事业有了突飞猛进的发展。"回忆起这些情景，一桩桩、一件件的往事都涌上心头，好像就在眼前一样。"

郭沫若称，"我的这个发言，与其说是一个老科学工作者的心声，毋宁说是对一部巨著的期望。这部伟大的历史巨著，正待我们全体科学工作者和全国各族人民来共同努力，继续创造。它不是写在有限的纸上，而是写在无限的宇宙之间。"作为一代文豪，郭沫若的讲话，不免带有诗情画意："春分刚刚过去，清明即将到来。'日出江花红胜火，春来江水绿如蓝'。这是革命的春天，这是人民的春天，这是科学的春天！让我们张开双臂，热烈地拥抱这个春天吧！"〔103〕

大会结束之后，科学技术战线确实迎来了属于自己的春天。各类科研部门相继得到恢复，并且实行了所长负责制。中国科学院原来有106个科研机构，一场"文化大革命"之后，只剩下64个。1978年年底变成了110个，比以前还多了4个。这年5月，国务院批准恢复中国农业科学院和林业科学院。而且，职称评定工作也得以恢复，大量学术刊物相继出版，一度被解散的国家科学技术委员会也恢复起来了，科学技术战线上呈现出一派欣欣向荣的景象。

参考文献

〔1〕《邓小平文选》第2卷，人民出版社1994年版，第49页。
〔2〕《邓小平文选》第2卷，人民出版社1994年版，第51页。
〔3〕《邓小平文选》第2卷，人民出版社1994年版，第67页。
〔4〕《邓小平文选》第2卷，人民出版社1994年版，第66—68页
〔5〕吉伟青：《教育战线推翻"四人帮"两个估计前后》，《炎黄春秋》2003年第5期。

"两个估计"寿终正寝
恢复高考招生制度
邓小平强调尊重教师，教育事业逐步走上正轨
中国经历了一场前所未有的高考
一部小说引起巨大反响，文艺领域开始"解冻"
"科学的春天"

回首
1978

135

〔6〕宋晓明、刘蔚主编：《追寻1978——中国改革开放纪元访谈录》，福建教育出版社1998年版，第330页。

〔7〕宋晓明、刘蔚主编：《追寻1978——中国改革开放纪元访谈录》，福建教育出版社1998年版，第331页。

〔8〕吉伟青：《教育战线推翻"四人帮"两个估计前后》，《炎黄春秋》2003年第5期。

〔9〕余焕春：《一份内参推翻"两个估计"》，《炎黄春秋》2004年第8期。

〔10〕《中国共产党的七十年》，中共党史出版社1991年版，第377页。

〔11〕吉伟青：《教育战线推翻"四人帮"两个估计前后》，《炎黄春秋》2003年第5期。

〔12〕《教育事业大有希望》，《人民日报》1977年11月19日。

〔13〕何东昌：《"两个估计"给清华带来大灾难》，《人民日报》1977年11月20日。

〔14〕《"四人帮"炮制"两个估计"的前前后后》，《人民日报》1977年11月24日。

〔15〕《邓小平文选》第2卷，人民出版社1994年版，第50页。

〔16〕《邓小平文选》第2卷，人民出版社1994年版，第103、109页。

〔17〕《从上海机床厂看培养工程技术人员的道路》，《人民日报》1968年7月22日。

〔18〕《人民日报》1968年7月22日。

〔19〕《大家都来关心高校招生》，《人民日报》1970年9月21日。

〔20〕《邓小平思想年谱》（1975—1997），中央文献出版社1998年版，第31页。

〔21〕《邓小平思想年谱》（1975—1997），中央文献出版社1998年版，第31页。

〔22〕《邓小平文选》第2卷，人民出版社1994年版，第55页。

〔23〕华国锋:《在中国共产党第十一次代表大会上的政治报告》,1977年8月12日。

〔24〕《拨乱反正》中央卷（上）,中共党史出版社1999年版,第431页。

〔25〕《恢复高考二十年》,《中国电视报》1997年第30期。

〔26〕余焕春:《一份内参推翻"两个估计"》,《炎黄春秋》2004年第8期。

〔27〕《恢复高考二十年》,《中国电视报》1997年第30期。

〔28〕《共和国五十年珍贵档案》（下）,中央档案出版社1999年版,第1185页。

〔29〕《邓小平文选》第2卷,人民出版社1994年版,第67—69页。

〔30〕《文化考试很有必要》,《人民日报》1977年10月23日。

〔31〕《搞好大学招生是全国人民的希望》,《人民日报》1977年10月21日。

〔32〕《人民日报》1997年8月9日。

〔33〕《恢复高考二十年》,《中国电视报》1997年第30期。

〔34〕刘克选、方明东主编:《北大与清华》（下）,国家行政学院出版社1997年版,第652页。

〔35〕《邓小平文选》第2卷,人民出版社1994年版,第53页。

〔36〕《邓小平文选》第2卷,人民出版社1994年版,第69页。

〔37〕《邓小平年谱》（1975—1997）（上）,中央文献出版社2003年版,第158页。

〔38〕《邓小平年谱》（1975—1997）（上）,中央文献出版社2003年版,第160页。

〔39〕《邓小平年谱》（1975—1997）（上）,中央文献出版社2003年版,第175页。

〔40〕《邓小平年谱》（1975—1997）（上）,中央文献出版社2003年版,第176页。

"两个估计"寿终正寝
恢复高考招生制度
邓小平强调尊重教师,
教育事业逐步走上正轨
中国经历了一场前所
未有的高考
一部小说引起巨大反响,
文艺领域开始"解冻"
"科学的春天"

回首
1978

〔41〕《邓小平文集》第2卷，人民出版社1994年版，第69页。

〔42〕《邓小平年谱》（1975—1997）（上），中央文献出版社2003年版，第167页。

〔43〕《邓小平年谱》（1975—1997）（上），中央文献出版社2003年版，第225—226页。

〔44〕《邓小平年谱》（1975—1997）（上），中央文献出版社2003年版，第231—232页。

〔45〕《邓小平文选》第2卷，人民出版社1994年版，第50页。

〔46〕《从全局出发为国家选拔研究生》，《人民日报》1978年1月26日。

〔47〕参见《人民日报》1978年1月25日。

〔48〕《论梁效》，《人民日报》1978年3月21日。

〔49〕《邓小平文选》第2卷，人民出版社1994年版，第103、109页。

〔50〕参见《人民日报》1978年5月4日。

〔51〕宋晓明、刘蔚主编：《追寻1978——中国改革开放纪元访谈录》，福建教育出版社1998年版，第337—338页。

〔52〕《当前中心环节是提高教育质量》，《人民日报》1978年5月17日。

〔53〕《揭穿一个政治骗局——〈一个小学生的来信和日记摘抄〉真相》，《人民日报》1978年5月21日。

〔54〕《揭穿一个政治骗局——〈一个小学生的来信和日记摘抄〉真相》，《人民日报》1978年5月21日。

〔55〕《邓小平年谱》（1975—1997）（上），中央文献出版社2003年版，第331页。

〔56〕《音乐人才的大检阅》，《人民日报》1978年1月26日。

〔57〕《老教师话高考》，《人民日报》1977年12月16日。

〔58〕《考场见闻》，《北京日报》1977年12月15日。

〔59〕沈乃明：《钟声响了》，《北京日报》1977年12月12日。

〔60〕《高考以后》，《人民日报》1977 年 12 月 26 日。

（61）《高考以后》，《人民日报》1977 年 12 月 26 日。

〔62〕《教育部负责人关于高等学校录取新生工作答记者问》，《人民日报》1978 年 1 月 29 日。

〔63〕钟岩：《中国新三级学人》，浙江人民出版社 1996 年版，第 16—18 页。

〔64〕《教育部负责人关于高等学校录取新生工作答记者问》，《人民日报》1978 年 1 月 29 日。

〔65〕《人民日报》1978 年 5 月 12 日。

〔66〕《党纪国法岂容践踏》，《人民日报》1978 年 2 月 20 日。

〔67〕《人民日报》1978 年 2 月 19 日。

〔68〕钟岩：《中国新三级学人》，浙江人民出版社 1996 年版，第 16 页。

〔69〕赵为民主编：《青春的北大》，北京大学出版社 1998 年版，第 566 页。

〔70〕《政审主要看本人政治表现》，《人民日报》1978 年 4 月 26 日。

〔71〕《高考政审必须坚决执行党的政策》，《人民日报》1978 年 4 月 26 日。

〔72〕《招生会议上一场很有意义的讨论》，《人民日报》1978 年 5 月 24 日。

〔73〕《让文学创作迅速跟上抓纲治国大好形势》，《人民日报》1977 年 11 月 19 日。

〔74〕《坚决推倒、彻底批判"文艺黑线专政"论》，《人民日报》1977 年 11 月 25 日。

〔75〕茅盾：《贯彻"双百"方针，砸碎精神枷锁》，《人民日报》1977 年 11 月 25 日。

〔76〕杜涟：《为祖国的春天增添色彩》，《人民日报》1978 年 2 月 19 日。

〔77〕刘心武：《关于小说〈班主任〉的回忆》，《百年潮》2006 年第 12 期。

〔78〕刘心武：《关于小说〈班主任〉的回忆》，《百年潮》2006 年第 12 期。

"两个估计"寿终正寝
恢复高考招生制度
邓小平强调尊重教师，教育事业逐步走上正轨
中国经历了一场前所未有的高考
一部小说引起巨大反响，文艺领域开始"解冻"
"科学的春天"

回首
1978

〔79〕刘心武:《关于小说〈班主任〉的回忆》,《百年潮》2006 年第 12 期。

〔80〕宋晓明、刘蔚主编:《追寻 1978——中国改革开放纪元访谈录》,福建教育出版社 1998 年版,第 83 页。

〔81〕宋晓明、刘蔚主编:《追寻 1978——中国改革开放纪元访谈录》,福建教育出版社 1998 年版,第 84 页。

〔82〕刘心武:《关于小说〈班主任〉的回忆》,《百年潮》2006 年第 12 期。

〔83〕费正清主编:《剑桥中华人民共和国史(1966—1982)》,第 613、800 页。

〔84〕宋晓明、刘蔚主编:《追寻 1978——中国改革开放纪元访谈录》,福建教育出版社 1998 年版,第 81 页。

〔85〕宋晓明、刘蔚主编:《追寻 1978——中国改革开放纪元访谈录》,福建教育出版社 1998 年版,第 320 页。

〔86〕宋晓明、刘蔚主编:《追寻 1978——中国改革开放纪元访谈录》,福建教育出版社 1998 年版,第 320 页。

〔87〕《邓小平年谱》(1975—1997)(上),中央文献出版社 2003 年版,第 273—274 页。

〔88〕宋晓明、刘蔚主编:《追寻 1978——中国改革开放纪元访谈录》,福建教育出版社 1998 年版,第 321—322 页。

〔89〕《人民日报》1978 年 3 月 12 日。

〔90〕宋晓明、刘蔚主编:《追寻 1978——中国改革开放纪元访谈录》,福建教育出版社 1998 年版,第 306—308 页。

〔91〕马识途:《向二〇〇〇年进军——发自科学大会的信》,《人民日报》1978 年 3 月 26 日。

〔92〕《邓小平文选》第 2 卷,人民出版社 1994 年版,第 87 页。

〔93〕《邓小平年谱》(1975—1997)(上),中央文献出版社 2003 年版,第 210 页。

〔94〕《邓小平文选》第 2 卷，人民出版社 1994 年版，第 91 页。

〔95〕《邓小平文选》第 2 卷，人民出版社 1994 年版，第 89 页。

〔96〕《邓小平年谱》(1975—1997)(上)，中央文献出版社 2003 年版，第 281 页。

〔97〕《邓小平文选》第 2 卷，人民出版社 1994 年版，第 92—94 页。

〔98〕《邓小平文选》第 2 卷，人民出版社 1994 年版，第 99—100 页。

〔99〕宋晓明、刘蔚主编：《追寻 1978——中国改革开放纪元访谈录》，福建教育出版社 1998 年版，第 321—322 页。

〔100〕《人民日报》1978 年 3 月 20 日。

〔101〕《向二〇〇〇年进军！——发自科学大会的信》，《人民日报》1978 年 3 月 26 日。

〔102〕李准：《号角》，《人民日报》1978 年 3 月 22 日。

〔103〕《科学的春天》，《人民日报》1978 年 4 月 1 日。

回首
1978

第三章
清理冤假错案

　　胡耀邦到中央组织部后不到一个月，几乎每天都有几百人上访，来信足足装了六大麻袋。用他的话来说就是："积案如山，步履艰难。"

　　胡耀邦明确表示：对于历史上的冤假错案，经过调查核实，凡是不实之词，凡是不正确的结论和处理，不管是什么时候、什么情况下搞的，不管是哪一级组织，什么人定的和批的，都要实事求是地改正过来。

1. 胡耀邦表示:"我们不下油锅,谁下油锅!"

在"四人帮"被隔离审查后没几天,胡耀邦就让人带信给叶剑英,提出三点建议,其中一条是:"冤案一理,人心大喜。"

胡耀邦说这句话的时候,还在家里闲着。有人告诉他,你过去在湘潭当书记时,华国锋是副书记,关系很好,你应该找他反映一下自己的情况。

可是,胡耀邦没有同意。据他说,他不愿意出来工作的原因,是对当时的现实不满。"现在的问题是,只要是毛主席说过话的、点过头的、画过圈的,都要一切照搬,还要继续'批邓',继续'文化大革命'那一套。在这种情况下,你要出来工作,就得说违心的话,做违心的事。"所以,他才有了这样的想法:"与其去做违心事,不如在家抱孙子。"[1]

从这一点来看,胡耀邦与邓小平很相似,在复出工作的问题上决不拿原则做交易。后来在叶剑英的劝说下,胡耀邦才答应服从中央的安排。1977 年 3 月,胡耀邦被任命为中央党校副校长。刚出来工作不久,他就去看望邓小平。两人谈了很长时间,而且邓小平还把胡耀邦送到门口,邓小平的这一举动在当时是非常少见的。据胡耀邦事后说,他们主要谈了粉碎"四人帮"之后如何抓落实干部政策、平反冤假错案的问题。

胡耀邦走马上任后,不仅为中央党校的 90 多名右派平了反,而且还为所谓的反动组织"红战团"的全体人员恢复了名誉。他还对人说,将来要写一本书,就叫《拨乱反正的日日夜夜》。

也就在这个时候，有人在中央党校贴出了揭发康生的小字报。而在当时，康生的头上还顶着"伟大的革命家"和"无产阶级的优秀理论家"的光环。贴他的小字报可不是小事。尽管如此，胡耀邦得知后还是去看了一下小字报，他这样做是想用自己的举动来支持当事人。他告诉自己的秘书："我们来看小字报，这就是一种支持。"〔2〕

实际上，康生的名声并不好，坏事没有少干。在延安整风运动期间，身为社会部部长的康生制造了多起冤假错案。在整风初期，一些知识分子误认为整风运动就是整领导干部，对某些事实作了夸大，发表了一些偏激的议论，中央研究院文艺研究室的王实味就是其中的一位。他写的《野百合花》等几篇杂文，把干部待遇上的一些差别说成是"衣分三色，食分五等"，把个别干部的官僚主义作风说成"到处乌鸦一般黑"，把文艺晚会描写成"舞回金莲步的升平气象"，并同"前线每一分钟都有我们亲爱的同志在血泊中倒下"相对照，批评延安同"当前的现实""不太和谐"，等等。

王实味的杂文在香港出版后引起国民党特务的注意，他们把这些杂文印成小册子到处散发，并借题发挥。于是，社会部开始调查王实味，结果在其档案里发现他曾经同"托派"分子有过交往。康生插手此事，王实味被定为"托派"分子而遭到逮捕。

随后，康生又通过"用假枪毙的办法威逼诱供"制造了"红旗党"假案，致使甘肃、四川、湖北、云南、陕西、浙江等省的地下党组织被打成"红旗党"。康生的做法极大地影响了中央对当时形势的估计，加重了对反特斗争迫切性的认识，误导了中央的决策。他还向中央政治局报告说，抗战以来，国民党普遍实行奸细政策，最近从审查干部中发现了这个阴谋。康生还不断向各单位施加压力。结果，各根据地都在抓特务，仅延安的机关、学校、干部当中就发

回首
1978

现特务将近 1000 人。接着，康生又在中央直属机关大会上作了《抢救失足者》的报告，声称清除内奸是急不可缓的任务。随即在延安掀起大规模的群众反特高潮，也就是"抢救运动"。不到 10 天，整个延安就抓出特务 1400 多人。就连陶铸、钱瑛、柯庆施等都成了怀疑对象。一些人忍受不了这种"抢救运动"而自杀，仅延安就有五六十人自杀身亡。幸亏中央及时发现了反特扩大化的错误，才没有造成更大的不幸。"文化大革命"期间，被康生点名带上叛徒、特务、走资派等大帽子的人就有 600 多。他甚至怀疑朱德、叶剑英都有"严重问题"。他还指使南开大学搞"南方叛徒集团"，把矛头指向周恩来。

在当时，谁要是反对康生，谁就是反革命。在中央党校，因此而被定为反革命的人不在少数。中央党校把揭发康生的材料送到中央后，开始了对康生问题的调查。

据悉，"文化大革命"期间，全国被立案审查的干部有 230 多万人，占"文化大革命"前 1200 万干部的 19010。中央、国家机关和各省副部级干部以上被立案审查的占 75%。有 6 万多名干部被迫害致死，集体被定为冤假错案的有 2 万件，涉及几十万名干部。此外，"文化大革命"以前历次政治运动遗留下来的冤假错案需要处理的有 100 多万人。正如胡耀邦所说："积案如山"。

可是，在中央主要领导人奉行"两个凡是"的情况下，中共中央于 1976 年 12 月发出通知，明确表示，凡纯属反对"四人帮"而遭到逮捕、判刑、审查或处分的人和案件应予以彻底平反，凡不是纯属于反对"四人帮"而有反对"文化大革命"或其他反革命罪行的人，绝不允许翻案。

按照这个通知，那些不是反对"四人帮"的案件，哪怕是冤假错案也不能平反。到 1977 年年底，仅中央和国家机关 53 个单位就有 6240 多名干部等待落实政策，分配工作。而且，全国还有十几万右派分子没有摘帽。

这表明，不冲破"两个凡是"的束缚，平反冤假错案就无法进行下去。这种状况显然引起很多人的不满。不可否认，对于冤假错案的平反，胡耀邦功不可没。他到中央党校后不久，就着手这方面的工作。他在商讨中央党校教学内容时曾同杨逢春、叶扬、陈中三位教员谈了自己的看法。他从历次政治运动中大批干部受到迫害和牵连讲起，一直讲到必须彻底改变这种不正常的状态，释放受迫害的人，恢复他们的工作，差不多讲了两个半天。他说，自从 1957 年反右派以来，一个接一个的政治运动，陷害了大批优秀人才，那些没有被诬陷的人只能装哑，当"白痴"。他感慨地说：这些年来为什么有那么多人求神拜佛，就是因为"小民有情而不得伸，有冤而不得理，不得不诉之于神"。他强调说，要真正拨乱反正，首先就应该落实干部政策，平反冤假错案。

随后，他要求三位教员写一篇文章，讲清楚落实干部政策的意义。至于文章的题目，胡耀邦建议叫《把"四人帮"颠倒了的干部路线是非纠正过来》。杨逢春询问胡耀邦，文章需要写多少字？胡耀邦表示，够《人民日报》整整一个版面。杨逢春又问什么时间完稿？胡耀邦要求"越快越好"。〔3〕

很快，文章就写好了，并作了多次修改。但是，胡耀邦没有立即让《人民日报》发表这篇文章，他在等待时机。

1977 年 8 月，中共十一大召开。华国锋在大会上批评了"四人帮"在干部问题上所犯的错误。他说，"四人帮"对各级领导干部，凡是不愿意听他们的，不论是老是中还是青，都要统统打倒。给老干部和中年干部扣上"走资派"的帽子，给青年干部戴上"投降派"的帽子。"四人帮"的主要锋芒，是"针对着担负各级主要领导职

胡耀邦表示："我们不下油锅，谁下油锅！"
到中央组织部走马上任
在"六十一人叛徒集团"案上打开缺口
最后一批右派分子被摘掉帽子
"童怀周"与"天安门史诗"
话剧《于无声处》冲破"禁区"
北京市委肯定"天安门事件"是革命行动

回首
1978

务的革命老干部"。在干部犯错误的问题上，华国锋强调了"难免论"。他说，无论新干部、老干部，犯点错误都是难免的。"有错误不要紧，我们党有这么个规矩，错了就检讨，允许改正错误。"惩前毖后、治病救人，这是我们党对待犯错误干部的一贯方针。"这一条，无论对新干部、老干部，都是适用的。"他对落实干部政策做了部署："干部是我们党的宝贵财富。对过去审查干部中遗留的一些问题，一定严肃认真地尽快妥善处理。可以工作而没有分配工作的，要尽快分配适当工作。年老体弱不能工作的，也要妥善安排。少数人需要作出审查结论的，应尽快作出。'四人帮'强加于人的一切污蔑不实之词，应予以推倒。"

华国锋的上述讲话，预示着在干部问题上的松动。应当承认，这是一个进步。于是，胡耀邦让人把文章又修改了一遍。10月7日，正值粉碎"四人帮"一周年，胡耀邦认为时机已经成熟，让《人民日报》以一个版面发表了这篇题为《把"四人帮"颠倒了的干部路线是非纠正过来》的署名文章。

作者以华国锋在中共十一大上的一段讲话作为文章的开头："必须消除'四人帮'干扰破坏在各方面所造成的恶果，全面地、正确地贯彻落实毛主席为我们党制定的无产阶级政策。"文章认为，落实这一政策，"特别重要的是落实党的干部政策"。因为：这些年来，"四人帮"肆意破坏毛主席的干部路线和干部政策，打击迫害革命干部。他们为了篡夺党和国家的最高领导权，"大造反革命舆论，在关于干部队伍、干部标准、干部的选拔和培养，以及如何对待犯错误的干部等一系列问题上，对毛主席的干部路线和干部政策进行了全面的歪曲和篡改，竭力搞乱人们的思想。"他们在干部问题上的种种谬论和倒行逆施，"影响很坏，流毒深广，危害极大。"文章有针对性地指出：至今有的同志，特别是有的做干部工作的同志，由于受

"四人帮"流毒的影响，"在落实党的干部政策这个大是大非的问题面前，工作很不得力，致使一部分有路线觉悟、有工作能力的干部还没有分配工作，许多受审查的干部还没有作出正确的结论，一些混进干部队伍的坏人还没有处理。"这些都说明，"落实党的干部政策仍然是一项严重的战斗任务"。

文章在谈到如何对干部队伍进行估计时大段地引用了毛泽东对干部队伍的评价，然后指出"林彪、'四人帮'却是另一种看法"。他们把"党的干部队伍说得一团漆黑"，始终把矛头指向党的干部，"特别是担负各级领导职务的老干部"，严重破坏了一些地方和单位的党组织，给党和国家造成了严重的祸害。"对此，广大干部和群众极为不满，纷纷进行抵制。"然而，文章也毫不客气地批评说，有些同志，"特别是一些做干部工作的同志，对落实党的干部政策这个大是大非的问题，仍然认识不足，有的甚至还有抵触情绪。"于是，文章强调：我们一定要完整地、准确地宣传毛主席的干部路线和干部政策，宣传党的干部队伍在贯彻执行党的政治路线中的决定性作用，深入开展对"四人帮"的批判，"以便辨明是非，彻底肃清其流毒。"

文章在谈到关心和爱护干部问题时指出，在这个问题上，"四人帮"为了打倒一大批干部，在干部审查工作中玩弄了很多花招，搞了很多阴谋，以莫须有的罪名，借故设立专案，把审查对象当做敌人来搞，并美其名曰"有敌情观念"。找不到证据时，就搞逼供信，甚至伪造证据，在干部档案里随便塞进一些虚假材料，不仅坑害了干部本人，也害了干部亲属子女。"有些干部的问题已经查清，还故意刁难，不作结论，长期挂起来，不予解放。"可是，就是在这样的问题上，有些负责干部工作的同志，跟着"四人帮"的指挥棒转，"犯了比较严重的错误"。他们为了保全官位，曲意逢迎"四人

胡耀邦表示："我们不下油锅，谁下油锅!"
到中央组织部走马上任
在"六十一人叛徒集团"案上打开缺口
最后一批右派分子被摘掉帽子
"童怀周"与"天安门史诗"
话剧《于无声处》冲破"禁区"
北京市委肯定"天安门事件"是革命行动

回首
1978

帮"，背离了党性原则，丢掉了实事求是的好传统。他们对审查干部这一关系干部政治生命的极为严肃的工作，采取了不能容忍的错误态度，"什么党的利益、阶级的利益、人民的利益，统统丢到太平洋去了。希望这些同志有承认错误的勇气和改正错误的决心，回到毛主席的无产阶级革命路线上来。"

最后，文章强调，组织部门是党委的一个重要部门，他们的工作如何，直接对千百万干部发生或好或坏的影响，从而对我们党和国家各方面的工作发生或好或坏的影响。因此，各级组织部门在揭批"四人帮"的斗争中应该走在前面，作出榜样，认真落实干部政策。"我们要敢字当头，敢于冲破阻力，敢于推翻'四人帮'一伙在审查干部中所作的错误结论。一切强加给干部的污蔑不实之词一定要推倒，颠倒的干部路线是非一定要纠正。"

不过，文章同时又指出，有些同志"对毛主席关于无产阶级专政下继续革命的理论缺乏认真的学习"，而且文章还特别肯定了"无产阶级'文化大革命'是一次广泛深入的整党、审干运动，把一些潜藏很深的敌人清查出来了，成绩是伟大的。"在当时主要领导人奉行"两个凡是"，加之中共十一大又肯定了"文化大革命"的大背景下，文章有这些看法也是在所难免的。

但是，上述不足之处并没有冲淡文章的意义。文章发表后，引起了极大的震动，那些蒙受不白之冤的人似乎从中看到希望。一个月之内，《人民日报》编辑部就收到上万封来信、来电，足足装了两麻袋。其中有封电报说："我们全家人冤沉海底已有多年，全家老少边听广播边流泪，认为这一下子可以盼到大天亮了"。还有人说："我们看了文章后，一家人哭了一个晚上，我们受林彪、'四人帮'迫害这么多年，觉得这下子有了希望"。

《人民日报》有选择地发表了几封来信。其中一封来信这样写

道：读了 10 月 7 日发表的《把"四人帮"颠倒了的干部路线是非
纠正过来》一文，深受感动。它是毛主席革命路线的具体化，它说
出了千百万干部的心里话。粉碎"四人帮"以来，特别是党的十一
大以后，很多单位已经把落实党的干部政策提到党委议事日程上来
了，被林彪、"四人帮"颠倒了的干部路线是非正在逐步纠正过来。
但是，也有些单位对此仍无动于衷，应该解决的问题得不到解决，
过去给干部作的错误结论不予纠正。他们有种种"理由"："前任首
长批的，现任无权过问。"这能令人信服吗？"前任首长"批的就保
证都不错吗？如果错了，就应当纠正。为着维护"前任首长"的威
信不去纠正错误，这不能真正维护他的威信。如果以"前任首长"
批的作挡箭牌，坚持错误，那更不对。"已经定了的案不能再翻"。
毛主席教导我们，有反必肃，有错必纠。华主席在十一大政治报告
中指出："'四人帮'强加于人的一切诬蔑不实之词，应予推倒"。已
经定了的错误的结论不纠正，不推翻，这符合党的原则吗？符合毛
主席、华主席的指示吗？"处理时有材料根据，可以不再过问。"由
于"四人帮"的干扰破坏，过去有的人在审查干部时，在干部档案
中塞进虚假材料，这些应当推翻，如果仍然以这些虚假材料作根
据，党的干部政策怎么能真正落实？[4]

　　还有一位读者在信中建议"应当多发表这样的文章"。他说：10
月 7 日发表的《把"四人帮"颠倒了的干部路线是非纠正过来》一文，
表达了华主席、党中央对广大干部的关心和爱护，温暖了许多同志
的心。过去，由于"四人帮"的干扰和破坏，许多是非完全被颠倒
了，什么是对，什么是错，很难讲清。本来对的，受到批判，本来
错的却被推崇。打倒了"四人帮"，被颠倒了的干部路线是非要纠正
过来。受林彪、"四人帮"迫害的同志要给予昭雪，这完全是理所当
然的，许多单位已经这样做了。但是，也还有些单位没有完全这样

回首
1978

做。有些同志的错误的结论是当时的所谓"组织"作出的，可是今天这些组织还是由原来的那些人所掌握，他们哪会痛痛快快重新作出结论吗？比如，所谓宣扬"唯生产力论"仍被当做罪行写在一些同志的结论上。我建议，报上应当多发表这样的文章来澄清是非，从而推动那些做组织工作的同志迅速转变立场。[5]

但是，也有不少人看到文章后不以为然，对此表示不可理解，甚至怀疑。一位自称是某省组织部干部的人给编辑部打来电话，责问这篇文章是从哪里来的？有没有中央文件作依据？他以不满的口气说：如果你们不根据中央原有的文件精神办事，这么多的案子咋平反？这只能是搞乱局势，制造新的不稳定。还有人坚持认为，"好不容易定了的案子，现在不能翻烙饼。"

在当时，有这样的想法也不奇怪。岂不说主要领导人推行"两个凡是"，就在中共十一大上，华国锋在提出要推倒"四人帮""强加于人的一切污蔑不实之词"的同时，又强调说："我们的同志，尤其是受过审查的同志，一定要注意正确对待无产阶级'文化大革命'，正确对待群众，正确对待自己。"这就给落实干部政策留下了一个"尾巴"，使平反冤假错案难以深入下去，特别是涉及"文化大革命"的案子，那就更不能翻了。

文章的几位作者和《人民日报》编辑部的几位同志向胡耀邦反映了上述情况。胡耀邦似乎早已料到会有这样的情况发生，他说：这不奇怪，自从我们党诞生以来，每一个历史阶段都有正确与谬误的斗争。有时谬误还会占上风，简直就是刮12级台风。他声称，"现在我们也正处在与一股新的12级台风相抗衡的关键时刻。我们既然已经坚定有力地跨出了第一步，就绝不后退，并努力扩大已经打开的突破口。"他还以苏东坡的一句话鼓励作者："立大事者，不惟有超世之才，亦必有坚忍不拔之志。"[6]

更有甚者，一些高层领导对这篇文章也提出了批评。中央的一位副主席声称这是一篇有错误的文章，现在不批判，将来也会批判的。中央组织部的主要负责人干脆说这篇文章是"大毒草"。

大约也就在这个时候，原山东省委第一书记舒同到中央组织部上访，要求落实政策，分配工作，结果被中央组织部那位负责人挡在了门外，甚至连中央组织部的招待所都不让住。这位负责人的举动引起了一些老干部的强烈不满。本来，像舒同这样靠边站的干部，仅中央和国务院机关就有 6000 多人，这些人也不断上访，但都求助无门。于是，中央组织部一些靠边站的老干部只好采取过激的办法，贴出了大字报。那位负责人连忙让人把大字报全撕下来了。这下可惹恼了那些老干部，有人一气之下将撕下来的大字报送到《人民日报》社，胡耀邦也收到了大字报。

他看过大字报后立即找来了《人民日报》的记者和中央党校的那几位教员一起商谈对策。胡耀邦说，第一篇文章是打响了，凡是受冤挨苦的人都欢笑鼓舞。但是，要切实解决干部问题，仍然困难重重。这需要我们下决心，一关一关地闯过去。他还用但丁的一句名言"我们不下地狱，谁下地狱！"来鼓励大家，说道："我们不下油锅，谁下油锅！"[7]

随后，胡耀邦建议再写一篇文章，明确指出，一些主管组织工作的同志，对落实干部政策犹豫不决，拖延推诿，严重妨碍了这项工作的开展。

不到一个星期，文章写好了。胡耀邦同杨逢春连夜对文章作了修改。11 月 27 日，《人民日报》以本报评论员的名义发表了这篇题为《毛主席的干部政策必须落实》的文章。

从题目来看，文章的语气比上一篇要坚定得多。为了加重文章的分量，《人民日报》特意在正文前面加了一段说明：本报 10 月 7

回首
1978

日发表了《把"四人帮"颠倒了的干部路线是非纠正过来》一文，引起了强烈反应。许多干部、党员、群众来信，热情赞扬这篇文章密切联系实际，宣传了毛主席的干部路线和干部政策，贯彻了十一大的精神，表达了华主席、党中央对广大干部的关怀和爱护。许多来信愤怒地揭发了林彪、"四人帮"反党集团破坏"文化大革命"、残酷迫害革命干部的罪行，并批评了有些主管组织工作的同志和有些组织部门，对落实党的干部政策犹豫不决，患得患失，能拖则拖，能推则推等不负责任的现象，同时提出了许多好的建议，要求贯彻落实党的干部政策。我们认为，多数读者来信的观点是正确的，要求是合理的。

文章说，要认真贯彻执行党的十一大政治路线，调动广大干部和群众的积极性，在本世纪内把我国建设成为现代化的社会主义强国，"抓紧落实党的干部政策，是一个关键性的问题。"在中共十一大的推动下，很多地区、部门和单位的党委领导机关，已经把落实干部政策提到了党委议事日程上来，加强了对组织部门的领导；有的党委还对组织部门的领导班子进行了调整，坚决把"四人帮"颠倒了的干部路线是非纠正过来，积极解决过去审干中遗留的某些问题，使长年没有分配工作的同志陆续得到了妥善的安置。

文章还明确指出：当前落实干部政策中存在的问题，主要是有的地区、部门和单位的党委，没有认真贯彻十一大的政治路线，没有放手发动群众深入揭批"四人帮"，没有彻底摧毁"四人帮"及其余党的帮派体系，以致这个帮派体系的一些骨干分子还在暗中活动，欺上压下，阻碍运动向纵深发展，拖延给干部作出审查结论和分配工作，抵制和破坏干部政策的落实。有些人虽然同"四人帮"并没有组织上的直接联系，但是，他们的思想受"四人帮"的毒害很深，"帮气"很重。"他们对一些没有作出审查结论的同志，依然抓住一些枝节问题不放，即使形势所迫，不得不落实党的干部政策了，也总要想方设法弄个借口，在结论上写上或保留这样那样不符合实际的东西。对于需要甄别的结论和需要处理的积案，他们总是不愿意动手解决。那些'帮气'很重的同志不是按照党的政策和党性原则对待干部工作，而是从维护帮派或个人的地位和威信出发，把阶级的利益、人民的利益完全抛在一边，阻碍了干部政策的落实。"

在落实干部政策过程中，遇到已经下了错误结论的怎么办？文章说：毛主席一再教导我们："有反必肃，有错必纠。"真正错了的，必须坚决纠正过来。实事求是是共产党人的根本原则。在落实党的干部政策过程中，凡是符合事实的结论和材料，都应当保留，决不能"一风吹"；一切不符合事实的结论和材料，即使是一个"尾巴"也不能保留。有的地区和单位负责组织工作的同志，认为错误结论是"前任首长批的，现任无权过问"，为了维护"前任首长"的威信，明明弄错了，也不下决心予以纠正，对那些不实之词和虚假材料也不肯推翻。这种做法根本不是无产阶级的做法。毛主席教导我们："要靠解决问题正确吃饭"。领导机关的威信，或者"前任首长"的威信，决不是靠文过饰非所能建立起来的。无产阶级的原则是有错必纠，敢于承认和改正工作中的缺点和错误，部分错了，部分纠正，全部错了，全部纠正。只有这样，才算是严肃认真、对党负责，才能取得群众的谅解，真正建立起威信。

文章还指出：党的干部工作是一项十分严肃、十分细致的工作，是政策性很强的工作。落实党的干部政策，不仅关系到许多干部的政治生命和工作，也涉及他们的亲属、子女，涉及与之相关联的一批人。这些问题从长远和整体上来看，对我国社会主义革命和社会主义建设关系很大。现在为什么上访者和上诉信很多，主要原因就

回首
1978

是有些人的问题长期得不到解决和明确的回答。怕麻烦是不行的，我们应该耐心细致地处理每一个干部的问题。在革命战争年代，干部到了党的组织部门，就像回到自己家里一样感到十分温暖、十分亲切。但是，由于林彪、"四人帮"反党集团的破坏，一些组织部门在"四人帮"及其帮派体系控制下，干了不少坏事，把党的组织工作的优良传统和作风完全破坏了。我们要在深入揭批"四人帮"的过程中，彻底纠正这种状况，使党的优良传统和作风不断发扬光大。

文章要求各级党委加强对组织部门的领导，在需要加强的地方，应该选择党性强、作风正派、办事公道、敢于坚持原则并有工作经验的同志去充实、加强组织部门的工作，特别是要选择这样的同志担任这些部门的领导职务，在党中央的领导下，一定要毫不动摇地把"四人帮"颠倒了的干部路线是非纠正过来。[8]

《人民日报》除发表这篇文章外，还采取了另外一招，即把中央组织部老干部写的大字报汇集成《情况汇编》，取名为《从一批老同志的大字报，看郭玉峰在中组部的所作所为》，以《人民日报》社党委的名义送给了叶剑英和耿飚。

很快，上面就作出了反应。在上述文章发表不到半个月，即12月10日，中共中央免去了中央组织部主要负责人的职务，任命胡耀邦为部长。

2. 到中央组织部走马上任

1977 年 12 月 15 日,中共中央组织部大院里,鞭炮齐鸣。聂荣臻的夫人张瑞华一人就买了 10 多元钱的鞭炮,以至来往的行人以为"有什么大喜事"。原来,他们正在欢迎新上任的部长。在这鞭炮声中,胡耀邦带着他的秘书走进了中央组织部的办公大楼。

四天之后,即 12 月 19 日,64 岁的胡耀邦来中央组织部正式上班。他在召开的第一次工作会议上就提出,平反冤假错案、落实干部政策是组织部门义不容辞的责任。他当时说的一句话是:"积案如山,步履艰难。"他还解释说,仅"文化大革命"期间的重大案件,就有"天安门事件"、"六十一人叛徒集团"问题、彭德怀案件、陶铸案件、王任重案件、内蒙古"内人党"问题、东北的所谓"叛徒集团"问题、新疆马明方等"叛徒集团"问题、为刘少奇鸣冤叫屈和"恶毒攻击伟大领袖"、"恶毒攻击林副统帅"被杀头的"现行反革命"案等等,这究竟涉及多少受害者,谁也说不清。"文化大革命"前的历次政治运动,还有建国

胡耀邦生前留下的最后一张照片。

前的一些冤假错案，甚至包括 20 世纪 30 年代中央苏区的冤案，这叫"积案如山"。

胡耀邦明确表示，对建国以后和"文化大革命"期间的冤假错案的清理和落实政策，是组织部门的首要任务，至于建国前的历史遗留问题，不管是因当时的历史条件限制还是战争环境影响而没有解决或者解决得不彻底，我们也应该把这些彻底解决。不管如何艰难，我们都要有"会当凌绝顶"的决心。他当即向在场的所有的人约法三章：组织部门应该成为"党员之家"和"干部之家"；以后有受冤挨整的老同志来找我，任何人不要阻拦；凡是写给我的信，应及时送给我，如果没有我的表示，"任何同志不要主动代劳处理，更不能扣压。"[9]

会上，胡耀邦富有感情地说，那些年老体弱的同志，要派车子将他们接到部里来谈；卧病在床的同志，我们应该主动上门同他们谈；对那些来访的蒙冤多年的老同志，应该首先邀请他们坐下，泡上一杯茶，如果到了吃饭的时间，还应该请他们吃顿饭。一次谈不完就谈两次、三次。

会后，胡耀邦采取了"一个大动作"，将中央组织部靠边站的干部杨士杰、曾志、陈野苹等请回来，重新安排了工作。陈野苹奉命负责老干部接待小组，胡耀邦要他"大胆地干"，并且表示："有什么事情我来承担"。[10]

据统计，中央组织部接收的案件有 17349 卷 391363 件，被审查的高级干部有 669 人。其中，被定为有严重问题的或敌我矛盾的有 320 人，占被复查人数的 47.8%。在这些人当中，副部长级干部213 人，中央委员和候补中央委员 71 人，中央政治局委员 10 人，中央书记处成员 10 人，副总理 7 人。在那些日子里，胡耀邦几乎每天都忙于处理各类来信。胡耀邦在中央组织部任职 13 个月，平均每天处理的副厅、地委书记以上干部的申诉信就有 33 封，最多的一天处理了 200 封来信。中央组织部的一位干部回忆，在这一年的时间里，仅胡耀邦批给干部审查局处理的信件就有 902 封。

原第五机械工业部部长吴皓在"文化大革命"期间被审查，1974 年病故，一直没有作结论，骨灰无处安放，只好放在家里。子女入党、参军，甚至连婚姻都受到牵连。夫人张明只得给中央领导同志写信，希望给吴皓落实政策。1977 年 12 月 6 日，邓小平作出批示："请中组部对这类事要关心，实事求是地对每件事作出恰如其分的结论，这不只是对本人，对家属亲友都是关系很大的，拖不是办法。"〔11〕

当时，胡耀邦还没有到中央组织部上班，但他立即对此事作了如下处理：家属的正当意见和合理要求，都应该接受和解决。吴皓的骨灰安放事宜，应尽可能满足家属的合理要求，包括讲话内容。

原西藏自治区党委书记、军区副政委王其梅是"六十一人叛徒集团案"成员之一，1967 年 8 月被迫害致死。妻子王先梅 14 岁就参加了革命，15 岁入党。但是，在"文化大革命"期间，她同样没能逃脱厄运，被发配到远在江西的轻工业部"五七"干校劳动。大女儿要求去黑龙江生产建设兵团或者云南农场工作，结果也没有批准．理由是"没有资格"。后来，大儿子报考海军政治部歌舞团，文化测试、专业考试全部合格，由于他父亲的缘故一直拖着没有定下来。小女儿是班上的团支部书记，有一次学校到天安门广场参加庆祝活动，其他团支部书记都去了，唯独她不能去，也是因为她父亲的问题，而且她很快就要参加升学考试，又面临着一个政治审查问题。

接二连三发生的这些不幸事情，王先梅再也坐不住了，于 1977 年 12 月 8 日给邓小平写了一封申诉信，讲述了这些遭遇。她在信中

胡耀邦表示："我们不下油锅，谁下油锅!"
到中央组织部走马上任
在"六十一人叛徒集团"案上打开缺口
最后一批右派分子被摘掉帽子
"童怀周"与"天安门史诗"
话剧《于无声处》冲破"禁区"
北京市委肯定"天安门事件"是革命行动

回首
1978

写道："我曾于上月多次找总政治部有关单位，同时也写报告给总政治部领导同志并报中央领导同志，如实反映了上述情况，并明确表示：对于我爱人的问题，我和我的子女坚决遵照党组织对他的结论，正确对待，同时恳切地要求党组织能使我的子女得以享受党的政策范围内的政治权利，不因其父亲的问题受到影响，以便发挥他们的特长。"她在信中还说：党早有政策，出身没有选择的余地，"重在表现"。但一些地区和单位在具体执行中，政策往往不能兑现。"10年来，在我们的现实生活中，常常遇到不少实际问题而得不到解决。根据党的政策和孩子们的现实表现，我感到对他们说服无力，我和孩子们的心情都十分沉重。"〔12〕

12月25日，邓小平看到了王先梅的来信，并且指示汪东兴交给中央组织部处理。他在批示中说："王其梅从抗日战争起做了不少好事。他的历史问题不应影响其子女家属。建议组织部拿这件事做个样子，体现毛主席多次指示过的党的政策。"〔13〕

12月31日，胡耀邦接到批示后，立刻派人前往王先梅的住处传达了邓小平的意见。王先梅听了后"激动得流着热泪"，并且一再表示："感谢华主席、党中央对我们的关怀。中央领导同志的批示，从政治上解放了我们。"王先梅考虑到自己在"文化大革命"中也受过审查，虽然已经恢复了党组织生活，但一直没有安排工作，于是，她请求组织"对她的审查有个正确的说法，并早日分配工作。"不久，轻工业部领导就找王先梅谈话，王先梅本人"对这次谈话感到满意"。〔14〕

1978年元旦刚过，王先梅就回轻工业部上班了，并担任科研室外事处处长。有关她的审查问题，轻工业部已经"肯定她没有问题，有关审查材料，将妥善处理。"〔15〕王先梅的大儿子也如愿以偿地进了海军政治部歌舞团，小女儿上学所在的学校表示，她的升学和毕业分配问题，不会因为她父亲的历史问题而受到影响。

胡耀邦在抓紧落实干部政策的同时，还通过舆论界宣传一些地区落实干部政策的情况，希望能更好地推动这项工作的开展。1978年1月10日，《人民日报》刊登了中共辽宁省铁岭地委"加强对组织部门领导坚决落实干部政策"的消息，称：中共铁岭地委在分清路线是非的基础上，对组织部门的领导班子和工作人员进行了调整充实，把被"四人帮"颠倒的路线是非纠正过来，从而促进了干部政策的贯彻落实，有力地调动了各方面的积极因素。

据报道，中共铁岭地委组织部的班子调整充实之后，立即抓紧贯彻落实党的干部政策的工作。"他们从关心爱护干部出发，首先推倒了强加在干部头上的错误结论和一切诬蔑不实之词，对31名原副局长以上干部审查结论中乱扣的帽子全部去掉。"有一名原地委领导干部，在"文化大革命"中对江青提出的"文攻武卫"的口号表示怀疑，说过"现在武斗这样严重，是否和下边对江青提出的'文攻武卫'的口号理解不好有关系"，"看来，领导人说一句话很重要，一言兴邦，一言丧邦"。他因此而受到审查批判。"这次经过复查，把给他作的错误结论取消了"。

此外，铁岭地委组织部还对干部案件开始了全面复查，并且一件一件地落实。对已经结案的61名地区局级干部的审查案件和15名未结案件，组织了13名审干人员进行复查。在听取本人申诉之后，按照党的原则和核实的情况，作出了正确结论。有些干部是先分配工作，然后查证落实。[16]

根据铁岭地委组织部的经验，《人民日报》于当天发表评论员文章，指出：许多事实说明，"四人帮"及其帮派头目为了结帮营私，篡党夺权，疯狂地打击、迫害和排挤敢于同他们进行斗争的干部，总是把他们的亲信、爪牙安插到一些部门中去。为了通过合法的组

胡耀邦表示："我们不下油锅，谁下油锅!"

到中央组织部走马上任

在"六十一人叛徒集团"案上打开缺口

最后一批右派分子被摘掉帽子

"童怀周"与"天安门史诗"

话剧《于无声处》冲破"禁区"

北京市委肯定"天安门事件"是革命行动

回首
1978

织手段从事这些勾当，他们插手组织部门，或严密控制，或夺去领导权。因此，要把被"四人帮"颠倒了的干部路线是非纠正过来，"必须加强对组织部门的领导，有些组织部门必须调整和充实力量。对于那些被'四人帮'严密控制，或篡夺了领导权的组织部门，尤其需要这样做"。否则，不但干部政策不能落实，而且还会使一些好干部继续受到压制和打击，不利于调动各种积极因素。

第二天，《人民日报》又报道了广西百色地委落实干部政策的情况。文章说：百色地委在处理审干遗留问题的基础上，坚持做到实事求是，有错必纠。"对于证据确凿的坏人，一个也不放过；凡符合事实的结论，决不能吹掉；对于错案和冤案，坚决推倒，重新处理；定性偏高的，坚决纠正。"有位县长在"文化大革命"中犯了一些错误，历史上也有些问题，结果，县委就以"历史有问题，现实表现不好"为由，把他当做反革命处理了。但是，地委经过调查后发现证据不足，不仅没有定为反革命，反而对他的功过作出适当的评价，"妥善安排了他的工作"。

整个百色地区经过复查，重新结案和处理了 978 件案子，在这个过程中，"凡属不符合事实的结论，一律改变；凡属不实之词，一律推倒；凡属没有查证核实的材料（包括给干部子女和亲属写的政审材料），一律从干部的档案中清理出来。"[17]

与此同时，中央党校高级班学员就如何落实好干部政策的问题进行了座谈。与会者"联系当地实际，对落实党的干部政策的意义、情况等问题，发表了许多很好的意见。"

座谈会上，有人以浙江省为例，说：该省十年来落实干部政策经历了三起三落。林彪垮台之后，1972 年浙江省委遵照毛泽东和中共中央的指示，整顿了省、地、县委的领导班子，解放和使用了一批干部，"革命和生产形势很好"。1972 年和 1973 年，"工农业生产是历史上最好的两年"。可是，到了 1974 年，批林批孔开始了，"四人帮"企图打倒从中央到地方的一大批领导干部，把 1972 年整顿时期建立起来的领导班子诬蔑为"两否一倒"（即否定"文化大革命"，否定新生事物，复辟倒退），围攻省委，冲垮宣传部、组织部、办公厅、省计委，又恢复四大组（政工组、生产指挥组、人保组、办事组）。"四人帮"在浙江的亲信大搞突击入党，突击提拔自己的人，使领导班子处于瘫痪、半瘫痪状态，生产急剧下降。1975 年，毛泽东对浙江的问题作了第二次指示，解决了省委领导班子问题。省委对各级领导班子再次进行整顿，生产又有了起色，当年冬季，农田基本建设出勤率达到历史最高水平。然而，好景不长，1976 年，"四人帮"又把 1975 年邓小平主持中央日常工作期间出现的大好形势污蔑为"右倾翻案风"，攻击整顿就是复辟，把调整、充实的各级领导班子说成是"还乡团"、"复辟班子"，再一次把斗争矛头指向各级领导干部。在"四人帮"的干扰下，各级领导班子被折腾得无法工作，生产大幅度下降。粉碎"四人帮"以后，省委对领导班子又作了调整，结果，"各条战线形势大好"。

不少学员反映，"四人帮"垮台已经一年多了，但在某些单位，落实干部政策的阻力仍然很大。"还有那么一个组织部门的领导人，竟然说什么落实干部政策、解决老干部的问题，就是'翻"文化大革命"的案'"。

落实干部政策为什么如此之难？学员们分析了几条原因：一是有的单位仍被"四人帮"及其余党的帮派体系所控制，他们本来就是要打倒干部的，"怎能靠他们去落实？"二是有些单位的干部，特别是领导干部受毒很深，"帮气"很重。他们害怕否定自己的"成绩"，说什么"我搞了你十多年，现在你倒没有问题了，不是白搞了吗？"这怎么行！"我是审查你的，你没有了问题，反来领导我，不是翻

胡耀邦表示："我们不下油锅，谁下油锅！"
到中央组织部走马上任
在"六十一人叛徒集团"案上打开缺口
最后一批右派分子被摘掉帽子
"童怀周"与"天安门史诗"
话剧《于无声处》冲破"禁区"
北京市委肯定"天安门事件"是革命行动

回首
1978

案复辟了吗?"于是，他们总想维护自己的利益和威信；三是官僚主义态度，上推下卸，对违反党的政策的做法听之任之。

为此，学员们表示，要落实干部政策，首先必须整顿政治部、组织部，"审查一下到底是什么人在那里当家"。如果还是帮派势力控制政治部、组织部的大权，就应该对他们采取断然措施，"对这些部门的领导班子进行调整"。同时，要加强教育，把"四人帮"颠倒了的路线是非纠正过来，"使那些中毒的同志醒悟过来，端正态度"。对某些坚持错误而又不肯悔改的领导干部，"也要采取适当措施"。

不久，从上海传来消息说，中国科学院上海分院对"四人帮"制造的假案、冤案进行了平反昭雪。

1968 年，在张春桥、王洪文的操纵下，"四人帮"在上海的亲信以"清理阶级队伍"为名，把解放前国民党中央研究院作为一条线，把日本占领时期的上海自然科学研究所作为另一条线，同国民党溃退前夕成立的伪中央研究院接应安全小组委员会联系在一起，称做"'两线一会'特务集团"，把解放前的科研人员统统当成"特务"，声称这些人"潜伏下来又发展新的特务"。甚至荒唐地把建国后建立起来的科技情报组织和学术组织，也当做"特务组织"，凡是填过"自然辩证法协会会员表"和"外文翻译人员登记表"的人，都被说成是参加"特务组织"所履行的手续，有些科研人员在上海科技情报所领过阅览证，也被看做是"参加特务组织"。这一案件株连到 14 个单位，有好几百人被诬陷为"特务"。上海有机化学研究所起初只有 3 个人是"特务"，不久，这个数字就扩大到 30 多倍，达 100 多人，就连 1967 年前来到研究所的大学生和主要领导干部都成了"特务"。上海植物生理研究所也有 100 多人成了"特务"。

然而，经过调查核实，那几百个人根本就不是什么特务。于是，中国科学院上海分院召开大会，当场宣布："'两线一会'特务集团"

案纯属冤假错案，"对遭受迫害的同志予以彻底平反"。有关这些人的档案，"正在组织专人认真加以清理，对一切诬蔑不实之词坚决推倒，对一切虚构的罪证，捏造的材料予以销毁。"工作安排不恰当的，给以调整，恢复他们原来的技术职称，同时，根据他们的业务水平和健康状况，恢复和提拔了一些科技人员和科学家担任室和所一级的领导职务。他们被抄走的财物一律归还给本人。对于冤死的科学家，"坚决给予昭雪，或开追悼会，或准备进行骨灰安放仪式。"对于在假案、冤案中受株连的家属和亲友，"按照党的政策给予正确处理，受害者的家属、亲友在哪里，就到哪里肃清流毒。"〔18〕

《人民日报》接二连三发表的这些文章，使很多人受到了鼓舞。周扬称赞说，报纸上发表的文章，把组织部门称做"党员之家"和"干部之家"而不是"整人的机器"。多少年来，很少看到党报上发表如此令人亲切、使人振奋的文章了。

考虑到上述文章发表后所产生的影响，尤其是为了鼓励老干部放下包袱，胡耀邦打算写一篇题为《老干部的光荣责任》的文章。2月19日，这篇文章在《人民日报》上发表了。果然反响极大，许多老干部给中央组织部和《人民日报》写信、致电，表示一定要放下包袱向前闯。

然而，平反冤假错案毕竟会涉及毛泽东的一些错误。所以，不少人对此抱着抵触的情绪。有些高级干部甚至责问说："平毛主席定的案子，矛头指向谁？"还有人声称："这是按毛主席指示办的，就是把大楼吵塌了，也不能动！"结果，正当胡耀邦大刀阔斧地平反冤假错案的时候，却遇到了阻力。中央有位副主席表示了相当不满，态度颇为坚定地说："经毛主席亲自审阅、批定的案子，谁敢平反？"〔19〕

为什么有人对落实干部政策如此犹豫不决？胡耀邦认为，一是认识问题；二是私心杂念。有私心杂念的人，过去办了一些案子，

胡耀邦表示："我们不下油锅，谁下油锅！"
到中央组织部走马上任
在"六十一人叛徒集团"案上打开缺口
最后一批右派分子被摘掉帽子
"童怀周"与"天安门史诗"
话剧《于无声处》冲破"禁区"
北京市委肯定"天安门事件"是革命行动

回首
1978

伤害了不少人，但又缺乏纠正错误的勇气。这些人口头上说怕否定"文化大革命"，"实际上是怕否定自己"。他在一份材料上鲜明地写道："拨乱反正，平反冤假错案，正是为了稳定和发展形势，不是翻烙饼。把过去做错了的事情坚决改正过来，这是忠于实事求是的原则，具有革命胆识的表现，体现了我们共产党人对革命、对人民高度负责的精神，这和右倾机会主义毫不相干。"[20]

尽管压力如此之大，但胡耀邦并没有止步。他甚至向那位副主席提出，把中央专案组负责的重大案件，移交给中央组织部。可是，迟迟没有结果。

针对这种情况，胡耀邦在中央组织部的一次会议上如实地对几位干部说：一、中央专案组审查的对象，档案材料都在专案组手里，他们不肯交出来，也不让我们插手复查；二、不属于中央管的干部案件，我们说了话也不顶用，连召开一次全国组织部长和中央各部委负责人会议，以推动一般干部政策的落实，还得由中央批准，实际上就是不让开；三、我们主张办任何事都要实事求是，平反冤假错案，落实干部政策等应该实事求是，有人就打出"两个凡是"，似乎只要是毛泽东批的案子，即便不那么实事求是，也只好由他去。[21]

在这次小型会议上，胡耀邦同几位干部商量后决定：既然不准召开百人以上的大会，那就分批召开各省、市、自治区和中央部委的小型会议，叫"疑难案例座谈会"，让部分省、市、自治区带一些疑难案例来。

从1978年2月到4月，在两个月的时间里，胡耀邦先分3批召集了28个省、市、自治区组织部门同志参加的"疑难案例座谈会"，解决了118件疑难案件。然后又分3批召集了中央各部委同志参加的"疑难案例座谈会"，解决了74件疑难案件。[22]

在各省、市、自治区组织会议上，胡耀邦告诉与会者：这次请你们来，只有一个目的，就是"认认真真地落实好干部政策"。有什么十分难办的案件，"择其典型拿到这个会议上讨论研究，各抒己见，集思广益，求出一个妥善的解决办法，来突破我们面临的'哥特巴赫猜想'。"

据胡耀邦在会上的介绍，"新内蒙古人民党"一案，仅内蒙古就有34.6万人遭殃，其中有8.7万人因刑讯逼供而致残，1.6万多人冤死。被戴上"走资派"、"执行资产阶级司令部的反动路线"等帽子的副省级以上干部占全国高级干部的三分之二。还有所谓的"五一六分子"，也达上万人。另外，被发配到"五七"干校劳动尚未安排工作的干部有几十万人。这次会议，不仅要研究解决疑难案件，而且还要安排这些人的工作。

会上，有人坚持认为，"有些案子是毛主席定的，绝不能翻。"但是，胡耀邦明确表示：这种说法未免太绝对化了。对于毛泽东，胡耀邦认为应该这样看：毛泽东很伟大，中国革命在他的领导下取得了胜利。但是，他也不是完人，特别是在晚年，他也有错误，有些错误是很严重的，如"文化大革命"就是其中的一例。他相信，中国共产党能够自己纠正自己的错误，包括毛泽东的错误。〔23〕

直到5月中旬，由于邓小平的批示，华国锋只好同意将中央专案组负责的中央机关、省、市领导人和公检法系统的专案移交给中央组织部。实际上，后来移交的也只有部分高级干部的材料。

胡耀邦表示："我们不下油锅，谁下油锅！"
到中央组织部走马上任
在"六十一人叛徒集团"案上打开缺口
最后一批右派分子被摘掉帽子
"童怀周"与"天安门史诗"
话剧《于无声处》冲破"禁区"
北京市委肯定"天安门事件"是革命行动

回首
1978

167

3. 在"六十一人叛徒集团"案上打开缺口

　　胡耀邦到中央组织部后不到一个月，几乎每天都有几百人上访，来信足足装了六大麻袋。在这些来信中，有一封信是中国对外文化联络委员会几名干部写的，反映该单位撤销后，仍有205名干部被称做"社会糟粕"而未能安排工作，其中包括著名人士夏衍、楚图南。

　　看到这封来信后，胡耀邦气不打一处出，愤懑不平地责问道"这简直是瞎胡闹嘛！把夏衍、楚图南这样的老同志都当成了'社会糟粕'，'文革'十年强加给他们的种种磨难难道还不够重吗？"[24]他立即要求中央组织部与国务院有关部门取得联系，成立一个联合工作组，了解情况。

　　经过十多天的调查，终于拿出了一份报告，胡耀邦看过之后批示说：这份材料值得一看，请工作组顺从大家的心愿，一抓到底，在限定时间内完成该单位所有同志的工作分配。不久，这205人当中，除19人因身体状况无法工作外，其余186人都安排了工作。

　　胡耀邦说过，他过去在对人的处理上也犯过错误，不适当地处理了一些人，后来想起这些就感到非常内疚。所以，他到中央组织部后将主要精力都放在冤假错案的处理上，希望受到错误处理的老干部能够尽快恢复工作。他着手处理的第一个高级干部的冤案是王任重的问题。

　　王任重回忆说：在"文革"那恶浪翻滚的日子里，我被林彪、江青一伙横加"莫须有"的罪名，投入监狱，一关就是八年。邓小平同志出来主持工作后，我在 1975 年 5 月被释放了，但是由于"四人帮"的阻挠，我蒙受的"罪名"一个也没有取消，被下放在陕西武功农科院，连党员也不承认。就是在这种情况下，耀邦托人带信要我的两个孩子去看他。他让孩子转告我三条：第一，彻底的唯物主义者是无所畏惧的；第二，我们党是有希望的；第三，锻炼身体，准备将来出来工作。

当时，耀邦同志自己的处境也不好，"四人帮"处心积虑地排挤和迫害他，然而他不顾个人安危，心里装的是党，是人民，是自己的同志。他的三条意见传来，我更增加了斗争的勇气，对党的事业充满了希望。1976 年"四人帮"被粉碎之后，邓小平、李先念同志都曾建议我出来工作，但是当时中央主要领导人顶着不理。胡耀邦同志出任中央组织部长之后，调阅的第一份档案就是我的。他看了材料，更加深信我是无辜的，决心要尽快帮助我出来工作。1978 年秋天，中央开会解决陕西问题。领导会议的李先念同志同胡耀邦商量，要利用这个机会使我出来主持陕西省委的工作。耀邦同志亲自写信给中央几位主要领导人，李先念、邓小平、叶剑英三位同志先后欣然表示同意。在这种情况下，有的人想作梗也无所施其技了。这样我才算"解放"了。

像我这样由于胡耀邦同志的干预而得以重新工作的人，又何止成千上万呢？耀邦同志这样做，并不仅仅是出于同志感情，主要是为了党的事业，为了人民和祖国的利益。[25]

1978 年 6 月 1 日，中央组织部主办的《组工通讯》正式出版。在第一期上发表了《抓紧落实党的干部政策》的文章。胡耀邦提出的衡量落实干部政策工作的五条标准被写进了文章：1.过去审查需要做结论而没有结论的，要尽快作出结论；2.已做结论处理但不正确的，要改正过来，一切污蔑不实之词应予推倒；3.可以工作而没

回首
1978

有分配工作的干部，要尽快分配适当工作；4.对受审查期间死去的同志，要实事求是地作出结论；5.无辜受牵连的家属、子女、亲友、身边工作人员当中应予解决的问题，要妥善解决。文章指出，对于林彪、"四人帮"摧残干部队伍造成的严重后果，必须有足够的估计。长期以来，他们制造了大批冤假错案，而且还阻挠干部政策的落实，以致积案如山，使成千上万的干部蒙冤难白，并且影响到他们的家属、子女，这就使落实政策所涉及的不只是几百万人，而是上千万人。

尽管如此，但仍有一些单位在落实干部工作上进展缓慢。正如文章所说，抓抓停停，不催不办者有之；上推下卸，一拖再拖者有之；来信不理，来访不见者有之；写"决议"冠冕堂皇，公布后束之高阁者有之；"既不能令，又不受命"者也有之。这种情况说明，"落实干部政策还有阻力，有的地方和单位阻力还不小。"出现这种情况的原因在于，极少数是由于"四人帮"的帮派势力没有彻底摧毁，仍在继续阻挠，多数情况是一些领导干部和办案人员对落实政策的意义缺乏认识，"或者头脑中私字作怪，怕字当头，没有彻底砸烂'四人帮'的精神枷锁，中毒不知毒，有毒未消毒。"但是，"也有少数人自己不干净，立场不对头，还没有从错误路线下解放出来。"

针对上述情况，文章提出，要"帮助我们的同志肃清流毒和影响，提高路线觉悟。"对少数单位遭受"四人帮"残余势力的破坏，"必须坚决揭露，以扫除落实政策的障碍。"文章还强调，在当前，特别需要"有错必纠"的勇气。"凡属搞错了的案件，做错了的结论，不论是谁搞的，尤其是自己经办的，都要以党的利益为重，该否定的坚决否定，该纠正的坚决纠正，错多少纠正多少，不抓辫子，不留尾巴，实事求是地解决问题。"[26]

6月9日，中央专案组将部分材料移交给了中央组织部。但是，就在移交的当天，中央那位副主席还表态说，不要以为"四人帮"粉碎了，过去定了的案件就可以推翻。一些案子，包括"六十一人叛徒集团"案，还有彭德怀、陶铸的结论，都不能随便翻过来。

胡耀邦也不甘示弱，当即表示："还是有错必纠，全错全纠，不错不纠，部分错误部分纠的好。"〔27〕

其实，胡耀邦何尝不清楚，过去，中央专案组审查案子搞的都是实用主义，不符合口味的东西他们绝对不会写入结论，所以，专案组即使把所有的材料都交过来也没有多大用处。在这种情况下，胡耀邦决定另起炉灶。他向中央组织部负责审查干部的同志表示："急也没有用，不等了，我们自己干。"〔28〕

胡耀邦是这样说的，也是这样做的。随后，他以巨大的勇气在"六十一人叛徒集团"案上打开了一个缺口。

1936年4月，面对正在掀起的抗日救亡运动的高潮，正是需要干部的时候，中共北方局为了开展工作，请求中共中央批准，让关押在国民党北平草岚子胡同反省院里的61名干部，履行国民党规定的手续出狱。自8月31日起，直到1937年3月，这些人先后在《华北日报》、《益世报》刊登了由国民党监狱事先拟好的所谓"反共启事"，出了反省院，然后同中共党组织取得联系，参加了工作。

此事，中共中央早已作出结论，认为这些人出狱没有什么问题。在延安的时候，毛泽东当着薄一波的面说过，你们这些人来自五湖四海，出来后又分配到各地，又回到五湖四海，做了不少工作，是起作用的。

1945年中共七大召开时，任弼时以代表中共审查委员会的身份公开宣布：从北平反省院出狱的同志政治上没有问题。党组织营救他们出狱，是中共北方局建议，经中央回电同意的。后来，周恩来又多次声明过："这些人的出狱问题，中央是知道的。"

回首
1978

可是，"文化大革命"期间，康生、江青又把这件事重新抖搂出来，康生写信给毛泽东说："我长期怀疑少奇同志要安子文、薄一波等人'自首出狱'的决定。"他在信中还提到："我最近找人翻阅了1936年八九月的北京报纸，从他们所登的'反共启事'来看，证明这一决定是完全错误的，是一个反共的决定。"康生还将一份1936年报纸的复印件附在信上寄给了毛泽东。

结果，一直认为此事没有问题的毛泽东也有了新的看法。就在康生写信后不久，毛泽东在一次外事活动中说："有些过去是共产党被国民党抓住，然后叛变，在报纸上登报反共。那个时候我们不知道他们反共，不知道他们'履行手续'是一些什么东西。现在一查出来，是拥护国民党，反对共产党。"

于是，康生、江青乘机大做文章，声称：薄一波等61人"自首叛变出狱，是刘少奇策划和决定，张闻天同意，背着毛主席干的"，我们以中共中央的名义将这61人定为"叛徒集团"。

当时，61个人当中健在的有40人，其中有22人是高级干部，包括国务院副总理、中央政治局委员，13人是中层干部。这些人受迫害后，他们的家属均受到不同程度的牵连。

从那时起，就有人开始为此案进行申诉。1967年夏，薄一波写了一份近两万字的申诉材料，讲说了他当年在草岚子监狱坚持斗争的真相，以及根据1936年中共北方局和中共中央指示出狱的经过。

可是，身居要职的康生一口咬定，这个"隐瞒"了几十年的"叛徒集团"，是"永远翻不了"的"铁案"。

另外，刘澜涛、安子文、杨献珍、周仲英等也都提出了申诉。他们在申诉信中写道：1936年，从北平军人反省院出狱的绝大多数同志，是经过5年多同国民党反动派及监狱中各种反党政治派别的复杂艰苦斗争中，经过多次淘汰后的一批革命骨干，绝非贪生怕死卖身媚敌之徒。狱中党支部将党中央的指示，提交全体党员，经过激烈严肃的讨论，是服从组织纪律，执行中央的指示出狱的。出狱后，"向各级党组织作了多次的报告，从未隐瞒过。"

曾向草岚子监狱地下党支部传送中共中央指示的当事人孔祥祯于 1977 年 11 月 11 日再次向中共中央写信说：为了给国民党统治时期的监狱送信一事，我受了八年监禁，二年下放，身已瘫痪，现犹未痊愈。幸由叶副主席批准我今年回京，现在北京医院治疗。在此九死一生之际，常有一事，使我耿耿于怀，日夜难忘者，即对北平军人反省院一些干部出狱的事实，不能使组织上和群众彻底明了当时的情况，实在心常戚戚。为何这样说呢？"因为张闻天早死，柯庆施去世，徐冰身亡，殷鉴早殁。而亲身经历其事者，只我一人。我若不说，谁还能详细说出来这件事件的经过呢？"他还声明："这不是我个人的问题，而是事关几十个干部政治生命的大事，若不及早报告中央，一旦个人命尽，真会使我死不瞑目，遗憾九泉了。"

孔祥祯在这封信中，把 1936 年中共北方局如何提出，中共中央如何批准，柯庆施如何向徐冰布置任务，徐冰又如何通过他两次给狱中党支部传达中共中央指示以及后来出狱的经过，都作了非常详细的说明。

可是，这些申诉案件由中央专案组的三个办公室把持着，不让平反。在此情况下，胡耀邦和中央组织部遇到的阻力有多大就可想而知了。不仅如此，专案组还有人对胡耀邦到中央组织部后的所作所为表示不满，甚至大发雷霆，声称："现在的翻案风如此猖獗，都翻到我头上来啦！"〔29〕

6 月初，也就是中央专案组移交材料的那几天，胡耀邦对"六十一人叛徒集团"案的复查工作便开始了。他深知中央专案组既不会赞同，也不允许他们到中央档案馆查阅任何材料。但他依然决

胡耀邦表示："我们不下油锅，谁下油锅！"
到中央组织部走马上任
在"六十一人叛徒集团"案上打开缺口
最后一批右派分子被摘掉帽子
"童怀周"与"天安门史诗"
话剧《于无声处》冲破"禁区"
北京市委肯定"天安门事件"是革命行动

回首
1978

173

定由中央组织部复查这一案件。他把自己的想法告诉了中央组织部的几位干部："现在有个案子，你们敢不敢翻过来？"

几位干部听了后表示："实事求是，该翻就翻。"

胡耀邦很欣赏他们的勇气，说："我们要靠实事求是吃饭，不靠精神吃饭。还是那句话，凡是不实之词，凡是不正确的结论和处理，不管是什么时候，什么样情况下搞的，不管是哪一级组织，什么人定的、批的，都要实事求是地纠正过来。一句话，就是用'两个不管'的矛，去对付'两个凡是'的盾。"[30]

考虑到案情重大，胡耀邦就向邓小平作了汇报。邓小平听了后也觉得事关重大，便问道："这样的案子你也敢翻？"[31] 6 月 25 日，邓小平在一份关于"六十一人叛徒集团"案的申诉材料上批示说"这个问题总得处理才行。这也是一个实事求是的问题。"[32]

在得到邓小平的支持后，胡耀邦指示贾素萍、倪书林、周曦和、张汉夫 4 人对"六十一人叛徒集团"案进行复查。他还叮嘱道：此案关系重大，为了减少阻力，先不宜声张，要认真负责，审慎、精细、踏踏实实地进行调查，珍惜每一份资料，抓紧时间，争取三个月复查完毕，写出复查报告，等中共十一届三中全会召开时拿出来。

曾彦修回忆说：

> 1978 年七八月间，我调到北京中国大百科全书筹备小组工作。一天上午，我们几个筹备人正在开会，于光远的司机跑来找我，要我立刻去于光远家，有要事。我打电话一问，果然重要。只好说明情由，负责人姜椿芳也高兴极了，叫我立刻去。到于光远的上房时，有四五个人在分头议事，很忙、很乱。于光远说，昨天下午看见耀邦，对他说起，我们手里有一份康生详谈"61 人"案件的材料。耀邦听后，高兴得不得了，说："有这等事，太好了。"叫我立刻给他送去。但你已下班，又无电

话，材料一时找不着，只好请你来重写。耀邦急如星火，刚才又打电话来催了，请你现在就写。

于是，我坐下立刻写，约20分钟就写好了。材料的题目已记不得了，大概是《康生谈薄一波等"61人"案的经过》之类。内容永远记得十分清楚，大要是：1948年旧历元旦（或初二），山东鲁西北阳信县的渤海区党委组织部长刘格平同志请康生及中央土改工作团全体团员到他的家中吃晚饭。因为刘格平是回族，不能出席区党委的正式宴会。这次名为晚饭，因在冬天，考虑到康生晚饭后要散步，所以大约下午三时晚饭就开始了。因此，饭后仍照常散步。康生忽然问大家，"你们知道刘格平这个人不？"未等回答，他就继续说下去，"这个同志资格老得很，是二十年代初的党员，是个回族同志。他比别人多坐了八年监，敌伪时期他照样在北平坐监，敌伪不知他是共产党员，糊里糊涂当他是普通刑事犯，他算活下来了。是日本投降后才出监的（最后一句记不清了，也可能是日降前不久，敌伪监狱已大乱，由党组织设法花钱把刘弄出来的）"，"他是老党员，当然是马克思主义者了。可是只要一谈起可兰经，他的马克思主义就不见了（按：此二句我和于光远反复对证，认为连字句都是这样的。因为当时印象特别深，康也就只这么讲了两句）"。"1936年夏，少奇同志从陕北到平津担任华北局书记后，当时革命形势一天天高涨，可是特别缺乏干部，有经验的老同志都在北平敌人的监狱里，这就是薄一波、刘澜涛、安子文等61位同志。当时分析形势，他们再坐监下去，很危险，有几种可能：一是日本很快占领平津，这些同志就立刻会被杀害；二是蒋介石要把这些同志押到南京去，宋哲元欢送；三是宋哲元嫌麻烦，请求把这些同志送往南京去。所以，这批同志如不赶

胡耀邦表示："我们不下油锅，谁下油锅！"
到中央组织部走马上任
在"六十一人叛徒集团"案上打开缺口
最后一批右派分子被摘掉帽子
"童怀周"与"天安门史诗"
话剧《于无声处》冲破"禁区"
北京市委肯定"天安门事件"是革命行动

回首
1978

175

快出监，就很危险。当时国民党地方当局对共产党员出监的手续已不那么厉害了，只要登个脱党启事就行了。因此，有同志建议（听说这是当时华北局组织部某部长建议的），是否请示中央，让他们办一个出狱手续全都出来算了。刘同意了，请示中央，中央由张闻天出面也复电同意了，于是通知薄一波他们照办。但他们坚决不同意登启事，不出狱，经多次催促，不愿用此方式出狱。"康生也提到在狱外为此事奔走的徐冰、孔祥祯等同志的名字，康生说，"此事久久不决，华北局通知他们，再不执行就是个纪律问题了。"于是狱中决定先出来一个同志探听虚实，弄清楚中央的指示后才出狱的。（此事已记不大清了，也可能不确。）

我一会儿就写成了，于光远叫秘书立刻拿到单位打印。我说，是否找高文华同志看看，于说不必了，老年人怕记不清楚了。我也赶快说，高身体不好，一般他并不参加这个散步，不送好。我又说，还有凌云、史敬棠。于说，也来不及了，转来转去，又是好几天，耀邦立刻就要，我们二人的共同署名就有效了，耀邦没有想到会有这样好的证明材料，所以特别高兴，要的紧。[33]

上文提到的华北局组织部某部长是指柯庆施，考虑到当时日本正在侵犯华北，全国抗日救亡运动普遍高涨，干部非常缺乏，柯庆施就向刘少奇建议，让关押在国民党监狱里的共产党人，履行国民党规定的手续出狱。刘少奇同意了，并报告了中共中央。

接受复查任务后，贾素萍等4人四处奔波，走访当事人。他们第一个访问的对象是薄一波。在传达室里见面后，他们亲热地问候了一句："薄一波同志！你好。"

10多年了，薄一波第一次听别人称他为"同志"，所以很激动。

贾素萍说明了来意:"今天我们是先来看看您,联系一下,请您根据自己的健康状况,定个时间,我们再来听您的意见。"

薄一波连忙回答说:"我的身体很好,不必另约时间,今天就谈行不行?"他把4个人请到自己的房间,一连谈了7个多小时。

随后,贾素萍等4人冒着酷暑,先后找到周仲英、孔祥祯、马辉之、刘有光、朱则民,听了他们的意见。孔祥祯还指着已经残废了的一条腿说:"过去红卫兵、专案组来调查的人可多啦,说是调查,比审讯还凶,我说的真实情况,他们又不相信,还要逼着我在他们已经写好的诬陷的结论上签字。我不干,他们就整我,把我的腿也整残废了。所以后来他们再调查时,我就不同他们谈,请他们吃闭门羹,你们来了,我衷心欢迎。"

8月初,贾素萍一行来到安庆,在一间不大的平房里见到了刘澜涛。"文化大革命"期间,刘澜涛被人从西北揪到北京,关押审讯了8年。1975年5月,从监狱里出来后,戴着"叛徒"的帽子下放到安庆。

接着,四人又马不停蹄地赶到淮南,找到安子文。随后又到天津、山东、吉林,10月中旬又到了西安,询问了唐方雷。〔34〕

短短几个月,贾素萍一行走访了"六十一人叛徒集团"案中所有健在的当事人,并且查阅了中央档案馆有关这些人的材料。在此基础上,胡耀邦同贾素萍等起草了一份《关于"六十一人叛徒集团"案件的调查报告》,于11月20日送给了中央。

就在中央组织部忙于复查这一案件的同时,中共北京市委宣布为长辛店二七机车车辆厂平反、恢复名誉。

"文化大革命"期间,二七机车车辆厂作为"六厂二校"之一,是全国著名的"斗、批、改"的"样板",创造了轰动一时的所谓"六厂二校"经验。因为这几个单位是毛泽东亲自抓的点,所以,这些

回首
1978

单位的经验很快就在《人民日报》、《红旗》杂志显著位置上公布了，而每次都配以"毛主席最新指示"的编者按，也就具有很大的权威性，在全国产生了相当大的影响，以致全中国都掀起了学习"六厂二校经验"，深入开展"斗、批、改"的高潮。在那个"以阶级斗争为纲"的时代，二七机车车辆厂的经验本身就带有"左"的色彩，具有很大的片面性。加之陈伯达、张春桥、王洪文、江青不断地窜到二七机车车辆厂，随意发"指示"，严重扰乱了生产秩序。

二七机车车辆厂的负责人乘"清理阶级队伍"之际，打倒一切，捏造了所谓的"敌情"，甚至扬言二七机车车辆厂是"共产党解放，国民党接管，共产党牌子，国民党班子"，把百分之六十的中层以上干部列为审查对象，把工厂的原主要领导人、17个科室和多数车间的干部，当做"叛徒"、"特务"、"反革命"、"走资派"，制造了大批冤案、错案、假案。

"四人帮"被粉碎后，二七机车车辆厂负责人一直捂着盖子，拒不清查厂里的问题，也不让在报纸上发表文章批判王洪文在二七机车车辆厂推行的"经验"。1977年年底，厂领导竟然向北京市委写了一份报告，声称二七机车车辆厂的清查运动已经告一段落。

在此情况下，铁道部只好向二七机车车辆厂派出了工作组。随后，北京市委也派人到工厂帮助复查。在铁道部工作组的支持下，二七机车车辆厂终于冲破阻力，推翻了大批冤案、错案、假案，也推翻了1969年、1970年所谓二七机车车辆厂对敌斗争和整党的"经验"，并且撤换了工厂领导。

新一届二七机车车辆厂党委，大张旗鼓地落实政策。11月21日，北京市工业交通系统召开万人大会，公开宣布为长辛店二七机车车辆厂平反、恢复名誉，明确肯定1969年二七机车车辆厂革命委员会关于"清理和改造阶级敌人"的报告是"完全错误的"。[35]

4. 最后一批右派分子被摘掉帽子

正当一些部门纷纷平反冤、假、错案时,中央办公厅于9月发出通知,决定召开全国信访工作会议,研究如何处理来信和上访问题,落实干部政策。

这次会议是胡耀邦到中央组织部后建议中央召开的。汪东兴委托胡耀邦主持会议并发表讲话。胡耀邦对这次会议很重视,他找来中央组织部的几位干部,研究讲话稿的起草问题。当时,有人好心地劝胡耀邦不要参加这样的会议,说别人正在找你的碴,你还送上门去?但胡耀邦认为,这是动员平反冤假错案的最好时机,踏破铁鞋都找不到的最好讲坛,当然不能放过。他不仅参加了会议,而且还发表了令人十分震惊的讲话。

鉴于来信来访当中,有关落实干部政策的问题占了很大比重,所以,胡耀邦在会上主要讲了这个问题。他说,全国究竟有多少人要落实政策,有多少冤案、错案、假案,我们没有让各地统计。我现在讲点情况,天津在"文化大革命"中立案审查的干部,占干部总数的16%,上海占18%,陕西、甘肃各占12%。各地所占的比例不一样,如果按15%估计,全国受审查的脱产干部就有200多万人,加上不脱产的干部,数量就更大。从复查的情况看,受审查的人当中,需要落实政策的人,占相当大的比重。

林彪、江青两个反党集团制造了大批冤假错案,"许多案件真是骇人听闻"。胡耀邦举了几个例子,一个是河北邱县,在这个12万人口的县,有人制造了"新国民党"的冤案,好几千人被当成"国民党"。再一个是黑龙江的嘉荫县,只有2万人口,在"清理阶级队

回首
1978

伍"运动中被关押的就有几百人。还有天津碱厂，制造的冤案和错案就达 27 起，牵涉到几百人。

粉碎"四人帮"一年来，尽管全国在落实干部政策上做了大量工作，但地区发展很不平衡，"有的地方实际上才开始搞"。相比之下，"上海是做得比较好的"。据说，至 6 月底，上海被审查的干部已经结案的有 2.4 万人。但是，尚待复查的还有 6 万人。胡耀邦希望到国庆 30 周年的时候，"把落实干部政策的工作基本做完"。

然而，直到此时，仍然有人对落实干部政策表现出犹豫不决，怕这怕那。胡耀邦分析了其中的原因：一是认识问题；二是私心杂念。"认识问题比较好解决，私心杂念问题就难一些。"他所说的私心杂念，"主要是指有些同志过去主持或参与搞了一些错案，伤了一些同志，现在又缺乏纠正的勇气。他们口头上也说怕否定这个，否定那个，实际上是怕否定自己。"对此，胡耀邦的看法是："办了错案，做了错事，输了理，本来没有什么了不起，因为我们党历来有个规矩，错了就改，改了就好。"

胡耀邦解释说，由于各种复杂的原因，我们在斗争中很难避免遇到两种情况，"一是挨错斗，二是斗错人。"挨错了斗，固然很不好受。但给你平反了，就"应当心情舒畅"。如果对过去受的委屈，总是耿耿于怀，斤斤计较，"把心思纠缠在这上面，我看犯不着，一点好处也没有。"至于斗错了，"一要改正；二要总结经验教训。"为什么会斗错人？胡耀邦认为，大体有这样几种情况：一是粗枝大叶，不做调查；二是主观猜疑，贸然行事；三是偏听偏信，没有核实；四是头脑发热，感情用事；五是关系不好，趁机出气；六是宁"左"勿"右"，无限上纲；七是遇到压力，丢了原则；八是不明真相，上当受骗。

胡耀邦颇为感慨地说，我们这些人，在一生中办的错事是很多的。他凭着巨大的勇气，举了自己的例子，说：我自己在对人的处理上，就犯过不少错误。延安时期，我搞组织工作，错误处理过几十个干部。解放战争初期，在川北工作期间，也批过几个案子，后来证明是假案。在团中央工作期间，对几个干部的处理很不恰当。"文化大革命"中，我靠边站了，但在写证明材料的时候，对两三个同志也说过不符合实际的错话。"对于这些事，我至今感到不安。"他同时强调，对革命者来说，问题不在于犯错误，而在于错了就改。"知错就改，光明磊落一辈子；知错不改，内疚一辈子。"但是，在共产党里，有的人整人整得不少，整错了不肯改正，不主动解放被错整的同志，结果自己也不得解放，最后自己毁了自己。"这个历史教训，很值得我们记取。"

在讲话中，胡耀邦还提到有关全国的几个大案。他明确表示，这些案件要"重新复查，实事求是地加以解决。"他的体会是，落实干部政策的根据是事实，"也就是干部过去的实践"。判断对干部的定性和处理是否正确，根本的依据是事实。经过调查核实，凡是不实之词，凡是不正确的结论和处理，"都要实事求是地纠正过来"。

关于胡耀邦的这个讲话，曾志有个详细回忆。她说：一连数日，耀邦同志在办公室里一有时间就向政研室的苗枫林等同志口授全国信访工作会议讲话的主要内容，委托苗枫林起草讲话稿。对耀邦同志的这个讲话，苗枫林认为非同小可，很可能引发一场不小的争论。他在起草过程中，尽量把观点阐述得十分周密，无懈可击。耀邦同志接过稿子过目后，仍然觉得不理想。他又叫几位同志到他家一起研究改写。那天，他坐着小木板凳，伏在客厅的茶几上，亲自执笔，边议边改，一直工作到晚上 10 点。就是在这篇稿子里耀邦同志提出了："经过对实际情况的调查核实，分析研究，凡是不实之词，凡是不正确的结论和处理，不管是什么时候、什么情况下搞

回首
1978

的，不管是哪一级组织，什么人定的和批的，都要实事求是地改正过来。"

当修改后的讲话稿送审时，"两个不管"这段话被删去了。但耀邦同志9月20日在会上正式讲话时，还是顶住压力讲了。与会同志听后很受鼓舞，许多地方参加会议的同志在听完讲话的当晚，就把讲话的主要精神通过长途电话传向了各地。可是，大会秘书处在编发《简报》时，删去了耀邦讲话的精髓——"两个不管"。接着，续出的《简报》借用某些会议代表之口，对耀邦的讲话进行了一系列批评指责。

负责会议日常事务的，是中央办公厅副主任兼中央警卫局局长张耀祠。按说，他没有权力删改主持会议的中央组织部部长的讲话。耀邦同志问张耀祠："你这是何用意？为什么要删去这段话？"张耀祠说："这是汪副主席让删的"。会议闭幕时，汪东兴同志作了总结讲话，他面对全体与会同志指出"两个不管"的说法不妥。9月25日，耀邦找汪东兴等同志讨论"两个不管"究竟有何不妥。有人问耀邦："如果是毛主席批的、定的案子，你怎么办？"耀邦同志说："我相信，如果他老人家还健在，也会恢复他一贯倡导的实事求是的原则。所以，对他老人家过去批的定的被事实证明了的冤假错案，我们也应该平反改正。"又有人说："不管什么时候、什么人批的定的，这说法未免太不妥了。如果这说法可以成立，那么国民党时代定的冤假错案，难道也得由我们去平反？"耀邦同志即刻顶了回去："国民党统治都被我们推翻了，他们搞的冤假错案就自然而然地都被平反了嘛！"对方被驳得哑口无言。

耀邦同志这一颇具匠心的名言很快得到广大干部群众的拥护，成为落实干部政策、平反冤假错案的锐利武器。1980年党的十一届五中全会制定《关于党内政治生活的若干准则》时，将"两个不管"

吸收进去，成为党的法规。[36]

胡耀邦在全国信访工作会议上还讲到了为"右派"平反的问题，他提到两个文件，一个是中央 11 号文件，另一个是中央 55 号文件。这两个文件是专门为平反"右派"发的。胡耀邦表示，对于划错了的人，要做好改正工作。

1957 年反"右派"运动中，全国有 55 万人被打成"右派"。虽然在 1959 年至 1964 年分五批为 30 万人摘掉了"右派"分子的帽子，但仍有大批"右派"分子没有摘帽。

说起为"右派"平反，不能不提到一个人，这就是温济泽，他是胡耀邦平反的第一位"右派"分子。1957 年反"右派"开始时，温济泽是中央广播事业局的副局长、党组成员。1958 年他被打成"右派"，据说还是补划的"右派"分子，这件事连胡乔木、廖承志都大吃一惊。"右派"的帽子，温济泽一戴就是 20 年。直到 1978 年 4 月，全国科学大会结束后，温济泽向胡乔木提出恢复党籍的问题。胡乔木要他给中央组织部写一份申诉材料，由中国社会科学院政治部转给中央组织部。

温济泽很快就将申诉书写好了，胡乔木将申诉信交给了中国社会科学院政治部，他还给胡耀邦写了一封信，证明温济泽划为"右派"是冤案。另外，廖承志、熊明复也证明了这一点，并写了证明材料。中国社会科学院政治部将温济泽的申诉信和几份证明材料一起送到了中央组织部。

此时，中央统战部、公安部正好向中共中央报送了《关于全部摘掉右派分子帽子的请示报告》。第二天，中共中央就批准了这个报告，决定全部摘掉右派分子帽子，并以 11 号文件转发全国。

两个月后，即 6 月中旬，中央组织部、中央宣传部、中央统战部、公安部、民政部等五个部在烟台召开会议，讨论全部摘掉右派

胡耀邦表示："我们不下油锅，谁下油锅!"
到中央组织部走马上任
在"六十一人叛徒集团"案上打开缺口
最后一批右派分子被摘掉帽子
"童怀周"与"天安门史诗"
话剧《于无声处》冲破"禁区"
北京市委肯定"天安门事件"是革命行动

回首
1978

分子帽子的实施方案。

就在这时，胡耀邦看到了温济泽的申诉书和胡乔木等人的证明材料，他立即让人找来中央关于处理"右派"问题的文件，看一看对错划的"右派"究竟是应该平反，还是改正，但研究的结果是"改正"。于是，胡耀邦让中央组织部的人打电话给广播事业局，说胡耀邦已经同意给温济泽"改正"，"现在征求一下你们的意见"，希望下午就答复。

中央广播事业局很快就答复了，表示"同意耀邦同志的意见"。于是，胡耀邦在当天就批示说：给温济泽同志改正。[37]

在烟台会议上，与会者在讨论全部摘掉右派分子帽子实施方案时发生了相当激烈的争论。一种意见认为，全部摘掉右派分子的帽子，对他们给予适当安排，不再歧视就可以了，不需要甄别平反，只能对个别完全搞错了的，才可以改正过来。另一种意见认为，对"右派"问题一定要实事求是，不能只对个别完全搞错了的才给予改正，而是错多少改正多少。但双方的意见没有达成一致。

9月，经中央组织部提议，上述五个部的负责人再一次聚到一起，研究"右派"的改正问题。在这次会议上，大多数人都主张应该实事求是，认为只有平反了错案，才能增强团结。会议最终采取了这种意见，形成了《贯彻中央关于全部摘掉右派分子帽子决定的实施方案》，明确指出：对于错划了的人，要做好改正工作，有反必肃，有错必纠，这是我党的一贯方针。"已经发现划错了的，尽管事隔多年，也应予改正。"9月17日，中共中央以55号文件转发了这个实施方案。

据说，在这次会议上，胡耀邦说过这样的话："右派"改正的问题，我已经开了个头，这位被"改正"的同志叫温济泽——他的名字很好记：三个字旁边都有三点水。经过了解，他的问题确是冤错案，我就批了，你们也可以照这样办。[38]

随后，全国最后一批右派分子被摘掉了帽子。许多摘掉右派帽子的人"眼含热泪"，表示"感谢党中央、华主席对他们的教育、改造和挽救"。[39] 11月17日，《人民日报》为此发表社论说，右派分子经过21年长期的教育改造，绝大多数有了转变，表现较好。全部摘掉帽子的条件已经更加成熟。因此，党中央决定，自1978年4月起全部摘掉右派分子的帽子。摘掉帽子以后，我们就不再叫他们"右派分子"或"摘帽右派"了。今后在提职、提级、调整工资、奖励、授予职称等问题上，都要与其他职工一样对待，不要歧视他们。"目前，摘帽工作已经全部完成。"

在右派分子的帽子摘掉之后，随之而来的就是对他们的安置。因为，"他们中间许多人是有用之才"。所以，做好安置工作，"不仅仅是为了解决他们的生活出路问题，更重要的要做到人尽其才，发挥所长，调动他们的积极性，为社会主义服务。"于是，社论要求各地按照中央的规定，统筹安排，根据不同情况，妥善解决这些人的工作、就业和工资待遇等问题。过去已经摘帽和改正的人，如果没有安置或者安置不当的，"现在也应予以妥善安置"。社论强调，安置工作是落实党的政策的重要环节，必须认真做好，"务使需要安置的对象包括退职退休和丧失劳动能力生活无来源的人，都得到妥善安置。"

社论特意指出，在这次摘帽工作中，"对右派分子，一般不搞甄别平反，对于确属错划为右派的人，尽管事隔多年，也要实事求是地予以改正。"考虑到1957年中央就规定过划分右派分子的标准，这次在处理右派问题时，仍以这个规定为依据，"凡符合划右派标准而定为右派的，是摘掉他们右派帽子的问题，不是改正的问题；凡不应划右派而被错划了的，应实事求是地予以改正。"这样做，不仅

回首
1978

会使"过去被错划为右派而今天得到改正的同志，以及他们的家属将会迸发出极大的社会主义积极性"，而且也"不否定反右派斗争"。〔40〕

不久，新华社披露了公安部关于"错划右派全部改正"的消息。随后，中央党校、最高人民法院等有影响的单位错划为右派的人全部得到改正的消息也陆续公布出来。对此，《人民日报》发表的评论员文章说，这些单位改正右派的工作之所以进展较快，是由于他们对这项工作有深刻的认识，有较强的党性和政策观点，尤其"对那些负屈20多年的同志有深厚的无产阶级感情"。文章还明确指出："划错了多少，就改正多少，决不应划框框、定调子和按什么比例。即使本人没有提出申诉或本人已经去世，也要按照规定标准，认真复审他当时被划为右派的事实材料，如属错划的，也应予以改正。"经复查、批准予以改正的人，"要恢复政治名誉"。原来是共产党员的，如没有发现新的重大问题，"应恢复党籍"。对已经改正的同志，"要分配适当的工作，恢复原来的工资级别。"这样做，会不会否定反右派斗争？文章肯定地说："不会"。对于1957年的反右派，历史已经作出结论，"这是不容否定也否定不了的"。文章声称，在当时，一些右派分子鼓吹"轮流坐庄"，叫嚷要"杀共产党"，甚至要推翻共产党的领导和社会主义制度，"及时对他们进行反击，是完全必要和正确的。"给那些真正反党反社会主义的人戴上右派帽子，是"为了教育改造他们"。经过教育改造，他们转变了，就应该根据今天的情况，"给他们摘掉帽子"。当初必须"戴"，而不"戴"就不能有效地教育改造他们；今天必须"摘"，而不"摘"就不能适应已经变化了的情况。文章表示，当初，一些地方和部门"错划了一些右派分子，伤害了不少好同志，这是个沉痛的教训。我们决不能让错误的东西继续保存下去。见错不纠，不是共产党人应有的品质。"

同时，文章也不满地指出，有些单位对这项工作还在"犹犹豫豫，摇摇晃晃，至今不敢切实抓起来。这样的精神状态同当前的大好形势是不适应的。"针对这种情况，文章要求"珍惜每一个人力、每一分时间，尽可能在较短的时间内，把这项工作做好，从而调动一切积极因素，把主要精力集中到四个现代化的建设事业上去。"[41]

上述文章发表之后，各地改正错划的右派工作开始加快。随着这项工作的结束，全国共有 552877 名被错划的右派得到改正。有人曾以这样一首诗表达了自己的感慨：

> 冬寒喜睹腊梅花，
>
> 老树逢春发嫩芽。
>
> 欲献余年效微力，
>
> 添砖加瓦建中华。

回首
1978

5."童怀周"与"天安门史诗"

在周恩来逝世后的第一个清明节,人们在天安门广场到底写了多少首诗词,恐怕没有人统计过,况且在当时那种情况下也无法统计。北京第二外国语学院汉语教研室的 16 位教师冒着风险收集出版的《天安门革命诗抄》发行了 200 多万册,成了为"天安门事件"平反的历史见证。

在当时,诗词成了人们发泄情感的最好形式。人们把对江青一伙的愤慨和对周恩来的怀念都写进了诗词里。无论是写诗的人还是抄诗的人,在这一点上是共同的。在"天安门事件"发生的那几天,每天都有数万人聚集到广场,不是送花圈,就是写诗词。北京第二外国语学院的教师黄林妹十分动情地回忆说,"当时,大家都认为周总理是中国唯一的希望。而这唯一的希望突然没有了,正常的悼念活动不让举行。于是,不知从哪儿传来的呼声,'清明见'成了大家的企盼,就仿佛是一团地火正在燃烧。"[42] 就这样,她去了天安门广场。

正如《天安门诗抄》"前言"所说:"愤怒的人民以诗词为武器,向'四人帮'呼啸着发起了冲锋,无情地揭露了这些政治流氓、江湖骗子的丑恶嘴脸,同时沉痛悼念和尽情歌颂忠于祖国、热爱人民的周总理,歌颂老一辈无产阶级革命家。当时真是'诵者声泪俱下,抄者废寝忘餐'。一首诗词是一把匕首,无不击中了'四人帮'的要害;一首诗词是一把火炬,使人们对'四人帮'的满腔仇恨烧得更旺。"

"在那几天里，来到天安门广场的革命群众，先后多达数百万人次。人们在人民英雄纪念碑前，敬献了浩瀚似海的花圈、挽联，张贴、朗诵了成千上万首诗词。那种空前悲壮、伟大的场面，反映了中国人民对周总理深沉的爱和对'四人帮'无比的憎；反映了民意不可违，民心不可侮……中国人民是不会任人摆布、宰割的，人民是不可战胜的！"〔43〕

据《天安门诗抄》作者的回忆，"在'天安门事件'发生的那些天里，我们中的许多同志每天都去天安门，有时一天去两三次。真是去一次受一次深刻的教育，去一次增一分斗争的勇气。天安门广场沸腾了，我们的热血也沸腾了。"〔44〕

1976年3月30日，《天安门诗抄》作者之一的北京第二外国语学院教师李先辉来到天安门广场，献上了一朵白花、三首诗：《悼总理》、《赞总理》、《誓言》。其中，《赞总理》的诗写道："革命航船顶逆风，绕礁破浪向前冲！紧跟舵手数十载，功高从来不居功。"〔45〕此后，他几乎每天都到广场把那些诗词悄悄地抄在香烟盒上，还写了一首后来广为流传的《向总理请示》的诗。

在李先辉的带动下，4月1日，黄林妹、白晓朗也来到天安门广场。随后一连几天，他们都到广场抄诗和写诗。据黄林妹回忆，他们在写作《纪念碑前有感》时，她先写了前4句："谁爱人民民爱他，纪念碑前见真假。八亿红心悼总理，忠魂在天热泪洒。"接着，白晓朗写了后4句："蝇蛆蚊虫臭王八，胆肝吓破肺气炸。躲在阴暗茅坑里，咬碎狗牙又策划，八亿人民不可辱，倚天钢剑手中拿。热血汇成连天浪，红心再造我中华。"〔46〕

当时，无论写诗还是抄诗都是十分危险的，有些人曾因此而遭到残酷迫害，这些诗歌也被诬陷为"反革命诗词"而受到查禁。李先辉、黄林妹和白晓朗写的这首诗曾被北京市公安局列为"反革命

胡耀邦表示："我们不下油锅，谁下油锅！"
到中央组织部走马上任
在"六十一人叛徒集团"案上打开缺口
最后一批右派分子被摘掉帽子
"童怀周"与"天安门史诗"
话剧《于无声处》冲破"禁区"
北京市委肯定"天安门事件"是革命行动

回首
1978

诗词",还被印成小册子发到各个单位追查,他们在学校里就见过这个小册子。

黄林妹后来曾这样讲述过当年的情景:"当时去天安门广场抄诗、贴诗就跟搞地下工作一样。我们都事先把糨糊装在'友谊'、'万紫千红'那样的香烟盒里,到广场后就偷偷把糨糊抠在手指上,趁人不注意抹在花圈上,再揪个空儿,把诗文拍上去,赶快走掉。广场上那么多人,谁知道哪些是真正的群众,哪些又是便衣呢?"〔47〕

人们在天安门广场悼念周恩来的活动被定为"反革命政治事件"后,保存天安门诗词就变得更加危险了。据当事人回忆,他们想尽了各种方法保存这些诗词。那时候,大多数人家做饭取暖都靠煤炉子,李先辉就把诗文藏在炉膛与壁炉的夹层里,并且告诉家人,如果自己被逮捕了,你们就生炉子把诗文烧掉。黄林妹想的办法更巧妙,据她说:"我找了些很薄很薄的纸,裁成三指宽的小纸儿,用极小极小的字把诗文抄在上面,卷成小纸棒儿,塞在掏空的蜡烛里。反正那会儿老停电,家里多有几支蜡烛也不会引起太多注意。"〔48〕

半年之后,传出令人振奋的消息:"四人帮"被隔离审查!北京第二外国语学院汉语教研室的教师们激动的心情已经难以用语言来形容了。50多岁的教研室主任高兴得放起了鞭炮。平时滴酒不沾的女教师,竟然也喝起酒来。

兴奋的情绪还没有来得及平静下来,12月21日,李先辉提出,干脆把天安门诗词收集起来。这个建议得到黄林妹、白晓朗的赞同。于是,他们贴出一份倡议书,准备在周恩来逝世一周年之际出版纪念专集,希望愿意参加这项活动的人在倡议书上签名。结果,包括李先辉在内的第二外国语学院汉语教研室的16位教师全都签了名。而且,他们还为此取一个极富寓意的名字"童怀周",意思是:共同怀念周恩来。他们先在墙报上登了40多首诗,并把收藏的诗词

汇集起来，有100多首，送去油印。学院教材科的同事给予了极大
的支持。为了使这本诗集印得秀丽一些，教材科特地派出一位蜡版
刻得最好的同志负责刻印。

1977年1月8日，即周恩来的第一个忌辰，"童怀周"把印好
的诗集贴到了天安门广场上，并且留下了联系地址和电话号码，公
开收集天安门诗词。他们当初的想法，是"把这历史上罕见的伟大
诗篇，献给中华民族的子子孙孙！"〔49〕

新华社的一位记者对当时的情景作了这样的描述：第一本诗集
的出现，在"四人帮"的黑干将当时还控制的北京市公安局，被作
为"阶级斗争新动向"记录在案。但是，在北京，在全国，这本诗
集不翼而飞，不胫而走，人们都把它当做喜讯传颂。人们写信、打
电话、络绎不绝地登门拜访，表示衷心支持。有的说，我和你们一
样，也是"童怀周"；有的说，如果缺少资金，我们捐献；有的背来
一大包纸，说是送来印诗词的。人们还把自己收藏的诗词送来了，
还叙述了许多巧妙保存诗词的故事：一位干部把抄录的诗词按照只
有他自己才能看懂的排列顺序重新抄在纸上，外面绕上一层很厚的
棉线，好像一个线团；北京市公安系统的一位民警把抄录的诗词转
移到他的老家河南农村；一位在秦皇岛的干部，1976年清明节正在
北京，他抄录了大量诗词，装进塑料袋埋在香山的一个山头上……

诗词收集得越来越多了。"童怀周"决定赶印出一个更好的铅
印本，作为"天安门事件"一周年的献礼。但是，谁来批准付印呢？
教研室的主任出了个巧妙的主意：把这本诗词说成是学生课外阅读
的教材。他在付印单上签了字；学院的一位党委常委、副院长也毅
然批准了。就这样，稿子送到了学院的印刷厂。这时，寒假开始
了。留校的教师每天跑印厂，看校样；四个工人也不休息，昼夜加
班。有时停电了，工人就点上蜡烛排字，原稿上留下了排字工人们

胡耀邦表示："我们不
下油锅，谁下油锅！"
到中央组织部走马上任
在"六十一人叛徒集
团"案上打开缺口
最后一批右派分子被
摘掉帽子
"童怀周"与"天安门
史诗"
话剧《于无声处》冲
破"禁区"
北京市委肯定"天安
门事件"是革命行动

回首
1978

连夜赶排时蜡油的点点痕迹。原稿就这样被保存下来了。今天，看到这点点滴滴的蜡油，令人觉得，仿佛那无言的蜡烛，也为他们的一片赤诚感动得流下了眼泪。

紧张的两个星期过去了。阴历大年三十的上午，稿子全部排完。春节一过，立即付印。这第一个铅印本，终于在 1977 年的清明节前出版了。[50]

这本诗集共印了 5000 册，书名叫《革命诗抄》。发行后很受欢迎，全国各地寄钱来买书的人很多，每天几乎都有大捆的诗集发往各地。北京第二外国语学院的一位副院长一下子就买了 100 多块钱的书。而且，"童怀周"收到的来信装了几个大纸箱，他们将其中的一些来信汇集成《全国共鸣》的小册子，于 1977 年 10 月出版。其中有一首题为《〈革命诗抄〉颂——献给编者童怀周》的诗，结尾有这样两句："若知民心，读我《诗抄》。"

此时，正赶上"两报一刊"《学好文件抓住纲》的社论发表之际。在这样一种形势下出版天安门诗集，就显得似乎不合时宜了。但是，"童怀周"坚信自己所做的这一切是对的。黄林妹回忆说："我们都明白，'两个凡是'就是冲着当时人民群众呼声最高的让邓小平重新主持工作和为'天安门事件'平反两个要求来的。我们更深切地感到传播天安门诗文的意义。在这些于血与火的斗争中产生的革命诗文面前，强加在'天安门事件'上的一切诬陷不实之词，立即会显出荒诞无稽的本质，它们是'天安门事件'必须平反的最好的历史见证。"[51]

3 月 30 日，白晓朗不幸被逮捕。理由是他在天安门广场贴了一张小字报，要邓小平出来工作，甚至不点名地批评了中央的一位副主席。后来在《解放军报》社社长华楠的帮助下，白晓朗才于 8 月 10 日得以释放。

自 1976 年清明节以来，"童怀周"共收集了 1500 多首诗。第一个铅印诗集出版后，他们准备编出下集。这时，形势又发生了变化。随着揭批"四人帮"运动的深入，那些被捕的人一个接着一个地得到平反。"四人帮"安插在公安部门的帮派和亲信，也一个个地被清查出来，"童怀周"得到了更多的诗词和照片，于 1978 年 1 月编印了《天安门革命诗文选》续编。

此时，在"天安门事件"问题上的外部环境并不宽松，触及这个问题仍然存在着相当大的风险。尽管如此，"童怀周"还是将《天安门革命诗文选》印了 200 多万册。从 1978 年 9 月到 11 月中旬，《人民日报》、《解放军报》、《中国青年报》、《北京日报》开始刊登"童怀周"选编的天安门诗词。

11 月 16 日，《人民日报》刊登了一条令人激动的消息：中共北京市委宣布"天安门事件"完全是革命行动，为受"四人帮"迫害的同志一律平反，恢复名誉。第二天，《人民日报》刊登了十多首天安门诗词，其中有：

《碑竖人心中》："大鹏瞑慧目，悲歌恸九重。五洲峰峦暗，八亿泪眼红。丹心酬马列，功过任说评。灰撒江河里，碑竖人心中。"

《呐喊》："总理英躯骨未寒，便有妖魔喷毒焰。装出笑脸骗人民，含沙射影放暗箭。刚刚工作又批判，刚刚逝世就翻脸。谁抓生产就挨打，正点火车都少见。苍天苍天快睁眼，中华民族遭危难。同志请你别忧天，真理光芒难遮掩。紧跟领袖毛主席，勇往直前克万难。阴谋诡计定揭穿，乌云不能永遮天。"

《纪念碑下的誓言》："英魂犹未去，平地起狼烟。鬼火高低忽明暗，妄与君作难。愿洒满腔血，肝胆照青天。人寰尚有臣民在，不许贼子弄王幡！功罪人民早已定，是非更有后人评。休想造谣，休想污蔑。前有中华儿女，后有世界人民。要问真名与实姓，汽车四

胡耀邦表示："我们不下油锅，谁下油锅！"
到中央组织部走马上任
在"六十一人叛徒集团"案上打开缺口
最后一批右派分子被摘掉帽子
"童怀周"与"天安门史诗"
话剧《于无声处》冲破"禁区"
北京市委肯定"天安门事件"是革命行动

回首
1978

193

厂一工人。"

《如梦令》:"总理功高天下,行高于众不夸。忠魂扬霄汉,笑慰英灵莫挂。莫挂,莫挂,誓夺祖国'四化'。"

《几个小丑嗷嗷叫》:"几个小丑嗷嗷叫〔儿歌〕蚍蜉撼大树,摇又摇:'我的力量大,知道不知道?'大树说:'我知道,一张报,两个校,几个小丑嗷嗷叫'。"〔52〕

此时,人民文学出版社准备出版《天安门诗抄》,在周恩来逝世三周年之际在全国各地发行。这本诗集是"童怀周"根据《天安门革命诗文选》选编的,共收入了600余篇诗词。全书分为三辑:第一辑,收录了古体诗、词、曲、挽联等;第二辑,收录了新体诗;第三辑,收录了悼词、誓词、祭文、散文诗。

天安门诗词在当时到底产生了多大的作用?黄林妹这样形容说:在那"黑云压城城欲摧"的日子里,"天安门诗文就像鲁迅评价白莽的《孩儿塔》诗集所说,'这是东方的微光,是林中的响箭,是冬末的萌芽,是进军的第一步'。它们像一把火种,撒向了中华大地,由此反对'四人帮'的烽火连天燃起,为金秋十月党中央一举粉碎'四人帮'打下了坚实的群众基础。"〔53〕

苏金伞读了这本诗抄后,颇为感动,便提笔写道:读着这本诗集,有时使我激愤,有时使我痛苦,像一把一把利剑,在我的心上倏忽起舞。剑上淌着血,闪着愤怒的眼睛;同时又是满天飞火,涌出阵阵长虹。从这些诗里可以看出,中国再也不会做奴隶;从这些诗里可以看出,整个中华民族的浩然正气。谁能相信:一刻之内万树花开?谁能相信:悼念周总理的花圈,转眼盖满了世界?这些诗句,曾在千百万人面前朗诵,又被千百万人传抄。朗诵者是在准备慷慨就义,对周总理的爱和对"四人帮"的恨,一口呼尽,死而无悔!传抄者保存这些诗,就像当年红军撤走后,老区的赤卫队员,不惜生命埋藏宝贵的枪支。有的因抄一首诗被追捕，有的则被投入监狱。现在这本诗集能得以出版，说明恐怖力量已经覆灭。就像老红军又打回来，中国进入了一个新的世界！[54]

著名作家曹禺这样评论说：我家中有各种版本的《天安门革命诗抄》，有第二外国语学院"童怀周"编的，有自动化研究所编的……我和孩子们因能得到这样的一本，欣喜万分。夜晚，在灯下，我细细地、一首一首地读过，从那些诗歌中，我看到人民的力量与真诚的情感。这些诗歌是不朽的，因为它们在中国的光明与黑暗的搏斗中，是炸弹，是旗帜。这些诗抄给予人的教育和鼓舞是不可限量的。[55]

胡耀邦表示："我们不下油锅，谁下油锅！"
到中央组织部走马上任
在"六十一人叛徒集团"案上打开缺口
最后一批右派分子被摘掉帽子
"童怀周"与"天安门史诗"
话剧《于无声处》冲破"禁区"
北京市委肯定"天安门事件"是革命行动

回首
1978

6. 话剧《于无声处》冲破 "禁区"

就在北京第二外国语学院 16 位教师编辑天安门诗词的同时，上海一位年仅 30 岁的工人宗福先也在创作一部反映 "天安门事件" 的话剧，这就是轰动一时的《于无声处》。

据作者回忆，1976 年 4 月 6 日，也就是 "天安门事件" 发生后的第二天，当时 "除了在北京的人外，我们都还不知道天安门广场正在发生的事情"。这天，一位 "拐了很多道弯儿" 的朋友的朋友从北京去南方某地，途经上海，受人之托到宗福先这里取点东西。这位朋友对上海不熟悉，宗福先只好到上海火车站找他。寒暄几句之后，两人就谈起了 "国事"。从这位朋友嘴里，宗福先得知 "这些天在天安门广场上，首都人民为周总理举行了世界上最庄严、最圣洁的祭奠。" 这位朋友为宗福先展示了 "一幅悲壮、雄伟的画面：花圈成山人似海，黑纱遍地泪如雨。" 这个消息对于在上海的宗福先来说，显然是 "陌生的"，但 "这种情感、这种气氛，对于我却是熟悉的！听着听着，我热泪盈眶。"

这次见面的情景，宗福先多年后仍记忆犹新。他回忆说：我们站在北站旅馆的大厅里，那位朋友说这些话的时候并没有压低嗓门，也全然不顾周围川流不息的人群，甚至直呼其名地诅咒那几个 "狗男女"，咬牙切齿地痛骂当时的《文汇报》。他说："文化大革命" 初期，我也是一个 "老造反"。后来发现有人想利用我们，所以对这两年的某些 "路线斗争"，我不感兴趣。"这有人说我是 '跳出来了'，是的，有人反周总理我就非 '跳' 不可！我是准备豁出命来干了。

这是我拿自己都没办法的事。而且，看来这次是要流点血了。"

实际上，就在他们谈话的时候，天安门广场已经发生了流血事件，只是他们并不知道而已。在当时，宗福先听了这些话时不免"吓了一跳"。因为"那时候单凭这其中的任何一句话就能叫你蹲大狱!"

这位朋友得知宗福先想学习创作，于是在分手的时候劝道："现在不是写东西的时候，可是你要加倍地注意观察。越是在这种时候，各种人的真实面目也就暴露得越充分，你把他们全都记下来，将来总有一天会用得着的!"

但他走的时候没有将自己的姓名告诉宗福先，以至多少年后宗福先还不知道他的姓名和地址。这次见面，使宗福先萌发了这样的想法："将来，我首先要写他，写这次闪电般短暂而印象强烈的会面。"〔56〕

宗福先的这位朋友或许还不知道，就在他离开上海后的第二天晚上，江青一伙已经将包括他在内的所有在天安门广场悼念周恩来的人统统定为"反革命"、"暴徒"。

从那以后，宗福先再也没有听到过这位朋友的消息。但是，在上海这样一个特殊的环境下，在一片沉默之中，他始终"怀念着远方那个连地址也没留下的朋友，反复回忆着他那几句朴实简单的话"，不由得想起了鲁迅那句名言："不在沉默中爆发，就在沉默中灭亡。"

半年之后，"中国的大地上响起了十月的惊雷!"那几天，走在欢腾的游行队伍里，站在欣喜若狂的人海之中，宗福先已经意识到"人民不会永远沉默! 人民是总归要胜利的!"这就是他写《于无声处》的最初的创作冲动。

十年"文化大革命"的经历，使宗福先对这段历史有着亲身体

胡耀邦表示："我们不下油锅，谁下油锅!"
到中央组织部走马上任
在"六十一人叛徒集团"案上打开缺口
最后一批右派分子被摘掉帽子
"童怀周"与"天安门史诗"
话剧《于无声处》冲破"禁区"
北京市委肯定"天安门事件"是革命行动

回首
1978

会。宗福先在谈起他创作这部话剧的原因时这样说："文化大革命"
在每个人的心里，在每一个家庭里都掀起了怎样的风暴！确实，它
洗净了革命者的灵魂，也冲去了各类小丑脸上的油彩。生活中有那
种经受了非人的折磨、被"四人帮"开除了党籍以后，仍然对党抱
有坚定信念的老干部，也有为了保官、保命不惜叛卖自己亲人的败
类；有一些人被迫可怕地折磨自己，用玩世不恭的态度表示自己对
现实的愤懑，也有一些软弱的人从斗争中锻炼得勇敢坚强。不论是
几十年的患难夫妻，还是青梅竹马的对对恋人，人们的信仰，人们
的道德，人们的思想，人们的感情，一切的一切，全都经受了严峻
的考验。有的人在考验中堕落，更多的人在考验中觉醒和成长。我
是多么想用自己幼稚、笨拙的笔把这一切统统写出来啊！

粉碎"四人帮"的文化专制主义之后，"我这个青年工人才有
机会读到许许多多老前辈们优秀的文学作品，从中汲取营养。特别
是学习了曹禺同志的剧作之后，我一直向往着能不能像小学生写描
红簿一样，试着学学他的创作手法：利用人物、时间、地点的凝练
和集中来细致、深入地刻画人物的内心世界和冲突，通过家庭矛盾
这个侧面来反映丰富、深刻的社会矛盾。于是，我写出了这篇习作
《于无声处》。"〔57〕

1978 年 5 月，大病初愈的宗福先决心创作话剧《于无声处》。
他仅用了 20 天的时间就写完了 5 万字的初稿。

这部话剧讲的故事发生在 1976 年夏天：受迫害的老干部梅林
和儿子欧阳平在赴北京的路上途经上海，来到昔日战友何是非的家
中。而何是非为了个人的官禄，在"文化大革命"期间曾不惜写假
旁证，把在战争年代的救命恩人梅林说成叛徒。何是非的女儿何芸
是一名警察，正在奉命缉拿一位散发天安门诗抄的所谓"现行反革
命罪犯"，而这名"罪犯"不是别人，正是自己等待了九年，音讯杳

然而至今依然热恋着的情人欧阳平。

作者从这两家人的复杂关系中，把当时中国人在政治生活、家庭生活与爱情生活中所经历的斗争与考验，有血有泪地表达出来了。

可是，当宗福先兴冲冲地把剧本送给上海某个专业剧团的时候，却遭到了拒绝。理由是"有顾虑、不敢排"。

不久，宗福先又把剧本交给了他熟悉的上海市工人文化宫。经过两个月的排练，9 月 23 日，这帮业余演员第一次把《于无声处》搬上了舞台。可惜，当时的观众少得可怜，400 个人的座位竟然没有坐满。它的影响自然也就十分有限了。

然而，几天之后，前来观看的人越来越多。10 月 12 日，《文汇报》第一次发表了有关《于无声处》的报道。随后，《文汇报》连载了这部剧本。

10 月 27 日，《解放日报》也报道说：为北京天安门广场悼念敬爱的周总理、同"四人帮"英勇斗争的时代英雄高唱颂歌，上海工人文化宫业余话剧学习班演出的四幕话剧《于无声处》，像万里晴空的一声响雷，轰动了上海文艺界。自 9 月下旬上演以来，场场满座，座无虚席，而且越演越盛。每天，华灯初上，文化宫小剧场门口，拥满了人群。上海文艺界的知名人士黄佐临、吴仞之、朱端钧、袁雪芬、吴琛、乔奇、邵滨孙以及著名的劳动模范裔式娟等，都接踵而来，争相观看。黄佐临激动地说："好戏，这是粉碎'四人帮'后出现的一出很好的戏。"袁雪芬、邵滨孙边看边流下了激动的泪水。朱端钧还邀请剧组到上海戏剧学院为全校师生演出。袁雪芬向越剧团推荐了这出戏。裔式娟表示："我还要再看，我要为这出戏广为宣传。"

胡乔木看到《文汇报》10 月 12 日的报道后立即赶到上海看演出。

胡耀邦表示："我们不下油锅，谁下油锅！"
到中央组织部走马上任
在"六十一人叛徒集团"案上打开缺口
最后一批右派分子被摘掉帽子
"童怀周"与"天安门史诗"
话剧《于无声处》冲破"禁区"
北京市委肯定"天安门事件"是革命行动

回首
1978

看完之后，胡乔木当着宗福先的面称赞说："这是一部好戏"。

此后，这部话剧的影响迅速扩大。包括北京在内的一些省、市、自治区的文艺工作者纷纷前往上海观摩演出。据统计，当时全国有1000多个文艺团体演出了这部话剧。有些地方甚至举行了会演，几十个团体同时参加演出。

10月上旬，《于无声处》的剧组接到文化部和全国总工会邀请到北京演出的通知。这时，《人民日报》、《解放军报》、《光明日报》开始发表有关《于无声处》的文章和报道。《人民戏剧》编辑部于11月10日召集首都戏剧界著名人士座谈。到会的有周巍峙、贺敬之、曹禺、金山、冯牧、吴雪、张庚、赵寻、凤子、刘厚生、白桦，以及来京参加戏剧家协会的文艺工作者。另外，北京第二外国语学院汉语教研室的教师代表也参加了座谈会。

金山在评论《于无声处》时说：这个话剧使我想起了1976年4月发生在天安门广场的事件。广大革命人民像潮水般地涌向人民英雄纪念碑，悼念周总理。可是，"四人帮"颠倒是非，混淆黑白。结果，多少人被打成"反革命"，多少青年被追捕、被抓进监狱。这场尖锐的斗争，波及每一个机关、学校、工厂和人民公社。此情此景，历历如在目。《于无声处》把这场史无前例的、推动历史前进的革命运动形象地搬上了舞台，把颠倒了的历史颠倒了过来，恢复了历史的本来面目。[58]

11月16日，《于无声处》在北京举行首场演出。中宣部部长张平化、副部长朱穆之、廖井丹，文化部部长黄镇、副部长刘复之、周巍峙、贺敬之、王阑西、林默涵、司徒慧敏、姚仲明，全国总工会主席倪志福、副主席马纯古、康永和、黄民伟、宋侃夫、王崇伦、韩荣华，中共北京市委书记毛联珏、李立功，中共上海市委第一书记苏振华，以及首都文艺界知名人士周扬、曹禺、冯牧、刘白羽、赵寻、张光年、李伯钊、周桓、金山、张庚、肖甲、阿甲、凤子、欧阳山尊等观看了演出。

不知是有意安排还是一种巧合，也就在这一天，中共北京市委为"天安门事件"平反的消息公开了。于是，文化部艺术局一位负责人在演出前讲话说：在这样激动人心的时刻，我们前来观看描绘当年"天安门事件"的戏剧，这是具有多么不平常意义的一场演出！

同一天，《人民日报》还发表了一篇很长的特约评论员文章，其中说道：话剧《于无声处》的出现，引起了强烈的社会反响。几千万人争相阅读这个剧本，在剧场，在电视机前，观众和演员一道悲哀、流泪、焦急和愤怒，和着欧阳平的声音喊出："人民不会永远沉默！"一个话剧，在演出和发表之后极短的时间里，就引起群众如此广泛的共鸣和赞赏，这并不是经常发生的。人们都在想，它的激动人心的力量从何而来？……1976年清明节前后出现在北京天安门广场和全国许多城市的亿万人民群众沉痛悼念周总理、愤怒声讨"四人帮"的伟大革命运动，到底是怎样发生的？这是深埋在八亿人民心中，使广大群众长期不能平静和认真思索的问题。《于无声处》的情节和人物，用艺术再现的客观事实，回答了这个问题，推倒了"四人帮"强加给中国人民的最大诬蔑和对历史的最大歪曲。[59]

给宗福先留下最深刻的印象是北京观众的强烈反映，他说："在上海演出时，不少观众最初是被故事吸引，觉得情节蛮紧张、蛮好看的。而在北京，整个场面更像一种情绪的宣泄，台上台下都蛮投入，那种热烈的气氛真是很难用语言描述。"[60]甚至连许多著名的领导人"全都看得津津有味、全神贯注"。

曹禺对《于无声处》给予了很高的评价，称它是"一声惊雷"。宗福先来北京的当天曾拜访过曹禺，曹禺回忆说，此时，"正是首都观众望穿秋水，等待〈于无声处〉剧组来京演出。"所以，"我和

胡耀邦表示："我们不下油锅，谁下油锅！"
到中央组织部走马上任
在"六十一人叛徒集团"案上打开缺口
最后一批右派分子被摘掉帽子
"童怀周"与"天安门史诗"
话剧《于无声处》冲破"禁区"
北京市委肯定"天安门事件"是革命行动

回首
1978

这位年轻的作者会见，对我来说，是一件很有意义的事。我年近 70 岁，他才 31 岁。写了那样一本十分勇敢而又比较成熟的剧本，给了我深刻的教育。在这位剧作者身上，我看见了祖国社会主义新时期灿烂文艺的面貌。我感到我的小房间忽然亮起来。我的面前突然有许多年轻有为的剧作者们，有的坐，有的立，有的激昂地踱着快步，大家都拿起自己的辉煌的剧作高声朗诵。那愉快的声音像无数的'惊雷'，从我这狭窄的房间里，冲破墙壁，向四面八方，闪电一般地发出去，震惊了中国。"曹禺甚至称"这位勇敢的青年人"，是"我的年轻的老师"。因为他写出了《于无声处》这样的好剧本，"说出了全国人民憋了许久的心里话，说出了真话。他冲破了一个'禁区'。而我们老一辈的和专业的作者却落后了。'禁区'的门被他打开了。"

曹禺充满感情地说："天安门事件"是一场伟大的革命运动，这就是它的本来面目。怀念周总理，声讨"四人帮"。1976 年清明节，千百万人民群众在天安门广场，就是这样战斗的。那个时候，我的孩子们天天到天安门广场去，深夜才回到家，没有一丝一毫的倦容。我整天都在等她们，她们给我讲天安门广场上发生的一切，把抄来的诗词念给我听。在那几天里，我们常常是一夜夜地交谈，兴奋着、激动着，同时，也深深地忧虑。4 月 7 日以后，家里沉默了，天安门广场沉默了，历史被颠倒，人们的心被扭曲。罪魁就是"四人帮"。但是，天安门广场的群众运动撒下的火种，始终在人民的心里亮着。有这样的人民，中国的前途是光明的。今天，天安门革命群众运动终于在舞台上得到了反映。这是件了不起的、令人高兴的事。《于无声处》，正是写了 1976 年的中国人民同"四人帮"的搏斗。而且，《于无声处》这个名字也起得好。于无声处听惊雷！"宗福先同志写了这个戏，也可以说是一声惊雷，教我们敢于打破禁区，打

破'四人帮'设置的条条框框。"〔61〕

陈荒煤在一次座谈会上说：有人认为现在文艺作品写了受伤的一代，担心青年人会抚摸着身上的伤痕，辜负这伟大的时代。那就"看一看《于无声处》吧，它塑造了以欧阳平为代表的疾恶如仇、无私无畏的年轻一代，这是思考的一代。面临复杂的斗争，能识别真伪，去探寻真理。"

应该说，《于无声处》在当时之所以能够引起这么大的轰动，并不是它有多么高超的艺术技巧，而在于它所反映的内容。尤其是剧中欧阳平说的那句话"人民不会永远沉默！"引起了无数人的共鸣。这从当时几千封来信中可以看出。很多来信反映了自己和家庭在"文化大革命"期间遭受的种种不幸。

这一点，就连宗福先本人也看出来了。他说："《于无声处》从艺术上看不是什么经典之作，但在那个特定环境下起到了它应有的作用，我为此自豪，甚至觉得这辈子即使只干了这么一件事儿，也值了。"〔62〕起初，从主观上来说，他并没有想到过"闯红灯"、"闯禁区"，只是"朴素地觉得'天安门事件'早晚要平反，这不该是个事儿，所以，我就写了。"〔63〕事实上，他已经闯了"红灯"，突破了"禁区"。

胡耀邦表示："我们不下油锅，谁下油锅！"
到中央组织部走马上任
在"六十一人叛徒集团"案上打开缺口
最后一批右派分子被摘掉帽子
"童怀周"与"天安门史诗"
话剧《于无声处》冲破"禁区"
北京市委肯定"天安门事件"是革命行动

回首
1978

7. 北京市委肯定"天安门事件"是革命行动

"天安门事件"被定为"反革命政治事件",是经过毛泽东签字同意的。也就是说,是毛泽东定的、批的。所以,对天安门案件的平反被看做是反对毛泽东。正因为如此,在两年多的时间里,"天安门事件"一直成为"禁区"。尽管陈云多次提出,要给"天安门事件"平反。邓小平甚至表示,他宁可不出来工作,也要肯定"天安门事件"是革命行动。但是,直到1978年11月,"天安门事件"才得以平反。

1978年2月8日,全国政协文化组召开会议。《人民日报》的余焕春以政协委员的身份在会上发言表示,"天安门事件"一定要平反,否则人民不平。有人认为翻天安门这个案子有损毛主席的旗帜,毛主席的旗帜上写着实事求是,有反必肃,有错必纠,"天安门事件"错案真正翻过来,毛主席的旗帜会更加鲜艳。他呼吁政协委员们为"天安门事件"平分作出努力,并得到与会者的响应。会上,余焕春还把《人民日报》社有关"天安门事件"真相的清查情况向各位委员作了介绍。

事隔不久,余焕春的发言果然惹出了麻烦。《人民日报》社总编辑胡绩伟神情严肃地索要余焕春在政协会议上的发言稿。他看过之后告诉余焕春:"你的发言没有问题,如果有人来向你调查.不管是谁,你都如实相告。"就在同时,全国政协也在查问这件事。余焕春当时只知道中央统战部的《简报》登了他的发言,结果惹怒了上面的领导,但究竟惹怒了谁,余焕春并不清楚。直到一年之后,余焕春才得知事情的真相。他当时的发言得罪了中央主管意识形态工作的某位大领导。这位领导看了中央统战部的《(简报》后大为不悦，连忙召集几大新闻单位主要负责人开会，讲了一通很不好听的话："帝修反"在挑拨，中国也是这样，也有人在挑。政协会上，余焕春2月8日对"天安门事件"讲了一大篇话，认为这个案子没有翻过来。"明明是毛主席说的，'天安门事件'是反革命事件，他不是反毛主席是反谁？"这位大领导甚至责怪说：余焕春是《人民日报》的记者，还是党员，"党员能这样说吗？"

余焕春知道这件事后感到"不寒而栗"，要不是周扬仗义执言，胡绩伟尊重事实，不管一切地顶住压力，他恐怕早已成了"现行反革命"了。〔64〕

5月下旬至6月初，中共北京市委召开工作会议，讨论落实干部政策问题。会上，有人提出，对落实干部政策的工作不能估计过高，因为绝大多数的干部问题并没有得到解决。有些干部虽然落实了政策，但结论还留着一个尾巴。北京市委第三书记贾庭三当即表示，要实事求是地重新把落实干部政策、为遭受迫害的干部平反的工作做起来。

此后，北京市在"天安门事件"的平反问题上开始有所突破。在6月到9月的这段时间里，北京市公安局、崇文区、朝阳区、第一轻工业局先后为在"天安门事件"期间因悼念周恩来而遭到迫害的人平反。尤其是8月下旬北京市工交部门对因悼念周恩来而受到错误处理的职工平反更有代表性。

时任北京市委书记处书记的叶林回忆说，我们于1977年8月恢复工作，在此期间，我们首先碰到的一个最大的问题，就是工交系统和国防工业部门的职工在1976年"天安门事件"中受到迫害，强烈要求平反。于是，我同经委副主任张彭商议如何处理这个

胡耀邦表示："我们不下油锅，谁下油锅!"
到中央组织部走马上任
在"六十一人叛徒集团"案上打开缺口
最后一批右派分子被摘掉帽子
"童怀周"与"天安门史诗"
话剧《于无声处》冲破"禁区"
北京市委肯定"天安门事件"是革命行动

回首
1978

问题。两人觉得，这件事情非同小可，是影响职工政治生命和工作积极性的大问题，必须尽快解决。可惜，我们作不了主，只好向市委书记吴德做了汇报，说明了职工的迫切要求，希望为他们在"天安门事件"中受到的迫害平反。吴德说：可以啊，你们可以这么办。后来，我和张彭商议，口说无凭，应该写几句话，搞一个书面东西，最好能在吴德主持的市委常委会上获得通过。我们商议后就由张彭执笔，写了一个东西。内容大致是：1976年春天，广大职工在天安门广场悼念周总理，反对"四人帮"的活动，被"四人帮"污蔑为反革命行动，并受到了政治上的迫害。市委认为，广大职工悼念周总理、反对"四人帮"的行动是革命行动，决定为广大职工在政治上进行平反。[65]

8月22日，中共北京市委召开常委会议。吴德、贾庭三、叶林、毛联珏、李立功、王笑一等参加了会议。会上，叶林拿着那张写好的纸条对吴德说：你同意后，我们就写了一个书面意见，我是不是念一下？

吴德说：好，常委都在这儿，你念一下。

于是，叶林念了一遍。吴德当时表示：可以吧。[66]

叶林还告诉与会者，市仪表局第二天将要召开大会，为在"天安门事件"中遭到迫害的人平反，承认"天安门事件"是革命行动，因悼念周总理而受到迫害，市委也是有责任的。吴德当场表示：可以吧！

8月23日，北京市仪表局召开万人大会。市委的一位负责人在会上宣布：为在1976年因悼念周恩来、反对"四人帮"的魏传军、吕德俊等10人平反，恢复名誉。这位负责人还说，在这些人的处理上，市委是有错误，这个责任由市委承担。他甚至表示，群众悼念周恩来，声讨"四人帮"，"这完全是一种革命行动"，这充分反映了首都群众是有高度政治觉悟的。[67]

应当说，这位负责人的讲话是大胆的。他公开承认人民群众在天安门广场悼念周恩来、反对"四人帮"的活动是一种革命行动，而这与当时把"天安门事件"看做是少数反革命分子"把矛头指向伟大领袖毛主席"的反革命活动完全不同。

随后，在讨论贾庭三的讲话时，有人建议，在常委会议结束之后，由市委直接为因参加悼念周恩来、反对"四人帮"的活动而受到迫害的同志平反。还有人提出，应该把这项工作作为一件大事来抓。

11月10日，中共中央召开工作会议。12日，陈云在会上作了一个异乎寻常的发言。他讲了六件事，"天安门事件"是其中之一。他说：关于"天安门事件"，现在北京又有人提出来了，而且还出了话剧《于无声处》，广播电台也广播了天安门的革命诗词。这是北京几百万人悼念周总理，反对"四人帮"，不同意批邓小平同志的一次伟大的群众运动，而且在全国许多大城市也有同样的运动。于是，他建议中央"应该肯定这次运动"。

随后，李昌在华北组发言表示，群众在天安门广场悼念周恩来总理的活动，是"伟大的革命运动"，"五四"是新民主主义革命时期的启蒙运动。也可以说，群众在天安门广场悼念周恩来总理的活动，是"社会主义革命时期的马克思主义的启蒙运动"。林乎加正好在华北组，所以，李昌提出，目前正在上演《于无声处》，请北京市委大力支持"四五"运动。

吕正操也发表了类似的讲话，赞同"天安门事件"就是社会主义革命的"四五"运动的提法。他还说，"天安门事件"被镇压后，北京市还召开万人庆功大会，有一个坏分子甚至在会上大讲要如何到中央政治局去批判邓小平，这个人说的都是一些人身攻击的话。

胡耀邦表示："我们不下油锅，谁下油锅！"
到中央组织部走马上任
在"六十一人叛徒集团"案上打开缺口
最后一批右派分子被摘掉帽子
"童怀周"与"天安门史诗"
话剧《于无声处》冲破"禁区"
北京市委肯定"天安门事件"是革命行动

回首
1978

207

当时，吴德就是会议的主持者，但吕正操不明白，他"为什么允许这样的发言？"〔68〕

11 月 13 日，于光远、杨西光在西北组发言提出，从领导群众争取民主这样的立场出发，中国共产党应该对"天安门事件"表态。他们还说，"天安门事件"是伟大的革命事件，"完全应该得到我们党的高度评价和充分肯定"。〔69〕

同一天，北京市委常委扩大会议拟定了一个公报。考虑到与会者对"天安门事件"的平反问题反映强烈，所以，公报特意增加上了一段为"天安门事件"平反的文字。

北京市委的这一决定是否经过中共中央同意了？据林乎加回忆，北京市委常委扩大会议结束时，会议公报已经改了四五遍。会议结束前一天，中共中央召开工作会议，他和贾庭三两人都参加了。在拿到公报修订稿后，两人经过商量，觉得为"天安门事件"平反这一问题需要向中央报告。〔70〕

于是，11 月 14 日上午，林乎加、贾庭三给华国锋、叶剑英、邓小平、李先念、汪东兴写了一份报告。内容大致为：北京市委常委扩大会议已于 13 日结束，并且准备了一篇 7000 字的新闻报道稿。由于到会同志强烈反应，要求在报道中加入一段天安门广场悼念周总理的话。这段话的意思是："1976 年清明节，广大群众到天安门广场悼念我们敬爱的周总理，完全是出于对周总理的无限爱戴、无限怀念和深切哀悼的心情，完全是出于对'四人帮'祸国殃民滔天罪行的深切痛恨，它反映了全国人民的心愿，完全是革命的行动。对于因此而受到迫害的同志一律平反，恢复名誉。"11 月 15 日，《北京日报》刊登了中共北京市委常委扩大会议为"天安门事件"平反的消息，也就是上述这段话。

北京市委的决定无疑是大快人心的事情，但是，中国新闻界的几位头面人物:《人民日报》总编辑胡绩伟、新华社社长曾涛、《光明日报》总编辑杨西光,觉得这个决定仍有不足之处,因为它没有直接说出要为"天安门事件"平反。于是,几个人决定在他们力所能及的范围内,采取补救措施。

在《北京日报》发表这则消息的同一天,新华社也发了一条新闻稿。第二天,《人民日报》、《光明日报》在头版头条刊登了新华社的新闻稿,并加了一个标题:"中共北京市委宣布:'天安门事件'完全是革命行动"。内容是:"中共北京市委在最近举行的常委扩大会议上宣布:1976年清明节广大群众到天安门广场沉痛悼念敬爱的周总理,愤怒声讨'四人帮',完全是革命行动。"然后,《人民日报》、《光明日报》对《北京日报》的消息做了报道,并稍加改动。

对于这件事的经过,于光远有一个详细的回忆。他说,当时,我在京西宾馆参加中央工作会议,曾涛、胡绩伟、杨西光也都是会议的参加者。15日中午,我回到房间准备睡午觉,接到胡绩伟的电话,说"有要事相商",要我立刻上楼到杨西光的房间去。进去后见到胡、杨和曾涛。他们告诉我,看到《北京日报》上发表的市委常委扩大会议闭幕的消息后,他们想把其中有关"天安门事件"那一段摘出来,单独发一条新闻,并已和市委第一书记林乎加通了电话,林表示同意。[71]

据当事人胡绩伟回忆,11月15日中午之后,曾涛把他叫到杨西光的房间里,说《北京日报》发表了市委扩大会议的新闻,但写得很长,把"天安门事件"这么重要的问题淹没在这个长新闻里,也没有在标题里标出来。于是,曾涛打算把这一点抓出来,突出地发一条单独的消息。他和杨西光很快地看了一下《北京日报》的新闻,对曾涛用铅笔画出来的那一段文字连看了两遍。两人都"觉得十分重要,应该摘出来专门发一个大消息,可以推动'天安门事件'

胡耀邦表示:"我们不下油锅,谁下油锅!"
到中央组织部走马上任
在"六十一人叛徒集团"案上打开缺口
最后一批右派分子被摘掉帽子
"童怀周"与"天安门史诗"
话剧《于无声处》冲破"禁区"
北京市委肯定"天安门事件"是革命行动

回首
1978

的平反。"〔72〕

　　曾涛很快就把新闻稿草拟好了，不到 300 个字。三个人看了后都感到非常兴奋，认为这是"一条能引起轰动的头条新闻"。但胡绩伟觉得新闻稿还是长了一点，建议加一个标题，干脆就说"天安门事件'完全是革命行动"，这样就会"激动人心"了。因为"这个标题就是为"天安门事件"翻案"。〔73〕

　　其实，北京市委只是宣布群众到天安门广场悼念周恩来总理的活动是革命行动，但毕竟没有明确宣布"天安门事件"是革命行动。既然如此，新华社新闻稿的标题是不是同《北京日报》的报道有点不符？于是，曾涛、胡绩伟和杨西光又将标题推敲了一番，认为北京市委对"天安门事件"的处理有一大进步。中共中央虽然肯定过群众悼念周恩来总理的活动是"合乎情理的"，但仍然强调说"确有少数反革命分子乘机进行反革命活动，制造了天安门广场反革命事件"。相比之下，北京市委不仅没有说这是"反革命事件"，甚至连"少数反革命分子"也没有提，"这当然就是说明整个'天安门事件'是革命行动了"。〔74〕

　　新闻稿的标题确定下来之后，考虑到事关重大，曾涛、胡绩伟和杨西光想听一听于光远的意见。于光远看了新闻稿之后，对照了一下《北京日报》的消息。他的第一个反应就是，新闻稿的标题同北京市委常委扩大会议上的那几句话不完全对得上号。因为标题明确写道："中共北京市委宣布'天安门事件'完全是革命行动"，而《北京日报》的报道根本就没有提到"天安门事件"这几个字。

　　尽管如此，于光远为什么会同意曾涛三人起草的新闻稿呢？据他说，北京市委常委扩大会议关于"天安门事件"那段话，同 1977 年 3 月华国锋在中央工作会议上的讲话相比，有很大的进步，甚至可以说是翻过来了。市委的那几句话虽然没有写明"天安门事件"

的性质如何，但实质上是为事件平了反。只是因为中央没有表态，不敢明白地写出来。现在新华社发出一条新闻，加上他们拟的那个标题，把市委几句话的实质点破，也许可以促使这个问题的彻底解决。我反思了一下，我这个人一向书呆子的脾气。可是这一次我不想拘泥于市委常委扩大会议报道中没有"天安门事件"的字样，决定对他们的做法投一张赞成票。事情就这么定下来了。〔75〕

胡耀邦表示："我们不下油锅，谁下油锅！"
到中央组织部走马上任
在"六十一人叛徒集团"案上打开缺口
最后一批右派分子被摘掉帽子
"童怀周"与"天安门史诗"
话剧《于无声处》冲破"禁区"
北京市委肯定"天安门事件"是革命行动

图为 1978 年 11 月 16 日《人民日报》的报道

时任新华社北京分社副社长的周鸿书参加了北京市委常委扩大

会议，据他回忆，会上议论最尖锐的一件事就是"天安门事件"。各
单位在清查时都遇到了这个问题。与会者提出，"天安门事件"应该
有个新的说法。可是，当时谁也没有说出"平反"两个字，因为这
两个字太敏感了。对于这个问题，会上反应非常强烈。记得开会的
头一天，与会者都没有回家，关起门来议论。[76]

无论是于光远，还是周鸿书，两人的回忆都表明北京市委当时
明确表示为"天安门事件"平反。也正因为如此，曾涛、胡绩伟和
杨西光决定在发表这条新闻时加上一个标题，想把问题说得更明白
一些。

11月16日上午，《人民日报》、《光明日报》送到了参加中央工
作会议的代表手中，大家看了后都很高兴，说这真是太好了。[77]

目前颇具争议的问题是，北京市委的决定究竟是何时得到中共
中央批准的？华国锋在11月25日的中央工作会议上谈到"天安门
事件"时说了这样一段话：粉碎"四人帮"以后不久，中央就着手
解决在"天安门事件"和这一类事件中革命群众被迫害的问题。随
着揭批"四人帮"运动的深入，这方面的问题大都陆续得到解决。
但是，问题解决得还不彻底，还没有为"天安门事件"的性质平反。
中央认为，"天安门事件"完全是革命的群众运动，应该为"天安门
事件"公开彻底平反。今年11月14日，中央政治局常委批准北京
市委宣布：1976年清明节，广大群众到天安门广场沉痛悼念敬爱的
周总理、愤怒声讨"四人帮"，完全是革命行动。对于因悼念周总
理、反对"四人帮"而受到迫害的同志要一律平反，恢复名誉。

华国锋在这里说得很清楚，中共中央于11月14日，即北京市
委给华国锋写报告的当天就批准了。

可是，于光远对此有异议。他说，至于"天安门事件"的那
段话是什么时候由华国锋审批的，华国锋讲话中所说的中央常委究

竟是指他本人，还是他和汪东兴二人，或者还加上别的什么人，那就更不知道了。批准时肯定没有邓小平，因为邓小平在 11 月 14 日才结束对新加坡的访问回国，这天上午他还在新加坡，不可能参与"批准"这件事。因此，批准时间不可能是华国锋在讲话中所说的 11 月 14 日。他认为，这肯定有误。〔78〕

如果真像华国锋说的那样，也就无法解释林乎加为什么很在意新华社新闻稿的标题。据于光远回忆，11 月 16 日晚，林乎加的秘书告诉他，林乎加看到报纸后，以为新华社发那样一条新闻有什么"来头"，于是就打电话给曾涛。当得知没有什么"来头"时，他又打电话向华国锋汇报，说标题是新华社自己加上去的，事先没有同北京市委商量。华国锋对林乎加的汇报没有说什么。〔79〕

关于林乎加给曾涛打电话一事，于光远后来从曾涛那里得知，对于林乎加提出的问题，他当时没有正面给予回答，反而问道："这条新闻中报道北京市委会议的话与事实有无出入？"林乎加说："没有"。于是，曾涛告诉林乎加："加标题发稿是我们新华社的惯例，这事由我们负责，你不必管了。"〔80〕

许孔让的回忆也证明了这一点。他说，北京市委把决定正式登报后，新华社又发了一个短消息，标题用了"中共北京市委宣布一九七六年'天安门事件'完全是革命行动"。文字表述上同《北京日报》就不完全一样了。新华社的新闻见报后，11 月 16 日夜里，北京市委又向中央写了一个报告，说明情况，大意是：今天各报刊登北京市委宣布《"天安门事件"完全是革命行动》，市委没有宣布这个题目。〔81〕

事隔 20 年之后，于光远在他的回忆文章《1978 年"北京市委为'天安门事件'平反"真相》中说，华国锋在 11 月 25 日的讲话，有各种可能。其中一种可能是北京市委在作出决定之前曾经向

胡耀邦表示："我们不下油锅，谁下油锅！"
到中央组织部走马上任
在"六十一人叛徒集团"案上打开缺口
最后一批右派分子被摘掉帽子
"童怀周"与"天安门史诗"
话剧《于无声处》冲破"禁区"
北京市委肯定"天安门事件"是革命行动

回首
1978

华国锋汇报过，他同意市委的那些提法。但可以肯定的是，他没有对"天安门事件的性质"有什么明确的表态，否则《北京日报》发表的报道中就不会回避"天安门事件"这五个字。这就是"北京市委的这种异常的谨慎态度"。于光远认为，这只能用"中央对'天安门事件'还没有很鲜明的态度来说明"。而鲜明地为"天安门事件"平反的行动，应该是曾涛等人鼓足勇气在11月15日新闻稿和11月16日《人民日报》、《光明日报》等版面上采取的。于光远提出这样一种看法，即：对"天安门事件"性质的平反应该是在邓小平出访回国后讨论解决的。所以，他对"11月14日政治局常委批准"的说法表示怀疑。[82]

而且，于光远还说，曾涛作为这条新闻稿的主要负责人，"他这么做是冒一定风险的"。所以，江西省负责人白栋材、新疆负责人汪锋都表示，如果曾涛因为此事在新华社待不下去的话，就到他们那儿去工作。

胡绩伟不仅对于光远的回忆表示赞同，而且还补充说，《人民日报》登出这则消息后，很多人都问报社"有什么来头"，是不是经中央批准的。"当时，我们并没有请示中央就发表了这一重大新闻。中央是在新闻发表以后才批准的。"[83]

穆青也回忆说：

> 11月14日晚，周鸿书拿来一个稿子，其中提到了天安门事件的问题。国内部的同志觉得应该突出"天安门事件"的平反，搞成一个短新闻。当年我是副社长兼总编辑，主管国内部。他们向我请示。我把这个东西看了以后，很赞成他们的想法。就说，你们摘，现在就摘出个二三百字的短新闻，其余的通通不要。我当时想，这是个大事，这样做有点风险。但是，这是全国人民都非常关心的事情，我们从政治上来考虑应该这

么做。方案就这么定下来了。

本来，我是主持工作的，稿子我定了后就可以发了。但是，涉及到为"天安门事件"平反这么一件大事，为慎重起见，我必须同曾涛商量，他是一把手。当时曾涛正在京西宾馆参加中央工作会议，我在电话里把这个意见告诉了他，还说，你现在正好在会上，可以征求其他同志的意见，听听可不可以这么做。

新闻稿的标题加上之后，把这件事情的政治意义完全突出了。我们决定下来后，把稿子送给了曾涛。此后，我和曾涛通了 10 多次电话。曾涛还告诉我，他已同杨西光、胡绩伟、于光远等同志商量过这件事情。曾涛还给我透了个底，这次中央工作会议上，陈云和很多同志都提出来应该为"天安门事件"平反。看到这么多老同志这么高的呼声，我们想，这么做没有错。

到 15 日晚上 7 点钟左右，临发稿了，曾涛又打电话给我，问：怎么样？下决心就这么发好不好？

我说：好啊，我们大家都同意这么发。

曾涛半开玩笑地对我说：如果这篇稿子出了问题要坐牢，你可得陪着我一块儿去。我说：行，我跟你一块儿去。

那天，我整整担心了一夜。但是，第二天也没有什么事，而且是一片欢呼。11 月 19 日，华国锋为人民文学出版社即将出版的《天安门诗抄》题写的书名发表后，我们心中的一块石头才落了地。〔84〕

上述事实表明，直到 11 月 16 日晚，中共中央仍然没有批准北京市委的报告。否则，林乎加也就不会追问新华社新闻稿标题的"来头"，曾涛也不会说要承担"风险"。

胡耀邦表示："我们不下油锅，谁下油锅！"
到中央组织部走马上任
在"六十一人叛徒集团"案上打开缺口
最后一批右派分子被摘掉帽子
"童怀周"与"天安门史诗"
话剧《于无声处》冲破"禁区"
北京市委肯定"天安门事件"是革命行动

回首
1978

215

几乎就在同时，中共江苏省委常委会议也作出决定：1976 年清明节前后，南京市和其他许多地方的工人、农民、解放军指战员、青年学生、知识分子和机关干部，纷纷举行活动，沉痛哀悼敬爱的周总理，愤怒声讨"四人帮"，完全是出于对周总理的无限爱戴和深切怀念，完全是出于对"四人帮"祸国殃民滔天罪行的深切痛恨，完全是革命的行动，充分反映了广大人民群众的高度政治觉悟和革命斗争精神。对于因悼念周总理、反对"四人帮"，在南京事件或其他类似事件中受到迫害的同志，尚未平反的，要宣布平反，恢复名誉，销毁有关材料。

尽管如此，人们关心的还是中共中央的看法，尤其是华国锋的态度。据于光远说，11 月 17 日那天，他一整天都在关心华国锋对此事有何反应。第二天，于光远终于从曾涛那里得到消息：华国锋转变了，他为"童怀周"的《天安门诗抄》题写了书名。[85]

11 月 19 日，《人民日报》在头版右上方刊登了《华主席为〈天安门诗抄〉题写书名》的消息，并且附了华国锋的手迹。在这条消息下面，还登了一则新华社的电讯："'天安门事件'中被捕的 388 人没有一个反革命分子，全部彻底平反恢复名誉。"

11 月 21 日、22 日，《人民日报》连续发表《"天安门事件"真相——把"四人帮"利用〈人民日报〉颠倒的历史再颠倒过来》的文章，指出："天安门事件"前后，"四人帮"及其心腹利用《人民日报》搞了许多假情况，造了许多谣言，上欺中央，下骗群众，对导致天安门广场流血事件起了极其恶劣的作用。他们在 4 月 8 日抛出的题为《天安门广场的反革命政治事件》的报道，歪曲事实，诬蔑群众，陷害邓小平副主席；其后又利用这一事件，大做文章，疯狂镇压革命群众，妄图打倒从中央到地方一大批党政军负责同志，对全党和全国人民犯下了大罪。《人民日报》广大职工在揭批"四人帮"的斗争中，揭发了他们在"天安门事件"中犯下的大量罪行。"现在,'天安门事件'平反了,《人民日报》职工同全国人民一样欢欣鼓舞,同时也深感有责任把被颠倒的'天安门事件'的真相公之于众。"于是,文章详细叙述了"天安门事件"的真相,并且明确宣布:"天安门事件"根本不是什么"反革命政治事件",而完全是革命行动。这是人民的结论,历史的结论。真理战胜了邪恶,"被颠倒了的历史恢复了它本来的面目"。文章高度评价了"天安门事件",誉之为"伟大的'四五运动'"。并且称赞道:它以鲜明的旗帜,磅礴的革命气势,史无前例的巨大规模,向全世界庄严宣告:中国不是"四人帮"的;人民,只有人民才能决定中国的命运,只有人民才能推动历史前进。"谁是'天安门事件'的组织者?人民。谁是'天安门事件'的指挥者?人民。"在天安门广场上演如此惊天动地的史剧,是"历史上少有的壮举"。文章声称,4月的斗争敲响了"四人帮"的丧钟,为10月的胜利准备了重要条件。

11月22日,中共北京市委发出《关于抓紧解决为"天安门事件"中受迫害的同志彻底平反及有关问题的通知》,其中提到:

1.对在"天安门事件"中被捕关押受到迫害的同志,要一律彻底平反,恢复名誉,凡尚未宣布平反的,都要在一定范围内公开宣布平反,充分肯定他们的革命行动,表彰他们的革命精神。凡在关押期间被扣发工资的,要一律补发;补发工资时扣除了在公安局关押期间伙食费的,应退还本人。凡调资、就业、升学等受到妨碍,造成损失的,应一律改正,合理解决。凡家属和亲友受到株连的,应由公安部门和有关单位负责消除影响。

2."天安门事件"发生后,市委1976年26号文件《关于进一步发动群众深入批邓坚决打击反革命破坏活动的通知》是错误的,市委已决定撤销。根据这一错误文件,在所谓"双追"中受到迫害、

胡耀邦表示:"我们不下油锅,谁下油锅!"
到中央组织部走马上任
在"六十一人叛徒集团"案上打开缺口
最后一批右派分子被摘掉帽子
"童怀周"与"天安门史诗"
话剧《于无声处》冲破"禁区"
北京市委肯定"天安门事件"是革命行动

回首
1978

审查的同志，要一律宣布彻底平反，恢复名誉。并按照上述规定，做好善后工作。

3.1976 年清明节期间，市委有的领导同志出面，借口清明节是"鬼节"，清明扫墓是"四旧"，限制广大群众到天安门广场悼念敬爱的周总理，完全是错误的。因到天安门广场送花圈、悼词、诗文等而受到审查的同志，要按照上述规定，一律平反，恢复名誉。

4."天安门事件"发生后，经市委批准，由当时的首都工人民兵总指挥部、市公安局、北京卫戍区分别召开大会，表彰、奖励在"天安门事件"中"立功"的集体和个人，并为他们"记功"、"授奖"，这些都是错误的，应一律撤销。此后，又组织了所谓"天安门事件"的巡回报告团，同样是错误的。[86]

用于光远的话说，鲜明地为"天安门事件"平反的行动，是曾涛、胡绩伟、杨西光这几个人在 11 月 15 日发出的新闻稿和 11 月 16 日《人民日报》、《光明日报》刊登的消息。随后，一些刊物开始公开地指出"天安门事件"已经平反。11 月 22 日，也就是北京市委发出上述文件的同一天，《北京日报》发表了特约评论员文章《"四五"精神永放光芒》。文章首先宣告："震惊中外的'天安门事件'昭雪平反了"，华国锋主席还为即将出版的《天安门诗抄》题写了书名，这两件事是"激动人心的喜讯，使人民欢欣鼓舞，拍手称快，扬眉吐气。"文章还指出：像中国新民主主义革命新纪元的"五四"运动永留史册一样，这场"四五"运动的革命精神也必将在中国人民心中世代相传、永放光芒。

邓小平自 11 月 14 日参加中央工作会议之后，在多种场合下谈到了为"天安门事件"平反的问题，而且强调，这是经中共中央批准的。11 月 25 日，华国锋、叶剑英、李先念、邓小平听取了北京市委的林乎加、贾庭三，以及团中央的韩英、胡启立汇报"天安门事件"平反后群众的反应。也就在这次汇报会上，邓小平称，中央批准了北京市委宣布给"天安门事件"彻底平反。他还提到，对"童怀周"编辑天安门诗抄要肯定，要保护。

11月26日，邓小平在接见外宾时又谈起"天安门事件"问题。他说，过去对"天安门事件"的评价是不对的，最近，北京市委肯定"天安门事件"是广大群众悼念周总理、反对"四人帮"，是革命行动，"这是我们中央批准的，实际上就是我们中央表示的态度。"谈话中，邓小平还提到了11月15日《人民日报》发表的特约评论员文章《实事求是，有错必纠》，国际上反响很大，这篇文章"主要是针对'天安门事件'讲的"。他还说，有错必纠是毛主席历来提倡的。"对'天安门事件'处理错了，当然应该纠正。"邓小平表示，有人产生一种错觉，以为重新评价"天安门事件"又要乱了，其实不会，人民是可以信任的。他明确告诉外国客人，"天安门事件"确实没有任何组织，完全是群众自发的，反映了人民的觉悟、政治水平。[87]

第二天，邓小平会见美国专栏作家罗伯特时还说，北京市委宣布"天安门事件"是革命行动，而不是反革命事件。这是我们党中央的意见，也是全国人民的意见。

11月28日，《人民日报》在一则报道中加了一个标题，特意提到邓小平"肯定'天安门事件'为革命行动是党中央的决定"。这是第一次对外公开宣布为"天安门事件"平反，是经中共中央批准的。

12月22日，中共十一届三中全会通过的公报明确宣布：1976年4月5日的"天安门事件"完全是革命行动。以"天安门事件"为中心的全国亿万人民沉痛悼念周恩来同志、愤怒声讨"四人帮"的伟大革命群众运动，为我们党粉碎"四人帮"奠定了群众基础。全会决定撤销中共中央发出的有关"天安门事件"的错误文件。

回首
1978

参考文献

〔1〕满妹:《思念依然无尽——回忆父亲胡耀邦》,北京出版社 2005 年版,第 209 页。

〔2〕满妹:《思念依然无尽——回忆父亲胡耀邦》,北京出版社 2005 年版,第 219 页。

〔3〕满妹:《思念依然无尽——回忆父亲胡耀邦》,北京出版社 2005 年版,第 255 页。

〔4〕《不能无动于衷》,《人民日报》1977 年 11 月 27 日。

〔5〕《应当多发表这样的文章》,《人民日报》1977 年 11 月 27 日。

〔6〕满妹:《思念依然无尽——回忆父亲胡耀邦》,北京出版社 2005 年版,第 256 页。

〔7〕戴煌:《胡耀邦与平反冤假错案》,《炎黄春秋》1995 年第 11 期。

〔8〕《毛主席的干部政策必须认真落实》,《人民日报》1977 年 11 月 27 日。

〔9〕戴煌:《胡耀邦与平反冤假错案》,《炎黄春秋》1995 年第 11 期。

〔10〕满妹:《思念依然无尽——回忆父亲胡耀邦》,北京出版社 2005 年版,第 260 页。

〔11〕《邓小平年谱》(1975—1997)(上),中央文献出版社 2004 年版,第 246 页。

〔12〕《王先梅同志写给中央领导同志的信》,《人民日报》1978 年 2 月 18 日。

〔13〕《邓小平年谱》(1975—1997)(上),中央文献出版社 2004 年版,第 249 页。

〔14〕《有关部门认真落实干部政策》,《人民日报》1978 年 2 月 18 日。

〔15〕《有关部门认真落实干部政策》,《人民日报》1978 年 2 月 18 日。

〔16〕《人民日报》1978 年 1 月 10 日。

〔17〕《人民日报》1978 年 1 月 19 日。

〔18〕《彻底平反昭雪"四人帮"制造的假案冤案》，《人民日报》1978 年。

〔19〕满妹：《思念依然无尽——回忆父亲胡耀邦》，北京出版社 2005 年版，第 262 页。

〔20〕满妹：《思念依然无尽——回忆父亲胡耀邦》，北京出版社 2005 年版，第 261—262 页。

〔21〕戴煌：《胡耀邦与平反冤假错案》，中国工人出版社 2004 年版，第 73—74 页。

〔22〕满妹：《思念依然无尽——回忆父亲胡耀邦》，北京出版社 2005 年版，第 265 页。

〔23〕戴煌：《胡耀邦与平反冤假错案》，中国工人出版社 2004 年版，第 74、75—76 页。

〔24〕满妹：《思念依然无尽——回忆父亲胡耀邦》，北京出版社 2005 年版，第 269 页。

〔25〕转引自满妹：《思念依然无尽——回忆父亲胡耀邦》，北京出版社 2005 年版，第 266—267 页。

〔26〕《组工通讯》第 1 期，1978 年 6 月 1 日。

〔27〕满妹：《思念依然无尽——回忆父亲胡耀邦》，北京出版社 2005 年版，第 263 页。

〔28〕满妹：《思念依然无尽——回忆父亲胡耀邦》，北京出版社 2005 年版，第 263—264 页。

〔29〕《拨乱反正立丰碑》，《人民日报》1989 年 6 月 1 日。

〔30〕满妹：《思念依然无尽——回忆父亲胡耀邦》，北京出版社 2005 年版，第 279 页。

〔31〕满妹：《思念依然无尽——回忆父亲胡耀邦》，北京出版社 2005

胡耀邦表示："我们不下油锅，谁下油锅！"
到中央组织部走马上任
在"六十一人叛徒集团"案上打开缺口
最后一批右派分子被摘掉帽子
"童怀周"与"天安门史诗"
话剧《于无声处》冲破"禁区"
北京市委肯定"天安门事件"是革命行动

回首
1978

年版，第 279 页。

〔32〕《邓小平年谱》（1975—1997）（上），中央文献出版社 2004 年版，第 332 页。

〔33〕曾彦修：《胡耀邦为"61 人案"平反急如星火》，《炎黄春秋》2004 年第 1 期。

〔34〕参见《拨乱反正立丰碑》，《人民日报》1989 年 6 月 1 日。

〔35〕《人民日报》1978 年 12 月 3 日。

〔36〕《中华儿女》1998 年第 5 期。

〔37〕戴煌：《胡耀邦平反的第一个"右派"》，《百年潮》1997 年第 1 期。

〔38〕戴煌：《胡耀邦平反的第一个"右派"》，《百年潮》1997 年第 1 期。

〔39〕《全国全部摘掉右派分子帽子》，《人民日报》1978 年 11 月 17 日。

〔40〕《一项重大的无产阶级政策》，《人民日报》1978 年 11 月 17 日。

〔41〕《共产党人应有的品质和气魄》，《人民日报》1979 年 1 月 2 日。

〔42〕宋晓明、刘蔚主编：《追寻 1978——中国改革开放纪元访谈录》，福建教育出版社 1998 年版，第 169 页。

〔43〕《人民日报》1978 年 11 月 17 日。

〔44〕《人民日报》1978 年 11 月 19 日。

〔45〕《人民日报》1978 年 11 月 19 日。

〔46〕宋晓明、刘蔚主编：《追寻 1978——中国改革开放纪元访谈录》，福建教育出版社 1998 年版，第 170—171 页。

〔47〕宋晓明、刘蔚主编：《追寻 1978——中国改革开放纪元访谈录》，福建教育出版社 1998 年版，第 171 页。

〔48〕宋晓明、刘蔚主编：《追寻 1978——中国改革开放纪元访谈录》，福建教育出版社 1998 年版，第 172 页。

〔49〕《人民日报》1978 年 11 月 19 日。

〔50〕《人民日报》1978 年 11 月 19 日。

〔51〕宋晓明、刘蔚主编：《追寻 1978——中国改革开放纪元访谈录》，福建教育出版社 1998 年版，第 175 页。

〔52〕《人民日报》1978 年 11 月 17 日。

〔53〕宋晓明、刘蔚主编：《追寻 1978——中国改革开放纪元访谈录》，福建教育出版社 1998 年版，第 179 页。

〔54〕《怒向刀丛觅小诗——读〈天安门诗抄〉》，《人民日报》1979 年 2 月 25 日。

〔55〕曹禺：《一声惊雷——赞话剧〈于无声处〉》，《人民日报》1978 年 11 月 16 日。

〔56〕宋晓明、刘蔚主编：《追寻 1978——中国改革开放纪元访谈录》，福建教育出版社 1998 年版，第 94—95 页。

〔57〕宗福先：《写在〈于无声处〉发表的时候》，《人民日报》1978 年 11 月 18 日。

〔58〕《人民日报》1978 年 11 月 13 日。

〔59〕《人民的愿望人民的力量》，《人民日报》1978 年 11 月 16 日。

〔60〕宋晓明、刘蔚主编：《追寻 1978——中国改革开放纪元访谈录》，福建教育出版社 1998 年版，第 98 页。

〔61〕曹禺：《一声惊雷——赞话剧〈于无声处〉》，《人民日报》1978 年 11 月 16 日。

〔62〕宋晓明、刘蔚主编：《追寻 1978——中国改革开放纪元访谈录》，福建教育出版社 1998 年版，第 101 页。

〔63〕宋晓明、刘蔚主编：《追寻 1978——中国改革开放纪元访谈录》，福建教育出版社 1998 年版，第 93 页。

〔64〕余焕春：《〈人民日报〉与 1976 年"天安门事件"》，《百年潮》1998 年第 2 期。

〔65〕《北京市委与"天安门事件"的平反》（上），《百年潮》2003 年第 9 期。

胡耀邦表示："我们不下油锅，谁下油锅！"
到中央组织部走马上任
在"六十一人叛徒集团"案上打开缺口
最后一批右派分子被摘掉帽子
"童怀周"与"天安门史诗"
话剧《于无声处》冲破"禁区"
北京市委肯定"天安门事件"是革命行动

回首
1978

〔66〕《北京市委与"天安门事件"的平反》(上),《百年潮》2003 年第 9 期。

〔67〕《北京日报》1978 年 8 月 31 日。

〔68〕于光远等:《改变中国命运的 41 天——中央工作会议、十一届三中全会亲历记》,海天出版社 1998 年版,第 101—102 页。

〔69〕于光远等:《改变中国命运的 41 天——中央工作会议、十一届三中全会亲历记》,海天出版社 1998 年版,第 102 页。

〔70〕《北京市委与"天安门事件"的平反》(下),《(百年潮》2003 年第 10 期。

〔71〕于光远:《1978 年"北京市委为'天安门事件'平反"真相》,《百年潮》1998 年第 3 期。

〔72〕《胡绩伟对于光远文章的补充》,《百年潮》1998 年第 3 期。

〔73〕《胡绩伟对于光远文章的补充》,《百年潮》1998 年第 3 期。

〔74〕《胡绩伟对于光远文章的补充》,《百年潮》1998 年第 3 期。

〔75〕于光远:《1978 年"北京市委为'天安门事件'平反"真相》,《百年潮》1998 年第 3 期。

〔76〕《北京市委与"天安门事件"的平反》(下),《百年潮》2003 年第 10 期。

〔77〕于光远:《1978 年"北京市委为'天安门事件'平反"真相》,《百年潮》1998 年第 3 期。

〔78〕于光远等:《改变中国命运的 41 天——中央工作会议、十一届三中全会亲历记》,海天出版社 1998 年版,第 105 页。

〔79〕于光远:《1978 年"北京市委为'天安门事件'平反"真相》,《百年潮》1998 年第 3 期。

〔80〕于光远:《1978 年"北京市委为'天安门事件'平反"真相》,《百年潮》1998 年第 3 期。

〔81〕《北京市委与"天安门事件"的平反》(下),《百年潮》2003 年

第 10 期。

〔82〕于光远：《1978 年"北京市委为'天安门事件'平反"真相》，《百年潮》1998 年第 3 期。

〔83〕《胡绩伟对于光远文章的补充》，见〈百年潮〉1998 年第 3 期。

〔84〕《北京市委与"天安门事件"的平反》（下），《百年潮》2003 年第 10 期。

〔85〕于光远：《1978 年"北京市委为'天安门事件'平反"真相》，《百年潮》1998 年第 3 期。

〔86〕《北京市委与"天安门事件"的平反》（下），《百年潮》2003 年第 10 期。

〔87〕《邓小平年谱》（1975—1997）（上），中央文献出版社 2004 年版，第 436 页。

胡耀邦表示："我们不下油锅，谁下油锅!"
到中央组织部走马上任
在"六十一人叛徒集团"案上打开缺口
最后一批右派分子被摘掉帽子
"童怀周"与"天安门史诗"
话剧《于无声处》冲破"禁区"
北京市委肯定"天安门事件"是革命行动

回首
1978

第四章
真理标准大讨论

    有人对真理标准问题的讨论提出了质疑，说：《实践是检验真理的唯一标准》这篇文章在理论上是"荒谬的"，在思想上是"反动的"，在政治上是"砍旗子的"。

    形势骤然变得紧张起来，"在当时的高压之下，已是一片鸦雀无声。有人已经开始作沉痛检查。"正是在这种压力之下，胡耀邦甚至萌发了"冷却一下"的想法。

    关键时刻，邓小平公开表示，支持真理标准问题的讨论。他说，有一种议论，叫做"两个凡是"，不是很出名？凡是毛泽东同志圈阅过的文件都不能动，凡是毛泽东同志做过的、说过的都不能动。这是不是叫高举毛泽东思想的旗帜呢？不是！这样搞下去，要损害毛泽东思想。

1. 小刊物发挥了惊天作用，胡耀邦说，我死后要写上一笔

说起真理标准问题大讨论，不能不提到一份刊物，这就是胡耀邦创办的《理论动态》。就是这份一开始并不起眼的小刊物，在发表了一篇举国瞩目的文章后，它的影响也随之扩大。

早在延安时期，胡耀邦曾邀请毛泽东写一篇文章。毛泽东很快就写出来了，这就是后来收集在《毛泽东选集》里的第一篇短文《反对自由主义》，但它最早发表在胡耀邦主办的油印刊物《思想战线》上。当时，王明还在莫斯科。毛泽东准备等王明回国后再同他论战。胡耀邦后来谈起这件事还说，《实践论》《反对自由主义》就是理论上、思想上的准备，如果没有这个准备，就对付不了王明路线，打不开抗日战争的局面。

胡耀邦由此联想到，如果没有新的思想准备，也就无法进行思想理论上的拨乱反正。于是，他萌发了创办一个理论刊物的想法。1977 年 3 月，胡耀邦到中共中央党校走马上任后不久，中央党校召开了整风会议。6 月 4 日，即会议结束的当天，胡耀邦主持

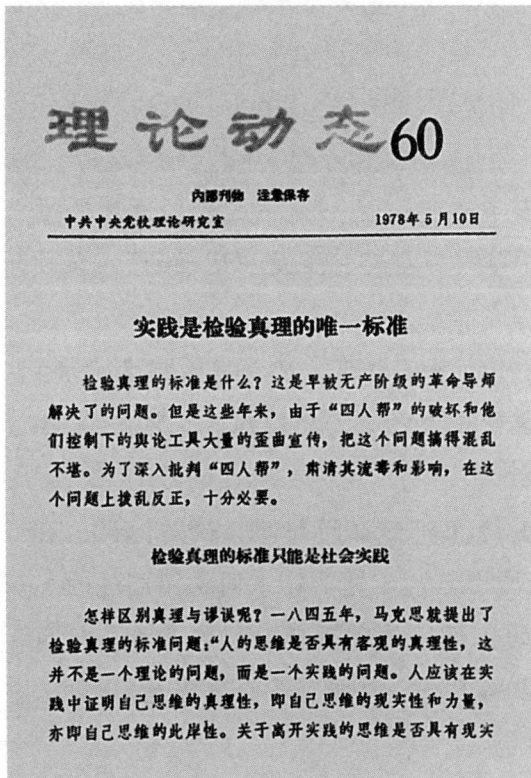

理 论 动 态 **60**

内部刊物 注意保存

中共中央党校理论研究室　　　　1978年5月10日

实践是检验真理的唯一标准

检验真理的标准是什么？这是早被无产阶级的革命导师解决了的问题。但是这些年来，由于"四人帮"的破坏和他们控制下的舆论工具大量的歪曲宣传，把这个问题搞得混乱不堪。为了深入批判"四人帮"，肃清其流毒和影响，在这个问题上拨乱反正，十分必要。

检验真理的标准只能是社会实践

怎样区别真理与谬误呢？一八四五年，马克思就提出了检验真理的标准问题："人的思维是否具有客观的真理性，这并不是一个理论的问题，而是一个实践的问题。人应该在实践中证明自己思维的真理性，即自己思维的现实性和力量，亦即自己思维的此岸性。关于离开实践的思维是否具有现实

中央党校内部刊物《理论动态》。

召开了一个只有 10 个人参加的小型会议，讨论中央党校的教学问题。在这次会议上，胡耀邦提出了创办刊物的设想。其实，这个想法已经在他的脑子里酝酿了好几个星期。胡耀邦建议，先找几个人筹备，其中包括孟凡、沈宝祥、吴振坤、刘立中等四人。胡耀邦还表示，在创刊的两个月里，每一篇文章都由他来定稿，至少负责搞两个月。[1]

据胡耀邦身边的人回忆，当时，耀邦同志考虑到，党校只让干部阅读马列主义经典著作还不够。有些是非要颠倒过来，必须写文章，用评论来提高干部的思想认识水平。所以，"他就有了还要办一个刊物的设想"。开学前不久，耀邦找来 10 多个人座谈，他专门讲了按劳分配的问题。讲完之后，整理成《谈谈按劳分配》。他是这样考虑的，大批干部进入中央党校，只让他们读那几篇经典著作还不行，还要给他们讲一讲对现实问题的看法。于是，胡耀邦在发表那篇《谈谈按劳分配》的讲话之后，就决定办一个刊物，一期登一篇文章。他说，现在新问题很多，需要我们用马列主义的立场、观点和方法来加以回答。"当时我们都赞成他的倡议"。[2]

6 月 6 日，胡耀邦把刊物编辑组的几个人召集起来开了第一次会议，谈了自己的一些想法。他说，刊物的内容宁可少一些。每期发表一篇文章，最多两篇，只发理论文章，政策问题少涉及一些。二、三天出一期，每个月出 9 至 13 期。刊物的名称叫《理论动态》，这是一个面向党内领导干部的思想理论性质的内部刊物，发行对象是中央领导同志、各省的干部，还有党校的同志，以及理论部门的工作者。在 6 月 22 日的会议上，胡耀邦提出，如果二、三天出一期来不及的话，就改为 5 天出一期。每篇文章大约 2000 字，无论如何不能超过 4000 字，三、四页纸。在谈到刊物的作用时，胡耀邦表示，第一，使领导干部及时掌握理论研究方面的动态；第二，澄清有关马克思主义理论方面的一些重大问题。

小刊物发挥了惊天作用，胡耀邦说，我死后要写上一笔

一个常识性问题引起的讨论

关键时刻，邓小平公开表示，支持真理标准问题的讨论

罗瑞卿表示：如果打板子的话，我愿意领受 40 大板

回首
1978

7月12日，胡耀邦在中央党校主持召开理论座谈会，讨论《毛泽东选集》第五卷的学习辅导问题。此前，《人民日报》于5月1日发表了华国锋为《毛泽东选集》第五卷出版而写的文章《把无产阶级专政下的继续革命进行到底》，认为贯穿在《毛泽东选集》第五卷的根本思想，就是坚持和发展马克思主义不断革命的原理，在无产阶级专政下把社会主义革命继续进行下去。其中还提到："文化大革命"，总的来说，就是无产阶级和广大群众同党内走资派的斗争。

所以，在座谈会上，中央党校哲学教研部的吴江就如何理解"无产阶级专政下继续革命"的问题谈了几点看法。他说，第一，不能把"无产阶级专政下继续革命"的重要任务当做整"走资派"，否则会被某些野心家用来"打倒一切"；第二，"继续革命"的任务应当包括经济基础方面的革新和技术革命，也就是生产方面的革命，实现四个现代化，不首先抓好科学技术革命是不行的；第三，有人认为"不断革命"就是"不断反右"，这不是毛泽东思想。

胡耀邦听了很高兴，称之为思想理论上拨乱反正的第一声号角。[3] 为了办好这个刊物，胡耀邦已经准备了几篇文章，但第一期需要发表什么样的文章，胡耀邦还没有确定下来。就在这时，吴江在座谈会上的发言引起了胡耀邦的极大兴趣。所以，会议结束后，胡耀邦于当天晚上找到吴江，让他把自己的观点整理成一篇5000字以内的文章，准备在《理论动态》创刊号上发表。

根据原先的安排，《理论动态》第一期准备于9月出版，因为那时中央党校正好开学。考虑到邓小平在此之前已经对"两个凡是"提出了批评。所以，胡耀邦决定将《理论动态》第一期提前出版。

按照胡耀邦的吩咐，吴江在第二天就把文章写出来了。随后，他把文章送给了胡耀邦。文章于7月14日打印成清样，胡耀邦看过之后，让他的秘书将文章送到了印刷厂。7月15日，《理论动态》

第一期正式出版，发表了吴江写的《"继续革命"问题的探讨》一文。编者还加了一段说明：在学习《毛泽东选集》第五卷的过程中，同志们针对"四人帮"长期以来对马列主义、毛泽东思想的歪曲和篡改，提出了不少问题。7月12日，我校邀请教研室部分同志座谈。哲学教研室主任吴江同志提出了如何完整地、准确地领会毛主席关于无产阶级专政下继续革命的问题。我们觉得这个问题非常重要，值得很好地弄清楚，特将他的发言刊登……

这期《理论动态》共印了300份，发行的对象是由胡耀邦确定的。据当事人回忆，中央党校的同志拿到刊物后，"立即就有比较强烈的反应"。沈宝祥将这一情况反映到胡耀邦那里，胡耀邦同样很高兴。〔4〕

这里有个细节问题。吴江回忆说，胡耀邦之所以敢在《理论动态》第一期上发表这样的文章，"原来是经邓小平的认可"。吴江还说，胡耀邦后来在同他谈话时说过"我把这篇文章送小平同志看了，小平同志表示完全同意。"

胡耀邦的女儿满妹在《思念依然无尽——回忆父亲胡耀邦》一书中写道：7月13日，"父亲看了题为《'继续革命'问题的探讨》的文章，非常赞赏，马上送给邓小平审阅。邓小平看后，认为这篇文章是好的。"〔5〕

可是，沈宝祥觉得这不大可能。他说：从时间上看，7月12日上午，吴江同志发言。7月12日晚，胡耀邦同志找吴江同志，让他将发言撰写成文章。7月13日，吴江同志写成5000字的稿子。7月14日，吴江同志将稿子送给胡耀邦，未经耀邦同志仔细审阅，秘书即将稿子送至印刷厂排清样。7月14日下午，排出清样后送给胡耀邦，他当即审阅定稿，并即送印刷厂正式付印。7月15日上午，刊物发行。所以，"从时间上看，胡耀邦同志没有可能在事前将此稿送

小刊物发挥了惊天作用，胡耀邦说，我死后要写上一笔

一个常识性问题引起的讨论

关键时刻，邓小平公开表示，支持真理标准问题的讨论

罗瑞卿表示：如果打板子的话，我愿意领受40大板

回首
1978

231

邓小平同志阅看。"而且，沈宝祥还说，从当时的工作关系来讲，"胡耀邦同志也不大可能采取这种做法"。[6]

不过，孟凡写的一份汇报提纲可以证实吴江的推测。他在1978年1月给中央党校负责人写过一份工作情况的汇报，其中有一条是对已经出版的《理论动态》各期的反映。他写了这样一句话："邓副主席亲自看过动态第一期，基本上同意提出的问题。"据孟凡说，这是中央办公厅的一位同志在电话中告知的。[7]

到了这个时候，实际上已经很清楚了。邓小平看到的可能不是《"继续革命"问题的探讨》一文初稿，而是发表在《理论动态》第一期上的正式文章。但不管是哪一种情况，至少有一点可以肯定，邓小平确实看过这篇文章，而且还表示赞同。

文章发表后，到底产生了什么样的效果？用当事人的话说，仅文章题目本身就使人感到"震惊"。在"文化大革命"中，甚至在"文化大革命"结束后一年多的时间里，"无产阶级专政下继续革命的理论"一直被奉为经典。就在《理论动态》第一期出版之前，华国锋还在说："毛主席为我们党制定了一条清楚的、明确的、正确的马克思列宁主义路线，这就是在无产阶级专政下把社会主义革命继续进行到底的路线。"而且，这是他在为学习《毛泽东选集》第五卷而写的文章中所说的话。在当时，这个理论是不可怀疑的。在这样的形势下，《理论动态》居然发表文章要对这个理论进行探讨，这已经是够"大胆"的了。

不可否认，文章也有它无法克服的弱点。这就是，它没有完全否定"无产阶级专政下继续革命的理论"，甚至还肯定它是《毛泽东选集》第五卷"着重阐明的非常重要的思想"。但作者毕竟对其中的一些观点提出了质疑，这已经是一个不小的进步了。单从这一点来看，文章显然触及到了当时一个最大的实际问题，不仅使人"耳目一新"，甚至"大吃一惊。"[8]

就在这时候，中央党校开学了。吴江第一次给学员上的就是哲学课。之后，他又作了一个专题报告，着重讲了两条战线斗争的问题，提出要既反右，也反"左"。他解释说，自50年代以来我们一直反右，不准反"左"，认为社会主义时期只有右的错误而没有"左"的错误。结果，在相当一部分人特别是年轻人的头脑里，没有"两条战线斗争"的概念。中共十一大仍然如此，把林彪、"四人帮"的路线说成是极右或形"左"实右或假"左"真右。总之，人们不知道"左"为何物，谈"左"成为最大的政治禁忌。

吴江在报告的第一部分讲了"两条路线"和"两条战线"的关系，在第二部分批判了"四人帮"的实用主义哲学。在这部分里，他讲了判断路线方针是非的标准问题。他说，按照马克思列宁主义，证明路线的正确与否，即它是否具有客观真理性，不是一个理论问题，而是"一个实践问题，它不可能完全在理论范围内解决，而要从社会实践的结果来证明，看它是否对发展生产力有利，是否为社会主义、为人民群众带来了实际利益。"也就是说，"实践标准是检验真理的唯一标准"。无论是林彪，还是"四人帮"，他们"把实践标准践踏得一钱不值，自己另立一个标准，就是权力标准。"谁在台上，谁有权，谁就有正确路线。官越大，权力越大，路线的正确性也就越大，"这可以说是一种权力拜物教"。[9]后来，吴江把"两条战线"这一部分摘要发表在《理论动态》上。

10月7日，《人民日报》发表《把"四人帮"颠倒了的干部路线是非纠正过来》的文章，产生了不小的影响。10月12日，胡耀邦在《理论动态》组会议上说，这篇文章用马列主义的观点、毛泽东思想的观点，谈了党内的一个重要问题，就是触及了几千万人的问题。他鼓励说，你们要敢于触及实际问题，不要害怕，形势毕竟

小刊物发挥了惊天作用，胡耀邦说，我死后要写上一笔
一个常识性问题引起的讨论
关键时刻，邓小平公开表示，支持真理标准问题的讨论
罗瑞卿表示：如果打板子的话，我愿意领受40大板

回首
1978

233

不同了。

胡耀邦在创办《理论动态》之初，就对办刊方针提出了明确要求。他说，现在社会上有些刊物过于脱离实际，对现实问题不感兴趣，特别是一些政治理论刊物，号称是宣传马克思主义的刊物，实际上书卷气很重。他表示，《理论动态》要"对现实问题发表意见"。[10] 他还在一篇送审稿上写了这样一段话："《理论动态》切不可绕开当前全党性的重大思想理论问题的矛盾走。如果绕开，质量要立即降低。"[11]

在当时的情况下，胡耀邦提出的办刊方针，体现了相当大的理论勇气。由于贯彻了这样的办刊方针，《理论动态》在拨乱反正中起到了带头作用。

《理论动态》第6期发表了《按劳分配是否必然产生资产阶级分子问题的探讨》一文，明确断定：按劳分配是在社会主义公有制基础上产生的，如果认为按劳分配必然产生资产阶级分子，不仅在理论上讲不通，而且在实际生活中也不存在。文章实际上批驳了"文化大革命"以后还要进行多次的理论依据。

胡耀邦调到中央组织部工作后，仍然没有放下《理论动态》。临走时还特意设立了一个"理论研究室"，将《理论动态》的编辑工作交给这个研究室，作为它的主要任务。

12月15日，《理论动态》第31期发表邵华泽的文章《文风和认识路线》，实际上提出了真理标准问题。邵华泽在文章中谈了三个问题。第一，客观事实是第一性的，还是人的主观认识是第一性的？他认为，客观事实是第一性的，认识则是客观存在的反映。注重客观事实，就是注重唯物论，这是马克思主义文风的起码要求。既然事实是客观存在的，那么，人们只能按照事实的本来面目去认识它，而不能按照主观的需要任意去解释、利用。否则，"还有什么真理可言?"第二,用一般指导具体,还是用一般代替具体?对此,邵华泽在文章中写道:认识具体事物,不能离开一般原则的指导。但是,一般又不能代替具体。"如果以为有了一般的原理、原则,就可以不费力气,不调查研究,那就必然陷入唯心主义。"第三,检验工作好坏、水平高低的标准是看实践,还是看别的什么东西?由此看来,作者实际上已经触及到了真理的标准问题。他明确写道:"真理标准只能是社会的实践"。在"四人帮"横行时,一些常识性的问题都被他们搞乱了,必须一一纠正过来。邵华泽认为,判断一个干部能力强不强,要看实践,看他工作的实际效果,看他的行动是否给人民带来了好处以及这种好处的大小。判断一篇报道水平高不高,要看它是否深刻地反映了群众的实践,是否经得起客观实践的检验。绝不是抄马列的诗句多就是水平高。"那种看上去句句有本本根据,可一点也不解决实际问题的文件、报告、文章,有什么水平?"应该"丢到废纸篓里去"。1978 年 1 月 9 日,《人民日报》转载了这篇文章。

12 月 25 日,《理论动态》以《无产阶级革命导师反对对自己的不科学评价》为题,编发了马克思、恩格斯、列宁、斯大林和毛泽东的几条语录,还加了编者按。这一期《理论动态》发出后,在外界引起强烈反响。有人叫好,但也招来质疑。据当事人回忆,有人简直就是"愤怒",气势汹汹地责问《理论动态》究竟"要干什么?"把矛头"对准谁?"[12]

随着 1978 年新年的临近,胡耀邦让《理论动态》组的同志写一篇题为《以怎样的精神状态跨进新的一年》的文章,以迎接新年的到来。12 月 30 日,第 34 期《理论动态》发表了这篇文章。《人民日报》社的人看到这篇文章后,决定转载,就打电话给《理论动态》组,还询问起署名的事。胡耀邦得知后,考虑到报纸既然能以

小刊物发挥了惊天作用,胡耀邦说,我死后要写上一笔
一个常识性问题引起的讨论
关键时刻,邓小平公开表示,支持真理标准问题的讨论
罗瑞卿表示:如果打板子的话,我愿意领受40 大板

回首
1978

评论员的名义发表文章,《理论动态》也可以有自己的"特约评论员"。于是,动态组的同志打电话将此事告诉了《人民日报》社。但不知道什么原因,《人民日报》在1月2日转载这篇文章时用的是"岳平"的名字。据推测,这个名字就是"特约评论员"的缩写。此后,"岳平"也就成了《理论动态》的一个笔名。

1月31日,胡耀邦在中央组织部的秘书打来电话说,华国锋说这篇文章写得好。还说"新时期,新任务,新要求,多谋善断,提法很好。"此时,全国人民代表大会即将召开,华国锋还让《政府工作报告》起草组参考这篇文章。据说,12月30日出版的《理论动态》于当天送到华国锋手里,他看了后很欣赏。还问《政府工作报告》起草的人,是否看过这期《理论动态》?认为第34期的文章写得很好,观点也不错。他还称赞说,文章中提到的"多谋善断"非常重要,现在面临着一个重新学习的问题,怎样学习,就是要"多谋善断"。他让起草组认真看一看,好好学一学。〔13〕

作者在文章里究竟写了些什么使华国锋都觉得很好?文章一共讲了三个问题。第一个问题是关于"新的课题"。实际上是在讨论当时所面临的形势和任务。作者指出,现在,我们面临在本世纪末建成社会主义现代化强国的新起点。这是又一个伟大的历史转折。中国这样一个人口占全人类四分之一、经济基础薄弱、科学技术落后的大国,要在不到四分之一世纪内,从乡村到城市,从农业、工业、国防到科学技术,全面地实现社会主义现代化,无论是从国内角度来看,还是从世界范围来看,都是惊天动地的历史壮举。实现四个现代化是一场新的伟大革命,是从生产力到生产关系,从经济基础到上层建筑,从人们的物质生活到精神面貌的深刻改造。它的成功,不但将改变整个中国的现状,而且将影响世界的革命进程。"四人帮"虽然被打倒了,但是,"四人帮"在物质和精神方面造成的困难，尚待我们继续克服。被"四人帮"破坏了的，要百废俱兴。被"四人帮"搞乱了的，要拨乱反正，正本清源。

作者还说，为了适应新时期的新任务，我们要树雄心，立壮志，要有一种奋发图强，百折不挠，敢破敢立，脚踏实地的精神状态。这种精神状态，"要求我们在新事物面前，具有高度的革命敏感性和革命果断性。"

第二个问题是关于"善于学习"。作者写道：我们的领导和思想水平，我们的经验和知识，工作方法和工作作风，要更好地适应新的历史任务提出的要求。我们要学会自己不懂的东西，必须具备革命者的一种可贵品质，就是对新鲜事物的敏感。有的同志缺乏这种敏感，不善于学习新东西，思想套上了精神枷锁，工作掉进了事务深渊。"四人帮"制造了一系列精神枷锁，设置了一系列思想禁区，使人们不敢越雷池一步，思想僵化，不接受新事物，怕研究新问题。"四人帮"的这种流毒极为严重，必须肃清。除此以外，心有余悸，怕担风险，明哲保身，但求无过等等消极的东西，也是束缚思想的精神枷锁，"应当统统去掉"。要加速实现四个现代化，就必须打碎精神枷锁，跳出事务深渊，以高度的革命敏感去接受新事物，研究新问题。只有这样，"才能提高领导水平，改进工作方法，使自己的思想不断更新，始终走在四个现代化这场伟大革命运动的前头。"

文中提到的第三个问题是"多谋善断"。作者指出，现代化这场伟大革命带来的迅猛发展的新形势，不但逼迫我们要有对新事物的高度敏感，还要求我们在新事物层出不穷的环境中善于作出判断，把革命的敏感性同革命的果断性结合起来。"这就是毛主席一贯教导我们的，要多谋善断。"

什么叫多谋？就是"与多方面商量，向多方面作调查。"我们

小刊物发挥了惊天作用，胡耀邦说，我死后要写上一笔
一个常识性问题引起的讨论
关键时刻，邓小平公开表示，支持真理标准问题的讨论
罗瑞卿表示：如果打板子的话，我愿意领受40大板

回首
1978

了解情况，制订方案，要多听各方面的意见，多研究各种材料，走群众路线。有的同志与相同意见的谋得多，与相反意见的谋得少，与干部谋得多，与群众谋得少。这样，了解情况就不全面。"我们不仅要与左右的干部谋，更要与工人、农民、知识分子谋；不仅与相同意见的同志谋，更要注意与不同意见的同志谋。"既然有人提出不同意见，"你就应当与他谋，看看他的意见怎样。"谋的方法很多，如开调查会、座谈会等。要了解农业情况，解决农业问题，就上农村生产队去谋。要了解工业情况，解决工业问题，就上工厂车间去谋。要了解科研情况，解决科研问题，就上研究室去谋。要了解教育情况，解决教育问题，就上学校课堂去谋。要了解商业情况，解决商业问题，就上商店柜台去谋。要了解军队情况，解决军队问题，就上连队去谋。总之，"一切新事物都出在第一线，领导人员的头脑，只能起一个加工厂的作用。我们要使自己的头脑跟上迅猛发展的新形势，必须多谋于各条战线的第一线。"

1977年11月，叶剑英同邓小平、罗瑞卿、苏振华、焦林义等在广东省委驻地。

什么叫善断？就是"在多谋的基础上善于判断，善于下决心，少谋武断不行。"穷于应付，无法迈开腿上第一线去，根本不同人家商量，就下判断，这叫武断；还有一种，有谋无断，想来想去，犹犹豫豫，下不了决心，不果断，也不行。"多谋就能稳准，善断就能好快。"为此，作者在文中还讲了一段有关袁绍的故事，说：袁绍出身望族，四世居三公位，在封建士大夫中威信很高，门生故吏遍于天下。兵强马壮，有几十万军队，号称长戟百万，胡骑千群。那时曹操只有四万兵。可是几年之间，袁绍就被曹操彻底打垮了。曹操部下有个参谋叫郭嘉，批评袁绍的要害是"性迟而多疑"，"多端寡要，好谋无决"。既不敏感，又不果断，结果垮了台。

作者由此认为，我们是马克思主义者，有辩证唯物主义和历史唯物主义的思想武器，有一整套马克思主义的领导方法和工作方法，"完全可以做到多谋善断"。〔14〕

这篇文章得到华国锋的赞同，很可能有两方面的原因。第一，文章肯定了"抓纲治国"的方针。作者开宗明义地指出："1978年是抓纲治国三年大见成效重要的一年"。在这样一种形势下，"我们应当以怎样的精神状态跨进这新的一年？"这当然很合华国锋的口味。第二，虽然作者提出要"拨乱反正，正本清源"，但毕竟没有直接批评"两个凡是"。所以，文章的主基调是华国锋可以接受的。几个月后，《理论动态》发表了《实践是检验真理的唯一标准》的文章。此后，华国锋也就不再支持这个刊物了。

1月5日，《理论动态》发表《农村集市贸易是资本主义的自由市场吗?》。4月15日，又发表了《怎样看待正当的家庭副业?》。两篇文章批驳了多年来一直盛行的"资本主义自发倾向"的说法，认为农民经营的自留地和正当的家庭副业不是资本主义的东西，以这种从属性的经济为其存在的主要基础的集市贸易，"当然也不是资本

小刊物发挥了惊天作用，胡耀邦说，我死后要写上一笔
一个常识性问题引起的讨论
关键时刻，邓小平公开表示，支持真理标准问题的讨论
罗瑞卿表示：如果打板子的话，我愿意领受40大板

回首
1978

主义的东西"。文章说，保留社员家庭副业有其客观必然性，如果把家庭副业当做"资本主义尾巴"割掉的话，就是在实行一种"愚蠢"的政策。这两篇文章后来在《人民日报》上公开发表了，引起很大影响。

《理论动态》有这么大的影响，主要还在于它"燃起关于真理标准讨论之火"。作为一个面向共产党的领导干部的思想理论刊物，《理论动态》以其内容和特点见长，在共产党内产生的巨大影响是可想而知的。胡耀邦在谈起这一刊物的作用时说，别看这个刊物小，办好了以后，"等于我们办了另外一个党校"。[15] 真理标准大讨论开展起来后，《理论动态》的影响就更大了，以至胡耀邦在同《理论动态》组的成员谈话时颇为深情地说过这样一句话：我死后，要写上一笔，生前办过《理论动态》。[16]

几乎就在同时，邓小平对胡耀邦夸奖说，你们的《理论动态》，班子很不错啊！你们的一些同志很看了一些书啊！不要搞散了，这是个好班子。[17]

2. 一个常识性问题引起的讨论

"两个凡是"提出之后，很多人开始以此为标准来判断是非，真理标准问题被搞乱了。为此，1977 年 8 月 25 日，《理论动态》发表了一篇文章，批评"风派人物"。文章是胡耀邦审定的。其中说道，这种"风派人物"对待是非，不是以客观实际为准，而是以"小道消息"为准，以某些"权威"的意见为准，"以报纸刊物上的提法为准"。

在毛泽东逝世一周年之际，陈云、聂荣臻、徐向前分别写了纪念文章。聂荣臻在文章中说，我们的一切正确思想，归根到底，"只能从实践中来，从实际经验中来，并且必须回到实践中去，通过实际经验的检验。"他甚至表示，我们学习和运用马列主义、毛泽东思想，一定要掌握它的精神实质，学习它的立场、观点和方法，把基本原理当做行动指南，"反对把马克思列宁主义、毛泽东思想的一些词句当做脱离时间、地点和条件的教条"。[18]

10 月 9 日，中共中央党校开学。华国锋到场发表讲话说，马克思列宁主义、毛泽东思想是一个极其丰富的理论宝库，也是一个完整的科学体系。他要求学员在学习中，"应当力求完整地而不是零碎地、准确地而不是随意地、实际地而不是空洞地把马克思列宁主义、毛泽东思想各个方面的基本原理掌握起来。"他还说，"四人帮"这一伙人搞乱了很多的基本理论问题，也把党的优良学风给破坏了。所以，"我们必须用大气力把它纠正过来。我希望同志们在教学中要特别注意坚持和发扬理论联系实际的优良学风。"他在讲话中

回首
1978

还表示，要组织力量研究中国共产党的历史，总结经验，"特别是第九次、第十次、第十一次路线斗争的经验"。[19]

叶剑英也在开学典礼上发表了讲话。他说，毛泽东在继承、捍卫和发展马克思主义的同时，为我们党树立了优良的学风。这就是理论密切联系实际的学风。关于理论密切联系实际，叶剑英认为有两层最基本的意思："一层是：一定要掌握理论。没有理论，一张白纸，凭什么去联系实际呢？另一层是：一定要从实际出发。如果理论不能指导实际，不受实际检验，那算什么理论！决不能把理论同空谈、吹牛甚至撒谎混为一谈。"他还说，毛泽东在世的时候，准备做一件大事，就是要把我们党几十年来的全部斗争经验加以总结，写出一部党史来。现在不知有多少党史，就是没有个正本。党校要有党史这个正式课程。他希望在党校工作的同志，来党校学习的同志，"都来用心研究我们党的历史，特别是第九次、第十次、第十一次路线斗争的历史。"[20]

华国锋或许没有想到，他和叶剑英提出的研究三次路线斗争历史的要求，不久引发了一场关于真理标准问题的大讨论。这显然是华国锋不愿看到的，他后来因此而做了自我批评，也因此而不得不辞去中共中央主席的职务。

研究三次路线斗争的历史，实际上就是研究总结"文化大革命"的历史。在中央党校主持工作的胡耀邦，要求从事党史教学的同志组成一个小组，研究这一课题。所谓"三次路线斗争"，一次是指刘少奇，一次是指林彪，再一次就是"四人帮"。这是当时的提法，现在看来并不科学。刘少奇显然不能算一次，这是中国共产党历史上最大的冤案。

这里涉及一个研究的标准问题，为此，胡耀邦提出两条原则：一要完整地、准确地运用马列主义、毛泽东思想；二要看实践。

可是，对于这两条原则，中央党校的一些学员却理解成两个标准。一是毛泽东的指示；二是实践。按照第一个标准，过去的冤假错案也就不能平反了。

而且，中央党校研究小组提交的有关研究三次路线斗争史的提纲，几乎照抄了华国锋在中共十一大上的讲话。实际上，华国锋的讲话本身就有一些错误的东西，尤其是肯定了"无产阶级专政下继续革命的理论"，甚至认为"文化大革命"以后还要进行多次。胡耀邦对这个提纲很不满意。12月初，他在一次校党委会议上提出，不要以为是中央文件，就是正确的，"这什么'论'啊？"这十几年的历史如何研究，"不要根据哪个文件，哪个领导人的讲话，而应该看实践"。[21]他随即解散了这个研究小组，由哲学教研室的吴江牵头，重新成立了一个小组。

12月9日，胡耀邦主持会议讨论新的研究方案。他说，怎么研究？这里有一个态度问题，也就是方法问题。如果方法不对头，研究共产党的历史就会失去方向。他要求采取历史唯物主义的态度，从实际出发，尊重历史和事实。而任何脱离实际，断章取义的行为，"都是反马列主义、毛泽东思想的"。为了更好地研究这三次路线斗争的历史，胡耀邦建议先草拟一个"讨论纲要"，以便进一步讨论。[22]

1978年1月18日，吴江和其他几个人把提纲起草好了，并送给了胡耀邦。他看过之后肯定了提纲的"路子是对头的，只是太简略了。"他建议再修改一下。

3个月后，第二稿拿出来了，这就是《关于研究第九次、第十次、第十一次路线斗争的若干问题》。其中提到，1.应当完整地准确地运用马列主义、毛泽东思想的基本原理（包括毛主席关于无产阶级"文化大革命"的全面论述和一系列指示）的精神实质，来进

小刊物发挥了惊天作用，胡耀邦说，我死后要写上一笔

一个常识性问题引起的讨论

关键时刻，邓小平公开表示，支持真理标准问题的讨论

罗瑞卿表示：如果打板子的话，我愿意领受40大板

回首
1978

行研究。2.应当以实践为检验、辨别路线是非的标准，实事求是地进行研究。路线的正确与否，不是一个理论问题，而是一个实践问题，要由实践的结果来证明。离开实践或者闭眼不看历史事实，来争论路线是否正确，除了徒劳无益或者受骗上当以外，是不可能得到任何结果的。[23]

随后，中央党校让在校的800名学员讨论这个提纲。在讨论中，出现了不同的观点。有人提出，研究共产党的历史，要尊重事实，从实际出发。但也有人主张以中共"九大"、"十大"和"十一大"文件为依据评价"文化大革命"。

那么，真理的标准究竟是什么？是毛泽东的指示，还是实践？这是真理标准大讨论首先必须回答的问题。据孙长江回忆，他和吴江当时都认为，两个标准的说法是一种误解，是糊涂观念，应该澄清。他们打算写一篇文章，把这个问题讲清楚。孙长江在命题的时候就强调了真理标准的唯一性。因为，"我们要解决的就是两个标准会带来思想混乱的问题"，所以，他们把文章的题目确定为《实践是检验路线是非和真理的唯一标准》。随后，他们又取掉了其中的几个字，把题目改为《实践是检验真理的唯一标准》。

其实，实践是检验真理的唯一标准，这不仅在马克思主义哲学中是一个常识问题，而且在人们的日常生活中也是一种常识。然而，就是这样一个极其普通的常识问题，在30年前的中国，竟然引发了一场"真理标准大讨论"。

可以肯定地说，真理标准大讨论是针对"两个凡是"的，这是当时参与者的一致看法。时任《光明日报》理论部哲学专刊主编的王强华回忆说，粉碎"四人帮"后，各行各业都开始拨乱反正，但总觉得有什么东西阻碍着这一运动的深入，大家都在冷静地思索这个问题，后来才明白，这个"东西"就是1977年2月7日"两报一刊"

社论提出的"两个凡是"。如果不破除"毛主席的话句句是真理"这一观念，那么，包括"天安门事件"在内的许多问题都得不到解决。于是，从根本上驳倒"两个凡是"，为进一步拨乱反正制造舆论，就成了现实的必然要求。〔24〕

《实践是检验真理的唯一标准》作者之一、南京大学哲学系教师胡福明在谈到写作这篇文章的经过时也说，1977 年 2 月 7 日，"两报一刊"发表社论提出"两个凡是"后，正在全国开展的拨乱反正降温了。当时我就意识到要批判"两个凡是"，开始酝酿写文章。"我写实践标准这篇文章，目的很明确，就是推翻'两个凡是'，推动拨乱反正。"〔25〕

胡福明写这篇文章是应王强华之约。两人后来对文章的写作均有回忆，但在写作时间上有出入。据王强华回忆，他约胡福明写这篇文章"真是很偶然的"。1977 年 8 月，南京召开拨乱反正理论研讨会，邀请《光明日报》派人参加。考虑到王强华是南京人，而且《光明日报》理论部也在为拨乱反正作舆论准备，于是，王强华就去了南京。在研讨会上，胡福明发言，认为"文化大革命"期间批判"唯生产力论"是错误的。王强华觉得胡福明的思想比较解放。所以，在会议休息期间，王强华主动找到胡福明，想请他为《光明日报》哲学专刊写文章，内容是关于批判"四人帮"、从理论上拨乱反正，但没有确定具体的题目。

"不久，大约是 1977 年 10 月，胡福明寄来了两篇稿子，一篇是批江青提出的'女人也是生产力'的，另一篇题为《实践是检验真理的标准》。"王强华看了第一篇稿子后觉得没有什么意思，认为第二篇文章立论可以，提出了一个很重要的问题，但战斗性不太强，于是就写信让胡福明修改。〔26〕

胡福明回忆的时间是在 6 月初，当时理论界在江苏省委党校开

小刊物发挥了惊天作用，胡耀邦说，我死后要写上一笔
一个常识性问题引起的讨论
关键时刻，邓小平公开表示，支持真理标准问题的讨论
罗瑞卿表示：如果打板子的话，我愿意领受40大板

回首
1978

245

日前中共中央主席、国务院总理华国锋同志题了纪　　　　新华社记者摄

实践是检验真理的唯一标准

本报特约评论员

检验真理的标准只能是社会实践

理论与实践的统一，是马克思主义的一个最基本的原则

（下转第二版）

1978年5月11日《光明日报》发表了《实践是检验真理的唯一标准》一文。

展研讨会，"我在会上作了《谁反对唯生产力论就是反对历史唯物论》的发言，论述生产力是历史唯物论的根本观点。会后，经别的同志介绍，我认识了王强华同志，他似乎支持我的观点，并约我写文章，但没有提出题目，因而我于1977年9月初把《实践是检验真理的标准》与另一篇文章一起寄给了王强华。"[27]

关于《实践是检验真理的标准》这篇文章的写作经过，胡福明有过详细回忆。据他

图为胡福明。

说，在确定选题时遇到的第一个问题是如何批判"两个凡是"。在当时那种情况下，公开批判"两个凡是"显然是不可能的。于是，他打算给"两个凡是"找一个"替身"。而这个"替身"就是"文化大革命"期间人人皆知的"天才论"和"句句是真理"。这样就不会有人反对了。他遇到的第二个问题是，要从众多的马克思主义原理中找出一个同"两个凡是"相对立的原理来。"两个凡是"把毛泽东的指示当做先验的东西，无需经过实践检验。还有，"文化大革命"的理论也是先验的，不需要检验的。但是，马克思主义认为，实践才是检验真理的标准。看来，"两个凡是"的要害就是否认了马克思主义这一原理。于是，他确定以"实践是检验真理的标准"作为文章的主题。

文章从酝酿到完成，共花了半年的时间。到 1977 年 7 月上旬，文章的主题、观点、布局已基本成型。7 月底，初稿已经完成。据胡福明说，这篇文章，是他在揭批"四人帮"的斗争中，自己选定的题目，自己形成的主题，自己提出的观点，自己寻找的材料，自己拟定的提纲，自己撰写的文章。到 1977 年 6 月至 8 月，写成了七八千字的文章，于 9 月寄给了《光明日报》。

胡福明寄去的这篇文章，共分三个部分：（一）实践是检验真理的标准，任何学说、理论、路线是否正确，都必须经过社会实践的检验，实践证明是正确的才是真理，实践证明是错误的则应予否定，实践是检验一切真理的标准；（二）马克思、恩格斯创立了辩证唯物论、历史唯物论，自觉地根据社会实践检验自己的理论、学说，证实、发展真理，修正错误；（三）天才论、"句句是真理"是唯心论，流毒很深，必须继续深入批判。

可是，文章寄出 4 个月后仍没有消息。直到 1978 年 1 月 14 日，胡福明收到王强华寄来的一封信和两份《实践是检验真理的标准》

小刊物发挥了惊天作用，胡耀邦说，我死后要写上一笔

一个常识性问题引起的讨论

关键时刻，邓小平公开表示，支持真理标准问题的讨论

罗瑞卿表示：如果打板子的话，我愿意领受 40 大板

回首
1978

小样。王强华在信中说，文章已经粗略地编了一下，"主要是把原稿第一部分压缩了，突出后两部分，但似觉得长了一些。是否请你看看再删一些，有些地方，文字的意思有些重复，可否精炼一些。"此外，文章提出的问题比较尖锐，分寸上请仔细掌握一下，"不要使人有马列主义'过时'论之感的副作用"。

胡福明却有自己的看法，在作了一番推敲之后，他认为，这样写不会有副作用。至于坚持真理标准，反对"两个凡是"，推动拨乱反正的主题，"也不宜改变"。所以，他第一次对文章"修改得很少"。为避免授人以把柄，在随后的几个月里，胡福明按照王强华的建议又作了几次修改。

3月13日，王强华致信胡福明：文章基本上已定稿，但联系实际较少。为了使文章更具有战斗力，"请适当增加联系实际部分"。他在信中还说，由于"四人帮"多年来靠片言只语吓唬人，使得一些人"至今仍不注意实践经验，不从实际出发，从概念出发，硬套某个指示，结果'心有余悸'，许多工作搞不好。"他希望胡福明在修改文章时"考虑能否把这样意思的话写上"。[28]

根据王强华的建议，胡福明在修改文章时又加了一大段文字，其中提到：十年间，"四人帮"主观主义横行，他们抓住片言只语吓人，到处设置禁区，给人套上枷锁。所以，至今仍有一些同志，做工作，解决问题，既不总结实践经验，又不倾听群众意见，从概念出发，从原则出发，不问具体条件，把个别词句奉为教条，生搬硬套，明知不符合实际，也不敢从实际中引出新结论；遇到新情况下的新问题，不去运用马克思主义的观点进行调查研究，具体问题具体分析，而是翻书本、找语录，把个别词句作为包医百病的灵丹妙药，不管是否符合当前实际，不问能否做好工作；"判断是非，不以实践为标准，不拿事实作根据，而用片言只语作准则，总之，心有余悸"。胡福明还把文章的题目改为《实践是检验一切真理的标准》。

可是，出乎意料的是，4月2日的清样出来后，"判断是非，不以实践作标准"等几句话却被删掉了。这几句话是直接针对"两个凡是"的，编辑为什么把它们删掉了？据胡福明推测，编辑之所以这样做，表明他们"既支持实践标准，反对'两个凡是'，又不便把话说得太明白。"〔29〕

这时，还有一个人也在写关于真理标准的文章，这就是中国社会科学院哲学研究所的邢贲思。他应《人民日报》之邀，写了一篇题为《哲学和宗教》的文章。

此前，3月26日，《人民日报》理论部的张德成以"张成"的名义在《人民日报》上发表了《标准只有一个》的文章。这篇文章并不长，不到2000字。作者在文章中开宗明义地提出："真理的标准，只有一个，就是社会实践。这个科学的结论，是人类经过几千年的摸索和探讨，才得到的。"他说，哲学家们曾提出过各种真理的标准。笛卡儿认为，只有像几何学上的公理那样清楚明白的，才能叫做真理。这种说法，看起来似乎有道理，但是，究竟怎样才是"清楚明白"，恐怕"连他自己也说不明白"。王阳明把"良知"定为真理的准则，"那就是一切凭良心，根本不承认有什么客观标准"，其结果只能是"公说公有理，婆说婆有理"。实用主义者声称，"对我有用的就是真理"。基督教徒们则把耶稣的话奉为真理，一切都要拿《圣经》作标准，《圣经》上反对的就不许做。总之，"在马克思主义产生以前，人们总是从认识、意志、思想、理论中去寻找真理的标准，因而，他们找不到真正的客观的检验真理的标准。"

文章指出，"马克思主义第一次科学地解决了人类认识史上这个老大难的问题"。马克思主义不同于以往的一切哲学，就在于"它把社会实践引进了认识论，认为认识依赖于实践，实践是认识的基

小刊物发挥了惊天作用，胡耀邦说，我死后要写上一笔
一个常识性问题引起的讨论
关键时刻，邓小平公开表示，支持真理标准问题的讨论
罗瑞卿表示：如果打板子的话，我愿意领受40大板

回首
1978

础。通过社会实践而发现真理，又通过社会实践而证实真理和发展真理。"因此，"只有社会实践才是检验真理的标准。"马克思明确提出：人的思维是否具有客观的真理性，这并不是一个理论的问题，而是一个实践的问题。恩格斯也指出：对一切哲学上的怪论的最令人信服的驳斥是实践。列宁再三强调：人应该以自己的实践证明自己的观念、概念、知识、科学的客观正确性。

文章认为，对这个问题作了最完整、最深刻论述的，是毛泽东的《实践论》。毛泽东在这篇文章中指出：判定认识或理论之是否真理，不是依主观上觉得如何而定，而是依客观上社会实践的结果如何而定。真理的标准只能是社会的实践。文章由此强调，毛泽东在这里说的是"只能"。就是说，"真理的标准，只有一个，没有第二个，除了社会实践，不可能再有其他检验真理的标准。"

但是，"有的同志不愿意承认或者不满足于马克思主义的这个科学结论，总想在实践之外，另找一个检验真理的标准。"当他们要判断理论是非、思想是非时，不管社会实践结果如何，而是"看书本上是怎样讲的"。这些同志不了解，即使书本上讲的是真理，但是，真理和真理的标准，是两个不同的概念。马克思主义是真理。这是不能怀疑的。但是，"我们能说马克思主义就是检验真理的标准吗？当然不能这样说。"因为马克思主义本身之所以是真理，也是由人类的社会实践来检验来证明的。认识、理论本身是不能自己证明自己的，它的真理性，最终只有通过社会实践的检验，才能加以确定。"如果把理论也当做检验真理的标准，那就有两个标准了。这是不符合马克思主义的认识论的。"[30]

文章发表之后，有些人提出了不同的看法。《人民日报》编辑部收到了20多封反对信。从来信看，这些人坚持认为，马克思主义就是检验真理的标准，否则，就是贬低马克思主义理论。

在此情况下，《人民日报》理论部的人觉得有必要把标准问题讲清楚，决定发表一篇有分量的文章。他们想到了邢贲思，就把读者来信转给了他，想请他就信中提出的问题写一篇阐明真理标准问题的文章。

邢贲思的文章发表在4月8日的《人民日报》上。作者在文章中着重谈了哲学同宗教的关系。他说，哲学和宗教是两种不同的意识形态。哲学用概念和逻辑的形式来反映世界的，"一般地说，它不崇拜偶像，而是用理智的力量来征服人。"宗教虽然也是现实世界在人们意识中的反映，但它是一种虚幻的、颠倒的反映。与哲学不同的是，宗教"崇拜偶像"。因此，"宗教不是用理智的力量，而是用迷信、信仰来压服人。"尽管哲学不同于宗教，但是，两者有过合流的情况，如中世纪的经院哲学。哲学同宗教合流的另一种情况，就是"某一种唯心主义哲学，有时为了把它的一种理论推到极点，也往往向信仰主义乞灵。"作者认为，马克思主义哲学是历来反对信仰主义和任何形式的偶像崇拜的。"它从来不提倡盲目信仰，也不把自己当做某种证明物。"作者在文章的最后提出，我们的任务就是还"马克思主义的哲学以本来面目，而大书特书哲学是一门科学，有独立的研究对象；要大书特书哲学和宗教、科学和信仰是根本不同的，让马克思列宁主义的哲学和毛主席的哲学思想真正成为我国人民认识世界和改造世界的强大武器。"〔31〕

文章虽然没有提到"真理标准"这几个字，但作者明确提出，不要搞信仰主义，不要提倡盲目的崇拜和迷信，实际上是针对"两个凡是"的，只不过没有说得那么直接而已。

此后，《光明日报》的态度也发生了转变，其中的关键人物就是总编辑杨西光。他在中央党校学习期间，参加了胡耀邦主持的"什么是检验历史标准"的讨论。所以，当他看到胡福明的文章后立

小刊物发挥了惊天作用，胡耀邦说，我死后要写上一笔
一个常识性问题引起的讨论
关键时刻，邓小平公开表示，支持真理标准问题的讨论
罗瑞卿表示：如果打板子的话，我愿意领受40大板

回首
1978

刻意识到它的重要性。

关于这件事的经过，王强华回忆说，4月10日，一张《光明日报》《哲学》专刊大样，按规定送到了总编辑杨西光的案头。他立刻被《哲学》上的头条署名胡福明的文章《实践是检验一切真理的标准》吸引住了。他在详细审阅了该文后，把我叫去，要求把它从专刊上撤下来。杨西光提出的意见有两条：一是像这样重大主题的文章应该放在第一版刊登，在专刊上发表影响小，太可惜了；二是文章要进行重大修改，主题应该是针对当前理论和实践关系问题上的混乱思想，作出比较充分的论证。[32]

此时，文章已经修改过5次了。按照杨西光的要求，文章还得继续修改。可是，文章的作者还在千里之外的南京，来不及征求意见。就在这时，胡福明正好来北京开会。

4月13日，胡福明来到《光明日报》社。杨西光在他的办公室里召集几个人开会商量文章的修改问题。在座的还有王强华、马沛文。考虑到孙长江也在写同样内容的文章，所以，他也应邀参加了讨论。

"开始时，杨西光说明原委，还说了当时的形势，接着就询问孙、胡二人对写这样主题文章的基本思路和重点。胡福明认为重点应该放在理论上分清是非，而孙长江认为主题应该放在思想路线上分清是非。杨西光当场决定，你们二人可以按照各人的思路写，《光明日报》都给你们发表，谁的文章先写好，定了稿，就先发谁的，两篇都要发。"[33]

在杨西光的主持下，对胡福明的文章进行了讨论。杨西光坚持认为，文章一定要解放思想，批评"两个凡是"。王强华后来在回忆当时的情景时说，杨西光敢于明确提出批评"两个凡是"，这是一个大胆的意见，一下子就把文章的要害抓住了，把主题升高了，实在功

不可没。后来在我们修改稿子时，就十分注意贯彻这个意见。〔34〕

会议结束后，胡福明、孙长江各自在修改自己的文章。胡福明在回忆他的修改经过时特意作了几点说明：第一，把文章由三个部分变成四个部分，增加了"理论与实践的统一，是马克思主义的一个基本的原则"，作为第二部分；第二，强调冲破"禁区"。文章说，无论在理论上或实际工作中，至今仍存在一些"禁区"。所谓"禁区"，就是不能在马克思主义指导下实事求是地研究问题，不能用科学的方法分辨是非，只靠'"信仰"去解决。这是完全错误的。在马列主义、毛泽东思想面前，没有不可研究的问题，没有任何"禁区"。第三，修改时加了两句话：马克思、恩格斯并不认为凡是自己讲过的话都是真理，也不认为凡是自己的结论都要维护。〔35〕

"五一"前夕，正当胡福明准备回南京的时候，杨西光同他做了一次谈话。此时，杨西光觉得文章已经修改得差不多了，剩下的工作将由中央党校的同志去做。他还告诉胡福明，这篇文章要请胡耀邦审定，他在中央党校成立了理论研究室，还办了一个内部刊物，就是《理论动态》。我们这篇文章要交给中央党校理论研究室的同志修改，先在《理论动态》上发表，第二天，再由《光明日报》公开发表。"《理论动态》是逢五逢十出版，他们五日刊出，我们六日见报。他们十日刊出，我们十一日发表。"〔36〕随后，《人民日报》、《解放军报》转载。"我们已经商量好了，要批判'两个凡是'，推动解放思想、拨乱反正。"〔37〕

谈话中，杨西光还告诉胡福明，文章准备在第一版发表，但要以"本报特约评论员"的名义，这样可以增加文章的分量，"我们聘请你做《光明日报》的特约评论员"。

胡福明爽快地答应了，并且表示，他写这篇文章，是为了批判"两个凡是"。文章发表后，"能起更大作用就好"。

小刊物发挥了惊天作用，胡耀邦说，我死后要写上一笔
一个常识性问题引起的讨论
关键时刻，邓小平公开表示，支持真理标准问题的讨论
罗瑞卿表示：如果打板子的话，我愿意领受40大板

回首
1978

此后，文章由中央党校的几位理论教员继续修改。吴江看到文章后，觉得很有勇气，"只是理论和逻辑性不足"，就让孙长江把两篇文章合到一起，"题目还是用我们原定的"。[38]孙长江后来在谈到文章的修改时强调了以下三点：第一，从一开始就有两篇原稿，不是一篇原稿。我们一个，胡福明一个；第二，文章核心在于"唯一"；第三，文章是路线斗争、政治思想斗争的产物，不是纯理论的产物。至于后来见报的那篇文章，就是由孙长江"捏出来的"。[39]

对此，胡福明并不否认，他在回忆这篇文章的写作经过时还特意提到了孙长江的修改情况。他说过这样的话：第一，把文章梳理了一下；第二，对文章的观点作了分析发挥；第三，使文章精练了，去掉了一些重复的词句。

不过，胡福明也承认，"文章也不是十全十美的，修改也不是无可批评的，不但今天看来，有可修改之处，在当时，我对几点修改，也有自己的看法。"但整个说来，孙长江在文章的修改上，"花了很大功夫，提高了文章的质量，作出了贡献。这是不容抹杀的。"尽管如此，文章的主题、基本观点、主要内容和主要材料，"没有变化，没有增加重要论点"。对此，胡福明作了几点说明：（一）"唯一"二字，据我所知，是杨西光加的。文章题目，经过几次变动。我最初定的题目是《实践是检验真理的标准》，后来，我改为《实践是检验一切真理的标准》，以后我又把"一切"二字去掉。最后，杨西光加上"唯一"二字，成为《实践是检验真理的唯一标准》。（二）"科学无禁区"这个论断，来自周扬。（三）我在修改文章的过程中吸收了杨西光、马沛文、王强华、孙长江、吴江提出的意见。[40]

中央党校的人又是怎样看待这个问题的呢？据沈宝祥说，胡福明于4月14日、15日改了一次。由于他急于离京，没有来得及把讨论的观点全部反映出来。马沛文、王强华后来根据杨西光和会议讨论的意见接手修改，"才把上述观点基本体现出来了"，[41] 这就是 4 月 20 日的修改稿。第二天，稿子送给了孙长江，由他继续修改。在随后的两天里，马沛文、王强华、杨西光又讨论了一次，并作了修改，然后再把稿子送给孙长江。经过 4 月 20 日、23 日、24 日连续三天的修改，文章"增加了内容"，即：文章的结构由三大段变为四大段；突出了邓小平关于要完整地、准确地理解毛泽东思想的观点；阐述了理论联系实际的关系；加重了结尾部分的分量。

在此期间，杨西光曾两次到中央党校同吴江、孙长江交换过意见。此后，孙长江以胡福明的文章和这次谈话的意见，还有他们自己写的文章为基础进行修改。经过这次修改，文章"质量上有了提高"，而且"对原来的稿子做了不少删削，约一半多段落是重写的，对真理和社会实践作了定义式的简明界说，使逻辑和文字叙述以及定论都更加清楚，更加精确。"此外，文章还举了毛泽东 1958 年修改《中国农村社会主义高潮》按语个别提法的例子，"使文章的论据增加了分量"。最后一段写得更加有力，提出要反对躺在马列主义、毛泽东思想现成条文上，指出共产党人要有责任和胆略，研究生动的实际生活，研究新的实践中提出的新问题，"这就使现实问题的针对性有了加强"。孙长江在修改时还加了小标题，"使主题和表述更加鲜明"。[42]

作为当事人之一的孙长江，在文章发表 6 年之后给《光明日报》社和总编辑写了一封信，讲了修改这篇文章的一些情况。他说，1978 年 3 月间，吴江根据胡耀邦的意见，在向中央党校副校长马文瑞汇报后，指定我为《理论动态》写一篇文章，以《实践是检验真理的唯一标准》为题。这时候，《光明日报》也想搞这个问题。杨西光得知上述情况后，请人告诉我，他们有篇同类文章，希望帮着搞。4 月中旬，杨西光派人接我到报社，讨论那篇稿子。胡福明在

小刊物发挥了惊天作用，胡耀邦说，我死后要写上一笔
一个常识性问题引起的讨论
关键时刻，邓小平公开表示，支持真理标准问题的讨论
罗瑞卿表示：如果打板子的话，我愿意领受40 大板

回首
1978

场。4月21日,《光明日报》王强华把胡福明根据大家意见修改后的文章小样送给我,同时也送给了吴江,题目是《实践是检验一切真理的标准》。吴江看完小样后,认为文章写得有勇气,但理论和逻辑性较差,叫我尽量把两个稿子捏在一起,吸收胡文的好意见,题目还用我们原来的。我搞出一个稿子,由吴江修改、补充,然后送给胡耀邦审阅。但他认为,文章"基本上重写了"。〔43〕

孙长江在信中还提到了署名的问题。他说,尽管文章基本上重写,但在落款上还是写了"《光明日报》社供稿,作者胡福明,本刊作了修改"。吴江考虑到修改后的文章吸收了人家的稿子,也就表示同意了。但是,后来有人提出,文章实际上已经重写了,整个过程胡福明都没有参加,而且其中有些是领导同志的意见,因此,再用外稿作者的名字已经不恰当了。经过再三斟酌,删去了"作者胡福明"这句话,改为"光明日报社供稿,本刊作了修改"。

从以上几位当事人的回忆来看,这篇文章在正式发表之前,经过了几个人的修改。所以,胡福明认为,"这篇文章成为集体创造"。虽然《理论动态》在发表这篇文章的时候,将胡福明的名字删掉了,但承认文章由《光明日报》供稿,而《光明日报》提供的稿子就是胡福明的文章。因此,从《光明日报》的角度来说,它认为胡福明就是文章的作者。6年之后,《光明日报》举行了一次优秀理论文章评奖活动,《实践是检验真理的唯一标准》被评为特别奖,胡福明作为文章的作者参加了颁奖大会。《光明日报》为此致信吴江、孙长江:"本报最近举行了优秀理论文章评奖活动,并于本月十日举行了授奖大会。《实践是检验真理的唯一标准》一文荣获特别奖,奖金一千元,其中七百元奖给作者胡福明同志,三百元奖给参加文章修改的你们二位……"〔44〕

几位当事人在回忆文章写作与发表的经过时都肯定了胡耀邦的

作用。胡福明在他写的回忆文章中说：耀邦同志审定了这篇文章，对文章的发表起了"决定性作用"。[45] 沈宝祥透露，文章给胡耀邦审阅了两次。一次是在 4 月底或 5 月初，另一次就是 5 月 6 日。这天下午，胡耀邦把《理论动态》组的成员叫到家里开会。临走前，孙长江来找沈宝祥，让他带上《实践是检验真理的唯一标准》一文的清样。同去的还有冯文彬、吴江、孟凡等。去了之后，沈宝祥把文章的清样交给了胡耀邦，想请他先看一下。胡耀邦接过稿子后埋头看起来。大家在一旁静坐。过了一会儿，胡耀邦看完了，就对大家说，我认为可以了。只是有两处需要修改一下。一处是第 6 页，原稿写的是："不断提出新的观点和理论"。胡耀邦认为还是不提"新的理论"为好，建议改为"不断作出新的概括，把理论推向前进。"另一处是文章的结尾，胡耀邦提出增加一句"对待马克思主义的正确态度"。此时，沈宝祥就坐在椅子上，迅速记下了胡耀邦的意见。第二天，他将记录整理后送给了孙长江。随即，孙长江又对文章作了一些文字上的修改。[46]

文章为什么要先拿到《理论动态》上发表，然后由《光明日报》转载？因为，按照常规，发表如此重要的文章必须送审，而一旦送审，肯定通不过。所以，只有在《理论动态》上先发表，第二天再由《光明日报》转载。尽管如此，《光明日报》社的人还是考虑了可能出现的各种后果。第一，《光明日报》可能会撤换一批人，但不至于停刊；第二，相关人员可能当不成编辑了，但也不至于坐牢。[47]

5 月 10 日，《理论动态》发表了《实践是检验真理的唯一标准》一文。第二天，《光明日报》在第一版下半部，以通栏标题发表了这篇文章，并署名"本报特约评论员"。

文章一开始就指出：检验真理的标准是什么？这是早被无产阶级的革命导师解决了的问题。但是这些年来，由于"四人帮"的破

小刊物发挥了惊天作用，胡耀邦说，我死后要写上一笔

一个常识性问题引起的讨论

关键时刻，邓小平公开表示，支持真理标准问题的讨论

罗瑞卿表示：如果打板子的话，我愿意领受 40 大板

回首
1978

坏和他们控制下的舆论工具大量的歪曲宣传，把这个问题搞得混乱不堪。为了深入批判"四人帮"，肃清其流毒和影响，"在这个问题上拨乱反正，十分必要。"文章在引用马克思的一段话后说：一个理论，是否正确反映了客观实际，是不是真理，只能靠社会实践来检验。这是马克思主义认识论的一个基本原理。实践不仅是检验真理的标准，而且是"唯一的标准"。这是因为，辩证唯物主义所说的真理是客观真理，是人的思想对于客观世界及其规律的正确反映。因此，"作为检验真理的标准，就不能到主观领域内去寻找，不能到理论领域内去寻找，思想、理论自身不能成为检验自身是否符合客观实际的标准，正如在法律上原告是否属实，不能依他自己的起诉为标准一样。"作为检验真理的标准，必须具有把人的思想和客观世界联系起来的特性，否则就无法检验。人的社会实践是改造客观世界的活动，是主观见之于客观的东西。实践具有把思想和客观实际联系起来的特性。因此，"正是实践，也只有实践，才能够完成检验真理的任务。科学史上的无数事实，充分地说明了这个问题。"

文章还考虑到这样一种情况，即："有的同志担心，坚持实践是检验真理的唯一标准，会削弱理论的意义。"文章认为，这种担心是多余的。"凡是科学的理论，都不会害怕实践的检验。"相反，"只有坚持实践是检验真理的唯一标准，才能够使伪科学、伪理论现出原形.从而捍卫真正的科学与理论。"这一点，对于澄清被"四人帮"搞得非常混乱的理论问题，"具有特别重要的意义"。

文章有针对性地指出：革命导师"不仅提出了实践是检验真理的唯一标准，而且亲自作出了用实践去检验一切理论包括自己所提出的理论的光辉榜样。"革命导师这种尊重实践的严肃的科学态度，给我们极大的教育。他们并不认为自己提出的理论是已经完成了的绝对真理或"顶峰"，可以不受实践检验的；也不认为只要是他们作出的结论不管实际情况如何都不能改变；更不要说那些根据个别情况作出的个别论断了。"他们处处时时用实践来检验自己的理论、论断、指示，坚持真理，修正错误，尊重实践，尊重群众，毫无偏见。他们从不容许别人把他们的言论当做'圣经'来崇拜。"

文章在结尾提到：当前面临着许多新的问题，需要我们去认识，去研究，躺在马列主义、毛泽东思想的现成条文上，甚至拿现成的公式去限制、宰割、裁剪无限丰富的飞速发展的革命实践，这种态度是错误的。我们要有共产党人的责任心和胆略，勇于研究生动的实际生活，研究现实的确切事实，在研究新的实践中提出的新问题。只有这样，才是对待马克思主义的正确态度。[48]

10年之后，于光远在他的纪念文章中谈到，"这篇文章一发表，就显示出它的巨大的作用。说它在新的历史条件下吹起了马克思主义指导下思想解放运动的号角，丝毫也没有夸大。这一讨论在中国共产党历史上的意义，已载入《关于建国以来党的若干历史问题的决议》的'史册'。"[49]

至于文章发表后所引起的巨大反映，当时很多人，包括当事人在内，都是"没有充分估计到"的。[50]以至多年后，孙长江还这样说：现在回过头来看，我始终觉得，这篇文章在理论上、在写作上都没有什么特别的地方，就一篇文章来讲，是一般的文章。"它只是适应了当时的历史需要，一种斗争的需要，在客观上起了很大的作用。"[51]

小刊物发挥了惊天作用，胡耀邦说，我死后要写上一笔

一个常识性问题引起的讨论

关键时刻，邓小平公开表示，支持真理标准问题的讨论

罗瑞卿表示：如果打板子的话，我愿意领受40大板

回首
1978

3. 关键时刻，邓小平公开表示，支持真理标准问题的讨论

在《光明日报》发表《实践是检验真理的唯一标准》一文的第二天，包括《人民日报》、《解放军报》在内的7家报纸作了转载。5月13日，有16家报纸转载。到5月底，又有7家报纸转载。至此，有30多家报纸转载了这篇文章。从当时的情况来看，对《光明日报》发表的这篇文章，"赞成的和反对的都出乎意外的激烈"。[52]据当事人回忆，这篇文章的发表，"竟然引起一场大讨论，是我们始料所不及的"。[53]

文章一发表，却招来不少人的指责。首先对文章提出指责的是毛泽东著作编辑委员会办公室的一位负责人。他在《人民日报》转载这篇文章的当天晚上，打电话给总编辑胡绩伟，"提出严厉的指责"。这位负责人在电话里究竟说了些什么？胡绩伟当时有一个记录，大致内容是：

这篇文章犯了方向性错误。理论上是错误的，政治上问题更大。文章否认真理的相对性，否认马克思主义的普遍真理。文章说马克思主义要经过长期实践证明以后，才是真理。列宁关于帝国主义时代个别国家可以取得革命胜利的学说，只有经过第一次世界大战和十月革命的实践以后，才能证明是真理。就是说列宁提出这个学说时不是真理。按这种说法，那么现在我们党提出十一大路线就不是真理，一定要等到23年以后，实践证明了才是真理。那么，人们怎么会热烈拥护，会为之贯彻执行而奋斗呢？文章是提倡怀疑一切，提倡真理不可信，不

可知，相对真理不存在，真理在起初提出时不是真理，要经过实践检验才是真理。这是原则错误。

文章在政治上很坏很坏。作者认为"四人帮"不是修正主义，而是教条主义，不是歪曲篡改毛泽东思想，而是死抱着毛主席的教条不放。因而现在主要不应反"四人帮"，反修正主义，而是应该反教条主义。如文章说的，要粉碎人们的精神枷锁，就要反对《圣经》上说了才是对的"，所谓要冲破禁区，就是要冲破毛泽东思想。文章结尾认为当前要反对的就是"躺在马列主义、毛泽东思想的现成条文上，甚至拿现成公式去限制、宰割、裁剪无限丰富的革命实践"，就是要反对所谓教条主义，要向马列主义开战，向毛泽东思想开战。

文章用很大篇幅讲马克思、恩格斯如何修改《共产党宣言》，毛主席如何修改自己的文章，作者的意思就是要提倡我们去怀疑毛主席的指示，去修改毛泽东思想，认为毛主席的指示有不正确的地方，认为不能把毛主席指示当僵死的教条，不能当《圣经》去崇拜。很明显，作者的意图就是要砍旗。文章批判林彪"一句顶一万句"、"句句是真理"，难道一句顶一句也不行？难道句句都不是真理才对吗？

毛泽东思想是我们团结的基础，如果去怀疑主席指示有错，认为要修改，大家都去争论哪些错了，哪些要改，我们的党还能团结一致吗？我们的国家还能安定团结吗？所以这篇文章在政治上是要砍倒毛泽东思想这面红旗，是很坏很坏的。[54]

可是，这位副主任在随后召开的理论工作务虚会上的声明却是另外一回事。他说自己当时也只是说这篇文章提倡怀疑一切、不可知论，否认真理的相对性，在理论上是错误的；说过这篇文章的基本倾向是要修改马列主义、毛泽东思想，这会使读者提出究竟是砍

小刊物发挥了惊天作用，胡耀邦说，我死后要写上一笔
一个常识性问题引起的讨论
关键时刻，邓小平公开表示，支持真理标准问题的讨论
罗瑞卿表示：如果打板子的话，我愿意领受40大板

回首
1978

旗还是举旗的问题，会在国内外引起很坏的反应；并说文章是批判教条主义而不是批判修正主义，因此方向偏了，如此等等。[55]

另一位当事人后来在书中也谈了自己的看法，他认为，这个电话中所说的意见，对《实践是检验真理的唯一标准》一文有"严重曲解"。他直言不讳地在书中写道：这个电话"给坚持实践标准的人横加罪名"，甚至"扣上了'砍旗'的政治大帽子"。当然，外界反应如此之快，而且反对之声如此之强烈，也确实说明了《实践是检验真理的唯一标准》一文对"两个凡是"触动之深，但这也"预示着以后的争论将是很尖锐的"。[56]

那么，胡绩伟的电话记录到底有多少是真实的呢？几个月后，他给这位副主任写了一封信。他在信中说："你当时在电话上讲得很清楚，我也听得很清楚。我不会速记，记录中当然有不少不完全是原话，但你的主要话、主要的意思，我没有记错。"[57]

这个电话，被看做是实践标准同"两个凡是"争论的开端。5月13日，胡耀邦召集《理论动态》组的成员开会。胡绩伟将那位副主任的电话内容告诉了与会者。胡耀邦颇为激动地说，我怎么会反对毛主席呢。把学术问题上升到政治高度，斯大林曾经这么做过。于是，他建议写一篇文章，讲清楚真理标准越辩越明的道理。

当天，新华社社长曾涛也接到一个电话，是《红旗》杂志总编辑打来的。他在电话中批评新华社不该转发这篇文章。后来，他还告诉别人，《实践是检验真理的唯一标准》这篇文章在理论上是"荒谬的"，在思想上是"反动的"，在政治上是"砍旗子的"。他甚至认为，新华社和《人民日报》都"犯了错误"。

4天之后，《红旗》杂志新上任的总编辑，当着杂志社核心小组成员的面批评了《实践是检验真理的唯一标准》这篇文章。他说，这篇文章是"有问题的"，我有不同的意见。有些人抓住实践和真理的问题大做文章，到底要干什么？

据当事人说，那简直就是"一场急风暴雨式的政治打击"，根本不是理论争论那样的你一篇文章，我一篇文章。第一，时间很快，从公开发表文章到严厉指责的到来，只有一天多一点的时间；第二，帽子很大，那是可以被定性为反革命的，因为你是"砍旗"、"丢刀子"。这实际上就是反革命。那时"公安六条"还没有废除，其中的第一条就是，谁反对毛主席，谁就是现行反革命；第三，态度非常专横，完全不是平等的讲理，而是一种判决。〔58〕

5月18日，中央主管宣传工作的副主席，在一次谈话中点名批评了《实践是检验真理的唯一标准》一文。他说，《红旗》杂志社是党中央的刊物，在理论问题上要慎重，没有把握的要及时请示中央。特别是《实践是检验真理的唯一标准》这篇文章，我们都没有看过，这不是中央的想法。现在看来问题很大，"是针对着毛主席来的"。他甚至质问说："不知道这是代表哪个中央的"。〔59〕他声称，我们要坚持和捍卫毛泽东思想。"要查一查，接受教训，统一认识，下不为例。"

当天，中央宣传部部长张平化对参加全国教育工作会议的各代表团团长说，对于这篇文章，据说有两种意见。一种意见认为文章写得很好，另一种意见认为不好。我到现在还没有完全摸透。大家在小范围内可以议一议，谈一谈自己的看法。但他又说，不要以为《人民日报》转载了，新华社发表了，就是定论，要提高辨别能力。毛主席生前说过，不管是哪里来的东西，都要用鼻子嗅一嗅，看它是香的还是臭的，不要随风转。

就在这时，中央军委正在筹备全军政治工作会议。在起草会议文件的过程中，总政治部的一位干部，对文件中的两个提法有不同意见。一是"现在处在新的历史条件下"，他认为应该提"新的历史

小刊物发挥了惊天作用，胡耀邦说，我死后要写上一笔
一个常识性问题引起的讨论
关键时刻，邓小平公开表示，支持真理标准问题的讨论
罗瑞卿表示：如果打板子的话，我愿意领受40大板

回首
1978

263

时期"，因为这是华国锋说的。二是"人民解放军是无产阶级性质"
的提法，他主张提解放军是"人民军队"，因为这是毛泽东说的。

邓小平得知后，立刻意识到这是"两个凡是"的思潮在作怪，
他告诉胡乔木，有人对军队政治工作会议的两个提法提出了不同意
见，"只要你讲话和毛主席讲的不一样，和华主席讲的不一样，就
不行。毛主席没有讲的，华主席没有讲的，你讲了，也不行。怎样
才行呢？照抄毛主席讲的，照抄华主席讲的，全部照抄才行。"邓
小平觉得这不是一个孤立的现象，而是当前一种思潮的反映。他还
说："我放了一炮，提出要完整地准确地理解毛泽东思想，后来又加
了一句毛泽东思想的体系。"结果有人说我这个提法是同华主席唱对
台戏，后来华主席用了我这个话，"这些人不吭气了"。还有一个知
识分子的问题，"也有人说我的讲话背离了毛泽东思想"。"这些同志
讲这些话的时候，讲毛泽东思想的时候，就是不讲要实事求是，就
是不讲从实际出发。"[60]

鉴于这种情况，邓小平表示，他准备在总结会上着重讲一讲实
事求是的问题。因为这是毛泽东思想的根本态度、根本方法，也是
马克思主义哲学的概括，它同各种机会主义思想是完全对立的。他
要求把这个意思写进他的讲话稿里。邓小平感到十分惊讶的是，"现
在发生了一个问题，连实践是检验真理的标准都成了问题，简直是
莫名其妙！"不但军队有这个问题，而且外贸部门和管理部门，甚至
连我们的经济政策，"都受到这些政策的影响，自己把自己的手脚束
缚起来，很多事情都不敢搞。"[61]

在真理标准争论的关键时刻，军队政治工作会议召开。5 月 29
日，华国锋在会上发表讲话，仍然肯定了"无产阶级专政下继续革
命的理论"，强调了两个阶级、两条道路的斗争，坚持"以阶级斗争
为纲"。他声称，无产阶级"文化大革命"，"是无产阶级专政下的一

场政治大革命，是中国共产党及其领导下的广大革命人民群众同国民党反动派长期斗争的继续，是无产阶级同资产阶级以及一切剥削阶级阶级斗争的继续，是马克思主义同修正主义斗争的继续，是这些斗争的一次历史性大决战。在这场大决战中，我们先后粉碎了刘少奇、林彪、'四人帮'三个资产阶级司令部，取得了我党历史上三次重大路线斗争的胜利。"他明确提出，在新的发展时期中，"我国国内的主要矛盾仍然是无产阶级和资产阶级之间、社会主义道路和资本主义道路之间的矛盾。"

华国锋的通篇讲话，根本没有提实事求是。相比之下，6月2日，邓小平在讲话中着重讲了实事求是的问题。他很不客气地说，我们有一些同志天天讲毛泽东思想，却往往忘记、抛弃甚至反对毛泽东同志的实事求是、一切从实际出发、理论与实践相结合这样一个马克思主义的根本观点。不仅如此，有的人还认为谁要是坚持实事求是，从实际出发，"谁就是犯了弥天大罪"。这些人的观点，"实质上是主张只要照抄马克思、列宁、毛泽东同志的原话，照抄照搬就行了。要不然，就说这是违反了马列主义、毛泽东思想，违反了中央精神。"邓小平认为，这些人提出的这个问题显然"不是小问题"，而是"涉及到怎么看待马列主义、毛泽东思想的问题"。他强调说，按照实际情况决定工作方针，这是一切共产党员必须牢牢记住的最基本的思想方法。"实事求是，是毛泽东思想的出发点、根本点。"邓小平称赞韦国清的报告很好，它在研究新的历史条件下的问题，有针对性地提出了解决的办法。"这就是我们在实际行动中坚决拥护毛泽东思想的表现"。他号召说，我们一定要肃清林彪、"四人帮"的流毒，拨乱反正，打破精神枷锁，"使我们的思想来个大解放，这确实是一个十分严重的任务。"〔62〕

第二天，《人民日报》在头版报道了邓小平的讲话。标题写得

小刊物发挥了惊天作用，胡耀邦说，我死后要写上一笔
一个常识性问题引起的讨论
关键时刻，邓小平公开表示，支持真理标准问题的讨论
罗瑞卿表示：如果打板子的话，我愿意领受40大板

回首
1978

邓小平在全军政治工作会议上作重要讲话。

很长，虽然也提到了华国锋，但突出了邓小平的讲话："邓副主席精辟阐述毛主席实事求是光辉思想，强调指出：马列主义、毛泽东思想的基本原则，任何时候都不能违背。但是，一定要从实际出发，理论和实践相结合，总结过去经验，分析新的历史条件，提出新的问题、任务和方针"。

此前，《人民日报》于 5 月 30 日报道了华国锋和叶剑英在全军政治工作会议上的讲话，但也只是说他们在会上"作重要讲话"。6 月 6 日，《人民日报》、《解放军报》刊登了邓小平的讲话。当天，《人民日报》还发表了毛泽东 1941 年写的《改造我们的学习》。毛泽东在这篇文章中明确提出"要把全党的学习方法和学习制度改造一下"，并且批评了理论脱离实际的主观主义，强调要坚持实事求是的态度。

《人民日报》的这种安排使坚持"两个凡是"的人感到震惊，关于真理标准的争论更加激烈了。6月15日，中央主管宣传工作的副主席召集中央宣传部和中央直属新闻单位负责人开了一次紧急会议，批评《实践是检验真理的唯一标准》这篇文章。

曾涛、杨西光参加了会议，据这两位当事人的现场记录，这位副主席在会上的讲话，几次点了胡耀邦的名，还点了"特约评论员"的名。他说，党报要讲党性，《红旗》杂志是党的刊物，《人民日报》是党报，新华社是党的喉舌，《光明日报》也是党报。党性与个性要摆得对，允许个性，但个性要服从党性。"不能因为在'文化大革命'中受了冲击，就把'文化大革命'说得一钱不值。最坏的是把矛头对准毛主席。"还有一些特约评论员，他们"写的东西不好"。"特约，是谁么！不知道。听说有的是社会科学院写的，有的是党校写的，有的是组织部写的。这些特约评论员文章，有问题。"他认为，有些特约评论员文章好像有股气，要出气，"利用文章出气不对。这要研究，我有意见。"《人民日报》对部队政治工作会议的新闻报道"也有问题"，邓副主席讲话标题是精辟阐明了毛主席思想，这对。但是，"对华主席的讲话、叶副主席的讲话为什么就不标'精辟阐明'呢？难道华主席、叶副主席的讲话就没有精辟阐明毛主席思想吗？这样标题不是有意的吗？"他提醒说，要注意特约评论员文章，"有几篇不是那么恰当"。有篇讲青年人的，没有讲清楚。有篇讲老干部的，也没有讲清楚。他对这些文章"不经过宣传部"，直接"打着特约评论员的名义在报上那样搞"感到很不满意，强调今后"要注意"。他特意提到4月10日《人民日报》刊登的一封信，认为信中的一些提法有问题，而"报社的评语捧得那么高"。文章说年轻人

小刊物发挥了惊天作用，胡耀邦说，我死后要写上一笔

一个常识性问题引起的讨论

关键时刻，邓小平公开表示，支持真理标准问题的讨论

罗瑞卿表示：如果打板子的话，我愿意领受40大板

回首
1978

在错误路线干扰时跟着跑是很难避免的遭遇，没有什么窍门可以避免这种遭遇发生。"这就不符合马列主义，对青年起煽动作用，引导青年犯错误。"他对此表示非常不满。"为什么不可避免？《人民日报》是党的机关报，我和胡耀邦谈过，要他在报上写文章要注意。这期《红旗》杂志那篇讲干部政策的文章，有气，不好。《红旗》杂志是理论刊物，这篇文章不是理论文章，没有什么理论，为什么要登第一篇？为什么要带一个头？是谁写的？"他还告诉与会者："我对胡耀邦同志说，政治路线犯了错误，我们负不起责任，第一是我，第二是乌兰夫，第三是平化。组织路线犯了错误，第一是我，第二是你负责。"〔63〕

其实，这封信是胡耀邦以老干部的名义写给年轻人的。信写得很平常，只是以他自己的亲身体会谈谈如何做好年轻人的工作。不过，信中强调了要注重实践的作用。胡耀邦在信中说，有些青年人，对党那么热爱，那么信任，并且准备把一切都献给她。但"错误路线干扰破坏的时候却为什么跟着跑，反而损害了她呢？"这个问题，"我在年轻的时候，也碰到多次，并且为它苦恼过。现在年纪大了，才知道这是青年很难避免的遭遇。""有什么窍门，什么保险的东西可以使他们避免这种遭遇吗？我看没有。如果有，那我们就否认实践论了。"那么，是否可以逐渐减少以至最后基本上消灭盲目性呢？"马克思主义又告诉我们，这是可能的，完全可能的。办法就是要随着年龄的增长而不断努力学习和实践，学习马列和毛主席的革命理论，学习党的文件和党报党刊的重要言论。"同时，"经常生活在群众中间，向群众学习，向群众作调查，听取群众的呼声，倾听群众的意见，并且经常遇事同群众商量。这样，就可以一步一步地使自己成熟起来。"

信中还说，有些青年人，"不是用历史的发展的眼光来考察我们的社会主义社会（在哲学上叫历史唯物主义），而是用想象的方法来幻想我们的社会（在哲学上叫唯心主义或主观主义）。幻想总是十分美妙的。一碰到实际问题，特别是某些阴暗的东西，幻想就破灭了。"这位老干部建议，要经常对青年人作具体分析，这样就"可以找到一种正确的工作方法"，就是"不要坐在房子里，冥思苦想，写什么又长又空的指示文件；而是要经常到青年中去，发现青年中的先进事例，先进典型，并且凭借这些先进的东西去引导、教育、影响其他的青年。"所以，现在的问题就是加强政治学习，"怎么使青年对政治学习发生兴趣，怎么使青年人对马列主义、毛泽东思想的学习感到易懂，怎么使马克思主义的大道理同本单位和自己头脑中的小道理联系起来，一通百通，这些问题我也说不清楚，留给你们，通过你们的实践去解决吧。"〔64〕

其实，《人民日报》的编者按写得也很平常，没有说什么偏激的话。主要内容是：这封热情的复信，是革命老干部对青年人传帮带的一个生动例子，值得向读者们推荐。信里用正确的观点，结合自己的切身体会，回答了一位共青团干部向他提出的也是许多青年共同关心的问题。字里行间，洋溢着革命长辈对青年的深切关怀、爱护和期望，亲切感人。这一代青年，是大有希望、大有作为的。但是，他们需要培养，教育，引导。要全党动手，发动全社会的力量来加强青少年工作。革命老干部热心为青年做点有益的事情，比如同青年见面、作报告、写文章等等，青年们是十分欢迎的。

就在这位副主席讲话的第二天，《人民日报》照例发表了一篇题为《关于真理标准问题》的文章。两天之后，《光明日报》、《解放军报》对全文作了转载。文章出自邢贲思之手，这是他对某些读者就3月16日《人民日报》发表的《标准只有一个》一文来信的答复。这些读者在来信中就实践是不是检验真理的唯一标准问题提出了疑

小刊物发挥了惊天作用，胡耀邦说，我死后要写上一笔
一个常识性问题引起的讨论
关键时刻，邓小平公开表示，支持真理标准问题的讨论
罗瑞卿表示：如果打板子的话，我愿意领受40大板

回首
1978

269

问。他们认为，实践固然是真理的标准，但马克思主义也应该是真理的标准。邢贲思在文章中就这个问题谈了自己的认识。他说，一种认识是否合乎客观规律，是否是真理，靠什么来检验？"这个问题就是真理的标准问题"。关于真理的标准问题，在马克思主义产生以前，哲学家们曾试图回答这个问题，但没有解决。那么，马克思主义哲学是怎样解决这个问题的呢？它认为，"社会实践，也只有社会实践才是真理的标准。"早在100多年前，马克思就论证了这个问题。后来，恩格斯、列宁、毛泽东又对这个问题进行了反复论述。作者还说，能够证明实践是检验真理的唯一标准的例子比比皆是。一个科学家提出的某种科学假说是不是真理，不能根据这种假说的推理是否严密，表述是否清晰，而是要看实验的结果，当实验的结果同这种假说吻合时，才能最后证明这种假说的科学价值。同样，一个党提出的方针政策是否正确，最后也只能由它的实践结果来检验。

关于实践是检验真理的唯一标准问题，这本来是马克思主义的常识，"由于林彪、'四人帮'的破坏，这个常识问题被搅得混乱不堪。"经他们这样一折腾，"真理的标准才又成了问题"。为了肃清"四人帮"的流毒和影响，"我们又必须从辩证唯物主义的最根本原理讲起"。考虑到读者在来信中提出马克思主义也应该是真理标准的问题，这实际上就有两个标准。作者明确表示，"这种说法是不正确的。"所谓实践和马克思主义都是真理的标准，是什么意思呢？是说每一种认识都需要实践和马克思主义来检验，还是说有的认识需要用实践来检验，有的则需要用马克思主义来检验呢？"两种答案中不论哪一种，都违反了辩证唯物主义的一元论，都会造成理论上的混乱。"作者解释说，一些读者之所以把马克思主义也当做真理的标准，从认识上讲是混乱了真理和真理的标准两个问题，把"马克思主义是真理"混同于"马克思主义是真理的标准"。对此，作者大胆地提出，正如任何真理不能由自己来证明一样，"马克思主义也不能自己证明自己，它本身需要由实践来证明。同时，马克思主义也不能作为检验别的真理的标准。"

可是，也有人认为，不承认马克思主义是真理的标准，似乎是对马克思主义的侮辱。其实，"这不是什么侮辱，而是完全正确的马克思主义的态度。把马克思主义说成是真理的标准，既违背了客观实际，又违背了马克思主义认识论。"作者已经明显地意识到，正本清源，拨乱反正，"在我们面前还有许多艰巨的任务"。[65]

应该说，在这场大讨论中，理论界表现出相当大的勇气。6月20日、21日，也就是中央分管宣传工作的副主席讲话后不久，中国科学院《哲学研究》编辑部冒着很大的风险，邀请了部分从事哲学研究的学者进行座谈，讨论真理标准问题。来自中央党校、中国社会科学院、北京大学、中国人民大学、军事科学院、石油部、纺织工业部、新华社、《人民日报》、《光明日报》、中央人民广播电台等单位的60多人参加了座谈。与会者认为，检验真理的标准只能是社会实践。坚持实践标准问题，是辩证唯物主义认识论的基本观点。背离实践观点，也就背离了马克思主义的思想路线。

根据胡耀邦5月13日的提议，《理论动态》第70期发表了《历史潮流滚滚向前》的文章。6月30日，《人民日报》以"岳平"的署名发表了这篇文章。7月2日，《光明日报》转载了全文。

文章说，我们的党，我们的国家，我们的民族要飞跃前进。我们的社会主义经济和文化事业要飞跃前进。这个滚滚向前的历史潮流是谁也阻挡不了的。面对滚滚向前的历史潮流，"是努力走在潮流的前头指导和推动它飞跃前进？还是站在一旁徘徊观望？还是逆潮流而动，扭转历史潮流前进的方向？一切人们都要在新的历史转折

小刊物发挥了惊天作用，胡耀邦说，我死后要写上一笔
一个常识性问题引起的讨论
关键时刻，邓小平公开表示，支持真理标准问题的讨论
罗瑞卿表示：如果打板子的话，我愿意领受40大板

回首
1978

关头作出选择。"可是，有些人"徘徊于奔腾前进的历史主流之外，事事躲在后头，在原则问题面前模棱两可，左顾右盼，绕开矛盾走。他们错误地总结'教训'，自以为看破'红尘'，得过且过，苟且图安。"还有一种人，他们在路线上、思想上、感情上、作风上对林彪、"四人帮"那一套比较舒服，对人民批判"四人帮"总是不那么舒服。"他们的思想脉搏，同亿万人民跳不到一块，人民高兴的，他们不高兴。他们迈的步子，也就同新的历史条件格格不入，成为前进的阻力。"对于这些同志，"有一个思想立场的根本转变问题。这个转变不容易，但是非转过来不可。"文章最后强调，离开人民，"必定会离开历史唯物主义，堕落到唯心主义和唯我主义。"〔66〕

可是，此后不久，也就是在 7 月份，中央分管宣传工作的那位副主席还在批评《实践是检验真理的唯一标准》这篇文章。他当着山东省干部的面抱怨报纸不宣传"文化大革命"，还提醒这些干部不要哪边风大就往哪边倒。他甚至警告说，不要"砍旗"，不要"丢刀子"，不要 180 度大转弯。

在这场大讨论中，《红旗》杂志在很长一段时间里没有参与，结果受到一些人的批评。于是，中央分管宣传工作的那位副主席对《红旗》杂志总编辑说："你们不要怕孤立，怕什么！不要怕。"他明确表态说："《红旗》杂志不参加这场讨论"

与此同时，中国社会科学院哲学研究所、《哲学研究》编辑部于 7 月 17 日至 24 日召开了全国性的研讨会，邀请 29 个省、市、自治区以及新闻单位等部门的 160 多人参加会议。中国社会科学院副院长邓力群在会上的讲话非常大胆，他说，过去我们 28 年的历史证明，只要路线对头、方针对头、办法对头，就可以把国民经济搞上去，我们有不少好的经验，也有反面教训，现在和今后，还会有许多新的问题，需要理论工作者积极研究和探索，"如果我们回避这些问题，研究工作就不能搞好。"他认为，面对前人没有解决的新问题，更加需要容许不同途径的探讨，容许不同意见的争论，也就是贯彻毛泽东所讲的民主集中制原则。新的问题的答案，书本上找不到，"要靠我们从实际出发，实事求是，从不同的途径来探讨。"针对一些人乱扣帽子、乱打棍子的做法，邓力群认为，这些人并不高明，而是因为空虚，无非是不能以理服人，只好用帽子、棍子压人。这是不懂得马克思主义、不懂调查研究的表现。"对这种离开马克思主义、不根据调查研究的做法，我看用不着怕。"〔67〕

在闭幕会上，周扬发表了非常精彩的讲话，对真理标准问题的讨论给予了很高的评价。他说，这个不只是一个哲学问题，而且是一个思想政治问题。这个问题的讨论，"关系到我们的思想路线、政治路线，也关系到我们党和国家的前途。"如果我们放弃实践是检验真理的标准这个马克思主义的基本观点，我们就会离开马克思主义轨道，所以，"这次讨论很有必要"。他还说，《光明日报》5月11日发表的那篇文章，命题、观点都是正确的，站得住脚。但是，据说有人认为这篇文章在理论上是错误的，政治上是有害的，是"砍旗"。我没有亲耳听过这些话，只是传闻而已。如果这样，问题就严重了，对毛泽东思想是举旗还是砍旗的问题事关重大，必须搞清楚。否则，我们这些共产党员也就实在太马虎了。"如果说砍旗，那是砍林彪、'四人帮'的旗。这次讨论会就是对着林彪、'四人帮'的反动思想流毒来的。"林彪倒了很久了，"四人帮"也倒了快两年了，但"他们的思想流毒还在，他们的阴魂并没有散，它不仅附在'四人帮'的帮派人物身上，也附在我们某些同志身上，否则，我们就用不着开这个会讨论这个问题了。"现在，我们开这个会，就是要驱散林彪、"四人帮"的阴魂。如果有人问，你们写这些文章干什么？"我看是做驱散阴魂的工作，这是个艰巨的工作。"

小刊物发挥了惊天作用，胡耀邦说，我死后要写上一笔
一个常识性问题引起的讨论
关键时刻，邓小平公开表示，支持真理标准问题的讨论
罗瑞卿表示：如果打板子的话，我愿意领受40大板

回首
1978

为什么有些人反对实践是检验真理的标准？周扬回答说，因为这些人办了一些错事，讲了一些错话，又不肯承认，不肯按照实际情况来改正错误。"实践和他们的主观意见相违反，他们不愿放弃自己的主观意见，却硬要反对实践这个客观标准。"〔68〕

周扬在讲话中还谈到一个很重要的问题，就是科学禁区的问题。他认为，给科学设置禁区，就等于承认某些客观事物的领域是科学所不能触及、不能探索的，就是扼杀科学，宣布科学的死亡，那就必然要引导到不可知论、怀疑论、神秘主义、迷信和宗教。所以，必须反对科学禁区。

据《人民日报》报道，这次会议讨论的最大收获是进一步解放了思想，提高了认识，明确了责任，增强了信心。"不少同志在会上说出了过去想说而又不敢说的话，敢于批判林彪、'四人帮'设置的理论禁区。"与会者认识到，为了适应新时期的需要，我们必须开展一个思想解放运动。我们理论工作者，应该鼓起勇气，贯彻毛泽东一贯倡导的理论和实际相统一的原则，敢于拨乱反正，敢于冲破禁区，研究和探讨新时期提出的新问题，发挥理论的战斗作用。〔69〕

7月21日，邓小平找中央宣传部负责人谈话，说：宣传部长不能犯错误，不要再"下禁令"、"设禁区"了，不要"把刚开始的生动活泼的政治局面拉向后退"。

第二天，邓小平又找胡耀邦谈话。他说，我原来没有注意到《实践是检验真理的唯一标准》这篇文章，后来听说有不同意见，就看了一下，这篇文章是马克思主义的。他认为，争论是不可避免的，根源就是"两个凡是"。

邓小平同胡耀邦的这次谈话，明确表示了对《理论动态》和真理标准讨论的支持。无论对胡耀邦本人，还是对《理论动态》组的成员来说，都是"一个巨大的鼓舞"。〔70〕

在此期间，《人民日报》于 7 月 22 日、《光明日报》于 7 月 24 日分别发表了邢贲思的文章《哲学的启蒙和启蒙的哲学》和韩树英的文章《"一分为二"是普遍现象》。邢贲思在文章中说，林彪、"四人帮"推行的文化专制主义、新蒙昧主义禁锢了人们的头脑、毒害人们的心灵达十年之久，因此，"迫切需要一个思想大启蒙，精神大解放。"作者呼吁，"我们需要一个新的启蒙运动"。需要在哲学理论上来一个正本清源的大清理，把林彪、"四人帮"强加在马克思列宁主义哲学和毛泽东哲学思想上的斑斑锈迹荡涤净尽，还它一个光彩夺目的哲学的本来面貌，并且根据新的历史条件下的新实践，"使它不断有所丰富，有所发展。"韩树英认为，真理是一分为二的，马列主义、毛泽东思想既是绝对真理又是相对真理，因此，我们不仅要坚持马列主义、毛泽东思想的普遍真理，而且还要依据实践的发展和客观实际的需要，向前发展。

在双方争论的关键时刻，邓小平以一个政治家的气魄对真理标准的讨论给予了极大的支持。8 月 13 日，他找毛泽东著作编辑委员会办公室的吴冷西谈话。他说，实践是检验真理的唯一标准，是马克思主义的。《光明日报》5 月 10 日发表的那篇文章是对的，现在的主要问题是解放思想。他还说，文化、学术和思想理论战线正在开始执行"双百"方针，但空气还不够浓，不要从"两个凡是"出发，不要设置禁区，要鼓励破除框框。〔71〕

6 天之后，即 8 月 19 日，邓小平同文化部的负责人黄镇、刘复之谈话。当谈到理论问题时，邓小平说，理论问题主要是由两篇文章引起的。《实践是检验真理的唯一标准》这篇文章是马克思主义的，是驳不倒的。我是同意这篇文章的观点的，但有人反对，说是反毛主席，帽子可大啦。另一篇是关于按劳分配问题的文章，我看了，也是马克思主义的文章。现在刚刚讲了一下，就说是针对毛主

小刊物发挥了惊天作用，胡耀邦说，我死后要写上一笔

一个常识性问题引起的讨论

关键时刻，邓小平公开表示，支持真理标准问题的讨论

罗瑞卿表示：如果打板子的话，我愿意领受40大板

回首
1978

275

席的，那怎么行呢？我说过要完整地准确地掌握毛泽东思想体系，有人反对。问题是从"两个凡是"来的。我们做事情一定要从实际出发，实事求是，理论联系实际。毛主席没有讲过的话多得很呢，我们不要下通知，划禁区。怪得很，我在全军政治工作会议上提出在新的历史条件下如何做政治工作问题，有人也反对，说这同华主席讲的"新时期"不一样，唱对台戏。有的人就是不敢想问题，不能从"四人帮"的框子里解脱出来。[72]

这年9月，邓小平视察了东北三省和天津市，一路上反复讲实事求是的问题。9月16日，邓小平听取中共吉林省委第一书记王恩茂汇报工作。他在谈到高举毛泽东思想旗帜问题时说，怎么高举？这是个大问题。现在党内外、国内外很多人都赞成高举毛泽东思想旗帜。什么叫高举？大家知道，有一种议论，叫做"两个凡是"，不是很出名？凡是毛泽东同志圈阅过的文件都不能动，凡是毛泽东同志做过的、说过的都不能动。"这是不是叫高举毛泽东思想的旗帜呢？不是！这样搞下去，要损害毛泽东思想。毛泽东思想的基本点就是实事求是，就是把马列主义的普遍原理同中国革命的具体实际相结合。毛泽东在延安中央党校题了"实事求是"四个大字，毛泽东思想的精髓就是这四个字。我们高举毛泽东思想的旗帜，就要在每一时期，处理各种方针政策问题时，都坚持从实际出发。我们现在要实现现代化，有好多条件，毛泽东在世的时候没有，现在有了。中央如果不根据现在的条件思考问题，很多问题就解决不了。什么叫高举毛泽东思想呢？就是从现在的实际出发，充分利用各种有利条件，实现现代化。"如果毛泽东讲过的才能做，那我们现在怎么办？马克思主义要发展嘛！毛泽东思想也要发展嘛！否则就会僵化嘛！"

在谈到真理标准问题时，邓小平明确表示，实践是检验真理的唯一标准,这是毛主席经常讲的。可是,现在对这样的问题还要争论,"可见思想僵化"。他认为,根本问题就是"违反毛泽东同志实事求是的思想,违反辩证唯物主义、历史唯物主义的原理,实际上是唯心主义和形而上学的反映。"[73]

自邓小平 6 月 2 日讲话之后,特别是他在东北三省谈话之后,各省、市、自治区党委主要负责人纷纷发表讲话,表示支持真理标准问题的讨论。

小刊物发挥了惊天作用,胡耀邦说,我死后要写上一笔
一个常识性问题引起的讨论
关键时刻,邓小平公开表示,支持真理标准问题的讨论
罗瑞卿表示:如果打板子的话,我愿意领受40大板

回首
1978

4. 罗瑞卿表示：如果打板子的话，我愿意领受 40 大板

如果说，《光明日报》发表《实践是检验真理的唯一标准》一文，当事人没有一点压力显然是不符合事实的。正是在这种压力之下，当真理标准问题争论得十分激烈的时候，胡耀邦甚至萌发了"冷却一下"的想法。据说，6 月 20 日，中国社会科学院的一位负责人告诉胡耀邦，这场争论是中央党校挑起来的，华主席已经不满意了，继续争论下去要造成党的分裂，《理论动态》不能再发表可能引起争论的文章了。事后，胡耀邦向吴江、阮铭表示了"冷却一下"的想法。[74]

胡耀邦真的想"冷却一下"吗？据沈宝祥回忆，他在当时听说，胡耀邦确实产生过"冷却一下"的想法。孟凡也有类似的回忆，他说，那是 6 月下旬，他去中央组织部向胡耀邦汇报各方对真理标准问题讨论的反应，当他谈到赞成的人和反对的人都出乎意外的强烈，形势发展越来越向赞成讨论的方面转化、但阻力也不少时，胡耀邦说："有不同意见是正常的，争论不可避免。我也听到一些不同意见，有的同志曾向我建议停止争论。不同意见要听，要分析，但形势发展是不以个人主观意志为转移的。"[75]

就在这时，中国社会科学的一位负责人，在社会科学院召开的一次大会上，也对真理标准问题的讨论提出了质疑，说：如果认为中央领导在真理标准问题上有分歧，那就是分裂党中央。

形势骤然变得紧张起来，"在当时的高压之下，已是一片鸦雀无声。有人已经开始作沉痛检查。"[76] 在这种情况下，胡耀邦也

感到一定的压力，产生了"冷却一下"的想法完全是可以理解的。

不仅如此，杨西光承受的压力也是明显的。王强华在他的一篇回忆文章中说，《实践是检验真理的唯一标准》一文发表后，不仅引起了新闻界、思想理论界的重视，而且惊动了中央领导人。一时间，"砍旗"、"丢刀子"、"犯了方向性错误"等大帽子劈头盖脸而来。这篇文章的发表，确如杨西光所说，没有向上级请示报告，听说当时中央宣传部的负责人因此被指责"没把住关"，而且规定《光明日报》今后发表这样的文章要报告。可能是由于出现了上述情况，杨西光在一个时期内神色比较严肃，大家心理多少也有些紧张。有一次下班之后，杨西光在办公室里喃喃自语，大不了把"乌纱帽"丢了，没什么了不起！当时，我已感觉到问题的严重和他所承受的沉重压力。大家的这种心情，直到后来，特别是听了邓小平6月2日在全军政治工作会议上的讲话之后，才算真正松了下来。[77]

作为当事人，吴江也"感到周围空气沉重"。但问题毕竟是由他们的文章引起的，如果对于这种严重指责保持沉默，那就意味着"我们已屈服，无理可说"。如此一来，"真理标准讨论势必夭折，我们也将承担严重罪名，'两个凡是'的势力将更为猖獗，我们的处境将更加困难。但如果提出反驳，倘局势依旧，其后果也难以设想。"所以，他考虑再三，不同意"冷却"，打算写一篇文章从正面给予回答，"据理驳斥"，并等待适当时机以适当方式发表。[78]这就是指《马克思主义的一个最基本的原则》一文。

考虑到胡耀邦当时的处境，他的两个顶头上司已经提出批评，因此，写这篇文章的时候，吴江事先并没有告诉胡耀邦。不过，初稿写出来后，吴江还是送给了胡耀邦。可是，胡耀邦没有主张立即发表这篇文章，而是让他的秘书转告吴江："等三个月以后再说"。[79]

后来，吴江在谈到这件事时说，他理解胡耀邦的态度，"作为

回首
1978

一个高级领导人，总不能不照顾起码的组织原则。"但他觉得此事已经不能再拖下去了。为了不给领导人之间的关系添麻烦，"至少在形式上摆脱胡耀邦与这篇文章的干系"，吴江也就没有把文章的最后定稿送给胡耀邦审阅，至于如何处理，亦未向胡耀邦请示。

文章最后拿到《解放军报》去发表。因为，《理论动态》已不可能刊登这篇文章了。宣传系统下达禁令之后，《光明日报》、《人民日报》也不能发表此类文章。那时，全军政治工作会议刚开过，《解放军报》还刊登了邓小平的讲话，而这个讲话又是同"两个凡是"针锋相对的。所以，吴江觉得这是一个很好的时机。于是，他决定求助于《解放军报》。碰巧的是，此时他正好同《解放军报》副总编辑姚远方有联系，就抱试一试的态度，写了一封信，连同文章一起送给了姚远方。

吴江还特别提到一件事，当他接到第一次发稿清样时，"突然想起，建议将文章送请给时任中央军委秘书长的罗瑞卿过目。"他此举的目的是想寻求罗瑞卿的支持，但没有想到罗瑞卿如此认真，不仅表示支持，还通过编辑部转告吴江，提出两点修改意见。[80]

关于这篇文章送《解放军报)》发表的原因，沈宝祥也有一个说法。据他说，胡耀邦的秘书梁金泉曾告诉他，胡耀邦收到吴江送来的文章后，觉得不好办，在当时的情况下，《人民日报》、《光明日报》都承受不了那种压力，《理论动态》也不好发表。后来，胡耀邦就让吴江去找罗瑞卿。胡耀邦还解释说，罗瑞卿在党内威信高，文章拿到《解放军报》发表，分量就不一样了。于是，胡耀邦把文章装进信封里，让梁金泉送给罗瑞卿。[81]

至于《光明日报》为什么也没有发表吴江的文章，王强华在他的回忆文章里对此作了解释。他说，本来，杨西光对组织和发表实践检验真理的文章是十分坚决和积极的，但是，在《光明日报》发表第一篇文章以后，特别是听到了关于以后发表重要文章要报告之类的"指令"，他对继续发表第二篇文章就不能不认真加以考虑和有所顾忌了。《光明日报》是中央和宣传部直接掌管的报纸，而《解放军报》由中央军委掌管。如果第二篇文章由《光明日报》"顶风"发表，难度较大，风险也大。但是，如果改由军队报纸发表，并由一位军委领导人审阅和签字，也许就可以绕过宣传部门而直接发表。〔82〕

身为中央军委秘书长的罗瑞卿，对真理标准的讨论一直持积极支持的态度。《人民日报》3月16日发表《标准只有一个》的文章后，罗瑞卿当即就说，这篇文章提出了一个重要问题，就是什么是检验真理的标准。马克思主义、毛泽东思想是真理，但不能自己检验自己，只有实践才是检验真理的标准。《解放军报》转载《实践是检验真理的唯一标准》后，罗瑞卿对总编辑华楠说："这是一篇坚持马列主义、毛泽东思想的好文章。它提出的是一个牵一发而动全身的大问题。不解决这个问题，我们就不能坚持好党的实事求是的思想路线，我们的事业就不能前进。"他还表示："要注意肃清'两个凡是'的影响，军报要积极支持和直接参加这场讨论。"

在邓小平6月2日讲话的当天，罗瑞卿就向报社打招呼说，《解放军报》要根据邓小平的讲话精神，组织一篇有分量的文章。而且，他对稿子催得很急。就在这时，吴江的文章送到了《解放军报》社。

华楠、姚远方看过之后，觉得这篇文章"很符合小平同志的讲话精神"。于是，他们就将文章送给了罗瑞卿。姚远方还向罗瑞卿解释说，这篇文章写得不错，可以发表。几天之后，罗瑞卿告诉华楠，这是一篇很好的文章，但"要精心修改，使内容更充实、理论水平更高。"他提出两点建议：一是增加毛泽东写的《实践论》、《反对本本主义》和《人的正确思想是从哪里来的?》这几篇文章的有关内容；二是引用邓小平在全军政治工作会议上的讲话。罗瑞卿解释

小刊物发挥了惊天作用，胡耀邦说，我死后要写上一笔

一个常识性问题引起的讨论

关键时刻，邓小平公开表示，支持真理标准问题的讨论

罗瑞卿表示：如果打板子的话，我愿意领受40大板

回首
1978

说，必须做到"立论要稳，无懈可击。"他还嘱咐道：文章"什么时候改好，什么时候发表，不要抢时间。"

在文章的修改过程中，罗瑞卿与胡耀邦通了6次电话，给《解放军报》社打了5次电话。同时，他还告诉《人民日报》和《光明日报》社，让他们转载这篇文章。

6月18日，文章的清样送给罗瑞卿审阅。当晚，罗瑞卿打电话给姚远方，说他看了一遍文章，印象很好。他还说：现在有人搞"两个凡是"，这种做法，表面上好像在维护毛泽东思想，实际上是违背和损害毛泽东思想。马克思、恩格斯、列宁从来没有讲过"凡是"，毛主席也没有讲过"凡是"。如果用"两个凡是"的态度对待列宁的话，就不会有农村包围城市的道路和中国革命的胜利。如果用"两个凡是"的态度对待毛主席的话，中国社会主义事业就不可能在新条件下继续发展。[83]

随后，胡耀邦也看了这篇文章，还提了三点意见：第一，同意《解放军报》发表；第二，文中有关"砍旗"的话可以删去，从理论上讲清楚就行了；第三，请罗瑞卿、韦国清再看一遍。

6月19日，姚远方将修改后的文章送给罗瑞卿，并附了一封信，转告了胡耀邦的意见。罗瑞卿看过之后，又提了两点意见。此后，华楠、姚远方根据罗瑞卿的意见，并同吴江商量之后，对文章再次进行修改。6月22日，修改后的文章送给了罗瑞卿，同时又写了一封信。其中说道：根据你的意见，又作了修改，修改的地方用红笔画上了。

华楠后来回忆说，罗瑞卿自6月10日左右看到吴江的文章后，至少同他和姚远方两人谈了5次，同他本人谈了3次，还同胡耀邦多次联系，仅文章就看了三遍，还查阅了毛泽东的哲学著作，并提出修改意见。罗瑞卿为这篇文章倾注了大量的心力，这足见他对这篇文章的重视。

据《人民日报》李庄回忆，为使《解放军报》和《人民日报》同日刊登这篇文章，而且能够安排在突出位置，罗瑞卿做了令人十分感动的工作。从 6 月 23 日 22 时到次日凌晨 2 时，罗瑞卿不顾病痛，三次打电话详细指点。第一次问《人民日报》24 日发表这篇文章有无困难。他说，如果没有合适版面，《解放军报》可以等一、二天。第二次要《人民日报》社找几个人仔细看一看文章，如果有意见马上提出来，他还可以斟酌修改。第三次询问这篇文章如何安排。李庄回答说，打算放在一版下部，约占五分之二的版面，通栏标题，用五号楷体排版。罗瑞卿立即问道：一版上部放什么？李庄回答：华国锋会见安曼外交大臣的消息和照片。罗瑞卿稍稍沉吟后，同意这样安排。他还嘱咐说，负责校对的同志一定要仔细，编辑同志也要好好地看一看，无论如何不能出现错字，也不能出现标点错误。

根据吴江的提议，文章不以他个人的名义而用"解放军报特约评论员"的名义发表，以便加重文章的分量。这是《解放军报》第一次以这种形式发表文章。

6 月 24 日，《解放军报》发表了《马克思主义的一个最基本的原则》。这篇文章被看做是继《实践是检验真理的唯一标准》之后又一篇讨论真理标准问题的重头文章。

当天，《人民日报》、《光明日报》均以显著位置转载，新华社也转发了这篇文章。三大报纸在同一天刊登同一篇文章，应该说，这是一个大动作。此后，各地报纸也相继转载。

文章写得相当长，有 17000 多字，共为三个部分。文章的巧妙之处，在于一开头就引用了华国锋 1977 年 10 月在中央党校开学典礼上的一段讲话，以此说明文章所论述的主题，这让那些反对开展

小刊物发挥了惊天作用，胡耀邦说，我死后要写上一笔

一个常识性问题引起的讨论

关键时刻，邓小平公开表示，支持真理标准问题的讨论

罗瑞卿表示：如果打板子的话，我愿意领受40大板

回首
1978

真理标准问题大讨论的人无话可说。

华国锋的这段讲话是:"毛主席教导我们:'理论与实践的统一,是马克思主义的一个最基本的原则,'毛主席同夸夸其谈、理论脱离实际的坏作风做了一辈子斗争。"文章还引用了叶剑英同一天的讲话。作者由此认为,如果把华国锋和叶剑英的讲话看做是无的放矢,或者泛泛而论,"那当然是大错特错"。他们的讲话,切中了林彪、"四人帮"造成的时弊。林彪、"四人帮"搞乱了很多的基本问题。其中,最值得注意的一个就是在思想上根本颠倒了理论与实践的关系,"这决不是一件小事情"。因为这种颠倒,从根本上毁坏了毛泽东思想,由此产生出一系列的混乱。"思想上的拨乱反正,澄清是非,不能不从这里开始。"

这篇文章发表在真理标准问题争论最激烈的时候,作者在文章的第二、第三部分驳斥了否认实践是检验真理唯一标准的观点。文章说,实践要以革命理论为指南,没有理论指导的实践是盲目的实践。"理论之所以能够指导实践,正因为、也仅仅因为理论来自实践,并且经实践的检验证明是正确的。理论指导实践的过程,就是实践检验真理的过程。"

作者写这篇文章的真正目的是想正面回答对真理标准讨论的责难,所以,作者直截了当地指出,有些人之所以坚持某些已经过时的旧口号、旧提法,除了人们的思想往往落后于实际这一点外,"还因为有一部分人的利益或多或少地同这些旧口号联系在一起的缘故"。作者进一步分析说,这些人口头上说的是担心某些旧口号、旧提法的修改会导致整个革命和整个理论的否定,实际上是"害怕自己某种个人的东西因此受到损害"。作者特别提到,在目前最值得注意的是,由于林彪、"四人帮"破坏理论联系、实事求是的原则,并且长时间对坚持这些原则的人加以迫害和打击,其影响所及,"直至今天，还使一部分人（尤其是各级领导干部）简直是习惯性地不敢去触及新问题、研究新问题，不敢去答复群众中提出的问题，总是绕开问题走，对上级的指示、文件只是逐字逐句地照抄照搬"，不结合本地区本单位的实际情况去做好工作，相反的，常常逆着群众的情绪行事。他们不拿实践作标准，而是"上级或自己需要什么，就依此做判断、下结论。"作者还在文章中直言不讳地指出，有些同志甚至发出了这样的责难：把实践摆在第一位，以实践为检验真理的唯一标准，那么，把毛泽东思想、毛主席的话摆在什么位置？"对于说这种糊涂话的人"，需要再反问他们一句：毛主席说过："只有千百万人民的革命实践，才是检验真理的尺度"，"此外再无别的检验真理的尺度"。可见，"你们把毛主席这个教导摆在什么位置？怎样才算是按照毛主席的教导办事？"看来，马克思主义这门科学，不经过认真学习，单凭朴素的感情，是不可能真正弄懂的，"我们还是要好好学习"。

针对"砍旗"的说法，作者在文章中明确指出，马列主义、毛泽东思想的旗帜是砍不倒的。一切曾经企图砍倒它的狂人包括林彪、"四人帮"在内，一个一个都自己倒下去了。"我们有些同志为什么那样没有信心呢？如果马列主义、毛泽东思想真像这些同志所设想的那样虚弱，那样害怕与新的历史条件相结合、害怕实践、害怕砍倒，那个马列主义、毛泽东思想就决不是真马列主义、毛泽东思想。"〔84〕

从文章所论述的内容来看，虽然没有直接提"两个凡是"，实际上却严厉批评了"凡是派"的观点，有力地回击了对《实践是检验真理的唯一标准》的指责。从文章的语气来看，它比《实践是检验真理的唯一标准》更具有争论的意味。正因为如此，文章发表后产生的影响有多大也就可想而知了。

小刊物发挥了惊天作用，胡耀邦说，我死后要写上一笔
一个常识性问题引起的讨论
关键时刻，邓小平公开表示，支持真理标准问题的讨论
罗瑞卿表示：如果打板子的话，我愿意领受40大板

回首
1978

有位亲历者的评价在当时颇具代表性，他说：这篇文章在进一步论述马列主义、毛泽东思想关于实践是检验真理的唯一标准这个基本原理之后，"集中剖析若干糊涂思想，批驳各种谬论，令人拍案叫绝。"他认为，文章"引起轰动效应，相当彻底地解开了绝大多数怀疑论者和不理解者的思想疙瘩，令'凡是'论者不能应战。"〔85〕

然而，另一位当事人提出了不同的看法。他认为，这篇文章虽然引起很多人的关注，但它毕竟是在邓小平6月2日讲话之后发表的，所以，它的轰动效应"显然就受到了影响"。但它作为《实践是检验真理的唯一标准》的"姊妹篇"，对推动真理标准的讨论起到了"积极的作用"。〔86〕

由于文章是针对当时反对真理标准问题讨论而写的，它的发表肯定会冒一定的风险。对于这一点，罗瑞卿早已预料到了。7月18日，他到联邦德国治病。临行前，他对前来送行的《解放军报》负责人说："那篇文章，可能有人反对，我负责，打板子打我。"〔87〕

关于罗瑞卿不怕"打板子"的事，好几位当事人都提起过。胡绩伟回忆说，罗瑞卿去联邦德国之前，还特意打电话给我们说，这篇文章如果打板子，他愿先挨五大板。〔88〕

吴江在《十年的路》一书中说，文章发表后不久，罗瑞卿出国治病，临行时还留下一句话，说这篇文章如果打屁股的话，他愿意领受40大板。作者还动情地说，这位文武兼备的将军，在这场结局尚未明朗的斗争中所给予我们的支持，是"令人难以忘怀的"。

关于罗瑞卿对真理标准讨论的支持，罗

中央军委秘书长罗瑞卿在关键时刻支持了真理标准大讨论。

瑞卿的夫人在一篇回忆文章中也有过叙述："文化大革命"结束后，在他恢复工作，任军委秘书长的短短一年里，他又冒着风险，积极支持邓小平、胡耀邦在真理标准讨论中的正确立场。在他临出国治病的时候，还亲自主持修改、定稿，并指示《解放军报》发表了由中央党校吴江撰写的文章。由于当时坚持"两个凡是"的中央负责人的错误立场而难以发表。他对《解放军报》总编辑华楠说："发表这篇文章可能有人反对，准备驳。不要紧，出了问题首先由我负责。要打板子打我的。"罗瑞卿没有能够看到真理标准讨论的最后胜利，但为了争取这个胜利，为了党的十一届三中全会的召开，为了党的改革事业，罗瑞卿"又一次勇敢无畏地战斗过了"。

文章发表后，虽然对真理标准问题的讨论起到了推动作用，但其间也遇到了阻挠和压制。7月下旬，《人民日报》总编辑胡绩伟前去看望毛泽东著作编辑委员会办公室的一位副主任。两个月前，正是这位副主任打电话给胡绩伟，指责《实践是检验真理的唯一标准》一文"犯了方向性的错误"。所以，一见面，那位副主任就说，我看了《解放军报》特约评论员文章，"更认为我那天晚上向你提出的意见是正确的"。[89]

胡绩伟回答说：你也可以写文章进行答辩和批判。可是，那位副主任还固执地坚持自己的观点，认为这是一个政治问题，"根本不应该讨论这个问题"。此后，中央分管宣传工作的副主席、中央宣传部主要负责人分别到山东、东北，发表了一些指责真理标准讨论的言论。

尽管如此，从6月到11月，关于真理标准问题的讨论还是达到了高潮。在邓小平、胡耀邦、罗瑞卿的支持下，大讨论很快形成了这样一种局面：一方面是各省、市、自治区和各大军区主要领导人明确表态支持和参与，另一方面是理论工作者的积极参与。新华

小刊物发挥了惊天作用，胡耀邦说，我死后要写上一笔

一个常识性问题引起的讨论

关键时刻，邓小平公开表示，支持真理标准问题的讨论

罗瑞卿表示：如果打板子的话，我愿意领受40大板

回首
1978

社以此作为重要新闻发出，《人民日报》、《光明日报》均在显著位置刊登。

这时，胡耀邦也组织了一篇举足轻重的文章，这就是《一切主观世界的东西都要受实践检验》。他曾告诉过叶剑英，准备把真理标准问题扩大，不光讲真理问题。他觉得当前的突出问题不外乎两个。一是思想路线问题，需要强调实践是检验真理的唯一标准。二是组织路线问题。这两者相辅相成。于是，他给《理论动态》组的成员出了一道题：一切都要经过实践的检验。

按照胡耀邦的意见，王聚武于9月初写出初稿。胡耀邦审阅之后认为，总的来说，还不错，是"近一个多月来最好的一篇"。[90]但还应增加一些内容，长一点没关系。他还加了一段文字：对犯了错误的，不能光看检讨，还要看实践中是否真正改正了。即不轻信诺言，而要相信实践。谁是好干部，谁有能力，也要看实践。看干部不能一成不变，要不断看实践。

经过一个多月的写作和修改，9月25日，文章以"特约评论员"的名义在《人民日报》上发表了。作者在文章开头指出：实践是检验真理的唯一标准的问题，"不仅是带有根本性的理论问题，而且是带有根本性的现实问题。它不仅关系到哲学战线，而且关系到各条战线的实际工作。"作者声明，我们所说的实践是检验真理的唯一标准，指的是马克思主义者对待主观和客观、认识和实践的关系的一条原则，指的是一条正确的认识路线。"按照这条原则，这条路线，检验真理要靠实践，检验一切主观世界的东西都要靠实践。"围绕这一主题，作者有针对性地提出并论述了六个问题：

（1）证明什么是真高举，什么是假高举；什么是真马克思主义，什么是假马克思主义，从来就不靠声明和宣言，而是靠实践；

（2）对人的处理是否正确，要受实践检验；

（3）谁是好干部，谁有能力，也要靠实践来检验；

（4）看待先进，要坚持实践第一的观点；

（5）对生产的领导是否正确，要靠实践检验；

（6）检验文艺作品，也要靠实践。

总之，作者认为，无论从事何种工作，"都必须坚持从实际出发，坚持辩证唯物主义的认识路线。"作者提到了毛泽东在40多年前对本本主义的批评，然后不点名地指出，直到今天，还有这么一种人，他们自己不从实际出发，不坚持理论联系实际的原则，也不允许别人从实际出发，不允许别人坚持理论联系实际的原则，只准照搬、照抄、照转。这些人的座右铭是：过去的一切不许动，今后的一切都照搬。否则，就是大逆不道，罪该万死。过去，一切都是对的，不看事实如何，都神圣不可侵犯，都不可更改。今后，一切都只能照搬，不论实践怎么发展，只有上了书的才是对的。"这种观点，恰好是丢掉了理论和实践相结合的原则，丢掉了毛泽东思想的根本。"〔91〕

应该说，这篇文章写得锋芒毕露，直言不讳地驳斥了对真理标准讨论的责难。难怪有人这样评价说：文章虽然篇幅不长，但"作用不小，把'砍旗'、'丢刀子'的指责还给了它们的发明者。"〔92〕

在理论界连续发表讨论文章的同时，一些省、市、自治区和大军区的主要负责人也参与了真理标准问题的讨论。新华社黑龙江分社首先报道了中共黑龙江省委常委扩大会议讨论真理标准问题的情况，在中央党校学员当中引起不小的震动。8月3日，新华社发表了这则消息。第二天，《人民日报》又在头版头条以"讨论真理标准和民主集中制问题"为题作了报道。有人后来问过时任黑龙江省委书记的杨易辰，在当时局面还不明朗，不少领导干部对真理标准讨论仍心存疑虑，采取观望态度的情况下，你们为什么敢于支持这一

小刊物发挥了惊天作用，胡耀邦说，我死后要写上一笔
一个常识性问题引起的讨论
关键时刻，邓小平公开表示，支持真理标准问题的讨论
罗瑞卿表示：如果打板子的话，我愿意领受40大板

回首
1978

289

讨论，而且在报纸上公开报道？你们同中央某位领导有什么关系？

杨易辰回答说，没有人给我们引路。当时形势的发展，要求明辨"文化大革命"以来的重大是非，实践标准的提出正好适应了这一形势发展的需要。那时，中央对黑龙江干部的任用，也使我们心中有了底。〔93〕

这里涉及对"文化大革命"前的黑龙江省委的评价问题。1967年1月成立的"黑龙江省红色造反者革命委员会"夺了省委的大权，于是，在这之前的黑龙江省委就在很多人的心目中成了"黑省委"。"文化大革命"结束后，杨易辰到黑龙江走马上任。这时，在省委领导班子里还有人称原省委是"黑省委"，这引起了一些省委领导的不满。于是，黑龙江省委开展了一场关于"红"与"黑"的争论。实际上，也只有通过实践标准的讨论，才能推翻"文化大革命"中的错误结论。

于是，中共黑龙江省委召开常委会议。杨易辰宣布，要解放思想，畅所欲言。与会者学习了毛泽东1962年在扩大的中央工作会议上的讲话，邓小平在全军政治工作会议上的讲话，以及《人民日报》、《光明日报》和《解放军报》相继发表的《实践是检验真理的唯一标准》、《关于真理的标准问题》以及《马克思主义的一个最基本的原则》这几篇文章，认真讨论了真理标准和民主集中制的问题。

据《人民日报》报道，经过讨论，与会者已经认识到，只要坚持实践是检验真理的唯一标准，就可以辨别真伪，分清是非。这不仅不会贬低毛泽东思想，而恰恰是捍卫毛泽东思想。因此，只有坚持实践第一的观点，在实践中检验真理、发展真理，才能使马列主义、毛泽东思想永葆青春。

8月23日，杨易辰又在《人民日报》上发表了《拨乱反正必须解放思想》的文章。他在文章中说，值得注意的是，由于林彪、"四人帮"破坏实事求是、一切从实际出发的原则，至今有些同志没有勇气去发现新问题，研究新情况，而是遇到问题就绕着走，对上级的指示、文件只是照抄照转，当"收发室"。这就提出一个问题：理论、路线、方针要不要在实践中具体化并受实践的检验，要不要使它不断丰富和发展？马列主义、毛泽东思想之所以有力量，正因为它是经过实践检验的客观真理，是因为"它高度概括了实践经验，并用来指导实践的。"因此，"任何时候都必须坚持实事求是，一切从实际出发，理论同实践相结合这样一个根本原则。"

他还举例说，过去在黑龙江省，只要谁说一句"原省委"，就被认为是大逆不道，是"复旧"、"复辟"、"翻'文化大革命'的案"，只能违心地说"黑省委"、"旧省委"。最近，我们根据中央对欧阳钦的评价，明确地肯定了在欧阳钦主持下的原黑龙江省委，是高举毛主席伟大旗帜的，是红的，而不是黑的，虽然也有缺点，但不是主流而是支流。"这样实事求是的评价，得到了群众的欢呼和拥护，它使多年来压在党员、干部和群众身上的石头搬掉了，思想解放了。"因此，他相信，"这个问题解决了，'文化大革命'以来发生的一些重大事件和路线是非等问题，就会得到正确的结论。"〔94〕

此后，新闻界又连续报道了福建、广东、浙江、江西、河北、青海、内蒙古、宁夏、四川、湖北、天津、江苏、广西、贵州、山东、山西、吉林、西藏、河南、安徽、北京等省、市、自治区，以及沈阳军区、广州军区、兰州军区主要负责人支持真理标准讨论的讲话和文章。

可是，上海市的主要负责人对真理标准的讨论采取的态度并不积极。讨论开始后，有人就向市委建议，上海应该发表文章表示支持，但遭到拒绝。理由非常简单，中央没有文件，《光明日报》的文章不算数。市委主要负责人要求宣传部门管好本市的报纸，甚至规

小刊物发挥了惊天作用，胡耀邦说，我死后要写上一笔

一个常识性问题引起的讨论

关键时刻，邓小平公开表示，支持真理标准问题的讨论

罗瑞卿表示：如果打板子的话，我愿意领受40大板

回首
1978

定，上海的报纸可以转载其他报纸的文章，但自己不能写。结果，《文汇报》的几篇文章在送审过程中被压了下来。直到9月16日，《文汇报》才发表了复旦大学党委书记夏征农在党员干部读书班上发表的关于真理标准讨论的动员讲话。

在最初的两个多月里，《北京日报》对真理标准的讨论也保持了沉默。到了8月，该报才发表了两篇文章。一篇是8月8日发表的《检验真理的标准只能是社会实践》。另一篇是8月21日发表的《从"东非人"的遭遇看真理标准》。10月13日，《北京日报》编辑部召开座谈会，讨论真理标准问题。5天之后，《北京日报》报道了座谈会的情况。

据说，当时有一个省的领导迟迟没有表态支持真理标准的讨论，于是，有人就贴出一张大字报，还有一张全国地图，把已经明确表态的省、市、自治区在地图上标出来，剩下两个省没有标，一个是台湾，另一个就是本省。[95]

据统计，到11月中旬中央工作会议召开前夕，全国已有20个省、市、自治区党委主要负责人公开表示支持真理标准问题的讨论。[96]

真理标准问题的讨论，是在特定的历史条件下开展的，它难免打上那个时期的一些印记。但是，当时的理论工作者敢于面对当时的历史条件提出问题，敢于冲破禁区，这是一种勇气。关于它的作用，研究者和政治家都给予了高度评价。一种带有普遍性的认识是，这场讨论冲破了"两个凡是"的束缚，推动了全国性的马克思主义思想解放运动，为中共十一届三中全会的召开作了思想准备，在中国共产党和中华人民共和国的历史进程中产生了重大而深远的影响，成为改革开放历程的思想先导。

参考文献

〔1〕沈宝祥:《真理标准问题讨论始末》,中国青年出版社 1997 年版,第 37、38 页。

〔2〕参见沈宝祥:《真理标准问题讨论始末》,中国青年出版社 1997 年版,第 47—48 页。

〔3〕满妹:《思念依然无尽——回忆父亲胡耀邦》,北京出版社 2005 年版,第 221、222 页。

〔4〕沈宝祥:《真理标准问题讨论始末》,中国青年出版社 1997 年版,第 43—44 页。

〔5〕满妹:《思念依然无尽——回忆父亲胡耀邦》,北京出版社 2005 年版,第 222 页。

〔6〕沈宝祥:《真理标准问题讨论始末》,中国青年出版社 1997 年版,第 45 页。

〔7〕参见沈宝祥:《真理标准问题讨论始末》,中国青年出版社 1997 年版,第 46 页。

〔8〕沈宝祥:《真理标准问题讨论始末》,中国青年出版社 1997 年版,第 54 页。

〔9〕吴江:《我所经历的真理标准讨论》,《炎黄春秋》2001 年第 9 期。

〔10〕《中央党校通讯》第 185 期第 3 版。

〔11〕沈宝祥:《真理标准问题讨论始末》,中国青年出版社 1997 年版,第 52 页。

〔12〕沈宝祥:《真理标准问题讨论始末》,中国青年出版社 1997 年版,第 56 页。

〔13〕沈宝祥:《真理标准问题讨论始末》,中园青年出版社 1997 年版,

小刊物发挥了惊天作用,胡耀邦说,我死后要写上一笔
一个常识性问题引起的讨论
关键时刻,邓小平公开表示,支持真理标准问题的讨论
罗瑞卿表示:如果打板子的话,我愿意领受 40 大板

回首
1978

第 63、64 页。

〔14〕岳平：《以怎样的精神状态跨进新的一年?》，《人民日报》1978 年1 月 2 日。

〔15〕《中央党校通讯》第 185 期第 2 版。

〔16〕沈宝祥：《耀邦同志与〈理论动态〉》，《人民日报》1989 年 5 月 11 日。

〔17〕沈宝祥：《邓小平支持真理标准问题讨论经过》，《百年潮》.1997 年第 3 期。

〔18〕聂荣臻：《恢复和发扬党的优良作风》，《人民日报》1977 年 9 月5 日。

〔19〕《人民日报》1977 年 10 月 10 日。

〔20〕《人民日报》1977 年 10 月 10 日。

〔21〕戴煌：《胡耀邦与平反冤假错案》，中国工人出版社 2004 年版，第 85 页。

〔22〕沈宝祥：《真理标准问题讨论始末》，中国青年出版社 1997 年版，第 27 页。

〔23〕沈宝祥：《真理标准问题讨论始末》，中国青年出版社 1997 年版，第 31 页。

〔24〕宋晓明、刘蔚主编：《追寻 1978——中国改革开放纪元访谈录》，福建教育出版社 1998 年版，第 3—4 页。

〔25〕宋晓明、刘蔚主编：《追寻 1978——中国改革开放纪元访谈录》，福建教育出版社 1998 年版，第 14—15 页。

〔26〕宋晓明、刘蔚主编：《追寻 1978——中国改革开放纪元访谈录》，福建教育出版社 1998 年版，第 5—6 页。

〔27〕胡福明：《历史的回忆》，《党的文献》1998 年第 4 期。

〔28〕胡福明：《历史的回忆》，《党的文献》1998 年第 4 期。

〔29〕胡福明：《历史的回忆》，《党的文献》1998 年第 4 期。

〔30〕张成：《标准只有一个》，《人民日报》1978 年 3 月 26 日。

〔31〕邢贲思：《哲学和宗教》，《人民日报》1978 年 4 月 8 日。

〔32〕王强华：《杨西光与第一篇"真理标准"文章的发表》，《炎黄春秋》1995 年第 5 期。

〔33〕王强华：《杨西光与第一篇"真理标准"文章的发表》，《炎黄春秋》1995 年第 5 期。

〔34〕王强华：《杨西光与第一篇"真理标准"文章的发表》，《炎黄春秋》1995 年第 5 期。

〔35〕胡福明：《历史的回忆》，《党的文献》1998 年第 4 期。

〔36〕胡福明：《(历史的回忆》，《党的文献》1998 年第 4 期。

〔37〕沈宝祥：《真理标准问题讨论始末》，中国青年出版社 1997 年版，第 71 页。

〔38〕吴江：《我所经历的真理标准讨论》，《炎黄春秋》2001 年第 9 期。

〔39〕孙长江口述：《〈实践是检验真理的唯一标准〉发表前后的内幕》，《改革先声》1998 年第 5 期。

〔40〕沈宝祥：《真理标准问题讨论始末》，中国青年出版社 1997 年版，第 73—74 页。

〔41〕沈宝祥：《真理标准问题讨论始末》，中国青年出版社 1997 年版，第 78 页。

〔42〕沈宝祥：《真理标准问题讨论始末》，中国青年出版社 1997 年版，第 79 页。

〔43〕参见沈宝祥：《真理标准问题讨论始末》，中国青年出版社 1997 年版，第 86—87 页。

〔44〕参见沈宝祥：《真理标准问题讨论始末》，中国青年出版社 1997 年版，第 84 页。

〔45〕胡福明：《历史的回忆》，《党的文献》1998 年第 4 期。

小刊物发挥了惊天作用，胡耀邦说，我死后要写上一笔

一个常识性问题引起的讨论

关键时刻，邓小平公开表示，支持真理标准问题的讨论

罗瑞卿表示：如果打板子的话，我愿意领受40大板

回首
1978

〔46〕沈宝祥:《真理标准问题讨论始末》,中国青年出版社1997年版,第99页。

〔47〕宋晓明、刘蔚主编:《追寻1978——中国改革开放纪元访谈录》,福建教育出版社1998年版,第8页。

〔48〕《实践是检验真理的唯一标准》,《光明日报》1978年5月11日。

〔49〕于光远:《纪念真理标准问题讨论十周年》,《人民日报》1988年5月6日。

〔50〕宋晓明、刘蔚主编:《追寻1978——中国改革开放纪元访谈录》,福建教育出版社1998年版,第8页。

〔51〕孙长江口述:《〈实践是检验真理的唯一标准〉发表前后的内幕》,《改革先声》1998年第5期。

〔52〕孟凡:《胡乔木在"真理标准"讨论中的态度》,《炎黄春秋》2000年第7期。

〔53〕吴江:《我所经历的真理标准讨论》,《炎黄春秋》2001年第9期。

〔54〕参见沈宝祥:《真理标准问题讨论始末》,中国青年出版社1997年版,第108—109页。

〔55〕吴江:《我所经历的真理标准讨论》,《炎黄春秋》2001年第9期。

〔56〕沈宝祥:《真理标准问题讨论始末》,中国青年出版社1997年版,第110页。

〔57〕转引自沈宝祥:《真理标准问题讨论始末》,中国青年出版社1997年版,第110页。

〔58〕孙长江:《〈实践是检验真理的唯一标准〉发表前后的内幕》,《改革先声》1998年第5期。

〔59〕沈宝祥:《真理标准问题讨论始末》,中国青年出版社1997年版,第115—116页。

〔60〕《邓小平年谱》(1975—1997)(上),中央文献出版社2004年版,

第 319—321 页。

〔61〕《邓小平年谱》（1975—1997）（上），中央文献出版社 2004 年版，第 319—320 页。

〔62〕《邓小平文选》第 2 卷，人民出版社 1994 年版，第 114、118—119 页。

〔63〕转引自沈宝祥：《真理标准问题讨论始末》，中国青年出版社 1997 年版，第 117—118 页。

〔64〕《一位老干部给青年的复信》，《人民日报》1978 年 4 月 10 日。

〔65〕邢贲思：《关于真理的标准问题》，《人民日报》1978 年 6 月 16 日。

〔66〕岳平：《历史潮流滚滚向前》，《人民日报》1978 年 6 月 30 日。

〔67〕转引自沈宝祥：《真理标准问题讨论始末》，中国青年出版社 1997 年版，第 167—168 页。

〔68〕转引自沈宝祥：《真理标准问题讨论始末》，中国青年出版社 1997 年版，第 168—169 页。

〔69〕参见《人民日报》1978 年 7 月 31 日。

〔70〕沈宝祥：《邓小平支持真理标准问题讨论经过》，《百年潮》1997 年第 3 期。

〔71〕《邓小平年谱》（1975—1997）（上），中央文献出版社 2004 年版，第 357 页。

〔72〕《邓小平年谱》（1975—1997）（上），中央文献出版社 2004 年版，第 360—361 页。

〔73〕《邓小平文选》第 2 卷，人民出版社 1994 年版，第 126—128 页；《邓小平年谱》(1975—1997)（上），中央文献出版社 2004 年版，第 379 页。

〔74〕参见沈宝祥：《真理标准问题讨论始末》，中国青年出版社 1997 年版，第 133 页；孟凡：（《胡乔木在"真理标准"讨论中的态度》，《炎黄春秋》2000 年第 7 期。

回首
1978

〔75〕孟凡:《胡乔木在"真理标准"讨论中的态度》,《炎黄春秋》2000 年第 7 期。

〔76〕吴江:《我所经历的真理标准讨论》,《炎黄春秋》2001 年第 9 期。

〔77〕王强华:《杨西光与第一篇"真理标准"文章的发表》,《炎黄春秋》1995 年第 5 期。

〔78〕吴江:《我所经历的真理标准讨论》,《炎黄春秋》2001 年第 9 期。

〔79〕吴江:《我所经历的真理标准讨论》,《炎黄春秋》2001 年第 9 期。

〔80〕吴江:《我所经历的真理标准讨论》,《炎黄春秋》2001 年第 9 期。

〔81〕沈宝祥:《真理标准问题讨论始末》,中国青年出版社 1997 年版,第 138 页。

〔82〕王强华:《杨西光与第一篇"真理标准"文章的发表》,《炎黄春秋》1995 年第 5 期。

〔83〕姚远方:《与胡福明教授共忆真理标准的讨论》,《解放军报》1988 年 6 月 7 日。

〔84〕《马克思主义的一个最基本的原则》,《人民日报》1978 年 6 月 24 日。

〔85〕李庄:《人民日报风雨四十年》,人民日报出版社 1993 年版,第 325 页。

〔86〕王强华:《杨西光与第一篇"真理标准"文章的发表》,《炎黄春秋》1995 年第 5 期。

〔87〕姚远方:《磨难虽多心无暇》,《中国老年报》1991 年 6 月 19 日。

〔88〕胡绩伟:《真理标准讨论的深思》,《新观察》1988 年第 10 期。

〔89〕沈宝祥:《真理标准问题讨论始末》,中国青年出版社 1997 年版,第 147 页。

〔90〕沈宝祥:《真理标准问题讨论始末》,中国青年出版社 1997 年版,第 185 页。

〔91〕《一切主观世界的东西都要经受实践的检验》,《人民日报》1978

年 9 月 25 日。

〔92〕李庄：《人民日报风雨四十年》，人民日报出版社 1993 年版，第 328 页。

〔93〕沈宝祥：《真理标准问题讨论始末》，中国青年出版社 1997 年版，第 221—222 页。

〔94〕杨易辰：《拨乱反正必须解放思想》，《人民日报》1978 年 8 月 23 日。

〔95〕沈宝祥：《真理标准问题讨论始末》，中国青年出版社 1997 年版，第 157 页；孙长江：《〈实践是检验真理的唯一标准〉发表前后的内幕》，《改革先声》1998 年第 5 期。

〔96〕沈宝祥：《真理标准问题讨论始末》，中国青年出版社 1997 年版，第 218 页。

小刊物发挥了惊天作用，胡耀邦说，我死后要写上一笔
一个常识性问题引起的讨论
关键时刻，邓小平公开表示，支持真理标准问题的讨论
罗瑞卿表示：如果打板子的话，我愿意领受 40 大板

回首
1978

第五章
农村改革的兴起

　　提起中国农村改革，邓小平向一位外国客人这样介绍过：开始的时候，有两个省带头，一个是赵紫阳主持的四川省，那是我的家乡；一个是万里主持的安徽省。

　　在中国农村改革的历史上占有特殊地位的是安徽凤阳县的小岗村。其实，小岗村实行包产到户要比肥西县山南区略晚一些。是什么原因导致小岗村的影响远比山南区大？最有说服力的解释，就是小岗村的农民实行了"大包干"，而且在分田到户的时候签了一份契约。

　　如果没有万里的支持，包产到户就不可能成为现实。万里在安徽敢走"独木桥"，还有一个重要的原因，就是邓小平对包产到户给予了极大的支持。

1.安徽省委提出"六条规定",中国农村改革的序幕由此拉开

　　1977 年 6 月,中共中央任命万里为安徽省委第一书记。那时,安徽的形势并不乐观,尤其是农村的情况更加糟糕。农民人均收入在 60 元左右,20%的农民收入不到 40 元。全省 28 万个生产队,只有 2 万多个勉强能够维持温饱,还有 2 万多个生产队连温饱问题都解决不了。陈云说过,解放快 30 年了,现在还有要饭的。用这句话来描述安徽当时的形势再也恰当不过了。这从万里对安徽几个地区的考察和他的几次谈话中就可以看出。

　　万里曾这样谈了他到安徽后的感受:安徽是个农业大省,又是"左"倾错误的重灾区。"四人帮"在安徽的代理人推行"学大寨"那一套"左"的东西特别积极,农村的问题特别严重,农民生活特别困难,我又不熟悉农村工作,所以一到任就先下去看农业、看农民,用三四个月的时间把全省大部分地区都跑了。[1]

　　走马上任后不久,万里就来到位于大别山深处的金寨县。在那里,他目睹了老红军和红军烈士家属依然过着贫寒的生活。他还发现,农民不仅吃不饱饭,有的家庭竟然全家人轮流穿一条裤子。还有一个五口之家,夫妻俩和三个孩子,但是,万里没有看见孩子,就提出要见孩子。夫妻俩起初不肯,在万里的再三要求下,他们只好掀开锅盖,两个小孩蜷着身子偎在锅里取暖。在阜阳地区,由于农业歉收,农民生活极为困苦。万里去的时候正赶上年关,他亲眼看见,不少农户家里没有白面,吃不上饺子。万里颇为难过地对随行的人说:我的老家山东省东平县离这儿不远,在我们那里,即使

在解放前，再穷的人过年也要设法吃一顿饺子。我们怎么能让农民过年的时候吃不上饺子呢？

在皖东的定远县，万里沿途看到的尽是些低矮的茅草屋，很少有砖瓦房。有个农户，全家7个人，只有一床被子。万里揭开锅盖一看，里面是黑糊糊的粥，还夹杂着地瓜面和萝卜叶子，散发出难闻的气味。这位农民不得不承认，日子不好过。万里对身边的人说：过去只是听说这里很穷，没想到穷到这种地步。他的全部家当也不过30元，一根棍子就可以把所有的东西挑走。

万里遇见一位青年农民，问他有什么要求，这位农民拍拍自己的肚子说："没有别的要求，只要吃饱肚子就行了！"万里觉得这个要求未免太低了，又问他还有什么其他的要求。这位农民再次拍拍肚子说："里面少装点山芋干子！"

后来，万里谈起这件事时还说，农民的要求并不高，"这是最起码的要求，可解放28年了，我们连农民这点最起码的要求，都没有满足他们！"[2]

在凤阳县，万里询问当地的干部如何才能不让农民去讨饭，有人却说，这儿的农民有讨饭的习惯。万里听后不满地说：讨饭还有什么习惯！我就不相信，有饭吃，有饺子吃，谁还去讨饭！

几个月过去了，万里既不召开会议，也不作指示，更没有提什么口号。但几个月的考察，万里显然受到了相当大的刺激，以致多年后他还回忆说，我这个长

安徽省委提出"六条规定"，中国农村改革的序幕由此拉开
冲破人民公社体制，安徽和四川两省带了个好头
山南人闯入"禁区"，小岗村农民悄悄地分了土地

图为改革风云中的万里。

303

期在城市工作的干部，虽然不能说对农村的贫困毫无所闻，但是到农村一接触，还是非常受刺激。原来农民的生活水平这么低。吃不饱，穿不暖，住的房子不像个房子。淮北、皖东有些穷村，门和窗子都是泥坯做的，甚至连桌子、凳子都是泥坯做的，找不到一件木制家具，真是家徒四壁。我真没有料到，解放几十年了，不少农村还这么穷！我不能不问自己，这是什么原因？这能算是社会主义吗？人民公社到底有没有问题？为什么农民的积极性都没有了？人民公社是上了宪法的，不能乱说，但我心里已经认定，看来从安徽的实际情况出发，最重要的是怎样调动农民的积极性，否则连肚子也吃不饱，一切都无从谈起。〔3〕

那么，从何处入手才能使安徽的农业摆脱困境？万里认为，农业靠的是两只手，而人的思想又支配着两只手，只要思想积极了，两只手也就勤快了。所以，调动农民的积极性，一靠领导，二靠政策。就在万里上任后不久，滁县地委给安徽省委写了一份《关于落实党的农村经济政策的调查情况和今后意见》的报告。当时，滁县地委组织300多名干部深入到全地区400多个生产队，对贯彻落实农村政策的情况做了一次调查，然后起草了这份报告。

报告反映说，"四人帮"把"按劳分配"的原则污蔑为"强化资产阶级法权"，把社员按政策规定经营少量自留地和养猪养家禽等家庭副业污蔑为"给资本主义供氧输血"；把开展多种经营污蔑为"金钱挂帅"；把合理的规章制度污蔑为"修正主义的管、卡、压"，谁要整顿社队经营管理，就被扣上"复旧"、"回潮"的帽子，等等，这就把人们的思想搞乱了，弄得一些老干部不敢讲政策，新干部不学习政策，讨论部署工作不研究政策，检查生产不过问政策，人民公社经营管理有章不敢循，一些必要的制度不敢订，给农业生产和社员生活带来了严重恶果。突出的表现是：一些社、队经营管理混乱，非生产人员和开支过多，生产队和社员负担过重，增产不增收，多劳不多得，分配不兑现，社员收入低，这些问题严重地挫伤了广大社员的社会主义积极性。

万里看了报告后表示赞成，决定转发给各地、市委。他还在批示中说：滁县地委组织力量深入群众，对农村经济政策进行调查，这是个很好的开端。这个问题值得重视，报告中所提的意见，可供参考。

尽管安徽的形势并不令人乐观，但是，仍然有一些地区还在那里报喜不报忧。万里对这些假、大、空的材料不感兴趣，特意找来熟悉安徽农村情况的周日礼，让他谈一谈农村的实际情况。周日礼直言不讳地向万里反映了安徽农村存在的严重问题。他还念了当时流行的两段顺口溜："男劳力上工带打牌，女劳力上工带做鞋"；"头遍哨子不买账，二遍哨子伸头望，三遍哨子慢慢晃。"周日礼解释说，农民这种消极怠工的行为，实际上比罢工还厉害。之所以会出现这样的情况，说到底还是政策不对头，也就是没有解决好农民同土地的关系问题，所以，农村政策不解决，农业就没有出路。

为了给省委决策提供依据，周日礼很快起草了一份揭露极"左"路线对农村造成严重危害的材料，这份被称为"绝密件"的材料真实地记录了浮夸、瞎指挥带来的恶果。万里看过之后，立即让周日礼拿出一个有针对性的意见。

在大量调查的基础上，周日礼主持起草了《关于当前农村经济政策几个问题的规定》，共有六条。主要内容是：（一）搞好农村的经营管理，允许生产队根据农活建立不同的生产责任制，可以组织作业组，只需个别人完成的农活也可以责任到人；（二）尊重生产队的自主权；（三）减轻社队和社员负担；（四）落实按劳分配政策；（五）粮食分配要兼顾国家、集体和个人利益；（六）允许和鼓励社

安徽省委提出"六条规定"，中国农村改革的序幕由此拉开

冲破人民公社体制，安徽和四川两省带了个好头

山南人闯入"禁区"，小岗村农民悄悄地分了土地

回首
1978

员经营自留地、家庭副业，开放集市贸易。

1977 年 9 月 20 日至 24 日，中共安徽省委在滁县召开农村政策座谈会，讨论了《关于当前农村经济政策几个问题的规定》。

尽管"六条规定"在地、市委分管农业的书记会议上进行过充分酝酿和讨论，又经过几番修改，但它是否反映了农民的迫切要求，社员是否欢迎，还需要进一步调查。于是，万里和另外两位书记，先后到肥东县解集公社青春大队、长丰县吴山公社，邀集大队、生产队干部和群众代表，亲自宣讲省委的"六条规定"，征求大队、生产队干部和社员的意见。

11 月 15 日至 21 日，安徽省委召开农村工作会议，对省委"六条规定"进行讨论。参加会议的有各地、市、县委书记和省直机关的负责人。

万里在会上说，像这样的会议已经多年没有开了，这次会议的中心议题就是研究当前农村迫切需要解决的经济政策问题，把农民发动起来，全党大办农业。安徽是农业大省，农业搞不上去问题就大了。前一段时间集中抓贯彻中央关于解决安徽省委领导问题的指示，贯彻中共十一大精神，揭批"四人帮"，调整领导班子，因此，"下一步要拿出很大精力抓农村政策"。农村中心问题是把农业生产搞好，各级领导、各个部门，都要着眼于发展农业。

农业政策怎么搞，管理怎么搞？万里认为，坚持因地制宜、因时制宜，实事求是，走群众路线，抓农业机械化，这些都是对的。但是，最重要的生产力是人，是广大群众的社会主义积极性。没有人的积极性，一切无从谈起，机械化再好也难以发挥作用。"调动人的积极性要靠政策"。万里相信，只要政策对头，干部带头，团结一切积极因素干社会主义，群众就会积极起来，农业就能上去。"我们是一个方针——以生产为中心；一个规定——关于当前农村经济政策几个问题的规定。"

万里还说，中国革命在农村起家，农民支持我们。母亲送儿当兵，参加革命，为的是什么？一是为了政治解放，推翻压在身上的三座大山；二是为了生活，为了有饭吃。现在进了城，有些人把群众忘掉了。"我们一定要想农民之所想，急农民之所急。"〔4〕

会议在讨论"六条规定"时出现了分歧。据周日礼回忆，在讨论过程中，既有赞成的也有反对的，大家唇枪舌剑，你争我吵。由于不少人顾虑重重，怀疑抵制，特别是受到当时国务院召开的北方农业学大寨会议的影响，一些原来写进去的更宽的规定，不得不暂时搁置起来，所以，在某些条文中还带有"左"的烙印。万里解释说："有些同志思想不通，不要勉强，要耐心等待，因为具体工作还要靠下边同志去做。有些更宽的条文硬写进去，他们接受不了，反而会把事情弄糟。"〔5〕

11月28日，《关于当前农村经济政策几个问题的规定》在经过多次修改后终于下放各地执行。关于这份文件的意义，研究者认为，它是对20多年来一直坚持不移的人民公社"一大二公"体制的反叛，而这正是它的革命意义所在。所以说，它是拨乱反正的一个重要成果，由此拉开了中国农村改革的序幕。

从这份文件中不难看出，有些规定已经越过了雷池。拿自留地和家庭副业来说，过去是绝对禁止的，动辄便当做"资本主义尾巴"而割掉。这份文件却公开宣布允许甚至鼓励农民经营自留地和家庭副业，而且还公开提出要尊重生产队的自主权，不能不承认这是一次大胆的突破。

文件满足了农民的迫切要求，所以它一公布就受到农民的欢迎。12月中旬，六安地区的一个公社召开社员大会，宣讲"省委六条"。会场上人山人海，干部在台上念文件，社员在台下认真听，

安徽省委提出"六条规定"，中国农村改革的序幕由此拉开

冲破人民公社体制，安徽和四川两省带了个好头

山南人闯入"禁区"，小岗村农民悄悄地分了土地

回首
1978

竟然鸦雀无声。公社干部颇为感慨，因为这样的场面很多年没有见到过了。有些社员听了一遍感到不过瘾，嚷着"再念一遍"。尤其是听到允许社员经营自留地和家庭副业时，社员们高声叫道"重念一遍这句话"。新华社的一位记者正好在现场，问身边的一位老汉"冷不冷?"，老汉连声回答说："不冷"。记者又问道："这六条，哪一条你最高兴?"老汉激动地答道："我都高兴，最高兴的还是养鸡、养鸭、养鹅不受限制了。今后大概不会再来'摸鸡笼'、'砍鸡头'了吧?"〔6〕

安徽省委的"六条规定"公布之后，《人民日报》的两位记者随即访问了滁县、六安地区的一些地、县负责人，还同社、队干部和农民代表促膝交谈，然后以《一份省委文件的诞生》为题写了一篇报道，介绍了安徽省委的"六条规定"。1978年2月3日，《人民日报》发表了这篇报道，而且还加了编者按说：祸国殃民的"四人帮"恣意破坏党在农村的各项政策，流毒所及，使得一些老干部不敢讲政策，新干部不敢学政策，讨论部署工作不研究政策，检查生产不过问政策，结果，削弱了党和人民群众的联系，给农业生产和社员生活带来极大的危害。中共安徽省委在揭批"四人帮"的斗争中，边破边立，把认真落实党的农村经济政策当做一件大事来抓。省委第一书记亲自动手，省委负责同志深入实际，就当前农村迫切需要解决的政策问题，倾听基层干部和社员群众的要求和意见，掌握第一手材料，经过三个多月由下而上、自上而下的调查研究、酝酿讨论，产生了《关于当前农村经济政策几个问题的规定》这份省委文件。这个文件深得广大干部和社员群众的拥护和欢迎，社员们高兴地说："毛主席的革命路线又回来了"。安徽省委这样深入实际，注重调查研究，走群众路线，认真贯彻落实党的政策，是恢复和发扬党的优良传统和作风的一个好榜样。

就安徽省委"六条规定"的内容来看，尊重生产队的自主权是最重要的一条，也是深受生产队干部和社员欢迎的一条。难怪一些生产队的干部说，他们最高兴是"六条规定"里专门写了"尊重生产队的自主权"这一条，明确规定了生产队在保证完成上交任务的前提下，有权因地种植，不受任何人的干涉。这下子"瞎指挥"可行不通了，今后再也不用担心会出现毁了花生种稻子，拔了瓜苗种玉米之类的伤心事了。

2月5日，万里特意就尊重生产队自主权的问题同新华社记者谈了一次话。他说，长期以来，"左"倾错误，特别是"四人帮"恣意破坏党在农村的各项政策，给农业生产和社员生活带来极大的危害。他举了定远县的例子，说在极左思潮的影响下，原省委主要领导人不顾该县的实际情况，不尊重生产队的自主权，要求扩种水稻，弄得全县每年有20多万亩水稻基本无收，粮食生产多年来停滞不前，棉、油、烟等经济作物大幅度减产，社员收入下降，生活十分困难。1977年，定远县委开始认真落实农村的政策，注意尊重生产队的自主权，放手发动群众，因地制宜进行种植，迅速扭转了被动局面，克服了天灾和"人祸"，粮、油、棉获得大丰收，打破了农业生产多年停步不前的局面。"定远县的事实，有力地说明了尊重生产队的自主权，对于加快农业生产发展，有巨大作用和重要意义。"

万里解释说，尊重生产队的自主权，"实质上是个尊重实际、尊重群众的问题。"种庄稼，搞农业，要讲究因地制宜，因时制宜。不同类型的地区，不同的社、队，这块地或那块地，适宜种什么，怎么种，什么时候种，对这些问题，要从实际出发，要搞唯物论，不能搞唯心论。那么，谁最了解实际情况呢？"当然是天天和当地的土地、庄稼打交道的生产队干部和社员群众，他们最有发言权，他们的意见应该受到尊重。"所以，尊重生产队的自主权，说到底，

安徽省委提出"六条规定"，中国农村改革的序幕由此拉开

冲破人民公社体制，安徽和四川两省带了个好头

山南人闯入"禁区"，小岗村农民悄悄地分了土地

回首
1978

"是一个对待群众的态度问题，是把群众当做真正的英雄，还是当做阿斗的一个事关路线的原则问题。不尊重生产队自主权，这是我们过去农村工作中许多错误的根源。历史上的教训太深刻了。"

万里所提到的定远县，位于滁县地区，曾是安徽省有名的穷困县，全县有61万农业人口，160多万亩耕地。这里的气候条件并不好，雨水少，有"十年九旱"之说。就是这样一种环境，1974年，安徽省主要负责人竟然要求全县粮食产量达到8.5亿斤，而实际上该县的粮食产量一直都在4.7亿斤左右。为了达到这个目标，他们强迫该县所有的公社、生产队扩大水稻种植面积，全县本来只有80万亩农田适宜种植水稻，结果扩大到150万亩。这一年，定远县遇到了历史上少有的干旱，到6月底，播种季节将过，全县还有70多万亩农田没有来得及种植水稻。全年生产面临着大减产的威胁。结果，自1974年以后的几年里，全县每年都有20多万亩水稻由于肥、水和劳力跟不上而基本无收成。盲目扩种水稻导致了以下结果：水稻总产增加有限，而玉米、甘薯、高粱等旱粮作物，以及豆类、花生、烟叶、棉花等经济作物，产量大幅度下降，生产成本增加，社员收入减少。

到了1977年，形势发生了显著变化。这一年，全省绝大多数地方都在减产，这个县不但没有减产，反而有较大幅度的增产，一个重要原因就是全县搞了"自由种植"，也就是说，生产队有了自主权。

带着这个问题，新华社的两位记者赶往定远县调查。经过调查发现，这个县自从换了领导之后，情况就变了。新领导上任后，从实际出发，给生产队相当大的自主权，从而调动了干部和社员的积极性。

事后，两位记者以《生产队有了自主权农业必增产》为题写了一篇调查报告，介绍了定远县改变农业生产落后的情况。

2月16日，《人民日报》刊登了这篇报道。文章说，一向被人们认为自然条件较差、生产落后的安徽省定远县，在揭批"四人帮"的斗争中，大力清除"四人帮"及其在安徽的代理人推行的那种独断专行、大搞瞎指挥的恶劣作风，认真落实党在农村的各项政策，尊重生产队的自主权，进一步调动了广大基层干部和社员群众的社会主义积极性。1977年这个县战胜严重的自然灾害，夺得了全面丰收，粮食总产量达五亿五千五百万斤，比历史最高年产量增长了一成；林、牧、副、渔各业生产也都有较大的增长。

毫无疑问，安徽省委"六条规定"具有重大意义。由于它突破了某些"禁区"，结果"六条规定"报纸上一宣传，立即就遭到一些人的反对。在这种情况下，它的决策者要承受多大的压力就可想而知了。

安徽省委提出"六条规定"，中国农村改革的序幕由此拉开

冲破人民公社体制，安徽和四川两省带了个好头

山南人闯入"禁区"，小岗村农民悄悄地分了土地

回首
1978

2. 冲破人民公社体制，安徽和四川两省带了个好头

提起中国农村改革，邓小平向外国的一位客人这样介绍过：开始的时候，有两个省带头，一个是赵紫阳主持的四川省，那是我的家乡；一个是万里主持的安徽省。

但是，对于农村改革，开始的时候并不是所有的人都赞成。安徽省委"六条规定"一出台就遭到了非难。有关这个问题，万里在安徽省委召开的一次工作会议上曾经提起过。他说，安徽抓农村经济政策，搞了"六条"，调动了农民积极性，《人民日报》报道了我们的情况，但个别省不准转载。他们认为农业能不能上去，是学不学大寨的问题，过渡到大队核算的问题。[7]

就在安徽省委提出"六条规定"的同时，全国还在一个劲地学大寨，而中央主要领导人的注意力也放在这方面。在此期间，中共中央召开了普及大寨县座谈会，讨论了包括向大队过渡在内的12个问题，认为"实现基本核算单位由生产队向大队过渡，进一步发挥人民公社'一大二公'的优越性，是前进的方向，是大势所趋。"会议要求各地"应采取积极热情的态度，做过细的工作，因势利导，努力创造条件，逐步向以大队为基本核算单位过渡。"华国锋还在会上强调，坚持学大寨还是反对学大寨，"是无产阶级同资产阶级的激烈大搏斗"。他表示，要加速农业的发展，"最根本的还是靠学大寨"。

会后，中共中央发出文件，要求各级党委"采取积极的态度"，于今冬明春选择"一部分条件已经成熟的大队，例如10%左右，先

行过渡，进一步取得经验。"而且，在这段时间里，《人民日报》还
连续刊登了华国锋在全国第二次农业学大寨会议上的讲话摘要。在
这种形势下，一些地区经过层层动员，刮起了学大寨、向大队过渡
的风气，其轰轰烈烈的程度不亚于当年大办人民公社运动。

安徽省委"六条规定"就是在全国农业学大寨、搞"穷过渡"
的氛围下制定的。它强调尊重生产队的自主权，这显然同当时的主
基调不相称，但它更符合安徽的实际，并且受到农民的欢迎。所
以，万里仍然坚持搞他的那一套。按理说，参加全国普及大寨县座
谈会应该是省委第一把手，但万里借故没有出席，而是让省委的一
位副书记参加了会议。临行之前，他对这位副书记说，你在会上只
管听，什么也不要说。大寨那一套安徽的农民不拥护，我们不能
学，也学不起。当然，我们也不公开反对。

在这样的背景下，安徽省委"六条规定"刚出台就有一些人声
称，这是否定"大寨经验"，矛头是对着"农业学大寨"的。特别是
国务院的一位副总理对此很不满意。1978 年 1 月 28 日至 2 月 1 日，
山西省昔阳县召开了盛况空前的学大寨群英会。来自全县 20 个公
社、400 多个大队的 2500 多人参加了会议。那位副总理也参加了大
会，还发表了讲话。

据当时的公开报道，与会者"交流了大批修正主义，大批资本
主义，大干社会主义的经验。"他们认为，尽管各种不利条件都会给
今后高速度发展农业带来困难，但是，"只要真心诚意学大寨，坚持
社会主义方向，发扬自力更生、艰苦奋斗的革命精神，昔阳县今后
三年一定能够再干出一个农业生产的高速度来。"

《人民日报》在介绍安徽省委"六条规定"的第四天，即 2 月 7
日，又报道了昔阳县召开学大寨群英会的消息。

4 月 21 日，《山西日报》发表了《昔阳调动农民社会主义积极

安徽省委提出"六条
规定"，中国农村改革
的序幕由此拉开
冲破人民公社体制，
安徽和四川两省带了
个好头
山南人闯入"禁区"，
小岗村农民悄悄地分
了土地

回首
1978

313

性的经验好》的文章，全文有 6000 多字。文章介绍了山西昔阳县自1967 年以来学大寨的情况，声称：从那时起，昔阳县干的事情数量之多，规模之大，是过去想都不敢想的。而在 11 年前，昔阳全县人口不到 20 万。劳动力只有 7 万人，却办了那么多事情，"这说明那里的农民大干社会主义的积极性十分高"。

昔阳县是怎样调动农民大干社会主义积极性的？文章认为，"最根本的就是学大寨人，走大寨路，推广大寨经验，既轰轰烈烈，又扎扎实实地开展农业学大寨运动，不论遇到什么艰难险阻，不论斗争多么尖锐复杂，都毫不动摇。"其中一条重要的经验，就是"坚持党的基本路线，大批大干双管齐下。"大寨人牢记党的基本路线，他们认为："堵不住资本主义的路，就迈不开社会主义的步。"文章声称，"资本主义歪风的存在，对一部分思想落后的农民是有诱惑力的，而对许多想真正干社会主义的老实农民又是个打击；领导态度不明朗，群众思想就会乱，资本主义歪风就会越刮越厉害，社会主义经济就会受破坏。"而昔阳县自 1967 年以来，就在认真学大寨，坚持党的基本路线，"坚决刹住了资本主义的歪风，坚决打击那些破坏社会主义集体经济的阶级敌人。把农村里搞歪门邪道的人治住，给大干社会主义的人撑了腰，是很得人心的事。"昔阳"在全县范围内开展大批资本主义的斗争，上下一起批，城乡一起批，这就批开了。"特别是打倒"四人帮"以后，昔阳县委把农业学大寨和揭批"四人帮"结合起来，"对于资本主义的批判，更加广泛深入了。"昔阳县在学大寨运动中提出了"大批资本主义，大干社会主义"的口号，表明大批和大干"要双管齐下，缺一不可。"昔阳人认为，社会主义的优越性不会自然而然表现出来，"要在大批大干中才能表现出来"。因为，"资本主义不是光用嘴能批倒的，要真正在农民心目中把资本主义批倒，得干出社会主义的好事来才行。"这看起来是个生产建设

问题,"实际是一场阶级斗争,是社会主义和资本主义争夺农民的问题。"〔8〕

4月29日,新华社也发表一篇报道,介绍了昔阳县"推广大寨三大革命运动一齐抓的经验"。

5月13日,《人民日报》转载了《山西日报》4月21日的文章。当时,新华社的几位记者正在安徽滁县采访,得知此事后打电话给《人民日报》社询问情况。农村部主任李庄告诉记者:"《人民日报》是'国际列车',谁都可以上,你有不同意见,也可以写文章,我们也可以照登。"〔9〕据说,《山西日报》准备发表12篇评论文章,不点名地批判安徽。

新华社驻安徽的一位记者将这些情况向万里作了汇报,万里听后表示:"你们的报道是符合安徽实际情况的,安徽就是这样做的,有什么问题省委负责,你们就放心地搞吧。"此时,万里已经知道了有人对安徽的做法有不同的意见。他对记者说,有人说我们"右倾",搞"资本主义"。我们还是干我们的,人家爱说什么就说什么,让群众去做结论。大队核算,搞"穷过渡",这些东西我们这里没办法学,也学不了。难道还要强迫学?你们不要自留地,不让社员养猪,也不要集市贸易,我们这里可不行。万里对那种动辄就说别人不学大寨,就扣上"反大寨"帽子的做法颇为反感。他愤懑不平地说,有人认为以生产队为核算太小了,我认为生产队自主权是个大问题,"我们强调这个问题,是反对'瞎指挥'的,是要依靠群众的。我看只要去掉'瞎指挥',就可以增产10%以上。"〔10〕

关于学大寨这件事,万里曾经这样说过:大寨本来是个好典型,周恩来总理专门总结过几条,特别是自力更生、艰苦奋斗的精神,应该认真学习。但是,中国这么大,农村的条件千差万别,只学一个典型,只念大寨"一本经",这本身就不科学。何况学大寨,并不

安徽省委提出"六条规定",中国农村改革的序幕由此拉开

冲破人民公社体制,安徽和四川两省带了个好头

山南人闯入"禁区",小岗村农民悄悄地分了土地

回首
1978

是学它如何搞农业生产,而主要是学它如何绷紧阶级斗争这根弦,学它如何"大批促大干"。而且,大寨也自我膨胀,以为自己事事正确,把"左"的错误发展到登峰造极的地步。[11]

基于这样的认识,万里在谈话中向记者表示,既然《人民日报》是"国际列车",别人可以写文章批判我们,那么,我们也可以写文章进行反驳,大家摆事实,讲道理。

很快,新华社的几位记者就写出了一篇报道,介绍了安徽滁县地区落实农村经济政策的经验。文章写道:滁县地区是落实党的农村经济政策较好的一个地区。1977年年底,他们从抓年终分配入手,认真落实了分配政策,做到多劳多得、分配兑现。今年2月初,地委又及时发出了关于整顿农村人民公社经营管理的通知。到4月下旬,全地区就有15000多个生产队制订了包括生产、收支、分配等项计划在内的"一年早知道";16000个生产队实行了基本劳动日、基本投肥制度。春耕大忙季节到来之前,各社队还整顿了社队企业,压缩了非生产人员,收回了外流劳动力。两个月内,全地区就有16000多名精壮劳动力回到了农业生产第一线。春耕生产大忙开始后,各社队加强劳动管理,建立、健全生产责任制。现在全地区14000多个生产队推广了定额管理制度,劳动生产率大大提高。

如果我们将安徽和大寨的做法比较一下,就不难发现彼此之间的差别,前者注重经济政策的调整,后者强调阶级斗争,搞穷过渡。如何看待这种差别?万里在安徽省委的一次工作会议上谈了自己的看法。他说,当前农业上的问题,究竟是学不学大寨的问题,过渡到大队核算的问题,还是首先解决好农村经济政策,调动几亿农民积极性的问题?现在农村有的地方农民吃不饱饭,口粮只有200多斤,不从政策上调动农民的积极性,使农民休养生息,反而批评农业搞不好的地区是学大寨学歪了。有些人认为,大寨搞大队核算，你也应该从生产队过渡到大队核算。大寨没有自留地，记政治工分。我们"六条"里面没有这几条，他们就说这是不学大寨，砍大寨红旗。还说"政策不能出粮食"。安徽1978年抗旱取得了成绩，尽管遭受百年不遇的大旱，全省局势是稳定的。他们却说，大寨干旱不减产，安徽为什么减产，他们就认为落实政策是没有用的。其实，它不减产，靠的是什么？我们确实减产了，但为什么还能够做到全省范围内的局势稳定？不调查，就说落实政策没有用，这行吗？用这样的观点怎么能领导好农业？[12]

针对一些人的批评，万里坚信，谁是谁非，"实践会作出公正的结论"。他表示，我们不能受那些闲言碎语的影响，从我们的实际出发，"该干什么还是干什么"，省委定的"六条"，还"要认真贯彻落实"。[13]

在安徽调整农村经济政策的同时，四川省也在积极寻求农业发展的出路。有着"天府之国"美誉的四川省在"文化大革命"期间竟然也饱受了饥饿之苦。四川曾经是一个粮食富裕的大省，反而需要从外地调进粮食，有的地方出现了农民扒火车外出逃荒的现象。

1975年10月，中共中央调整了四川省委领导班子。1977年上半年，新领导在深入调查的基础上决定放宽政策，允许农民扩大自留地，恢复家庭副业，开放集市贸易。1978年2月初，邓小平出访回国途经成都时向四川省委常委们说，无论农村和城市都有个政策问题，农民一点回旋的余地都没有，这怎么能行？各地要清理一下农村政策。他还介绍了安徽省的一些做法。

随即，中共四川省委依据本省的实际出台了《关于目前农村经济政策几个主要问题的规定》，共12条，主要内容是：（1）加强劳动管理；（2）严格财务管理制度；（3）搞好生产计划管理；（4）兼顾国家、集体和个人的利益，坚决保证社员分配兑现；（5）减轻生

安徽省委提出"六条规定"，中国农村改革的序幕由此拉开

冲破人民公社体制，安徽和四川两省带了个好头

山南人闯入"禁区"，小岗村农民悄悄地分了土地

回首
1978

产队和社员的负担；(6) 以粮为纲，开展多种经营；(7) 奖励发展耕地；(8) 大力发展养猪事业；(9) 大搞农田基本建设；(10) 积极兴办社队企业；(11) 积极而又慎重地对待基本核算单位由生产队向大队过渡的问题；(12) 允许和鼓励社员经营少量的自留地和家庭副业。

从"十二条"的内容来看，其一，它肯定了"三级所有，队为基础"的制度。同时，又明确提出，对于有条件向大队核算单位过渡的队，应采取积极热情的态度，因势利导，不强求一律。其二，在"自留地和家庭副业问题"的规定中，提出在积极发展集体经济，保证集体经济占绝对优势的条件下，允许社员经营少量的自留地和正当的家庭副业。还规定社员自留地和家庭副业的产品，在完成国家派购任务后，凡是国家允许上市的，可以拿到集市上出售，但"不准长途贩运，弃农经商。"其三，在"生产计划管理问题"上，规定尊重生产队的自主权，以"要按照国家计划，因地制宜地安排种植作物"为前提。在"分配问题"上，强调在保证完成国家任务和增加社员收入的基础上逐步增加集体积累，这里的着眼点，首先是保证国家的利益。其四，关于"劳动管理问题"的规定，强调要坚持"各尽所能按劳分配"的原则，这是各项政策的核心，也是调动农民积极性的物质保证。在强调反对平均主义的同时，又提出反对工分挂帅。另外，四川省委还表示，一定要让社员得到实惠，除了遇到特大自然灾害，务必做到百分之九十的社员收入比上年有所增加，百分之十的社员不减少收入，并且规定人均口粮不到360斤的生产队，不交储备粮，以保证增加社员的收入。

四川省委的"十二条"公布之后，自然受到农民的欢迎。社、队干部们感慨地说："人喊人，喊不成，政策喊人一大群。"社员们高兴地说："只要政策过了硬，一人要顶两人用。"

有了这些政策规定，1977 年四川农业获得了大丰收，百分之九十的县增产，社员的收入也随之增加。

在四川省委"十二条"出台后两个月，即 4 月 27 日，《人民日报)》发表两位记者写的文章，介绍了"十二条"。文章写道：四川省委敢于承担责任，在自己的权限范围内，把被"四人帮"破坏了的政策加以清理，并对他们散布的种种破坏政策的谬论进行了批判。在这个基础上，制定和颁发了《目前农村经济政策几个主要问题的规定》，恢复和重新肯定了多年来行之有效，对促进生产发挥过巨大作用，为群众所拥护的政策。文章肯定，四川省委的"十二条"政策规定，"旗帜鲜明、针对性强"，是"符合马列主义、毛泽东思想的"。

但是，这"十二条"政策在贯彻过程中，也不是一帆风顺的。文件下发之后，就有人责问道："有些不是批判过的东西吗?"对此，《人民日报》的文章指出，这些人"不去分辨过去批得究竟对不对，实际上是心有余悸。"其实，"四川省委的这些规定，恰恰是在广大农村中，旗帜鲜明地拨乱反正，保证农业高速度发展的极端重要的措施。"〔14〕

事隔不久，新华社两位记者又写了一篇题为《四川省全面清理认真落实农村经济政策》的报道，详细介绍了四川省委"十二条"的主要内容和出台前后的情况。文章发表在 6 月 13 日的《人民日报》上，编辑部还加了一段按语："由于抓紧了对干部的再教育和干部队伍的整顿，四川农村清理和落实农村经济政策的工作，做到了步子稳、进展快、效果好。'天府之国'的广大农村，人心舒畅，干劲十足，生产发展，欣欣向荣。"

据这两位记者报道，四川省委在落实农村经济政策时，"把贯彻执行按劳分配的原则作为一个重点"，具体工作是从搞好 1977 年

安徽省委提出"六条规定"，中国农村改革的序幕由此拉开

冲破人民公社体制，安徽和四川两省带了个好头

山南人闯入"禁区"，小岗村农民悄悄地分了土地

回首
1978

分配兑现人手的。省委"十二条"下达后，各地把执行按劳分配原则当做一件大事认真来抓，严格按照社员的劳动质量和数量评工记分。

四川的内江、绵阳、乐山、江津、达县等地在掌握农村经济政策的基础上，还抓了生产管理和劳动管理政策的落实。至4月底，这几个地区推行劳动定额、评工到人的办法，建立生产责任制的生产队，占生产队总数的56010以上。生产队对社员实行了定基本劳动日、基本投肥、基本口粮的"三定"制度，把"一年早知道"落实到户，使得过去被认为无法制止外流的成千上万的劳动力回到生产队。劳动工效普遍比上一年提高了百分之三十到五十，有的甚至成倍提高，春耕生产搞得有声有色。

不能否认，这篇报道在某些问题的看法上还带有"左"的倾向。如："四川的经验证明，落实党在农村的经济政策，加强人民公社经营管理工作，是一场两个阶级、两条道路、两种思想的尖锐斗争。"而且，多次提到所谓的"修正主义"。尽管如此，这篇报道在当时还是产生了相当大的影响。

安徽省委"六条"和四川省委"十二条"相继出台后，两省的一些地方在宽松的政策环境下，开始推行各种形式的生产责任制。

安徽来安县烟陈公社魏郢生产队是当地一个不大的队，只有21户农民，101人，劳动力只有40几个人。自从实现了人民公社以后，魏郢生产队领教了"大呼隆"和"大锅饭"的苦楚。强扭的瓜毕竟不甜，魏郢的农民自然明白这个道理。1978年年初，为了克服生产上"大呼隆"的毛病，这个生产队从本地的实际出发，参照过去"三包一奖"的做法，决定实行联产责任制。这个意见很快得到公社负责人的同意。于是，魏郢生产队制定了"分组作业，定产到组，以产记工，统一分配"的办法。全队分为两个作业组，将劳动力、田

地、产量、工分、奖惩、领导分别定到组，把计划与茬口、经营核
算与效益分配统一起来。这种做法极大地调动了农民的积极性。当
年，来安县遭受了百年不遇的大旱，全县减产近4%，而魏郢生产
队的粮食反而增加了40%。农业生产、社员生活都达到历史最好
水平。

对于魏郢生产队的做法，万里给予了热情的支持。11月7日，
来安县委书记高兴地说："魏郢的办法，万里书记是赞同的！只要能
吃饱饭，怎么办都可以。"[15]

滁县地区的天长县新街公社有171个生产队，全部种植棉花，
有5600多亩棉田，但多年来产量一直很低，平均亩产只有三、四十
斤。由于产量低，农民种棉花的积极性不高，国家收购计划始终完
成不了，以致亩产越来越低，1976年亩产不到30斤。省委"六条
规定"下发后，公社对棉花专业队实行了"六定、一奖、三统一"
的责任制。所谓"六定、一奖"是指定人员、定任务、定产量、定
报酬、定防御、定技术管理，超产奖励；"三统一"指的是统一计划
种植，统一技术管理要求，统一使用耕牛、农具和肥料。由于这种
责任制把报酬同产量联系在一起，使农民种植棉花的积极性被大大
激发起来。尽管1978年遭受了大旱，但棉花产量由过去的20多斤
增长到60多斤。

这两个公社的实现责任制的做法引起滁县地委的高度重视，地
委要求每个县都要选择一个公社或者生产队进行试点。结果，许多
社、队都跟着搞起了责任制。

与此同时，四川省广汉县金鱼公社也实行了"分组作业、定产
定工、超产奖励"的责任制，调动了农民的积极性。1978年，这个
公社的粮食产量比上一年增加了500多万斤，高出全县产量12.5%，
人均增加口粮58斤。人均现金收入增加31元，有94010的农民增

安徽省委提出"六条规定"，中国农村改革的序幕由此拉开
冲破人民公社体制，安徽和四川两省带了个好头
山南人闯入"禁区"，小岗村农民悄悄地分了土地

回首
1978

加了收入。

针对金鱼公社的做法，四川省委专门派人做了调查，在此基础上，于 10 月 27 日以《工作简报》的形式介绍了金鱼公社的经验，并且肯定地说：金鱼公社建立的生产责任制和奖励制度的经验，是运用经济方法管理经济，具体体现按劳分配、多劳多得，使社员的劳动同自己的物质利益紧密地结合起来，充分调动了社员的积极性，"看来，这种办法是可行的。"省委要求各地、县选择有条件的社队，参照金鱼公社第 11 大队第 9 生产队的办法进行试点，摸索经验，但不能一哄而起。此后，四川全省开始推行生产责任制。

邓小平说过，中国农村改革，"开始的时候只有三分之一的省干起来"。毫无疑问，安徽和四川两省就属于这个"三分之一"。从当时的情况来看，还应该包括内蒙古和贵州。

周惠任中共内蒙古自治区第一书记后不久，就跑遍了全区几十个公社，目睹了农村的落后状况。有位上了年纪的农民曾这样说："共产党什么都好，不打人，不骂人，不剥削，不压迫，就是一条不好，不叫人吃饱肚子。"周惠听了后感慨万千，老百姓真是太苦了！人都饿死了，"还叫什么社会主义？逃荒要饭能叫社会主义？"周惠打算放手让农民自己去谋生，"先找条活路再说，联产到组，再不行就包产到户。"

此时，全国正在大张旗鼓地宣传由生产队向大队过渡。周惠却冒着"无非再一次撤职"的风险，反其道而行之，在内蒙古搞起了农业生产责任制。在 11 月召开的中央工作会议上，周惠在小组会上，在食堂里到处放炮，说："农民折腾不起了，把生产经营的权力交给农民吧，给包产到户上个户口吧，尊重农民的选择，饿肚子不是社会主义的优越性"。会议讨论的农业文件里写了两个"不许"，周惠对此表示不满，跑去同文件起草者辩论，还生气地说："你们拿

笔杆子的不肯写，我们干实际工作的用行动来写。"〔16〕

1978 年 3 月，贵州省关岭县顶云公社开始在 16 个生产队中实行"定产到组、超产奖励"的办法，把生产队分为若干个作业组，实行"五定一奖惩"，即：定劳动力、定生产资料、定生产投资、定作物产量、定过分报酬，超产奖励，减产惩扣。这年夏天，顶云公社虽然遭受了灾害，但实行生产责任制的 16 个大队粮食产量还是比上一年增长了三成，创造了历史最好水平。

11 月 11 日，《贵州日报》报道了顶云公社实行生产责任制的消息，引起强烈反响，并在全省范围内展开了一场大讨论。反对者认为，定产到组的做法会导致贫富分化，这是倒退，"不符合社会主义方向"。支持者表示，顶云公社的做法很好，符合实际，能够调动农民的积极性。省委书记池必卿也给予了支持。

多少年后，万里在谈到农村改革问题时这样说过：这场改革斗争太激烈了。当时不表态就算支持了。中央各部委和各省级领导中有几个支持的？省委书记中，内蒙古的周惠是一个，贵州的池必卿是一个，还有辽宁的任仲夷。

农民创造的这种包工到组、包产到组和包干到组的生产责任制，把一个生产队分成几个作业组，队长成了组长。好的队长农民抢着要，不满意的队长没人要。弄得一些生产队长只好写检讨，表示今后要好好劳动，不多吃多占。实际上，这种生产责任制是在不许包产到户的情况下，为克服平均主义而采取的办法，是农业管理体制的一次突破。

安徽省委提出"六条规定"，中国农村改革的序幕由此拉开

冲破人民公社体制，安徽和四川两省带了个好头

山南人闯入"禁区"，小岗村农民悄悄地分了土地

回首
1978

3. 山南人闯入"禁区"，小岗村农民悄悄地分了土地

　　安徽省委"六条规定"引发的争论还没有结束，万里又大胆地作出决定：把土地借给农民耕种。后来的实践证明，这项决策对人民公社管理体制产生的冲击远远超过了安徽省委的"六条规定"。借着这个机会，一些地方的农民干脆把土地分了。于是，出现了一种新的生产责任制形式，这就是人们经常所说的"包产到户"。

　　"借地度荒"政策的出台，其原因是安徽在1978年遭受了百年不遇的特大旱灾。起初，省委"六条规定"已经极大地调动了农民的积极性。加之一些地区的农民在此基础上采取了灵活的生产责任制，农业出现了令人兴奋的转机，夏季的收成应该不错。可是，就在这个时候，安徽遭遇了特大旱灾，10个月未下一场像样的雨，全省境内的几条主要支流几乎全部断流，致使6000多万亩土地受灾，400多万人用水发生困难。到9月，减产已成定局。在这种严峻形势下，安徽省委作出了"借地度荒"的决策。

　　9月1日，中共安徽省委召开紧急会议，讨论如何战胜灾荒的问题。会上，万里表示，要全力抗旱，能多收一斤就多收一斤，多收一两就多收一两，保不住收成，一切都是空话。农民很穷，手中无钱，就连国家供应的返销粮也买不起，这怎么行呢！我们不能眼睁睁地看着农村大片土地抛荒，那样的话，明年的生活会更困难。与其抛荒，倒不如让农民个人耕种，充分发挥各自的潜力，尽量多种保命麦，度过灾荒。

　　经过讨论，会议决定采取一项非常措施：把土地借给农民耕种。

这被称为"借地度荒"。它规定：凡是集体无法耕种的土地，可以借给农民种植小麦和油菜，超过计划多种的小麦，收获时不征购，由生产队自行分配，并鼓励开荒多种，谁种谁收，国家不征公粮，不分配统购任务。

安徽省委提出"六条规定"，中国农村改革的序幕由此拉开
冲破人民公社体制，安徽和四川两省带了个好头
山南人闯入"禁区"，小岗村农民悄悄地分了土地

"借地度荒"果然激发了农民抗灾的热情，不仅使全省按时完成了秋种计划，而且为农村"包产到户"提供了机遇。

第一个闯入"禁区"的是肥西县山南区的农民。在安徽省委召开紧急会议的当天晚上，这个区的花溪乡小井庄黄花大队召集全队 23 名党员开会，讨论贯彻省委"借地度荒"的政策。会上，有人认为，只有一条路可以度过灾荒。区委书记汤茂林连忙询问："什么路？"

其实，这条路很简单，就是照着 1961 年那样干。也就是说，实行"包产到户"。汤茂林非常清楚，这不是一件小事。熟悉这段历史的人都知道，1961 年开始的那次"包产到户"几乎席卷了安徽全省，但后来被当做"走资本主义道路"而纠正过来了。那个时候，安徽同全国一样，经历了 1959 年至 1961 年的困难时期，人口开始外流，一些地区甚至出现了人口非正常死亡现象。1961 年 2 月，安徽省委书记曾希圣提出"按劳动力分包耕地，核实产量记工分"的办法，并在合肥蜀山公社井岗大队南新庄生产队进行试点，基本做法是：包产到队，定产到田，以产记工，大农活包到户，按大小农活的用工比例计算奖赔。这种办法，简称"责任田"。3 月 6 日，中共安徽省委书记处决定扩大试点。关于这件事，曾希圣还向毛泽东作了汇报，毛泽东当即表示说："你们试验嘛，搞坏了检讨就是了，如果搞好了，能增产 10 亿斤粮食，那就是一件大事。"

曾希圣高兴地将这一消息告诉了安徽省委的同志，他还说："现在已经通天了，可以搞。"于是，安徽省委致信各地、县党委，希望

**回首
1978**

有计划地推行"责任田"，并说这个办法"既符合社会主义原则，又符合中央关于当前农村人民公社十二条政策，对调动广大群众的生产积极性，加强社员的责任心，恢复与发展农业生产有很大意义。"

据曾希圣说，在3月召开的广州会议上，柯庆施告诉过他，关于责任田的问题，"主席讲可以在小范围内试验"。为此，曾希圣还专门给毛泽东写了一封信，详细介绍了实行"责任田"的办法。曾希圣相信，这个办法不仅"能调动群众积极性"，而且"能够增产"。所以，他打算在全省"试验一年"。

7月，毛泽东南巡途经安徽蚌埠，曾希圣向毛泽东汇报了"责任田"的试验情况。他说："过去包产的办法，只有队长一个人关心产量，社员只关心自己的工分。现在的办法，不仅队长关心产量，而且每个社员也关心产量。"

毛泽东当时并没有提出批评，而是说："你们认为没有毛病就可以普遍推广"。结果，一个月之后，安徽省实行"责任田"的生产队就达到74%。到年底，全省有85%的生产队实行了"责任田"。

可是，到了1962年，情况很快就发生了变化。在七千人大会上，"责任田"被当做刮"单干风"而受到批判。会议认为，这种办法是"犯了方向性错误"。3月20日，安徽省委下达《关于改正责任田办法的决议》，明确表示："我省绝大部分地区实行的'责任田'办法，与中央'六十条'和关于改变农村人民公社基本核算单位问题的指示精神是背道而驰的。因为这个办法是调动农民的个体积极性，引导农民走向单干，其结果必然削弱和瓦解集体经济，走资本主义道路。这个办法在方向上是错误的，是不符合广大农民的根本利益的，必须坚决地把它改正过来。"

这年5月，受毛泽东的秘书田家英之托，丁伟志、裴润、罗贞治赴安徽无为县调查"包产到户"的情况。这个县在"大跃进"期间非正常死亡的人口相当之多。所以,1961 年,该县普遍实行了"责任田"。调查组来的时候,他们已在逐步改正"责任田",但大部分还没有改正过来。

调查组到生产条件最好,但遭"五风"破坏最严重的东乡圩作了一周的调查。当地干部和农民向调查组倾诉了"大跃进"期间的悲惨遭遇,无所顾忌地畅谈了实行"责任田"的效果。在这里,调查组目睹了这样一幅情景:实行了"包产到户"的农村,呈现出一派令人无比振奋的兴旺景象:男女老少起早贪黑,鸡鸭成群、鱼虾满塘,食足民安。

正因为如此,干部和社员向调查组反映,"包产到户"对恢复生产极其显著,千万不可仓促行事一律禁止。

此时,无为县正奉命改正"责任田",但也只是在少数几个大队进行"改正"的试点。尽管这几个大队农民的生活还过得去,但生产积极性已经明显地比不上改正之前了。

调查结束之后,丁伟志起草了一份《关于包产到户问题的调查》,田家英将其发表在中央办公厅的《简讯》上。报告写道:1959、1960 两年农村经济受到毁灭性的摧残。素来有"鱼米之乡"称谓的无为县,一度变成了"荒凉凄惨的重灾区"。当地群众把这几年的大破坏"叫做一场大劫"。集体生产无法再维持下去了,"只好允许社员自求生路"。正是在这种情况下,无为县实行了"责任田"。报告宣称,就无为的情况来看,实行"包产到户"的办法,"确实发挥了农民生产自救的积极性",而且"对恢复生产效果显著"。但是,报告也承认,在实行"包产到户"的地方,产生了一些新问题,如对大农具的管理和使用、对集体经济的保护和发展,有些消极影响。但是,就当前恢复农村经济的需要来看,实行"包产到户"还是"利大于弊"。纠正"包产到户"的做法,违背了群众的意愿,群

安徽省委提出"六条规定",中国农村改革的序幕由此拉开

冲破人民公社体制,安徽和四川两省带了个好头

山南人闯入"禁区",小岗村农民悄悄地分了土地

回首
1978

众有抵触情绪，效果并不好。所以，报告肯定了"包产到户"在"重灾区"仍应该实行。[17]

到8月，安徽省改正"责任田"的生产队有36595个，占全省生产队总数的12%。该省太湖县改正了"责任田"的生产队，群众还把这件事看做是"重新走上社会主义道路"。

但是，事情远没有就此结束。此时，毛泽东开始批评"责任田"了。他对田家英说："我们是要走群众路线的，但有的时候也不能完全听群众的，比如要搞包产到户就不能听。"他甚至责怪田家英不在北京好好地修改"农业六十条"，偏要去搞什么包产到户、分田单干。他在北戴河会议以及随后召开的中共八届十中全会上严厉批评了包产到户。他责问说，农业合作化还要不要？包产到户还是集体化？会上，毛泽东又一次批评了田家英。此后，他失去了对田家英的信任。田家英或许没有想到，四年之后，自己因为支持了包产到户而导致了灭顶之灾。

中共八届十中全会不仅批评了所谓的"单干风"，而且通过了《关于进一步巩固集体经济、发展农业生产的决议》和《农村人民公社工作条例》。这个被简称为"农业六十条"的《农村人民公社工作条例》明文规定：人民公社的各种体制、各级规模，长期不变。这个条例固守人民公社"三级所有，队为基础"的原则。而且，这个规定还写进了宪法。长期以来，这个规定就成了不能逾越的"禁区"。

中共八届十中全会之后，国内开展了"反修防修"的斗争，其中一项内容就是根据"农业六十条"改正"责任田"。毛泽东对包产到户的批评也在不断升级，甚至认为"三自一包"是"修正主义"的纲领。

此后，"包产到户"被当做"走资本主义道路"批了十几年。

1974 年，报纸上还在批"包产到户"。当时，《人民日报》发表的一篇文章，把十几年前的那桩公案又翻了出来，声称"包产到户"是"六十年代初期我国农村一场两条路线的斗争"。文章这样写道：搞"包产到户"，也就是说，把产量包到户，这"必然会导致把种子、肥料、农具、耕畜等生产资料分到户，必然会导致把土地分到户。"一句话，"包产到户"必然会导致"分田到户"。结果将会是怎样的情景呢？这就是："包产到户"在"人民公社集体经济上打开了一个缺口"，随着这个缺口的扩大，"社会主义集体所有制就将变成形'公'实'私'的单干！单干了，广大农村就不可避免地出现阶级分化；单干了，广大农民就不可避免地重新陷于穷苦境地；单干了，地主富农就必然重新上台，整个农村就要改变颜色了。"

不难看出，文章把"包产到户"说得耸人听闻，仿佛就是洪水猛兽。文章还说，搞"包产到户"，看起来"好像是一种经营管理方法的改变"。而"改变一下经营管理方法只是一个幌子而已，其真实企图是复辟资本主义。"在文章的作者看来，社会主义集体所有制决定了人民公社必须采取集体经营的管理制度，而"包产到户"却"把一家一户搞成一个生产单位，实行分散的个体经营。"所以说，搞"包产到户"，就是把集体经营的管理制度变成分散的个体经营。这样，人们在生产过程中的地位和相互关系改变了，产品的分配制度也就变了，最后，"社会主义集体所有制也就将化为乌有"。

文章极其主观地断言："包产到户"也"绝不是在暂时困难时期可以采取的一种临时措施"。克服困难、战胜自然灾害，要"靠毛泽东思想，靠社会主义制度，靠几亿农民，靠自力更生、艰苦奋斗。"搞"包产到户"，决"不能克服困难、战胜自然灾害，反而会给广大农民带来更大的苦难。"在1日社会里，"单干的农民，一遇到自然灾害，不知有多少人被弄到背井离乡，逃荒要饭，家破人亡的地

安徽省委提出"六条规定"，中国农村改革的序幕由此拉开

冲破人民公社体制，安徽和四川两省带了个好头

山南人闯入"禁区"，小岗村农民悄悄地分了土地

回首
1978

329

步!"由此可见,"包产到户""绝不是医治困难的灵丹妙药"。〔18〕

尽管"包产到户"被批了十几年,而且支持它的人也没有得到什么好的结果。但是,汤茂林还是冒着风险同意"试试看"。

于是,黄花大队支部会议提出了"三定"措施和奖惩办法。所谓"三定",就是定土地,每个劳动力承包 0.4 亩小麦, 0.5 亩油菜;定产量,小麦达到亩产 100 公斤,油菜亩产 50 公斤;定成本,每亩种子、化肥等成本费 5 元。如果每亩超产 100 斤,就奖励 60 斤粮食。如果减产 100 斤,如数赔偿。

9 月 15 日至 16 日,小井庄召开干部会议,将 1697 亩土地中的 1420 亩分给了农民。9 月 18 日,汤茂林在黄花大队召集全区 3 个公社党委书记和 9 个大队支部书记开会,推广黄花大队的经验。

两天之后,有人给万里写了一封匿名信,告了汤茂林一状。信中说汤茂林是曾希圣"阴魂不散",是刘少奇路线的"翻版"。

9 月 22 日,汤茂林召集全区 3 个公社党委书记开会,他顶住压力在会上宣布:照黄花大队的办法干。

结果,不到 3 个月,山南区 1006 个生产队,有 776 个生产队分了土地,186 个生产队实行了"包产到组"。第二年,全区小麦产量达到 2010 万斤,比历史上最好的年份还多出 1435 万斤,增长了两倍多,当年向国家交纳公粮近 1000 万斤。

山南人继 20 世纪 60 年代之后又重新搞起了"包产到户"。正因为如此,20 多年后,中国农村第一个包产到户纪念馆——"小井庄中国农村包产到户纪念馆"在肥西县山南镇小井庄开馆。小井庄作为中国农村"包产到户"的发源地之一而载入史册。

几乎与山南人同时,来安县前郢生产队也开始了包产到户。这个生产队的规模不大,只有 20 户农民,116 人。其中,还有 68 位不能从事生产劳动的儿童。虽然有 268 亩耕地,但长期以来,粮食亩产只有 200 来斤。从"文化大革命"开始的 1966 年到 1978 年的 20 年间就吃掉 9 万多公斤返销粮，用掉救济款近万元，每年分红时一个工分只值一毛钱。1978 年 10 月，县委书记王业美来前郢生产队调查。当他问起如何摆脱困境时，有人提出，只有搞包产到户才能有救，但又担心县委领导不同意。王业美得知后当场表示："只要'包产到户'能使大家吃饱饭，我同意你们干。"

于是，前郢生产队将土地按人口承包到户，并且定产量、定过分、定费用，超产奖励，减产赔偿，由生产队统一核算，统一分配。

包产到户之后，农民的生产热情大大提高了，就连抛荒多年的土地也有人耕种。1979 年，这个生产队的粮食产量达到 5.5 万公斤，比上一年增加了 53010，比历史上最好的 1963 年还高出 32%，有史以来破天荒地向国家上交 4500 公斤粮食。而且还第一次完成了生猪、家禽和鸡蛋的上交任务。

在前郢生产队的示范效应下，来安县 43 个生产队在 1979 年悄悄地搞起了包产到户。到 1980 年，全县又有 2663 个生产队实行了包产到户。

但是，在中国农村改革的历史上占有特殊地位的则是凤阳县的小岗村。其实，小岗村实行包产到户要比肥西县山南区略晚一些。邓小平在一次著名的谈话中同时提到这两个地方。他说，安徽肥西县绝大多数生产队搞了包产到户，增产幅度很大。"凤阳花鼓"中唱的那个凤阳县，绝大多数生产队搞了大包干，也是一年翻身，改变面貌。

即便如此，是什么原因导致小岗村的影响远比山南区大？最有说服力的解释，就是小岗村的农民实行了"大包干"，而且在分田到户的时候签了一份契约，就是通常所说的合同。这就使小岗村的大

回首
1978

包干有了依据，人们就是通过这份契约来看待小岗村的改革，这就使得小岗村的影响超过了肥西县山南地区。

提起安徽凤阳县，人们自然会想到明朝的开国皇帝朱元璋。可是，这位皇帝并没有给家乡人带来什么好处，倒是留下了坏名声。有一首歌谣这样唱道："说凤阳，道凤阳，凤阳本是个好地方。自从出了朱皇帝，十年倒有九年荒。大户人家卖牛羊，小户人家卖儿郎，身背花鼓走四方。"

解放之后，凤阳的农民分了土地，农业开始恢复，农民的生活也随之好转起来。1955年，全县粮食产量为2.6亿斤，比1949年多1.7亿斤，人均拥有粮食800多斤。应该说，这个时候，凤阳人已经基本上解决温饱问题了。就在这年年底，农业合作化掀起高潮。凤阳县39200户农民，1655678亩耕地，共组织了1268个合作社。到1957年，全县97%的农户加入高级农业合作社。一年之后，人民公社化运动又开始了。那个时候，人民公社被看做是向共产主义过渡的最好形式，是未来共产主义社会的基层组织，呈现在人们眼前的是一幅美好的情景，以致在非常短的时间里，全国基本上实现了人民公社化。1958年8月，凤阳县开始试办人民公社，一个月多一点的时间就全部完成了。当时公布的《凤阳县人民公社试行章程（草案）》明文规定：公社的分配原则，以基础社为单独核算单位，在有利于生产发展和社员生活水平不断提高的原则下，在各尽所能的前提下，实行"按需分配"的半供给制和"按劳分配"的半工资制的分配方法。随着生产的发展，逐步增加供给制部分，在工农业产品极大丰富的基础上，以共产主义各取所需的分配制度代替社会主义按劳取酬的分配制度。这个章程还宣称，要把全县变成一个公社。

可是，令人遗憾的是，人民公社并没有把人们带到共产主义"天堂"，相反，带来的却是一场灾难。结果，凤阳县从1956年实行高级社到 1978 年，全县向国家交纳的公粮是 9.6 亿斤，国家返销的粮食就达 13.4 亿斤。23 年来，凤阳县吃掉国家返销粮 4 亿斤。

据新华社的一位记者说，1977 年冬，他在凤阳目睹了男女老少扒火车外流的凄凉情景。1978 年春，安徽省委几乎每天都收到来自江苏、上海、福建、山东打来的电报，要安徽派人把外流人员领回来。就连中央有关部门也发过指示，要求安徽省委妥善处理好人口外流问题。

梨园公社是凤阳县最穷的公社，这个公社的前王生产队有 11 户农民，时值 1978 年春节前夕，只有一户家里有一块猪肉，其余 10 户没有一粒粮食，成年人都外出讨饭去了。其中有一户农民，一家 10 口人竟然拥挤在 3 间破草屋里，全家人只能睡在一张三条腿的床上。此时，县委书记陈庭元正好陪同省委分管农业的书记走访前王村。他们看到这种情景后，要求给全村每人发半斤面粉、半斤猪肉、3 斤大米，好让农民能够吃上一顿年饭。

"大包干"发源地的小岗村更是穷得叮当响，这个生产队就属于梨园公社。全村有 1100 亩耕地，自然条件非常好，可是，由于农民对集体劳动缺乏积极性，大部分土地被抛荒，只有 100 亩土地勉强还有人耕种。自 1966 年以来，全村 17 个劳动力，就有 15 个人当过生产队长、副队长。20 户农民，几乎家家都有人当过生产队的干部。"算盘响，换队长"似乎成了这个村的一条规律。尽管如此，粮食产量依然很低。最好的年份是 1969 年，全村粮食也只有 2 万公斤，1976 年只有 1.7 万公斤。在集体经济如此凋敝的情况下，小岗生产队只能"吃粮靠返销、生产靠贷款、生活靠救济"。在这 12 年里，国家向小岗村供应了近 23 万斤粮食，占全村全部粮食产量的 65%。还给小岗村提供了 1.6 万多元的贷款。即使这样，小岗村的农民还是无法维持最基本的生活。每到青黄不接的时候，人们就开

安徽省委提出"六条规定"，中国农村改革的序幕由此拉开

冲破人民公社体制，安徽和四川两省带了个好头

山南人闯入"禁区"，小岗村农民悄悄地分了土地

回首
1978

始外出乞讨。全村 20 户人家，只有两户没有讨过饭。一户有人当教师，另外一户有人在银行工作。于是乎，小岗村也就成了远近闻名的"讨饭村"。

究竟是什么原因造成了这样一种情况？曾经担任过凤阳县委书记的王昌太一语道破。他说：并不是中国的农民不勤劳，生产不出粮食。也不是中国的农民没有创造性，找不到增产粮食的道路，不是这个问题。根本问题在于，解放以后的近 30 年间，有两个"禁区"没有被冲破，第一个"禁区"就是一个"包"字。一讲到"包"字，人们就害怕。"包"字就是同社会主义相对抗的资本主义道路，就是对阶级斗争的否定。另一个"禁区"就是所有制。所有制体制"一大二公"，越公越好，越大越好。所以，这两个"禁区"，实际上是 1978 年在关于真理标准问题讨论之后，才真正被突破了。

中国的改革从农村开始并不是偶然的，这是由农村的困境决定的。十年"文化大革命"使国民经济几乎到了崩溃的边缘，农村的问题尤为突出，当时有二亿五千万人吃不饱肚子，吃饭问题成为最紧迫的大事，不改革已经没有出路了。就是在这样一种情况下，小岗村的农民以自己的行动向人民公社"队为基础"的体制发起了挑战。

1978 年 10 月，小岗村农民以投票的方式，选举严俊昌为队长，严宏昌为副队长，严立学为会计，组成了生产队的领导班子。此时，摆在他们面前的当务之急，就是让大伙吃饱肚子。当时正值秋种季节，只有留住劳动力，才能把小麦种下去，否则，来年还是没有饭吃。可是，小岗村的人心已经散了，如果还紧紧地捆在一起，对发展农业生产更加不利。于是，小岗村的干部经过商量，决定把一个生产队分成两个，哪个队干得好，哪个队就吃饭。他们把这个想法告诉了公社领导，但没有得到同意。尽管如此，他们还是按照自己的想法做了。这时，正值贯彻安徽省委"六条规定"。小岗村乘着这个机会把两个生产队分成4个小组。可是，这样一分，矛盾反而更多。经常为上工时间、记工分多少、分工是否合理而争吵不休，甚至大打出手。为了解决矛盾，11月上旬，小岗村又把4个组一分为二，成了8个小组。按当地人的话说，这几个小组基本上是"被窝里划拳——不掺外手"，多是父子组、兄弟组。这样一来，农民的积极性确实有了提高。劳动力不够的时候，老少也出来帮忙。没有耕牛，就用人拉。可是，好景不长，兄弟之间竟然也产生了矛盾。

从分队到分组，都解决不了问题。小岗村的人因此而越发怀念过去那种"责任田"的办法。那个时候，人人都干得热火朝天，家家丰衣足食，那是小岗村的"黄金时代"。于是，小岗村的人产生了一个大胆的想法：干脆像过去那样把土地分了，各干各的，什么矛盾也没有了。

11月底，也就是与中共中央工作会议召开的时间差不多，小岗村的农民聚集在生产队会计严立华的家里，开了一次秘密会议。因为生产队没有办公房，会议一般都在严立华家里召开。全村20户人家，除两户单身汉外流，其余18户的户主都参加了。会议主要讨论分田单干的问题，并且提出：第一，土地分到户后，要瞒上不瞒下，不准向外人透露，包括自己的亲戚和朋友；第二，保证上交国家粮油，该给国家的给国家，该交集体的交集体，任何人不准装孬。

会上，十几个人议论纷纷。但有一点是一致的，就是认为这样做，他们一定能够搞到饭吃，而且还能够超额完成国家和集体的任务。如果做不到，他们即使砸锅卖铁，或者外出讨饭也要完成任务。可是，他们也担心，万一单干被捅了出去，干部就要座牢，这可不是闹着玩的。于是，十几个农民诅咒发誓，保证绝不向外界透

安徽省委提出"六条规定"，中国农村改革的序幕由此拉开
冲破人民公社体制，安徽和四川两省带了个好头
山南人闯入"禁区"，小岗村农民悄悄地分了土地

回首
1978

图为小岗村生产队社员签订的全国第一份包干合同书。

露秘密。有人当场表示，如果村干部坐牢，我们就是讨饭也要给你
们送饭。还有人说，如果走漏了风声，你们村干部坐了牢，我们社
员负责把你们的孩子养到 18 岁。[19]

　　根据会议讨论的情况，严宏昌借着昏暗的马灯起草了一份契
约。文中没有标点符号，错别字也不少。写完之后，严宏昌给大伙
念了一遍：我们分田到户每户户主签字盖章如以后能干每户保证完
成每户的全年上交和公粮不在（再）向国家伸手要钱要粮如不成

我们干部作（坐）牢杀头也干（甘）心大家社员也保证把我们的小孩养活到十八岁。这 21 位农民是：关廷珠、关友德、严立符、严立华、严国昌、严立坤、严金昌、严家芝、关友章、严学昌、韩国云、关友江、严立学、严俊昌、严美昌、严宏昌、严付昌、严家其、严国品、关友坤。其中 18 人在契约上按下了自己的手印，另外 3 人盖了章。

就这样，小岗村的农民瞒着上面，悄悄地把土地分了。从此告别了"红芋面，红芋馍，离了红芋不能活"的苦日子，也由此拉开了中国农村改革的序幕。而这份契约的诞生，实际上宣布了一种新的生产关系悄悄降临。

问题是，小岗村的干部为什么要冒这么大的风险把土地分到户？据严俊昌、严宏昌回忆，他们几个村干部也害怕，可是，当时实在是穷得无路可走了。大集体干不好，分到小组还是干不好，不如分到户，什么矛盾也没有了。所以，几个村干部商量，为了大家能有口饭吃，瞒上不瞒下，把土地分到户干一年再说。到时候，人人都能有饭吃，又能完成国家征购任务，比什么都好。万一事情败露了，村干部即使坐牢也心甘情愿。因为，这样做"对得起全队父老兄弟，没给祖先和下辈丢脸。"〔20〕

严宏昌还解释说，如果公开地干起来，肯定干不成。所以，我们要保住这条秘密，瞒上不瞒下，就是我们本队里不能瞒。当时，我们队是 20 户，115 人。那时，有两户单身汉，18 户在家。我们就开了一个秘密会议，先不声不响地把生产搞起来。

尽管小岗村的人严守秘密，但周围的农民很快就发现，小岗村的人干活全是一家一户。敏感的农民一下子就意识到了这个事实：小岗村把分田了。

于是，小岗村成了人们关注的焦点。据严俊昌回忆，领导干部

安徽省委提出"六条规定"，中国农村改革的序幕由此拉开
冲破人民公社体制，安徽和四川两省带了个好头
山南人闯入"禁区"，小岗村农民悄悄地分了土地

回首
1978

态度各不相同，有公开支持的，有沉默不语的，也有非常恼怒的。还有人公开责问道："叫你们包干到组，你们咋到户了？"作业组再小，哪怕只有二三户，那也是集体的，而"户就不同了"。

梨园公社的一位领导干部甚至认为，小岗村是在开历史倒车。他在一次生产队长会议上严厉地批评了小岗村的做法。他说，历史的车轮不能倒转，刘少奇是国家主席，推行"三自一包"，结果怎么样？还不是被活活折磨死了。你们小岗尿得再高，还能有刘少奇的本事么！他甚至下令停止给小岗村供应化肥等农用物资。理由很简单，就是共产党的东西不能让你们用来搞资本主义。

其实，这位公社干部说出这番话，也是出于一种无奈。后来，他在谈到这件事时还解释说："我是两头受气，中央红头文件不允许，下边非要干。实在难搞啊！我怎么不想包产到户呢？荒村荒地没人种都外流了，没有吃的那种滋味我也尝过。"

正如严俊昌所说，也有干部是积极支持的。县委书记陈庭元就是其中的一位。此前，他在马湖公社发现有10个生产队实行一种新的责任制：分组包干、联系产量、全奖全赔。农民干劲十足，上工不用催，下工到天黑。而且还自筹资金买化肥，油菜、麦苗长势非常好。陈庭元十分高兴，觉得这是改变凤阳落后面貌的一条路子。他当场鼓励马湖公社的书记：这个办法符合群众的意愿，也符合凤阳的实际，你们大胆地干吧！上级虽然没有叫这么干，但是，我们看准了就可以干，出了问题我承担。

1978年，凤阳遭遇大旱，全县粮食产量比上年减少一成多，而马湖公社的10个生产队不仅保住了产量，有的生产队还略有增产。

当陈庭元得知小岗村的做法后，于第二年5月来到小岗村，对他们表示支持。他说：小岗村已经"灰"掉了，还能搞什么资本主义？全县有2000多个生产队，就算小岗村生产队搞资本主义，也搞不到

当时带头签订合同书、人称"包大胆"的小岗村生产队 3 名队干部。

哪里去。他表示，已经分到户了的，就让他们干到秋后再说吧。

陈庭元之所以说要让小岗村干到秋后，因为到秋后粮食产量也就出来了。那时，分田到户是对是错，事实就会说话。

1979 年秋收，茶饭不香的陈庭元终于等到了期盼已久的数字，全县粮食总产量达到四亿四千万斤，比上一年增产将近五成；油料产量增长 1.6 倍。农民的口粮人均达到 700 斤，现金收入 91 元，从此不再吃国家的返销粮。

这一年，小岗村生产队获得大丰收，粮食总产量达 6 万多公斤，相当于 1955 年到 1970 年的粮食产量总和，自 1956 年实现合作化以来第一次向国家交了 12488 公斤粮食。小岗农民的土坯屋里堆满了粮食，人们兴奋得在粮堆上打滚。

小岗村"大包干"是偷偷摸摸地搞起来的。当时，并没有人去总结，更没有人宣传。但小岗村的"大包干"影响了很多人，其他生产队的农民知道后，也开始采取瞒上不瞒下的办法，学习小岗人，一夜之间把土地分了。

安徽作为"大包干"的发源地，这一点毫无疑问。现在回过头来看，如果没有像陈庭元、汤茂林、严宏昌这些敢闯的基层干部，包产到户也就很难在安徽扎下根来。同样，熟悉这段历史的人也不难发现，如果没有万里的支持，包产到户就不可能成为现实。

10月11日，万里在安徽省委常委会议上指出，对农村经济政策要调查研究，排除一切阻力，大胆地实事求是地去干，不能抓辫子。会上，他明确表示，滁县魏郢生产队"包产到组"的责任制，"可以大胆试行"。他还提出，根据作物情况，"可以包产到人、到组，联产计酬，也可以奖励到人、到组。"他相信，只要所有制不变，就"出不了什么资本主义，没有什么可怕的。"〔21〕

就在安徽农村推行包产到户的时候，中共十一届三中全会召开了。全会重新确立了解放思想、实事求是的思想路线，提出把全党工作重心转移到经济建设上来，这为农村改革提供了思想前提，创造了良好的政治环境。而且，会议通过了《中共中央关于加快农业发展若干问题的决定》，其中规定了"三个可以"，即："可以按定额计工分；可以按时计工分加评议；也可以在生产队统一核算和分配的前提下，包工到作业组，联系产量计算劳动报酬，实行超产奖励。"这些规定，明显地使人感觉到农村政策的松动。因此，农村改革的发生和发展也就成为必然了。

万里在向安徽省委传达中共十一届三中全会精神时，强调的一条就是要解放思想。他说，发展农业的关键是以三中全会精神为指导，肃清"左"比右好的流毒，解放思想，解决农村政策上的问题，充分调动广大农民的积极性。

中共十一届三中全会结束后不久，万里赶到肥西山南一看，那儿的麦子长得很好。他表扬了山南人，并且表示："你们就这样干吧"。从山南回来后，万里主持召开省委常委会议，专门研究山南包产到户的问题。他在会上说，有些同志对包产到户表示担心，不是没有道理，完全可以理解。在谈到他个人的看法时，万里说，包产到户问题，过去批了十几年，许多干部批怕了，一讲包产到户，就心有余悸，谈"包"色变。但是，"过去批判过的东西，有的可能是批对了，有的也可能本来是正确的东西，却被当做错误的东西来批判。必须在实践中加以检验。"于是，他主张"让山南公社进行包产到户的试验"。[22]

当凤阳县小岗村的农民紧张不安地等待上级领导表态时，万里来到小岗村。他看到各家各户能装粮食的东西都装得满满的，有的屋里放不下就藏到外面。他高兴地对当地的农民说"你们这样干了，我支持你们。"他甚至表示："我批准你们干五年。只要能对国家有贡献，对集体能够多提留，社员生活能有改善，干一辈子也不能算'开倒车'。"

就在安徽农村改革势如破竹，搞得热火朝天的时候，报纸上发表了一篇题为《"三级所有，队为基础"应当稳定》的读者来信和编者按，认为"搞分田到组，是脱离群众，不得人心"，宣称要"坚决纠正错误做法"。

这对安徽农村的改革无疑是一条爆炸性的新闻，当时正值春耕生产之际。消息传出后，造成了一种紧张气氛。这时，万里正在滁县调查，他得知后，就此发表了自己的看法。他说，甘肃的一个人到河南洛阳去，写了一封读者来信，不赞成包产到组。《人民日报》登了这封信，还加了编者按，我看到了。作为报纸，发表各种不同的意见都是可以的，别人可以写读者来信，你们也可以写读者

安徽省委提出"六条规定"，中国农村改革的序幕由此拉开

冲破人民公社体制，安徽和四川两省带了个好头

山南人闯入"禁区"，小岗村农民悄悄地分了土地

回首
1978

来信。"究竟什么意见符合人民的根本利益和长远利益，靠实践来检验。决不能读了一封读者来信和编者按就打退堂鼓。"〔23〕

万里在安徽敢走"独木桥"，还有一个重要的原因，就是中共十一届三中全会形成了以邓小平为核心的中央领导集体。邓小平对包产到户给予了极大的支持。他在12月13日中央工作会议上指出，如果现在再不实行改革，我们的现代化事业和社会主义事业就会被葬送。他表示，改革可以先从局部做起，从一个地区、一个行业做起，逐步推开。中央各部门要允许和鼓励他们进行这种试验。邓小平的这个讲话，成为中共十一届三中全会的主题报告。

万里回忆说，当时流行一句话："领导要方向，群众要产量。"包产到户效果非常显著，农民不仅拥护，而且迫切要求。小平同志

新疆草原上的珍珠——石河子紫尼泉牧场实行承包制后，畜牧业生产不断发展。

开始没有表态，我从安徽回来多次向他汇报，他表示同意，可以试验。出了成果之后，他公开表示支持。1980年5月31日小平同志的那次谈话，讲到了肥西，讲到了凤阳两个点的情况，给予了充分肯定。在激烈斗争的关键时刻，他讲了话了，支持了包产到户。这个讲话对农村改革是个巨大支持和促进。否则，包产到户即使在安徽上了"户口"，也还是会注销的！

20年后，小岗村"大包干"的带头人严俊昌回忆说："我们搞大包干，因为邓小平同志充分给予肯定，才使我们按手印的18个庄稼人免遭坐牢之苦。"严立学也有同感，他说："过去小岗村是出了名的穷村，一年忙到头分不到钱领不到粮，到头来还是'穿的衣服破烂烂，抱着面瓢去讨饭'。党的十一届三中全会后，是邓小平同

> 安徽省委提出"六条规定"，中国农村改革的序幕由此拉开
>
> 冲破人民公社体制，安徽和四川两省带了个好头
>
> 山南人闯入"禁区"，小岗村农民悄悄地分了土地

1982年
全国联产承包责任制实行情况

联产承包责任制占全国社队总数 92%

其中家庭联产承包责任制占78.66%

1982年，实行联产承包责任制的社队占全国社队总数的92%，其中家庭联产承包责任制占78.66%

志使小岗人发家致富的胆子变大了。吃水不忘挖井人，致富感谢邓小平啊!"曾经为3个儿子婚事发愁的严金昌更是感慨万千。实行"大包干"后，他的3个儿子不仅娶了媳妇，住上了新房，而且腰包里还鼓囊囊的。他高兴地说:"要不是邓小平的政策好，怎么也不会有今天的好日子啊!"时任小岗村的队长严德友说:"小岗村是出了名的讨饭村，大包干后，农民种田热情分外高，现在人均收入达到2500元，户户住新房，家家有余粮，成了小康人家，这全是托邓小平同志的福啊!"〔24〕

参考文献

〔1〕于光远等:《改变中国命运的41天——中央工作会议、十一届三中全会亲历记》，海天出版社1998年版，第282页。

〔2〕张广友:《改革风云中的万里》，人民出版社1995年版，第141页。

〔3〕《万里谈农村改革是怎么搞起来的》，《百年潮》1998年第3期。

〔4〕《万里文选》，人民出版社1995年版，第101—102页。

〔5〕杜润生主编:《中国农村改革决策纪事》，中央文献出版社1999年版，第237页。

〔6〕张广友:《改革风云中的万里》，人民出版社1995年版，第153—154页。

〔7〕《万里文选》，人民出版社1995年版，第111页。

〔8〕《昔阳调动农民社会主义积极性的经验好》，《山西日报》1978年4月21日。

〔9〕张广友:《改革风云中的万里》，人民出版社1995年版，第205页。

〔10〕张广友:《改革风云中的万里》，人民出版社1995年版，第206页。

〔11〕于光远等:《改变中国命运的41天——中央工作会议、十一届三中全会亲历记》,海天出版社1998年版,第282页。

〔12〕《万里文选》,人民出版社1995年版,第112页。

〔13〕《万里文选》,人民出版社1995年版,第115、107页。

〔14〕《高屋建瓴快速治蜀》,《人民日报》1978年4月27日。

〔15〕刘长根:《万里在安徽》,新华出版社2002年版,第109页。

〔16〕吴象:《中国农村改革实录》,浙江人民出版社2001年版,第159—160页。

〔17〕丁伟志:《跟随田家英调查"包产到户"》,《百年潮》1998年第5期。

〔18〕《六十年代初期我国农村一场两条路线的斗争》,《人民日报》1974年1月16日。

〔19〕参见欧远方主编:《农村改革的兴起》,中国文史出版社1993年版,第79—81页。

〔20〕参见欧远方主编:《农村改革的兴起》,中国文史出版社1993年版,第81页。

〔21〕《万里文选》,人民出版社1995年版,第108—109页。

〔22〕《万里文选》,人民出版社1995年版,第121页。

〔23〕《万里文选》,人民出版社1995年版,第123页。

〔24〕《人民日报》1997年2月22日。

安徽省委提出"六条规定",中国农村改革的序幕由此拉开

冲破人民公社体制,安徽和四川两省带了个好头

山南人闯入"禁区",小岗村农民悄悄地分了土地

回首
1978

第六章
改变中国命运的会议

　　于光远回忆说，华国锋的讲话有它的可取之处。给人的印象是，"华国锋的确是一个热心建设的人，情况掌握的不错，思想也开放。粉碎'四人帮'后他的确想好好地干出一点名堂来。"可是，华国锋在讲话中没有提出停止使用"以阶级斗争为纲"的口号。因此，这个讲话的作用就要大打折扣，并且引发了一场激烈的争论。

　　在中央工作会议即将结束的时候，邓小平发表了一个著名的讲话。正是这个讲话，后来被称为第三次思想解放运动的宣言书。

1. 陈云的发言在会上引起强烈反响

1978 年秋冬之交，随着真理标准讨论的深入，局势已有所好转。但尚待解决的问题还很多，思想路线便是其中之一。因此，需要在中国共产党内高层当中开展一次会议，以求得一个合理的解决。于是，11 月中旬至 12 月下旬，中共中央连续召开了工作会议和中央全会。前一个会议开了 36 天，后一个会议开了 5 天。由于这两次会议所起的特殊作用，因而成了改变中国命运的会议。

图为（左起）邓小平、华国锋、叶剑英在中共十届三中全会上。

11 月 10 日，中央工作会议召开。参加会议的代表都是中国共产党的高级干部，除中央政治局委员和候补委员以上级别的领导干

348

部外，还有中央军委常委、全国人大副主任、国务院副总理、全国政协副主席、最高人民法院院长和最高人民检察院检察长，以及各省市自治区党委、各大军区、中央机关、国家机关和军委直属机关的负责人。在 18 位中央政治局委员当中，有邓小平、叶剑英、李先念、刘伯承、聂荣臻、徐向前等老资格的革命家和领导人。在参加会议的中央委员和候补中央委员当中，中共十一大选出的有 137 人，占会议代表人数的 63%。非中共十一大选出的中央委员和候补中央委员有 82 人，占会议代表人数的 37%。其中有中共八大选出的中央委员和候补中央委员，包括习仲勋、宋任穷、黄火星等，还有中共八大二次会议增选的候补中央委员，共 219 人。

从会议代表人数和级别来看，这次召开的中央工作会议规模不小，规格也不低。而且，会议代表当中有不少是在"文化大革命"期间受迫害的老资格共产党员。

据一位会议参加者说，他在看了代表名单后，立即意识到会有一番"带有严重性质的争论"。他认为这是一次"可以有所作为的会议"。[1]

正如当事人所预料的那样，会议开始后不久就出现了激烈的争论，它是由工作重心转移问题引起的。在会议开幕的当天，华国锋发表了一个多小时的讲话，宣布了会议的三个议题：第一，讨论如何进一步贯彻执行以农业为基础的方针，尽快把农业搞上去。为此，会议准备了两个讨论文件，即：《关于加快农业发展速度的决定》和《农村人民公社工作条例（草案）》。第二，商讨 1979 年和 1980 年国民经济计划安排问题。第三，讨论中共中央副主席李先念在国务院务虚会议上的讲话。

在讨论上述三个议题之前，华国锋提出先讨论工作重心的转移问题。他说，中央政治局常委和中央政治局一致认为，"适应国内外

陈云的发言在会上引起强烈反响
华国锋宣布中央政治局的重大决定
围绕两个农业文件的争论
真理标准问题再次成为焦点
邓小平的"宣言书"
扭转乾坤的会议

回首
1978

349

形势的发展，及时地果断地结束全国范围的揭批'四人帮'的群众运动"，从 1979 年 1 月起，"把全党工作的重点转移到社会主义现代化建设上来，是完全必要的。"他希望会议讨论"这样做适当不适当？还需要解决什么问题？各级党委的工作如何实行这个转移？随着这个转移，明年需要注意抓住几件什么大事？我们党的思想建设和组织建设，我们的农业、工业、财贸、科技、文教、军事：政法等各方面的工作，工、青、妇等群众团体的工作，怎样适应这个转移？请大家出主意，想办法，畅所欲言，以便集思广益，很好地实现这个转移。"他还宣布，这次会议的头两天讨论重点转移问题，整个会议准备开 20 多天。

让人刮目相看的是，华国锋还讲了很多的经济建设问题。他讲了国内经济形势和国际的有利条件，还讲了要善于利用这种形势，吸收外国资金和技术。此外，华国锋还批评了领导干部的官僚主义作风，以及机关存在的同现代化建设不相适应的问题。他举了一个例子，说上海申请进口一套设备居然要盖 18 个大印。

从这一点来看，华国锋的讲话有它的可取之处。给人的印象是，"华国锋的确是一个热心建设的人，情况掌握的不错，思想也开放。粉碎'四人帮'后他的确想好好地干出一点名堂来。"[2]

可是，华国锋在讲话中没有提出停止使用"以阶级斗争为纲"的口号，这是他讲话的致命弱点。因此，这个讲话的作用就要大打折扣，并且引发了一场激烈的争论。

为了说明工作重点转移的必要性，华国锋回顾了"文化大革命"结束后所做的几件大事。一是号召并引导全党、全军和全国人民自觉地高举和捍卫毛主席的伟大旗帜，在全国范围内开展了批判"四人帮"的运动；二是召开中共十一大和五届人大，宣布了"文化大革命"的结束和社会主义建设新时期的开始，制定了新党章和新宪法，规定了新时期的总路线和总任务，制定了发展国民经济的三年、八年计划，提出了23年的设想；三是对各条战线进行了整顿，调整和加强了各级领导班子，特别是中央和国务院各部门和各省、市、自治区党委的领导班子；四是召开了五届政协会议，农业、工业、科学、教育大会，以及工会、青年团和妇联的全国代表大会；五是发展同世界各国的友好关系，在外交上打开了新局面。有了这几件事，华国锋认为，我们已经从根本上扭转了"四人帮"造成的严重局面，扫清了我们前进的最大障碍，为进行新的长征开辟了广阔的道路。

华国锋随即提出了工作重点转移的前提，这就是恰当地估量揭批"四人帮"的群众运动的发展情况。因为这是"我们提出转移全党工作重点的重要依据"。他还对揭批"四人帮"的运动做了估量，认为运动发展得迅猛而又健康。这是一场涉及8亿人的政治大革命，在中央的领导下，吸取了历次运动的经验，开展得很有秩序，也很成功。因此，从全国范围来看，运动取得了伟大的胜利。第一，清查了同"四人帮"有牵连的人和事，清查了"四人帮"的帮派体系；第二，批判了"四人帮"的错误路线和思想体系，从根本上分清了路线是非；第三，整顿了各级领导班子，清除了"四人帮"的骨干分子；第四，大批冤假错案得到平反；第五，遭到"四人帮"破坏的实事求是、群众路线的传统和作风得到恢复和发扬；第六，实现了安定团结，加强了组织性和纪律性。由此看来，到1978年年底，揭批"四人帮"的群众运动可以胜利结束。在这个基础上，就可以实现工作重点的转移了。

由此看来，华国锋提出的工作重点只是阶段性的工作任务。他解释说："一个阶段的主要问题解决了，就要发展到新的阶段。"显而易见，他要解决的是进入1979年后的工作方针问题，而不是从

回首
1978

"以阶级斗争为纲"转向社会主义现代化建设。相反,华国锋还在坚持"阶级斗争、生产斗争和科学实验三大革命运动"的提法。

对于华国锋提出的工作重点转移的问题,在当时还没有公开批评毛泽东晚年错误的情况下,当然不好涉及"以阶级斗争为纲"的问题。会议期间,像这样的基本理论、基本口号,"大家并未去触动它"。[3] 这些问题的解决,是在中共十一届三中全会上。

但是,胡乔木还是很快发现了它的不足。在11月12日的讨论中,他提出了不同的意见。他说,把工作重点的转移说成是形势的需要,这个理由不妥。应该说,无产阶级在夺取政权以后,就要把工作重点转到经济建设上来。建国后,我们已经开始了这种转移,但是没有坚持住。因此,这次工作重点的转移,应当是最根本性的转移,而不是通常意义上的转移。不能给人一种印象,似乎今天形势需要,就把工作重点转过来。明天形势不需要了,再转回去。在当天下午的发言中,胡乔木引用了马克思、列宁和毛泽东的讲话。他说:"我们的一切革命斗争,终极目的是要解放和发展生产力,这是我们党的一贯立场,是马列主义的基本观点"。他认为,不是任何阶级斗争都是进步的,判断它是否进步的标准,是看它是否为解放和发展生产力创造条件。他明确提出:"除了发生战争,今后一定要把生产斗争和技术革命作为中心,不能有其他的中心。只要我们正确处理人民内部矛盾和敌我矛盾,国内的阶级斗争也不会威胁到社会主义建设的中心地位。"[4] 他的发言刊登在会议《简报》上,并在他随后负责起草的中共十一届三中全会公报中得到反映。

华国锋在讲话中还提出了十一次路线斗争的问题,即:陈独秀右倾机会主义路线;瞿秋白"左"倾盲动主义路线;李立三"左"倾冒险主义;罗章龙右倾分裂主义路线;王明"左"倾教条主义路线;张国焘右倾分裂主义路线;高岗、饶漱石反党联盟;彭德怀右倾机会主义反党集团；刘少奇反革命修正主义路线；1970 年庐山会议的斗争。最后一次路线斗争是指"四人帮"。

实际上，这十一次路线斗争，彭德怀、刘少奇是冤案。尽管华国锋的讲话有不足之处，但当事人还是认为，总的来说，与会者还是"比较满意的"。〔5〕

在会议开幕后的前一、二天，分组讨论华国锋讲话的时候，几乎所有发言的人都一边倒，按照华国锋的讲话要求，表示拥护工作重点转移的提法。可是，也有人提出，揭批"四人帮"的群众运动即将结束，但遗留下来的问题还很多，包括"天安门事件"在内的许多冤案没有平反，还有不少错误的理论观点需要澄清。只要把这些问题解决好了，才能谈得上工作重点转移的问题。由于当时"天安门事件"还没有平反，所以，代表们谈论相对较多的一个问题就是"天安门事件"。11 月 11 日，即会议开始讨论的第一天，谭震林就在华北组会议上说，实行工作重点的转移，首先要解决思想上的一些问题，如天安门事件、二月逆流、武汉百万雄师问题。

与此同时，陈再道、傅崇碧、李昌分别在华东和华北组发言时也提出对"天安门事件"平反的问题。

对于这些问题，华国锋也不是没有想过。他在讲话中表示，"要对运动中这些来不及处理完毕的问题继续进行细致的工作和妥善解决"。〔6〕但他又说，批判"四人帮"要用更长的时间来进行，并且在讲话中有意回避了一些问题，这就让人感到揭批"四人帮"的问题还不能彻底解决。

在各组发言中，陈云 11 月 12 日在东北组的发言影响最大。他说："中央政治局常委、中央政治局一致主张，从明年起把工作着重点转到社会主义建设上来。实现四个现代化是全党和全国人民的迫切愿望。我完全同意中央的意见。"但是，"安定团结也是全党和

回首
1978

353

全国人民关心的大事。干部和群众对党内是否能安定团结，是有所顾虑的。"他表示，华国锋说的，对于那些在揭批"四人帮"运动中遗留的问题，应由有关机关进行细致的工作，妥善解决，"这是很对的"。可是，"对有些遗留的问题，影响大或者涉及面很广的问题，是需要有中央考虑和作出决定的。对此，中央应该给以考虑和决定。"他提出了包括"天安门事件"在内的几个需要中央考虑解决的历史遗留问题：（1）关于薄一波等六十一人所谓叛徒集团一案。陈云认为，"他们出反省院是党组织和中央决定的，不是叛徒"。（2）关于中共中央的两个决定。一个是1937年7月7日中央组织部关于所谓自首分子的决定。这个文件，是他在延安任中央组织部长以前作出的，"与处理薄一波同志等问题的精神是一致的"。但他当时并不知道有这个文件，只是根据当时审查干部时遇到的问题，在1941年写过一个关于从反省院出来履行过出狱手续，但继续干革命的那些同志，经过审查可以恢复党籍的决定。这个决定与"七七决定"的精神是一致的。"这个决定也是中央批准的"。所以，中央应该承认"七七决定"和1941年的决定是党的决定。他要求对那些在"文化大革命"中被错误地定为叛徒的同志应该给以复查，"如果并未发现新的真凭实据的叛党行为，应该恢复他们的党籍。"此外，据他所知，在抗日战争时期和解放战争时期，在敌我边际地带有一个所谓的"两面政权"问题。当时中共党组织决定派一批党员在敌伪政权中任职，掩护我党我军的工作。这些党员，在"文化大革命"中也大体被定为叛徒。"这是一个涉及到数量更大的党员的政治生命问题，也应该由党组织复查，对并无背叛行为的同志应该恢复党籍。"陈云还提出，"七七决定"、1941年决定中所涉及的同志，以及在"两面政权"中做了革命工作的同志，"对他们作出实事求是的经得起历史检验的结论，这对党内党外都有极大的影响。不解决这些同志的问题，是很不得人心的。这些同志大体都已是六七十岁的人了，现在应该解决这个问题。"(3)陶铸、王鹤寿的问题。他们是在国民党南京陆军监狱坚持不进反省院，直到七七抗战爆发后由中国共产党向国民党要出来的一批党员，他们出狱前还在狱中坚持绝食斗争。"这些同志，现在或者被定叛徒，或者虽然恢复了组织生活，但仍留着一个'尾巴'，例如说有严重的政治错误。"这些人当中，有许多是省级、部级干部。陶铸一案的材料在中央专案组。这个中央专案组是在"文化大革命"时期成立的，尽管做了许多调查工作，但"处理中也有缺点错误"。于是，陈云建议，专案组所管的属于党内部分的问题应移交给中央组织部，由中央组织部复查，把问题放到当时的历史条件下去考察，"作出实事求是的结论"。像现在这样，既有中央组织部又有中央专案组，"这种不正常的状态，应该结束。"(4)彭德怀的问题。会议第一天，华国锋在讲话中还把对彭德怀的错误处理当做党内路线斗争，陈云却提出了不同的看法。他说，彭德怀是担负过党和军队重要工作的共产党员，对党贡献很大，现在已经死了。"过去说他犯过错误，但我没有听说过把他开除出党。既然没有开除出党，他的骨灰应该放到八宝山革命公墓。"(5)康生的问题。陈云说，康生是中央文革的顾问，那时他随便点名，对在中央各部和全国各地造成党政机关的瘫痪状态是负有重大责任的。康生的错误是很严衡的。他要求"中央应该在适当的会议上对康生的错误给以应有的批评"。[7]

其实，几个月之前，陈云曾就王鹤寿的问题致信华国锋、叶剑英、邓小平和李先念，说王鹤寿是1937年7月国共合作时中国共产党从国民党监狱里要出来的。在审查中国七大代表资格的时候，从当时所有的材料来看，王鹤寿的历史是清楚的。陈云建议中央组织部把王鹤寿的材料再审查一次，并把他调回北京治病。此后，王鹤

回首
1978

寿被解除监护，恢复了组织生活。

此前不久，陈云还就陶铸的问题致信华国锋、叶剑英、邓小平、李先念。他在信中说，陶铸是国共合作后我们党从监狱里向国民党要出来的。此案涉及一大批省部级干部，弄清楚陶铸的问题非常必要。建议由中央组织部主持，会同中央专案组，再审查一次。

陈云当时的职位并不高，只是中央委员。但他是中共八大选出的中央副主席，属于中国共产党第一代领导集体成员，在党内的威望很高。以这样的地位和资历，以及他提出的这几个问题都是与会者所关心的，也是非常敏感的问题，所以，他的发言在《简报》上刊登后很快就引起了强烈反响。

用当事人的话说，"简直令我们震惊"，但震惊之余，"又让我们有一种痛快淋漓的感觉，因为他说出了我们很多人积存于心中多时，想说却又一时还不敢说的话。"他的发言真可以说是"一石激起千重浪"，"一下子就把我们都带起来了，大家纷纷敞开思想、畅所欲言，会议的气氛也一下子活跃起来。"[8]

2. 华国锋宣布中央政治局的重大决定

在分组讨论的时候，大多数人并没有按照华国锋说的去做，而是围绕陈云提出的几个问题展开了讨论，并且提出了一些新问题。

就在这时候，《北京日报》公布了中共北京市委常委会议的消息，宣布群众到天安门广场悼念周恩来的活动完全是革命行动。随后，《人民日报》和《光明日报》也刊登了这一消息。受此鼓舞，在随后的几天里，不少代表在分组讨论时就一些历史遗留问题发表了自己的看法。

东北组围绕陈云提出的几个问题展开了热烈讨论。11 月 22 日，聂荣臻在东北组发言说，陈云在这次会议上首先提出的案件问题，我很同意。这类问题，涉及面相当大，各省都有一些。如武汉的"百万雄师"、四川的"产业军"。至于其他的一些重大案件，他也表示同意陈云的意见。他说，彭德怀并没有被开除党籍，还担任过三线建设副总指挥，"他的骨灰应该放在八宝山革命公墓"。发言中，聂荣臻提到六十一人集团案。他相信，这些人不是叛徒。他还说，陶铸是个好同志，杨尚昆不是反革命。

在华北组，康克清在发言中明确表示赞同陈云的意见。她还建议，凡是林彪、"四人帮"强加于人的一切污蔑不实之词，都应该推倒。对历史遗留问题，对一些犯错误的人，还是讲清楚为好，据福建的群众反映，闽西搞了一个所谓的叛徒集团，牵连了 1000 多人。

萧克在东北组发言说，应该把"六十一人叛徒"的结论改正过来，因为这是中共北方局经中央批准让他们出狱的。1939 年马辉之

回首
1978

357

曾经同他详细谈过,这件事由组织上负责,不能由他们本人负责。他们是革命的,不是叛徒。萧克还说,彭德怀领导平江起义有功,多年来担任党和国家重要领导职务,同敌人斗争勇敢,这些都是不可否认的,应该把他的骨灰放到八宝山。

马文瑞在发言中提出,所谓党内十一次路线斗争,包括1959年庐山会议上批判彭德怀右倾机会主义在内,这个问题值得考虑。彭德怀给毛泽东写信是正常的,信中反映的一些情况也是事实,说他的信是右倾机会主义的纲领,就很勉强。我的意见,不要把这次对彭德怀的批判算做一次路线斗争。

身为中央组织部部长的胡耀邦在西北组发言时表示赞同把"文化大革命"中尚未解决的一些大是大非问题澄清。他说,林彪、陈伯达、"四人帮",还有康生,欺骗毛主席,搞了很多假东西。这些大是大非问题的解决,关系到安定团结,关系到教育子孙后代,关系到维护毛泽东旗帜的问题。关于薄一波六十一人问题,毛泽东在世的时候,邓小平就在中央政治局说过,把他们定为叛徒是不公道的。

陈云在发言中提出康生的问题,引起与会者很大反响,了解康生的人纷纷在会上发言,就这个问题发表了看法。胡耀邦说,康生在1942年延安整风运动中,犯了那么大的错误,却从不作一句自我批评。在"文化大革命"期间,他做了很多坏事,引起极大的民愤。经他点名被戴上叛徒、国民党特务、死不改悔的"走资派"等大帽子的,就达600多人。他甚至诬陷朱德、叶剑英"有严重问题",还指使南开大学搞什么"南方叛徒集团",把矛头对准周恩来。"六十一人叛徒集团"也是他点的名。在这方面,他超过了林彪、陈伯达。

万里在华东组发言,明确表示支持陈云的讲话。他说,陈云提出的六个问题必须解决,否则人们心里不舒服。对康生的问题,要认真调查，早日解决。要论罪，他绝不亚于"四人帮"。他伙同谢富治砸烂公检法，就是他的一条罪行。康生从加入中国共产党开始，到延安时期，再到"文化大革命"，直到死为止，我也没有听说他干过什么好事。万里不满地说，有个别高级干部，在某些问题上跟着林彪、"四人帮"干了不少坏事，至今仍不肯作检讨，还在那里假正经。我们党提倡"惩前毖后，治病救人"，但是，犯错误的人必须作自我批评，不要欠账。否则，我们不放心。

解放军后勤学院院长陈漫远在中南组发言讲了有关康生的几个问题：

（1）康生在苏联时，组织了一小部分人反对毛泽东当中央总书记，拥护王明当书记。王明的小册子《为中共更加布尔什维克化而斗争》就是王明伙同康生炮制出来的。据说，书名还是康生定的。

（2）康生在延安时搞抢救运动，搞错了很多，毛泽东提出的9条指示，就是纠正康生造成的错误。

（3）康生推荐江青同毛泽东结婚，当时有人提出江青历史有问题，康生却保证江青没有历史问题。

（4）康生在上海期间，曾被国民党特务突击审问了两个小时，当了国民党特务，干了很多坏事。丁肇中的祖父保留着这方面的材料，听说已经交给了中央。

（5）全国解放后，康生曾派中央党校的人到各地查找两个托派分子。后来听说这两个托派分子在延安的时候就已经被下令枪毙了，他放心了。

（6）"文化大革命"期间，康生掌握中央宣传、组织大权，还掌握了中央专案组第一、二、三办公室，抓了很多人。

至于康生究竟是一个什么样的人，他希望在党内讲清楚。

同一天，程子华在中南组发言也谈了康生的问题。他讲了康生

回首
1978

迫害两个人的事实。一位是 1922 年同程子华一起搞学生运动的王士英，几十年为共产党工作，对共产党忠心耿耿。可是，"文化大革命"开始后，康生硬说王士英是叛徒，把他活活整死了。另一位是袁血卒，他是江西宁都暴动的领导人之一。红军长征后他留在江西。后来部队被敌人打散了，袁血卒逃到上海卖报纸，曾两次被敌人逮捕。到延安后，康生说他是叛徒，把他抓了起来。袁血卒给朱德写了一封信才被释放。但党籍问题一直没有解决。1975 年他给毛泽东写信，毛泽东让康生解决，可直到现在才解决。

韩光在东北组揭露了康生迫害东北抗日联军的事实。据他反映，从 1934 年到 1936 年，不少东北抗日联军的干部被派往莫斯科学习。这些人的历史都经康生审查过。几年后，康生还将其中的一部分人介绍给苏联情报机关，然后派回东北。可是，"文化大革命"期间，康生反而诬陷这些人有给"苏修"当特务的嫌疑。如果谁说康生清楚那段历史，谁就会遭到更狠的批斗。

据当事人称，与会者关于康生问题的发言，有许多事情触目惊心，甚至不乏荒谬绝伦的事情。"文化大革命"期间处理安徽问题时，康生竟然说"李大钊是叛徒"，还说他手中有材料可以证明。[9]

在讨论过程中，对"文化大革命"的认识和评价，成了许多代表发言的重点。有人说，把粉碎王洪文、张春桥、江青、姚文元反党集团说成是"文化大革命"的成果，这不能说服人。这几个人在共产党内本来就没有什么影响，是我们错误地把他们弄进了中央政治局，这怎么能说是"文化大革命"的伟大成果呢？而且，从逻辑上也讲不通。如果没有"文化大革命"，也就不会有王、张、江、姚反党集团的存在。

还有人反映，把粉碎林彪集团说成是"文化大革命"的功劳，这也不能成立。林彪在党内的影响本来也不大，建国以后，他不做工作，躲在家里搞阴谋诡计，也是在"文化大革命"期间我们错误地把他捧起来的。还有黄永胜、吴法宪、叶群、李作鹏、邱会作这几个人，也是利用"文化大革命"起家的。他们差一点把毛泽东谋害了，还说这是"文化大革命"的成果，怎么能让人心服呢？

有人还提出了"二月逆流"的问题，说这是林彪、江青、陈伯达这伙人打倒一切、全面内战，特别是为打倒老革命家而发动的总攻击。对于"二月逆流"，毛泽东生前已经表示过"不要说"了。既然不存在，就应该把这个案子翻过来。

尽管与会者在发言中提出了不少案件，但很少提及刘少奇的问题。可能考虑到这个案子太大，提出的时间还不够成熟。不过，还是有少数与会者涉及了这个问题。有人提出，所谓"文化大革命"的伟大成果，就是挖出了三个资产阶级司令部，这个提法不确切。我们认为，不能把刘少奇的司令部当做资产阶级司令部，实际上也不存在一个独立于中央之外的刘少奇司令部。江青搞的刘少奇那些材料，也说不清楚是什么路线，只说是"叛徒、内奸、工贼"。有关刘少奇的材料，很多是出自国民党旧军之手，有的是对证人进行逼、供、信搞出来的，这怎么能让人相信？

11月19日，华国锋同湖北省委负责人谈话时表示，六十一人集团案、陶铸、"二月逆流"应该平反，彭德怀的骨灰放到八宝山。康生、谢富治民愤极大，对他们揭发批判是应该的。

随后，中共中央政治局讨论了中央组织部上报的《关于"六十一人案件"的调查报告》，并印发给与会代表。11月25日，华国锋在会上说，大家一致赞成从1979年1月起，把全党工作重点转移到社会主义现代化建设上来。经过会议讨论，全国范围的大规模揭批"四人帮"的群众运动将在年内结束，这个问题就这样定下来了。他还说，在讨论全党工作重点转移这个问题的时候，同志们提出了

陈云的发言在会上引起强烈反响

华国锋宣布中央政治局的重大决定

围绕两个农业文件的争论

真理标准问题再次成为焦点

邓小平的"宣言书"

扭转乾坤的会议

回首
1978

"天安门事件"和"文化大革命"期间在中央和地方遗留下来的比较重要的若干问题。这些问题,中央政治局常委过去多次议过,准备加以解决。这几天,中央又研究了大家的意见。他随即宣布了中央政治局关于冤假错案和历史遗留问题的几项决定:

(1)关于"天安门事件"问题。粉碎"四人帮"以后不久,中央就着手解决在"天安门事件"和这一类事件中革命群众被迫害的问题。随着揭批"四人帮"运动的深入,这方面的问题大都陆续得到解决。但是,问题解决得仍不彻底,还没有为"天安门事件"的性质平反,应该为"天安门事件"公开平反。11月14日,中央政治局常委批准北京市委宣布:1976年清明节,广大群众到天安门广场沉痛悼念周总理,愤怒声讨"四人帮",完全是革命行动。因悼念周总理、反对"四人帮"而受到迫害的同志一律平反,恢复名誉。

(2)关于所谓"二月逆流"问题。这完全是林彪一伙颠倒是非,蓄意诬陷,其目的是为了打倒反对他们的几位老帅和副总理,进而打倒周恩来总理和朱德委员长。在"九·一三"林彪反革命武装政变彻底破产以后,1971年11月14日,毛主席接见了成都地区座谈会的人员,周恩来总理和叶剑英元帅参加了这次接见。当叶帅走进会场时,毛主席说:"你们再不要说他'二月逆流'了。'二月逆流'是什么性质?是他们对付林彪、陈伯达、王关戚。"毛主席多次讲过:"这件事搞清楚了,不要再讲'二月逆流'了。"这就是说,毛主席在那个时候,就已经为"二月逆流"翻了案。现在,中央决定,由于案件受到冤屈的所有同志,一律恢复名誉;受到牵连和处分的所有同志,一律平反。过去各种文件、材料中关于所谓"二月逆流"的不实之词,都应该废除。

(3)关于薄一波同志等六十一人案件问题。现在已查明,这是一起重大错案。1975年,邓小平主持中央工作的时候,在一次中央政治局会议上提出，六十一人的问题必须解决，把刊登"反共启事"的责任归咎于他们是不公道的。当时，由于"四人帮"的捣乱和破坏，这个问题没有得到解决。今年一月间，中央政治局常委讨论过要为这一案件平反的问题。六、七月间，中央要求组织部对这一案件进行复查，向中央写出报告，以解决这个问题。11月3日，中央组织部向中央提交了报告，其中说："大量事实证明：薄一波等在反省院的表现是好的，他们履行敌人规定的手续，登'反共启事'出反省院，是执行党组织的指示，根据登'反共启事'出反省院的问题，定六十一人为叛徒集团，是不正确的。"中央讨论了这一问题，决定为这一重大错案平反。关于这个问题，中央还要发一个正式文件。

（4）关于彭德怀的问题。他是我们党的一位老党员，曾经担任过党政军的重要领导职务，对党和人民做过重大贡献。他在历史上也犯过大大小小的错误，但是，经过审查，怀疑他里通外国是没有根据的，应予否定。他已于1974年去世，骨灰应该放进八宝山革命公墓第一室。

（5）关于陶铸的问题。他也是我们党的一位老党员，在几十年的工作中，对党和人民是有贡献的，经过复查，过去把他定为叛徒是不对的，应予平反。他已于1969年去世，骨灰应该放到八宝山革命公墓第一室。

（6）关于杨尚昆的问题。经过复查，过去把他定为阴谋反党、里通外国是不对的，应予平反。中央决定，恢复杨尚昆的组织生活，分配工作。

（7）关于康生、谢富治的问题。他们有很大的民愤，党内干部和群众对他们进行揭发和批判是合情合理的。有的同志提议设立专案组审查他们的问题。中央意见，不设立专案组，有关揭发他们的

回首
1978

材料，可以送交中央组织部审理。

（8）关于一些地方性的重大问题。最近，有的地方提出了某些重大问题需要重新处理，比如，武汉"七·二〇"事件、河南"七·二五"问题、四川的产业军问题等等。中央决定，这类地方性的重大事件，一律由各省、市、自治区党委根据情况实事求是地予以处理。中央发过文件的，要将处理意见先报中央批准（湖北省委关于为"七·二〇"事件平反的请示报告，已经中央批准）。处理这些问题时，可以召开群众大会，可以发文件。但不要登报，也不在电台广播。这些问题，涉及"文化大革命"中曾经分裂为两派的广大群众，一定要慎重周到地处理好，防止重新引起派性斗争。

此外，华国锋还提到会议上没有涉及的两个问题。一是在"三支两军"中有些人犯了支一派压一派的错误。他认为，这个问题要放在当时的历史条件下来看。"三支两军"是中央决定的，总的责任由中央承担。由于林彪、"四人帮"的干扰，加上情况复杂，有些人犯过这种性质的错误是难免的，不要追究个人责任。至于少数人严重违法乱纪，贪污盗窃，情节恶劣，可以另案处理。二是在周恩来总理逝世后的悼念活动中，治丧委员会办公室发过一个电话通知，要各地不组织吊唁、开追悼会、戴黑纱等活动。这个通知是在"四人帮"当道的情况下中央政治局通过的，执行这个通知的党委和个人是没有责任的。

有关中央专案组的问题，华国锋表示，专案组一办、三办以及"五·一六"专案联合办公室都应该结束工作，"全部案件移交中央组织部"。未了的案件，由中央组织部根据中央处理上述案件的精神，抓紧复查，作出相应的结论。各级党委设立的专案组也应逐步结束工作。他们审查的案件，属于党内问题的，移交党的纪律检查委员会或组织部。属于敌我矛盾的，移交政法部门。他还宣布："今后不再采取成立专案组审查干部的办法"。

上述讲话稿在当天就印发给了与会代表。但是，12 月 14 日，华国锋的这个讲话又经过了一次修改，也与当天发给了与会者。这个定稿增加了一段话，即：实践证明，"反击右倾翻案风"是错误的。中央政治局决定：中央 1975 年发的二十三、二十四、二十六、二十七号文件，1976 年发的二、三、四、五、六、八、十、十一号文件全部予以撤销。贯彻执行这些文件的党委和个人是没有责任的，责任由中央承担。

华国锋的这个讲话得到与会者的赞同。王任重在西北组发言称，中央政治局所决定的许多重大问题，都是大家非常关心的，实事求是地处理这些问题，全党全国人民都很高兴，这是大得人心的事情。胡耀邦说，中央经过反复酝酿和核实，又一次果断地解决了"文化大革命"以来一批大是大非的问题，消息传出，党心大振，民心大振。

在华国锋上述讲话一个月后，即 12 月 24 日，中共中央为彭德怀和陶铸举行了隆重的追悼大会。华国锋、叶剑英、邓小平、李先念、汪东兴，在京的中央委员和候补委员、人大常委会委员、政协全国委员会常务委员、中共中央和国务院各部门、解放军各总部、国防科委、各军兵种、军事院校的负责人，加上首都各界群众，2000 多人参加了追悼会，邓小平、陈云分别致悼词。

邓小平在悼词中说，彭德怀是中国共产党的优秀党员、老一辈无产阶级革命家，是平江起义的主要领导者、红三军团的创立者，是中国共产党、中华人民共和国和人民解放军的杰出领导人，曾担任过党政军的许多重要职务。在近半个世纪的革命斗争中，彭德怀南征北战，历尽艰险，为中国革命的胜利，为人民军队的成长壮大，为保卫和建设社会主义祖国，作出了卓越的贡献。在林彪、"四

回首
1978

人帮"的迫害下，于 1974 年逝世。"今天，华国锋同志为首的党中央本着实事求是的精神，认真落实党的政策，给彭德怀同志作出了全面的、公正的评价，为他恢复了名誉。"邓小平评价说："他的一生，是革命的一生，是忠于党、忠于人民的一生。他的不幸逝世，是我党我军的重大损失。彭德怀同志是国内和国际著名的军事家和政治家，一直受到广大党员和群众的怀念和爱戴。"〔10〕

陈云在悼词中说，陶铸在中共八届十一中全会上，当选为中央政治局常委，兼任中央书记处常务书记、国务院副总理、中央宣传部部长。他协助周恩来处理党和国家的日常事务，同林彪、"四人帮"反党集团进行了坚决的斗争，成为林彪、"四人帮"篡党窃国的障碍。1967 年 1 月，"四人帮"采取突然袭击的手段，捏造罪名，诬陷陶铸是"中国最大的资产阶级保皇派"、"复辟资本主义的急先锋"、"叛徒"，在精神上和肉体上对陶铸进行残酷的折磨和摧残。这是林彪、"四人帮"陷害老一辈无产阶级革命家的严重罪行。陈云在悼词中称陶铸是"我们党和国家的一位卓越领导人，久经考验的无产阶级忠诚的革命战士"。〔11〕

在中央工作会议之后召开的中共十一届三中全会，讨论了"文化大革命"期间发生的一些重大政治事件，也讨论了"文化大革命"遗留下来的某些历史问题。据 12 月 22 日会议发布的公报称，"解决好这些问题，对于进一步巩固安定团结的局面，实现全党工作中心转变，使全党、全军、全国各族人民万众一心向前看，调动一切积极因素为四个现代化努力，是非常必要的。"为此，全会对若干历史遗留问题作出了结论。会议肯定了 1975 年邓小平主持中央日常工作期间，"工作取得很大成绩，全党全军和全国人民是满意的。"明确宣布"天安门事件""完全是革命行动"，以这一事件为中心的全国人民悼念周恩来、愤怒声讨"四人帮"的群众运动，为粉碎"四人帮"

奠定了群众基础。因此，会议决定"撤销中央发出的有关'反击右倾翻案风'和'天安门事件'的错误文件。"

此外，会议"还审查和纠正了过去对彭德怀、陶铸、薄一波、杨尚昆等同志所作的错误结论，肯定了他们对党和人民的贡献。"会议强调，"只有坚决平反假案，纠正错案，昭雪冤案，才能够巩固党和人民的团结，维护党和毛泽东同志的崇高威信。"会议还要求，在揭批"四人帮"的群众运动结束以后，"这个任务还要坚决抓紧完成"。〔12〕

陈云的发言在会上引起强烈反响
华国锋宣布中央政治局的重大决定
围绕两个农业文件的争论
真理标准问题再次成为焦点
邓小平的"宣言书"
扭转乾坤的会议

回首
1978

3. 围绕两个农业文件的争论

  根据华国锋在中央工作会议开幕式上的安排，农业问题是会议讨论的第一个议题。这也是与会者普遍关心的问题。从讨论的情况来看，与会者对会议印发的两个农业文件感到相当不满，觉得它们解决不了当时的农业问题。于是，胡乔木奉命修改农业文件。

  在 20 世纪 50 年代，中国模仿苏联，走的是一条以重工业为中心的工业化道路，农业被置于次要地位。后来虽然强调要重视农业，却又破坏了林业、牧业、副业和渔业；强调了粮食，却丢掉了棉、油、糖。不仅如此，还搞"一大二公"，高喊着要"割资本主义尾巴"、"斗私批修"、批判"唯生产力论"，结果粮食上不去。在"文化大革命"结束后的两年里，农业形势并没有出现好转的迹象。

  据辽宁省委第一书记任仲夷反映，从 1949 年到 1977 年，辽宁的工业增长了 39 倍，而农业只增长了 20 倍。搞了近 30 年，农业仍然是一条短腿，农民的口粮不但没有增加，反而由 500 斤降到 400 斤，每年需要国家调入粮食 20 多亿斤、猪肉 8000 万斤、食油 5000 多万斤。

  素有"天府之国"美称的四川省，经过 10 年"文化大革命"，竟由粮食调出省沦为调入省。某个省将红薯干调往四川省之前，有人不满地在麻袋里放了一张纸条，上面写道："送给懒汉吃"。当时，四川省农民人均收入只有 86 元。造成这种困难局面的原因，既有天灾，又有人祸。除了借用 2000 多年前的水利工程勉强能够应付旱灾外，全省其他地区只得靠天吃饭。

中国当时的农业到底落后到什么程度，粮食紧张到什么程度？陈云讲的一句话很能说明这个问题。他说，建国快30年了，"现在还有要饭的"。

就是在这样一种形势下，中央工作会议开始讨论关于农业的两个文件，即：《农村人民公社工作条例（试行草案）》、《中共中央关于加快农业发展速度的决定》。11月9日，也就是会议开幕的前一天，这两个文件印发给了与会者。11月13日，会议转入讨论农业问题。主管农业的国务院副总理纪登奎在会上就两个文件的有关情况作了口头说明。他一共讲了五个问题。

第一个问题是关于农业的现状。纪登奎说，怎么看待这个问题？首先要把全党的认识统一起来，这是解决农业问题的出发点。《中共中央关于加快农业发展速度的决定》肯定了建国后农业所取得的重大成就，同时也指出，中国农业的发展远没有达到预期的目标，同现代化的要求还存在着十分尖锐的矛盾。具体表现在以下几个方面：农业发展速度不快，再加上每年大约增加1000万人口，粮食的增长同人口增长大体相当。20多年来，人均粮食一直徘徊在600斤左右。由于粮食紧张，其他经济作物和农副产品的发展也快不起来，粮、油、棉的供应只能依赖进口求得平衡。纪登奎承认，根据综合平衡的要求．现在最大的不平衡就在工农业之间，农业是最大的缺口。

粮食供应不足带来了很多问题，突出的一点就是城市新增的劳动力无法全部安排就业。另外，工业和其他行业要办的很多事情却办不了。农民每年拿出900多亿斤粮食实际上已经超出了他们的承受能力。

农业落后造成如此尖锐的矛盾，出路何在？纪登奎认为，只有加快农业的发展速度，提高农业劳动生产率。否则，工业和整个国

回首
1978

民经济就上不去。

第二个问题是关于以农业为基础的方针问题。纪登奎认为，毛泽东提出的发展国民经济以农业为基础，安排国民经济计划以农轻重为序的方针，反映了社会经济发展的客观规律，是指导中国社会主义建设的一条根本方针。《中共中央关于加快农业发展速度的决定》坚持以农业为基础，把加快农业发展速度放在首位，并根据这一方针，提出了相应的政策措施。他希望这次会议真正能够从思想上解决问题，以便带动省、地、县各级党委，以及各部门，乃至全党解决好这个问题。这样，把中国农业搞上去，就有了可靠的保证。

第三个问题是关于调动农民的积极性。纪登奎说，中国现在有8亿农民，其中有3亿劳动力，而且，目前农业主要依靠手工劳动。即使将来农业机械化程度提高了，也还需要人去掌握。因此，把农民的积极性调动起来就显得尤为重要。

如何调动农民的积极性？纪登奎提出两条措施：一是靠思想政治工作；二是靠政策。中央在今年连续发出两个文件，一个是关于落实政策、减轻农民负担的问题；一个是关于改进干部作风的问题。他介绍说，《中央关于加快农业发展速度的决定》和《农村人民公社工作条例》，全面体现了中央在农村现阶段的各项政策。这两个文件经讨论通过后，今冬明春要大张旗鼓地宣传贯彻。为此，他要求各级党委把这件事抓好，使农村各项政策得到全面落实。

纪登奎在讲话中还强调了农业学大寨的问题。他说，农民积极性调动起来后，就应当引导到学大寨的群众运动中去。学大寨，就是要学习大寨的根本经验。他还解释说，大寨坚持社会主义方向，坚持马列主义、毛泽东思想领先的原则，坚持艰苦奋斗、自力更生的精神，坚持爱国家、爱集体的共产主义风格，这些都是大寨的根本。学习大寨，就是要学习这些根本。他甚至认为，许多地方这样学了，取得了很好的成绩。他批评说，有些地方一听说学大寨，就搞"割资本主义尾巴"，没收农民的自留地，限制农民的家庭副业，取消集市贸易，还生搬硬套大寨评工记分的做法，不从实际出发，不讲因地制宜，这就学偏了。一定要按照中央的指示办，保证学大寨的运动健康发展。

第四个问题涉及加快农业发展的措施。纪登奎对与会者说，根据以农业为基础的方针，立足中国实际，并参照世界发达国家的经验，《中共中央关于加快农业发展速度的决定》提出了加快农业发展的一些重大措施，其中包括加强农田基本建设、增加农业投资等。但这些措施是否可行，怎样用好农业投资和国家贷款，以发挥投资效益？需要会议认真讨论，提出意见。

最后一个问题是有关加强对农业的领导。纪登奎说，以农业为基础的方针能否得到贯彻执行，农村各项政策能否全面落实，加快农业发展的各项措施能否全部实现，几亿农民的积极性能否调动起来，关键在于加强领导。他相信，经过这次会议，全党动员大办农业，把农业搞上去是有希望的。他甚至坚信，中国人会创造出一个奇迹来，就是要在 7 年之后，也就是到 1985 年，使粮食达到 8000 亿斤。

华国锋也在会上强调说，实现现代化，农业最重要。作为国民经济的基础，只有加快农业的发展，才能为国家提供大批粮食和工业原料，还可以提供广大的国内市场。这样，才能够促进整个国民经济的发展。所以，我们一定要花大力气把农业这个基础搞好。他建议，用6天时间讨论关于农业的两个文件。

可是，对于会议准备的这两个农业文件和纪登奎的上述讲话，与会者"都不满意"。会上，不仅地方上来的各路"诸侯"，就连部队

回首
1978

和中央机关的人，讲起农业问题来，个个忧心忡忡，滔滔不绝。[13]

据当事人回忆，西北组讨论时，与会者在农业问题上的发言很普遍，讲得比较系统的有李登瀛、江一真、肖华、李人俊等。与会者对农业的两个文件之所以不满，是因为它们解决不了当时的农业问题。姚依林在谈到进口粮食问题时说，1978 年进口了 1200 万吨粮食，其中 100 万吨是转口的，1100 万吨供应国内市场，可以缓解农业紧张形势。于是，他主张 1979 年增加进口数量，使进口粮食达到 1800 万吨。这样一来，就可以恢复棉花、油料和糖料的生产，而且还可以解决饲料问题。

11 月 16 日，胡耀邦在发言中分析说，文件解决不了问题，可能有两个原因。一是对某些问题还没有吃透；二是思想上还有框框。而思想上的框框又有两个，一个是人民公社的许多问题是毛泽东生前定下来的；另一个是怕否定"文化大革命"。如果思想上有框框，必然会"障碍我们吃透农业上的一些根本问题"。他解释说，毛泽东的许多指示，当时因为没有别的经验可以借鉴，有的只是一些设想。经过 20 多年的实践，毛泽东当年的许多设想，证明是有科学预见的，应该坚持。可是，也有不成功的东西，如政社合一。为什么不可以改过来？革命领袖原来的设想，在后来实践中改正了的，马克思、恩格斯、列宁、毛泽东都有过，这是正常的现象。

发言中，胡耀邦明确表示不同意中国人引以为自豪的"以不到世界百分之七的耕地养活了占世界上五分之一的人口"这一说法。他说，中国的耕地实际上还有 18 亿亩。下面少报一点，关系不大。但写进中央文件就要慎重了。清朝道光年间，即 1838 年，中国的人口就超过了四亿，耕地还不到 8 亿亩。"养活"这个概念很模糊，有养壮的，有养瘦的情况。中国农民养活自己的水平太低了。我们有两个时期农业的情况很不好，一是 1959 年至 1961 年三年困难时期；

二是"文化大革命"时期。这两年好转了很多，但我认为，"只是少数地区情况好转，多数地区元气损失太大。"底子薄了，3亿农村劳动力体质差了。因此，"决定方针不能从少数先进的地区出发"。

加速农业发展靠什么？胡耀邦认为，主要依靠几亿农民和农村基层干部的积极性。他赞成尽可能加大农业投入，千方百计地把农业机械化搞上去。由于林彪、"四人帮"的干扰，什么是社会主义原则？什么是资本主义尾巴？一系列的东西都被搞乱了。现在百业俱兴，而上面的条条又很多，如果工作任务和方法不对头，又要重犯加重农民负担的错误。

胡耀邦不同意笼统地说集体经济就是好的，认为这是抽象的分析法。他引用毛泽东的话说，集体经济如果办得不好，就是没有什么优越性。他觉得这方面还有很多问题需要研究清楚。

他说这番话，使人感到这是在讲包产到户的必要性。他虽然没有讲明，但"这四个字已经呼之欲出，似乎只剩下一张薄薄的糊窗纸，只要手指轻轻一点就破了。"〔14〕

胡耀邦还说，中国人把吃饭说成是吃粮食。他讲了一个故事，说建国初期，他陪一位老同志访问莫斯科。苏联领导人请他们吃西餐。服务员端来第一道菜时，那位老同志不吃，一定要等饭上来的时候再吃。结果，服务员把他的菜又端走了。上第二道菜的时候，他还是不吃。就这样，一道道菜端上来，又端回去。由于对吃饭理解的片面性，中国人把搞农业实际上就当做搞粮食。所以，中国历史上形成一种反常的现象，粮食产量很低，而消耗量很大。经济发达国家主要喝牛奶和吃奶制品，还有肉。因此，他们搞农业往往重视畜牧业。许多经济落后的国家，因为天气适合种植经济作物，于是就大力发展这些作物，以换取粮食和肉类。中国有43亿亩草原，20000多公里的海岸线，到处都适宜种植水果。所以，我们一定要

回首
1978

把搞饭吃同搞农业的错误概念改正过来。农业是一个综合体，在抓粮食的同时，要大力发展多种经营。

东北组在讨论《中共中央关于加快农业发展速度的决定》时，马文瑞就这个问题谈了自己的看法。他说，报纸上每年都大叫丰收，1972 年减产 200 亿斤还说丰收。丰收了 15 年，可农业还是这个样子。许多地方缺粮，有的地方甚至还有要饭的。农业为什么发展缓慢？他建议把其中的原因搞清楚，今后的工作才能对症下药。他觉得，这个农业文件没有把过去农业生产的基本经验总结出来，"不能令人满意"。〔15〕

习仲勋在中南组就如何加快广东发展问题发表意见说，中心的问题是坚决把农业搞上去。近 10 年来，广东农业发展缓慢，农民吃不饱肚子，副食品供应紧张，可以说已经到了怨声载道的地步。他认为，对农业要解放思想。为什么这些年来我们花了很大力气，还是解决不好吃饭的问题，工作越来越被动？一个重要原因，就是对农业的理解很片面，生产布局不当。这是一个深刻的教训。因此，一定要坚持农、林、牧、副、渔同时并举，五业同农副产品加工业、商业同时并举，农业以粮为纲，全面发展，因地制宜，适当集中的原则，把畜牧业、渔业提到重要地位上来。

在胡耀邦发言的同一天，万里也在华东组发言。此时，安徽省已经悄悄地开始了农村改革，他的发言显然具有针对性。他说，28 年来，安徽农业生产，经历了三起三落的曲折过程。凡是生产增长年代，都是我们的工作比较实事求是，执行政策比较好，农民的积极性调动起来的时候。反之，生产停滞以至下降的年代，都是农村经济政策遭到破坏，干部作风脱离实际脱离群众，农民积极性受到严重挫折的时候。正反两方面的经验，都是值得认真吸取的。安徽历史上的主要教训，是不按经济规律办事，瞎指挥，弄虚作假，浮夸吹牛，以致搞高指标、高征购，造成严重后果。由于农业生产起伏不定，全省人均粮食占有量至今还未达到 1955 年的水平。那时候人均粮食有 718 斤，每个农业人口平均贡献商品粮 175 斤。而 1977 年人均粮食下降为 652 斤，人均贡献商品粮只有 88 斤。1977 年人均粮食占有量同 1949 年的 648 斤相比，28 年只增加了 4 斤。就连淮北那么好的地方，农民每人每年也只分得 30 多元，大别山老区一些农民甚至连裤子都穿不上，也没有被子盖，实在让人难过。"这种情况，再也不能继续下去了。"

怎样才能把农业搞上去？万里认为，最根本的就是要把农民积极性调动起来，"这是当前加快农业发展的关键"。为此，他提出几条建议：

第一，认真落实农村各项经济政策，特别是要维护农民的正当经济利益，取消各种不合理负担，真正尊重生产队的自主权，认真实行定额管理和按劳分配；

第二，抓好各级领导班子建设，改进领导作风，提高领导水平，强调从实际出发，因地制宜，按经济规律办事；

第三，以兴修水利为中心，大搞农田基本建设；

第四，贯彻"以粮为纲，全面发展，因地制宜，适当集中"的方针，实行科学种田；

第五，加强对农业的支援，调整工农业产品的比价，缩小剪刀差。〔16〕

11 月 22 日，胡乔木在综合组的发言与众不同。他说，多少年来，我们对农业缺少认真的研究，这次会议之前也缺少足够的准备。因此，对农业上不去的根本原因是什么，怎样才能上去，谁也谈不上系统的意见。他建议，这次会议要搞两个关于农业具体问题的文件，一是提高农产品收购价格；二是增加农产品进出口。至于

回首
1978

加快农业发展速度的决定，等会后经过认真调查研究再搞。他还说，1957年以前，我们搞一次运动，生产就上升一次，可是，从那以后，每搞一次运动，生产就破坏一次。这是为什么？根本原因就在于生产力没有变化，却不断地改变生产关系。〔17〕

来自西部地区的代表对农村的严峻形势有着深刻了解，据他们反映，在西北黄土高原，有2400多万人口，粮食亩产平均只有170斤，有的地方只有几十斤，45个县的人均粮食不到300斤，69个县人均年收入不到50元。宁夏西海固地区解放以来人口增长了2倍，粮食增长不到1倍，连简单再生产都成了问题。拿延安来说，那里是革命老区，农业却年年减产，农民没有饭吃，甚至连一些老红军、劳动模范都在讨饭。王震在西北组颇为感慨地说，贵州省农村的生活水平，有的地方还不如红军长征的时候。全国解放30多年了，不改变这种落后状况，我们怎么对得起老百姓！

与会者在分析农业发展缓慢的原因时各抒己见，有人将其归结为"左"的错误，认为1958年刮"共产风"，吃饭不要钱，把老百姓搞得很穷。后来虽然执行了"调整、巩固、充实、提高"的方针，成绩不小，但1965年的粮食产量也只恢复到1957年的水平。在"四清"运动中，有些地方又搞得很"左"，领导班子瘫痪，没有人抓农业。"文化大革命"期间就更不用说了，国民经济遭到严重破坏。还有人认为，过去把农民卡得太死，害怕农民富起来，动辄就割资本主义尾巴，影响了农业的发展。也有人提出，造成农业落后的原因是人民公社体制存在弊端。

从会议讨论的情况来看，与会者普遍认为原有的两个文件不能解决农业问题，而真正解决问题的主张又不能提出来，即使提出来了也通过不了，结果，新的文件迟迟不能出台。11月25日，华国锋在会上说："关于加快农业发展速度的决定，有的同志主张小改，

有的同志主张大改，有的同志主张重写，中央意见还是能搞出稿子
较好。"〔18〕

胡耀邦一开始就积极主张在这次会议上搞出一个好的农业文
件。所以，会议开幕后不久，他就找到胡乔木和于光远，一起谈农
业文件的问题。他讲了要把农业搞上去的道理，希望胡乔木主持起
草这个文件。由于胡乔木起初不打算搞一个关于加快农业发展速度
的文件，而是另外两个文件。所以，他没有同意胡耀邦的看法，也
不愿意做这项工作。结果，两人争论了一番，谁也没有说服谁。因
胡耀邦再三坚持，胡乔木才勉强接受了。〔19〕

据一位研究者说，胡乔木 11 月 22 日发言时李先念也在场，李
先念赞同胡乔木的看法，但补充了一点，就是《中共中央关于加快
农业发展速度的决定》还要在这次会议上搞出来，而且由胡乔木负
责起草。胡乔木认为，农业上去不是写出来的，而是要拿出切实可
行的办法。不下功夫拿出办法来，光靠写是很困难的。〔20〕

随后，中共中央正式决定由胡乔木主持《关于加快农业发展速
度的决定》稿的修改。会议后半期，胡乔木把大部分精力用在文件
的修改上。

于光远回忆说，他知道有好几个人在小组会议上没有发表真实
观点，他们还对负责起草文件的人颇有微词，也讲了他们了解的要
写出解决问题的农业文件事实上难以克服的困难。在同这些人的交
谈中，于光远看出要在这个会议上搞出一个令人满意的农业文件是
不可能做到了。〔21〕

12 月 7 日，胡乔木把文件的修改稿交给了于光远。原因是他觉
得这个稿子最大的毛病是没有拿出切实可行的办法，改了几天，就
改不下去了。第二天，他看到了文件起草组修改的稿子，感到这一
稿还比较实在，相对好改一些，想以它为基础。于是，他把自己的

回首
1978

想法告诉了胡耀邦，并得到胡耀邦的同意。12 月 10 日，胡乔木召集综合组开会，讨论这件事。在座的有胡耀邦、赵紫阳、姚依林。经过比较，最后确定以起草组的修改稿为基础。

会议结束之前，文件终于修改好了，题目也改为《中共中央关于加快农业发展若干问题的决定（草案）》。这个《决定》在分析农村现状的基础上，提出了 25 项政策和措施。这个文件，连同《农村人民公社工作条例（试行草案）》在内，在会议结束的当天发给了与会者。

文件对农村所有制结构做了这样的规定："人民公社，生产大队和生产队的所有权和自主权必须受到国家法律的切实保护；不允许无偿调用和占有生产队的劳力、资金、产品和物资；公社各级经济组织必须认真执行按劳分配的社会主义原则，按照劳动的数量和质量计算报酬，克服平均主义；社员的自留地、家庭副业和集市贸易是社会主义经济的必要补充部分，任何人不得乱加干涉；人民公社要坚持实行三级所有、队为基础的制度，稳定不变；人民公社各级组织都要坚持实行民主管理、干部选举、账目公开。"对分配问题的规定是："可以按定额记工分，可以按时记工分加评议，也可以在生产队统一核算和分配的前提下，包工到作业组，联系产量计算劳动报酬，实行超产奖励。"

上述这段文字，尽管大部分是好的，但也只是一般性的原则规定，所起的作用并不大，不可能真正调动农民的积极性。而且，《农村人民公社工作条例》还明确规定了"两个不许"，即："不许包产到户"、"不许分田单干"。

与会者对上述两个文件仍然感到不太满意。万里这样评价说，《中共中央关于加快农业发展若干问题的决定》"总的来说是很好的，总结了七条经验教训，实际上批判'左'倾错误在农业方面的表现。又提出许多加快农业发展的政策措施，也是很好的。但是，文件并没有完全消除'左'的影响。"在会议讨论文件草稿时，他提出过不同的意见，认为草稿有"局限性"，这正是"左"的思想的反映。在11月16日的发言中，他说文件的缺点是"普通话"多，揭露矛盾少，不够集中有力。特别是对林彪、"四人帮"破坏农业，以及我们在农业上的教训，没有作出认真分析。他建议"两个不许"可以不要。〔22〕

于光远在谈起这件事时说，由于各路"诸侯"中志同道合的一些人聚在一起，交流了各自的想法，知道他们对今后该怎么做心里更有底，而最后形成的农业文件究竟是怎么个样子，对他们来说反而成为并不很重要的事情了。他们对我说，不论文件写得怎样，回去后按既定的方针办。这就是说，如果文件不能令人满意，他们也会从当地的实际出发，采取能够解决问题的办法，由实践来检验是非了。〔23〕事实证明，万里回到安徽后，就是这么做的。

随后召开的中共十一届三中全会再次讨论了两个文件，并原则上通过。会议还同意将两个文件传达到县一级，广泛征求意见，由各省、市、自治区集中修改，然后上报中央，由中央下发正式文件。

全会认为，全党目前必须集中主要精力把农业尽快搞上去，因为农业是整个国民经济的基础，这些年来受了严重的破坏，目前就整体来说还十分薄弱。只有大力恢复和加快发展农业生产，坚决地、完整地执行农林牧副渔并举和"以粮为纲、全面发展，因地制宜，适当集中"的方针，逐步实现农业现代化，才能保证整个国民经济的迅速发展，才能不断提高全国人民的生活水平。因此，必须首先调动几亿农民的积极性，必须在经济上充分关心他们的物质利益，在政治上切实保障他们的民主权利。从这个指导思想出发，全

回首
1978

会提出了当前发展农业生产的一系列政策措施和经济措施。全会还确定，今后一个较长的时间内，全国粮食征购指标继续稳定在 1971 年至 1975 年"一定五年"的基础上不变，绝对不许购过头粮。全会建议国务院作出决定，自 1979 年夏粮上市起，粮食统购价格提高百分之二十，超购部分在此基础上再加价百分之五十，棉花、油料、糖料、畜产品、水产品、林产品等农副产品的收购价格也应分别情况，逐步相应的提高。

　　总的来说，这两个文件虽然有不尽如人意的地方，但它强调了农业的基础地位，批评了过去在农业方面的"左"的政策，注重调动农民的积极性，加快促进农业发展，因此，它所起的作用不可低估。贯彻执行中共十一届三中全会精神和两个农业文件的结果，农业生产和农村面貌发生了深刻变化。农村形势发展之快之好，超出了人们的预料。据统计，1979 年全国粮食和油料、棉花、蚕茧、猪、牛、羊、禽、蛋、蜂蜜、水果全面增产。全国粮食征购量比上一年同期增加 103 亿斤，超额完成任务。国家收购的各种农副产品总额比上一年增加 25%。林业、副业、社队企业，也都有了不同程度的发展。农村人均收入比上一年增加了十元多，比 1977 年增加了 20 元。

4. 真理标准问题再次成为焦点

　　真理标准讨论的发起者同反对真理标准讨论的主要人物都参加了中央工作会议，而且与会者当中还有不少人是本地区和本部门讨论的支持者和参与者，大家对这个问题都非常熟悉。结果，双方在这个真理标准问题上再次发生争论。在会议开幕后不久的分组讨论会上，就有人在发言中谈到了真理标准问题。尤其是在 11 月 25 日之后，真理标准问题的讨论表现得比以前更热烈了。

　　11 月 25 日，华国锋虽然在会上宣布了中共中央对包括"天安门事件"在内的几个历史遗留问题的处理决定，但没有提到"两个凡是"和真理标准问题。于是，与会者开始意识到必须对这个问题进行讨论。而且，反对开展真理标准讨论的人在会上一直保持沉默，没有做自我批评，这也使得大多数与会者颇感不满。

　　事后，马文瑞在中央党校传达中共十一届三中全会精神时专门讲了真理标准问题，从中可以大致了解会议的争论情况。他说，在这次会议上，不论是中央全会还是工作会议，同志们都十分关心实践是检验真理的唯一标准问题。半年多来，在这个问题上有争论。同志们很关心。这不仅是理论上的争论，而且是关系到新时期的思想路线、四个现代化前途的大问题。思想路线有两条，一条是"两个凡是"，另一条是以实践来检验真理。这也是真正高举毛泽东思想旗帜的问题，是一场思想上政治上的重要斗争。坚持"两个凡是"、反对真理标准讨论的几个同志在会上挑起了争论，大家认为收获很大。〔24〕

回首
1978

还有一件事也让很多与会者感到不满，这就是中共中央的理论刊物《红旗》杂志迟迟不刊登关于真理标准讨论的文章。会议期间，不少与会者对此提出了批评。

还在5月中旬，《红旗》杂志新来的总编辑走马上任之际，正是真理标准讨论开始的时候，他对《光明日报》发表的《实践是检验真理的唯一标准》这篇文章有不同的意见，认为文章有问题。对此，他毫不含糊地表示了自己的观点。他说，有些报纸用一个版面，甚至两个版面发表什么特约评论员文章，好像代表中央讲话。但是，"到底是否代表中央讲话，还很难说。"他认为，目前应该强调马列主义、毛泽东思想的基本理论，而不是强调发展和创新，这里有个维护毛主席旗帜的问题。他甚至质问说，有些人抓住实践和理论问题大做文章，"到底是要干什么？"[25]

事隔不久，这位总编辑向杂志社干部传达了中央分管宣传工作的某位副主席的指示：《红旗》杂志的任务是完整地准确地宣传马列主义，着重从理论上完整地准确地宣传毛泽东思想，捍卫毛泽东思想，同各种背离指导思想的倾向作斗争。在理论问题上，是捍卫毛主席的思想、路线呢，还是没有捍卫，这个问题值得好好考虑。要注意党内外的思想动向和理论动态。思想理论战线很活跃，需要了解这方面的情况。[26]

6月2日，邓小平在全军政治工作会议上发表讲话。第二天，《人民日报》、《解放军报》以通栏标题做了报道。《红旗》杂志总编辑对此颇不以为然，他还责怪说，以"精辟阐明毛主席关于实事求是的光辉思想"为标题，太突出了。他认为，各报的标题都一样，都是照搬军报的，问题出在军报。

这时，《红旗》杂志第7期发表了《全党都要加强政治思想工作》的评论员文章，阐述全军政治工作会议精神，标题却不像《解放军报》那样,而是突出该突出的。文章在介绍华国锋、叶剑英、邓小平的讲话时分别用了三种不同语气的文字:"华主席在讲话中,极其精辟地阐述了加强思想政治工作以实现新时期总任务的问题";"叶副主席在讲话中指示我们……";"邓副主席在讲话中强调指出……"

据说,文章中本来有这样一段话:"有一些同志口头上常常讲毛泽东思想,实际却经常反对毛主席关于实事求是,一切从实际出发,理论与实践相结合的根本观点,他们否定对历史条件和实际情况作具体分析的必要,热衷于搞本本主义,照搬照抄,这是十分错误的。"[27]其实,这是邓小平批评"两个凡是"说过的话。这位总编辑大为不悦,认为这是教条主义的表现,不是当前的主要危险。他听不进别人的意见,硬把这段文字删掉了。

6月下旬和7月中、下旬,中国社会科学院哲学研究所和《哲学研究》编辑部连续两次召开理论与实践问题讨论会。第一次讨论会邀请北京的理论工作者参加,但《红旗》杂志没有派人。第二次邀请各省、市、自治区、中央和国家机关、新闻出版单位的人参加,《红旗》杂志虽然派人参加了会议,却又以"我们正在搞运动,对这个问题没有研究"为托词不在大会上发言。并表示,如果在小组会议上非发言不可的话,那就"不一定参加"了。[28]

8月,《红旗》杂志编辑部准备发表一篇题为《重温〈实践论〉》的文章。这位总编辑得知后明确表示:《红旗》杂志不要参加这场讨论,并决定不发表这篇文章。他还宣称:《红旗》杂志要"一花独放"。有人曾向他反映,《红旗》因对真理标准讨论不表态而受到责难,他回答说:不要怕孤立,怕什么? 不要怕。

结果,在相当长的一段时间里,《红旗》杂志没有介入真理标准问题的讨论。不仅把所发表的文章中有关真理标准的内容删掉了,而且还在继续发表带有"左"的内容的文章。自5月开始的真

回首
1978

理标准大讨论，至 11 月达到高潮。《人民日报》发表了大量关于真理标准问题的文章，很受人们的欢迎。可是，《红旗》始终无动于衷。于是，社会上出现了"《人民》上天，《红旗》落地"的议论。

有人将这一情况反映给了《红旗》杂志总编辑，这位总编辑依然若无其事，反而说：你们感到被动，我才不被动呢！在 11 月 8 日召开的哲史、文教组座谈会上，这位总编辑还说，我是能见华主席的人吗！有什么被动的。现在中央就是不让《红旗》杂志表态。他甚至说，不要怕这种人，这种跳得高的人，自己就在十一次路线斗争中犯过错误，我暂时不点名。〔29〕

同一天，《红旗》杂志这位总编辑在另一个座谈会上依然表示自己不被动，甚至还说，《红旗》杂志没有发表文章，这里头本身就有文章。《红旗》杂志是中共中央的理论刊物，当然要执行中央的方针。中央对这场讨论的动向正在观察。

中央工作会议召开的第二天，即 11 月 11 日，《红旗》杂志编辑部向中共辽宁省委第一书记任仲夷约稿。这位总编辑得知后吩咐说，一定要跟任仲夷讲清楚，华国锋说的思想再解放一点，是指提高毛泽东思想的地位，没有别的意思，文章不要介入当前正在开展的真理标准问题的讨论。

在此期间，《人民日报》连续报道了几个省、市、自治区党委负责人对真理标准讨论的支持。11 月初，中共甘肃省委召开常委扩大会议，讨论实践是检验真理的唯一标准问题。省委第一书记宋平在发言中说：实践是检验真理的唯一标准，这是马克思主义的常识，是区别唯物主义和唯心主义的一个根本标志。这本来不是什么新问题，却被林彪、"四人帮"搞乱了。林彪宣扬"天才论"，打着拥护毛主席的幌子，说什么"一句顶一万句"、"句句是真理"，对毛主席的著作断章取义，搞实用主义，违反了辩证唯物论。"四人

帮"歪曲、篡改马列主义、毛泽东思想，把人们的思想搞乱到了这
种程度：连毛主席经常讲的只有人们的社会实践才是真理性的标准，
此外再无检验真理的办法这样一个马克思主义的基本观点，都成了
问题；似乎承认实践是检验真理的唯一标准，就是不承认毛泽东思
想是真理，就贬低了毛泽东思想。其实，真理是不怕实践检验的，
怕实践检验的就不是真理。毛泽东思想之所以伟大，就是因为实践
证明它是真理。而我们有些同志的思想被林彪、"四人帮"搞乱了。
他们认为毛泽东思想是真理，就应当用它检验一切，不然就不是拥
护毛泽东思想。这是把真理与检验真理的标准混淆了。现在，妨碍
我们解放思想的东西还很多，特别是林彪、"四人帮"搞的那种迷
信，加在人们身上的精神枷锁，还没有被彻底打破。比如，讲拨乱
反正，落实政策，大家都赞成，可是一遇到具体问题，有人就提出
那是经谁"圈过的"、"批过的"或者说"文件上写过的"，不能动。
这是什么问题呢？我看，问题是究竟要完整地准确地领会和掌握毛
泽东思想，把毛泽东思想当成研究、解决实际问题的武器，实事求
是地去解决问题呢，还是仍然禁锢在林彪、"四人帮"搞的那个"句
句是真理"、"句句照办"的圈套里。宋平还说，现在有些同志顾虑
较多，说话、办事，生怕和毛主席的某句话对不上号，有损伟大的
旗帜。他认为，这要从思想上、理论上解决问题。我们恢复毛主席
一贯倡导的实事求是的科学态度，才是真正维护、高举毛主席的旗
帜。〔30〕

　　与此同时，中共吉林省委第一书记王恩茂先后在省委常委会议、
省直属机关干部大会和全省地县委书记会议上发表讲话说，实事求
是，一切从实际出发，理论与实际相结合，实践是检验真理的唯一标
准，是马列主义、毛泽东思想的一个根本观点、根本原则。这个问题
关系到无产阶级革命事业的成败，是高举毛主席伟大旗帜的关键，必

回首
1978

须搞清楚这个根本问题。掌握马克思主义的思想武器，才能高举毛主席的伟大旗帜，解决新的历史条件下提出的新问题、新任务，加速实现社会主义的四个现代化，我们的事业才有希望。〔31〕

中共云南省委第一书记安平生在听取州委、丘北县委和部分公社党委负责人的工作汇报后强调说，在一切工作中，都要从实际出发，实事求是，凡是实践证明是正确的，就要敢于坚持；凡是实践证明是错误的，就要勇于改正。实事求是，坚持真理，修正错误，这是我们取得胜利的根本保证。他还说，对一切工作，都必须坚持实践是检验真理的唯一标准这个马克思主义的最基本原则。我们的方针、政策、计划和办法，包括指示、讲话和文章，都是来源于社会实践，要力求正确地反映客观规律。这些方针、政策、指示、讲话和文章是否正确，还必须回到实践中去接受检验。安平生表示，目前在报刊上开展的关于实践是检验真理的唯一标准的讨论，不仅有重大的理论意义，而且有重大的现实意义，它涉及到是否真正高举毛泽东思想伟大旗帜的大问题。〔32〕

中共西藏自治区委员会第一书记任荣在拉萨地区县、团级以上领导干部会议上说：坚持实践是检验真理的唯一标准，将会使我们更高地举起毛主席的伟大旗帜。我们都知道，坚持理论与实践的统一，是毛泽东思想的基本特征。〔33〕

受《人民日报》的影响，11月23日，《红旗》杂志编辑部有人给总编辑贴了一张大字报，流露了对他的强烈不满。大字报披露了这位总编辑到《红旗》杂志上任后对真理标准讨论所采取的态度。其中写道："作为中央理论刊物的《红旗》杂志，理所当然地应参加这一讨论。但是，《红旗》杂志至今没有发表过一篇文章，保持沉默。"为什么会出现这种状况？我们从总编同志"对这个问题的态度可以找到答案"。这位总编辑不止一次地表白，他并不反对实践是检验真理的标准，但没有发表过文章，也没有作过讲谈。"事实并不如此。他刚来《红旗》杂志不久，就在一次会上针对《光明日报》发表的《实践是检验真理的唯一标准》的特约评论员文章说：'我是有不同意见的，在这里表明我自己的观点，这些文章是有问题的'。"这位总编辑还承认，他曾授意一位同志写过一篇题为《重温〈实践论〉》的文章，这究竟是一篇什么文章呢？"这篇文章两万多字，除教科书式的毫不联系实际地讲了理论和实践的关系外，很大篇幅反驳所谓'怀疑论'、'不可知论'和'海外奇谈'。"这篇文章"实质上是同实践是检验真理的唯一标准的讨论唱反调的"。大字报还说，1976年"天安门事件"是革命行动，反映了亿万人民的心愿。可是，这位总编辑对这一事件抱的是什么态度？ 1978年《红旗》杂志第10期发表的《评姚文元》一文，作者在第二部分揭露了"四人帮"如何歪曲"天安门事件"的真相，制造白色恐怕，经过这位总编辑修改后，这段内容被删掉了。现在，"天安门事件"已经彻底平反了，可是，至今没有看到这位总编辑的态度，"他既不传达中央的指示，也不组织机关同志学习，这又是为什么？"6月中旬，这位总编辑在一次批判"四人帮"的小组扩大会上以讽刺的口气说："有人竟用老干部的名义发表给青年的复信，说过去上当受骗是难免的，这是什么话，这不是明目张胆地鼓吹投降主义，鼓吹投降理论吗？"他还说："现在思想理论界很混乱，有些人不是不懂理论，为什么提出一些怪问题？"他甚至声称，"这样严重的情况，不应当引起我们的深思吗？"就在这次会议上，这位总编辑责问道："文章中为什么不提走资派？不是有死不改悔的走资派吗？"在全国开展真理标准大讨论的时候，他居然要求《红旗》杂志社全体人员"要对付可能出现的死不改悔的走资派"。〔34〕

在大字报贴出的第三天，《红旗》杂志总编辑写了一张小字报，

回首
1978

算是答复。他说，读了这张大字报，"我非常高兴，为这张大字报欢呼。"写大字报的同志"对我的工作提出了尖锐的批评。总括起来就是，《红旗》杂志的运动和工作落后于当前的形势，而这是同我的领导思想和工作作风分不开的，我要负完全的责任。我认为，这样的批评是中肯的。"他表示诚恳地接受批评。这位总编辑声称，大字报提出的，是"要迅速改变《红旗》的落后面貌，紧紧跟上新长征的步伐。这是一个摆在我们面前的尚未解决的大问题。我希望全社的同志都来关心这个问题，研究解决这个问题的办法。"至于他本人，从大字报中"得到很大的启发"。他承认自己的缺点很多，几个月的工作中"这样那样的错误也是有的"。由于大家都知道的原因，"现在还来不及总结我在这个时期的工作，而在适当的时候是应该作出总结，取得教训的。"他表示，"错了就改，我有决心改正工作中的错误。"〔35〕

其实，使《红旗》杂志改变"不介入"方针，"卷入"真理标准讨论的是谭震林写的一篇文章。还在8月，《红旗》杂志编辑部约谭震林写一篇有关毛泽东在井冈山时期的文章。谭震林虽然同意了，但坚持要写实践是检验真理的唯一标准，论述毛泽东思想是从实践中来，又经过实践检验的科学理论。《红旗》杂志总编辑看了初稿后，要求把真理标准的这部分删掉。可是，谭震林在修改文章的时候不仅没有删去这一部分内容，反而在文章的开头强调了毛泽东思想的形成和发展，是不断总结经验，不断接受实践检验的结果。他还给编辑部写了一封信，其中说道："文章只做了一点小的修改，主要是实践是检验真理的唯一标准问题，这一点原文上是有的，只是不够突出，不够明确，我把它加强了。"

接到这样的文章，《红旗》杂志总编辑当然不敢轻易发表。于是，他建议：请谭震林删去有关真理标准的内容，因为"中央给《红旗》

杂志的方针是不介入讨论"。如果不同意删，就报送中央常委审查。〔36〕

为了写好这篇文章，谭震林思考了两个多月，他当然不会同意删去有关真理标准的内容。他明确表示，文章的材料可以变动，但观点不能改变。他还说，《红旗》杂志已经很被动了，我是来帮忙的，把真理标准问题写进文章。他让人转告《红旗》杂志总编辑，不要害怕，大不了吵一架，丢不掉乌纱帽！

在此情况下，《红旗》杂志总编辑只得给中央领导写报告，请示如何处理。他写道：我们约请谭震林同志写一篇纪念毛泽东诞辰 85 周年的文章，准备在 12 期发表。谭震林强调要把实践是检验真理的唯一标准作为这篇文章的指导思想，这就会使《红旗》杂志卷入这场讨论。我们建议他修改，他不同意，说要请中央主席审查。

李先念同意发表这篇文章，他还在批语中写道：谭震林讲的是历史事实，应当登，不登《红旗》杂志太被动了，《红旗》杂志已经很被动了。

邓小平在批示中要求《红旗》杂志卷入讨论，他说：我看这篇文章好，至少没有错误。我改了一下，如《红旗》杂志不愿登，可以送《人民日报》登。为什么《红旗》杂志不卷入？应该卷入。可以发表不同观点的文章。〔37〕

考虑到真理标准问题是当时理论上的一个重大问题，社会上有两种截然不同的看法，有些人据此猜测中央内部发生了重大分歧，"相当多的人看到这种情况更加心有余悸"，在地方工作的干部感到思想上的混乱，"已成为影响大治，影响团结的大问题。"所以，11月 24 日，任仲夷在他主持的东北组会议上建议中央就这个问题讲一讲。他说："如果中央目前能讲一讲，全党一致了，思想混乱就将澄清，我们在下面工作也好做，国际上对这个问题的议论和猜测也会

回首
1978

389

止息。其中别有用心，企图利用这个问题对我们进行挑拨离间、造谣污蔑的人，必将枉费心机。"[38]

第二天，华国锋、叶剑英、李先念、邓小平听取中共北京市委和共青团中央负责人汇报"天安门事件"平反后群众的反映和北京街上出现大字报的情况。邓小平当即指出，现在报纸上讨论真理标准的问题，讨论得很好，思想很活泼，不能说那些文章是对着毛主席的，那样人家就不好讲话。他还谈到了对毛泽东的评价问题，说我们不能要求伟大领袖、伟大人物没有缺点和错误，那样要求不是马克思主义者的态度。外国有人问我，对毛泽东的评价，可不可以像对斯大林评价那样三七开？我肯定地回答，不能这样讲。[39]

邓小平的这个讲话，以中央政治局常委的名义发表了。与会者看到文件后认为，这是中共中央对真理标准讨论的正式表态，都"感到满意"。结果对会议产生了很大的影响，使"会议开得更加热烈、活跃"。[40]

两天之后，邓小平在接见外宾时再次谈到真理标准讨论问题。他说，现在，有人对我们进行的"实践是检验真理的唯一标准"这个理论问题的讨论有议论。我认为，有这些争论是好事，千篇一律倒是僵化的表现。[41]

在邓小平25日谈话之后，那些反对真理标准讨论的人已经意识到再这样顶下去肯定不行了，并且开始表态。于是，真理标准问题成了会议的中心话题，几乎每个代表都谈了自己的看法。

由于参加中央工作会议的代表均为高级干部，所以，会议对真理标准问题的争论，就显得不同于单纯的学术和报刊上的讨论，它带有自身的特点：

（1）会议对这个问题讨论的时间特别长，也非常集中。36天的会议，几乎每天都接触到这个问题。

（2）争论双方的主要人物都参加了这次会议，而且面对面地进行交锋。

（3）与会者甚至点了分管宣传工作的那位副主席的名。

（4）除了当事人双方外，还有各省、市、自治区的负责人，以及中央政治局委员，他们也参与了讨论。〔42〕

11月26日，胡乔木在华东组发言，希望华国锋在会议结束时讲一讲实践是检验真理的唯一标准问题，算是对会议做的结论。他说，真理标准问题本来是一个理论问题，但也是政治问题。第一，搞清楚这个问题，对于解放思想，做好当前工作，加速现代化建设，正确处理历史遗留问题，有指导意义。第二，对这个问题的讨论，绝大多数省、市、自治区和大军区负责人先后表了态，这就不是一般的理论问题了。

同一天，卫生部部长江一真在西北组发言时指名道姓地批评了身为中共中央副主席的汪东兴。

对于这件事，于光远后来有过详细回忆。他说，11月25日大会开过，当天晚上，我到江一真的房间，同他商量应否指名道姓地批评汪东兴。我们认为汪东兴在粉碎"四人帮"中起了很重要的作用。没有他的积极参与，不动用归他指挥的8341部队，1976年10月一举粉碎"四人帮"的事就办不成。但是要讲"两个凡是"的提出和对它的坚持、对真理标准问题讨论的抵制、对平反"天安门事件"和让邓小平出来领导我们党和国家的工作的阻挠、对解决"文革"中的冤假错案和康生问题的消极态度，等等，他欠的账就很多很多。而且，在坚持"两个凡是"的事情上他起着大后台的作用。不把他的名字点出来，许多事情就讲不透彻，许多问题就说不明白。在前十几天的分组会上，发言中涉及汪东兴负责的事情，都避开说出他的大名。在看《简报》上的报道时，我们总觉得这种藏头

回首
1978

露尾的做法，同充分发扬民主的精神不符。他虽然不到我们分组会上来，但我们的批评他会从《简报》上看得到，如果他认为我们的批评与事实不相符合或者有不符之词，他可以声明。如果他认为我们讲的道理不对，他也可以反驳，双方可以进行讨论。我们有民主的权利，他是党中央的副主席，当然也有自己的民主权利。左思右想，我们认为会议开到这样一个阶段，是到了该指名道姓批评汪东兴的时候了，觉得这样做对会议有好处。

不过，于光远也有顾虑。他们当然知道，自己要做的事情是在一个规模相当大的会议上公开批评中央政治局常委、副主席。但考虑到这样做在党章上是完全允许的，"一个党员看到不论什么人有重大的错误和缺点，本来就有责任去进行严厉的批评。我们也相信我们的批评是看准之后才采取的行动，不是没有看准就干的莽撞行为，而且可以收到积极的效果。"但是，"这毕竟是一件大事，而且不知道党的历史上有没有那样的先例，不能不反复考虑。我们也想过最好请示领导得到同意后才做这样的事，但又觉得不便这样做。因此就决心由我们来担当这个责任。"〔43〕

于是，第二天，江一真在会上发言批评了汪东兴。随后，杨西光、于光远也批评了汪东兴坚持"两个凡是"、阻挠邓小平复出、压制真理标准讨论的错误。他们的发言在会议《简报》上登出后，其他各组也有人公开批评汪东兴，胡绩伟就是其中的一位。因为他是《人民日报》的总编辑，所以，他对事情发生的经过很了解，所举材料更为具体。在他发言之后，批评这位副主席的人更多了。〔44〕

从会议进程来看，于光远事先担忧的情况并没有发生，会议没有因为批评了中央副主席的错误而受到指责。

正如于光远预料的那样，指名道姓批评这位副主席之后产生了积极的效果，即是说，"有关'两个凡是'和真理标准讨论的事实就能说得更清楚"了。

11月27日，会议原定的议题是讨论经济问题。可是，毛泽东著作编辑委员会办公室的一位负责人在东北组发言谈到了真理标准问题。他说，报刊上发表的许多文章，包括省、市、自治区和大军区负责同志的讲话，都谈了实事求是、理论联系实际，实践是检验真理的唯一标准，等等，我认为谈得很好。可是，也有人在公开的演讲中宣布，现在党内在这样的问题上存在着分歧不仅是思想问题，而且是政治问题，是路线问题，甚至是关系到国家的前途和命运的问题。这种宣布显然是过于轻率的，在国内和国外引起了人们对安定团结局面的疑虑，其影响是不好的。

11月28日，四川省委主要负责人在西南组发言说，现在外国人猜测中国共产党内有分歧，其中很大的一个问题就是真理标准问题。前一段时间，《人民日报》、《解放军报》、《光明日报》都发表了这方面的文章，《红旗》杂志却没有登。《红旗》杂志是中共中央的理论刊物，过去许多重要文章都刊登，这次不刊登，一下子就把分歧公开了。下面的人问我们这是怎么回事，我们也回答不了。所以，这个问题需要解决，因为这已经不只是理论问题，而且是一个现实问题。

几天之后，也就是12月2日，《红旗》杂志总编辑对此作了解释。他说，在真理标准的讨论过程中，有些文章的内容直接或者间接地提到了毛泽东同志，达就有可能引导人们去议论毛泽东的错误。所以，我认为这是不恰当的，后果也不好。真理标准作为一个理论问题，可以认真讨论，允许发表不同的意见。他承认，《红旗》杂志在这个问题上的表态太迟了，并且解释说，国外对中国局势的猜测，《红旗》杂志迟迟没有表态固然也有一定的影响。但是，从国外猜测的内容来看，主要是说我们在实行"非毛化"，在批判毛泽东的错

回首
1978

误，这不是《红旗》杂志能够负责的。[45]

11月29日，毛泽东著作编辑委员会办公室的一位副主任在发言中为自己在5月12日给胡绩伟的电话作了辩解，说他并不反对实践是检验真理的唯一标准，胡绩伟的电话记录歪曲了他的意思。几天之后，他再次对这件事做了说明，认为《实践是检验真理的唯一标准》这篇文章割裂了理论与实践的关系，只讲实践的检验作用，没有讲理论的指导作用。但是，杨西光、胡绩伟不同意这种看法，并在发言中阐述了自己的观点，说这篇文章之所以强调实践的指导作用，是为了肃清"四人帮"的流毒，更好地进行拨乱反正。

第二天，中央宣传部主要负责人发言说，他对真理标准问题讨论没有公开表态，有两方面的原因。一是自己的理论水平低，实事求是的勇气不足；二是自己刚来中央机关不久，对中央领导同志的活动情况不了解，感到像这样涉及全局性的重大问题，应该有中央的指示才好办，希望中央有个正式文件，总觉得这么大的问题，没有中央文件不放心，这也是我迟迟没有表态的主要原因。

12月4日，万里在华东组发言指出，关于检验真理标准同"两个凡是"的争论已经公开化了，这是党内一场严肃的政治斗争和路线斗争，是关于如何按照马列主义、毛泽东思想搞现代化建设的斗争。这不只是一个理论问题，也不是发生在下面，而是发生在共产党的核心层。这个问题解决好了，大家才无后顾之忧。

徐向前也在发言中说，实践标准是马克思主义的根本问题，这个问题不搞清楚，对我们的工作影响很大。它关系到我们究竟执行什么路线的问题，马列主义、毛泽东思想要丰富、要发展，不能把革命导师的每句话永远不变地照搬下去。

中央工作会议于12月15日结束，会议对真理标准的争论，有人称之为"整个争论的决战取胜阶段"。应该说，这种看法是符合历史事实的。会议结束后的第二天，胡耀邦找《红旗》杂志总编辑和其他几位反对真理标准讨论的人谈话，批评了他们的错误。胡耀邦直言不讳地说，真理标准的讨论是思想路线、思想方法的争论，在这场争论中，你们犯了错误，起了很大的障碍作用。

在邓小平、李先念的过问下，《红旗》杂志在 1978 年第 12 期上发表了谭震林为纪念毛泽东诞辰 85 周年写的文章《井冈山斗争的实践与毛泽东思想的发展》。正如谭震林在修改文章时所说的那样，他在文章开头加了一段话，突出了关于实践是检验真理的唯一标准问题。文章的开头写道："以实践作为检验真理的标准呢，还是以思想、意识等精神方面的东西作为检验真理的标准呢？这是马克思主义辩证唯物主义同形形色色的唯心主义、形而上学之间的一条根本分界线，也是是否真正高举毛泽东思想旗帜的根本标志。"他说，我们纪念毛泽东诞辰，缅怀毛泽东的丰功伟绩，就必须坚持毛泽东一贯倡导的实事求是、实践第一的科学态度。我们绝不能像"四人帮"那样，"割裂毛泽东思想，断章取义地摘引只言片语，奉若神明，不顾时间、地点和条件，到处套用。"这篇文章发表后，《红旗》杂志开始"介入"真理标准问题讨论。

12 月 26 日，也就是中共十一届三中全会闭幕后的第 4 天，正值毛泽东诞辰 85 周年之际，《人民日报》发表了特约评论员文章《实践论指引我们夺取现代化建设的胜利》。作者在文章中提出，为什么粉碎"四人帮"两年以后，还有人没有回到马克思主义的思想路线上来？原因就出在他们的思想根源上，也就是轻视实践，轻视群众。主要表现为以下几种：一种是以老爷态度对待人民群众的实践，把自己关在小笼子里，很少同群众接触。一种是看谁的权力大，职务高，谁的话就是真理，就应当服从谁。这些人眼里看的不是客观真理，而是个别上级手中的权力，拿上级的权力当做自己的"理论"

回首
1978

靠山。写了文章，不注意听听群众的意见，只要送到上级那里画过圈圈，就成了权威的真理，不管对不对，都要照登照办。这可以说是一种认识上的特权论。不看文章的整体和主流，专从字里行间去琢磨所谓"弦外之音"，扣帽子，打棍子。所有这些，都属于唯心主义形而上学的认识论，是同实践论格格不入的，是实现现代化的思想障碍。

文章高度评价了半年多来真理标准大讨论，认为这是对林彪、"四人帮"的假马克思主义理论进行的一次总清算，也是一次新的马克思主义的思想教育运动。它的重大意义，就是解放了全党和全国人民的思想，从根本上端正了辩证唯物论的思想路线，把我们的一切事业重新引导到毛泽东思想的轨道上来，为实现历史性的伟大转变奠定了思想理论基础。[46]

12月29日，《人民日报》发表《解放思想实事求是》的社论，不客气地批评说："在我们的干部特别是领导干部中间，解放思想这个问题并没有完全解决。不少同志思想还很不解放，甚至还处在僵化或半僵化的状态。"思想一僵化，条条框框就多起来了。明明是不对的、有害的、不利于工作的一些做法，因为"习以为常，历来如此，就沿袭下来，视为不成文法，不恩改进，不求变革，不讲效果。"思想一僵化，随风倒的现象就多起来了。说话做事看"来头"，看风向，至于符不符合事实，符不符合原则，却不大动脑筋。思想一僵化，不从实际出发的本本主义也就严重起来了。书里没有的，文件上没有的，领导人没有讲过的，就不敢多说一句话，多做一件事，一切照抄照搬照转。别人多说了一句话，多做了一件事，则视为"越轨"，横加指责。"这种极不正常的现象，在我们党的生活和社会生活中不是经常可以看到吗？"

社论还说，前一个时期，全国报刊上开展的关于实践是检验真理的唯一标准的讨论，实际上也是要不要解放思想的讨论。"这个讨论，很有必要，意义很大，对于全党和全国人民解放思想、开动机器，砸碎林彪、'四人帮'的精神枷锁，坚持实事求是、一切从实际出发、理论联系实际的马克思主义原则，起了十分积极的作用，为三中全会和中央工作会议解决全党全国人民共同关心的一系列重大的历史问题和现实问题，作了很好的思想准备。"从这个意义上说，"关于真理标准的讨论，的确是个思想路线问题，是个政治问题，是个关系到党和国家的前途和命运的问题。关于这个问题的讨论，还要深入进行下去。"〔47〕

胡乔木在讲到真理标准大讨论问题时说过，中共十一届三中全会充分肯定了"实践是检验真理的唯一标准"讨论的重大意义。坚持实践是检验真理的唯一标准的同志在会上被认为是正确的，反对这一观点的同志被认定是错误的。问题还不在于认定哪些同志正确、哪些同志错误，问题在于这是一个关系到党和国家命运的根本原则。如果不承认实践是检验真理唯一标准，我们党就不能前进，就要脱离实际、脱离群众，就要失掉生机，就要亡党亡国。〔48〕

回首
1978

5. 邓小平的"宣言书"

在中央工作会议即将结束的时候，邓小平发表了一个著名的讲话。正是这个讲话，后来被称为第三次思想解放运动的宣言书。由于它在当时所起的巨大作用，在随后的几十年里被反复提到。

邓小平的这个讲话稿，起初是由胡乔木起草的。在中央工作会议召开之前，邓小平找胡乔木谈话，让他准备一篇讲话稿。邓小平出访亚洲四国回来后，看到了胡乔木起草的讲话稿。11 月 16 日，邓小平约胡乔木谈了讲话稿的修改问题。事后，胡乔木用三天的时间对讲话稿做了修改。这篇讲话稿主要论述了工作重心转移的意义，以及怎样实现转移的问题，并且提出要解放思想，调动一切积极因素，改革不适应生产力需要的生产关系和上层建筑。

这时，中央工作会议的形势已经发生了变化，不仅未能按时结束，反而进入高潮。华国锋于 11 月 25 日在会上宣布了中央解决若干历史遗留问题的决定，此后，真理标准问题成为会议的中心议题。这样一来，胡乔木起草的讲话稿已经不适用了。

此后，邓小平的几次谈话，构成了讲话稿的重要内容。11 月 25 日，他在听取北京市委和共青团中央负责人汇报时说过，有些历史问题，在一定的历史时期内不能勉强去解决。有些事件，"我们这一代人解决不了的，让下一代人去解决，时间越远越看得清楚。"[49]

第二天，邓小平在会见日本客人时提到不久前《人民日报》发表的评论员文章《实事求是，有错必纠》，说有错必纠是毛泽东历来提倡的。对"天安门事件"处理错了，当然应该纠正。如果还有别的事情过去处理不正确，也应该实事求是地加以纠正。勇于纠正错误，这是有信心的表现。在谈到"文化大革命"的问题时，邓小平说，我们处理这些问题就是要把过去的问题了结一下，使全国人民向前看。所有错案、冤案，人民和干部不满意的事，一起解决，了结了这些问题，大家心情舒畅了，一心一意向前看。

11 月 27 日，邓小平在同美国一位作家谈话时提到了对毛泽东的评价问题。他说，没有毛泽东就没有新中国，这个历史是抹不掉的。有些人一提到纠正就怕，好像这是针对毛泽东主席的。这个看法错了。对毛泽东思想也是一样，我们提倡完整地、准确地掌握和运用毛泽东思想。按照马克思主义原理，我们不能要求任何伟大的人物、伟大的领袖每句话在任何时候都是适用的。他还说，凡是错误的都要纠正。对有些历史问题要清理以下，目的是引导人民向前看。

当天晚上，邓小平听取中央工作会议各组召集人的汇报。考虑到对"二月逆流"、"六十一人集团案"、彭德怀、陶铸平反，势必会涉及到对毛泽东的评价问题。所以，邓小平强调，毛泽东的伟大功绩是不可磨灭的。没有毛主席，就没有新中国。毛主席的伟大，怎么说也不过分，不是拿语言可以形容出来的。但是，毛泽东不是没有缺点，我们不能要求伟大领袖、伟大人物没有缺点错误，那样要求就不是马克思主义者。他表示，对毛泽东的缺点和错误不能回避，在党内还是讲一讲好。[50]

根据中央工作会议出现的新问题，以及上述几次谈话的情况，邓小平亲自草拟了一个讲话提纲，共 3 页纸，500 个字不到，涉及 7 个方面的问题：1.解放思想，开动机器。理论的重要。实践是检验真理的唯一标准——争论的必要。实事求是，理论和实际相结合，一切从实际出发。全党全民动脑筋。2.发扬民主，加强法制。

回首
1978

民主集中制的中心是民主，特别是近一个时期。民主选举，民主管理。政治与经济的统一，目前一个时期主要反对空头政治。权力下放。千方百计。自主权与国家计划的矛盾，主要从价值法则、供求关系来调节。3.向后看为的是向前看。不要一刀切。解决历史遗留问题要快，要干净利落，时间不宜长。一部分照正常生活处理。不可能都满意。要告诉党内外，迟了不利。安定团结十分重要，要大局为重。犯错误的，给机会。总结经验，改了就好。4.克服改良主义、人浮于事。一批企业作出示范。多了人怎么办，用经济方法管理经济，扩大管理人员的权力。党委要善于领导，机关要很小。干什么？学会管理，选用人才，简化手续，改革制度（规章）。5.允许一部分人先好起来。这是一个大政策。干得好的要有物质鼓励。国内市场很重要。6.加强责任制，搞几定。从引进项目开始，请点专家。7.新的问题。人员考核的标准。多出人员的安置。[51]

在提纲的最前面，邓小平还加了"对会议评价"这样一句话。从这个提纲来看，邓小平的那个著名讲话的主要内容都具备了。也就是说，后来的讲话稿就是根据这个提纲写成的。但是，这个提纲里没有"解放思想、开动脑筋、实事求是、团结一致向前看"这几句话，这19个字是后来加进去的。

这时，中央工作会议已经开了一半。在充分发扬民主的气氛下，会议围绕真理标准问题展开了热烈讨论。12月2日，邓小平约见胡耀邦、胡乔木、于光远，商谈讲话稿的问题。针对会议出现的新情况，邓小平谈了自己的想法。他说，讲话稿的主要内容要转到反映真理标准问题、发扬民主、团结一切向前看，以及经济管理体制问题上来。他把自己拟的讲话提纲交给了这几个人，让他们重新起草一篇讲话稿。

关于讲话稿的起草问题，据于光远回忆，讲话的内容可以说全都是邓小平自己的想法，不但思路是他自己的，而且给人留下深刻印象的语言也大都是他自己的。他对执笔者写出的稿子非常仔细地看了，在审查草稿的过程中又不断地深化和充实自己的思想，最后由他拍板定稿。讲话稿的题目也是他提出来的。〔52〕但是，会上印发给与会者的讲话稿，因为需要统一体例，所以没有加题目。

于光远遵照邓小平、胡耀邦的意思，找到了国务院研究室的林涧青等几位执笔人，向他们传达了邓小平的意见，商讨了讲话稿的框架，要求他们在规定的时间里拿出初稿。

两天之后，初稿写出来了。12月5日，邓小平约见胡乔木、于光远、林涧青谈讲话稿的问题，并就讲话稿的主题、内容、文字和结构发表了意见。他强调要解放思想，开动机器，一切向前看，否则四个现代化没有希望。应该允许大家出气，出气是对没有民主的惩罚。有了正常的民主，大字报也就少了。要建立健全民主与法制，实行经济民主，用经济的办法管理经济，责任到人，做到有职有权。没有民主培养不出人才。〔53〕

在定稿的时候，邓小平提出把"解放思想、开动脑筋、实事求是、团结一致向前看"作为题目，胡耀邦、于光远表示同意。但是，最后在讨论的时候又省略了"开动脑筋"这四个字。

12月9日，邓小平再次约见胡乔木、于光远、林涧青，讨论讲话稿的修改问题。他认为，稿子基本上可以了，但还需要加工，并且提了具体的修改意见。

12月13日，邓小平在中央工作会议闭幕会上发表了题为《解放思想、实事求是、团结一致向前看》的讲话。他首先对会议作了高度评价，称"这次会议开得很好，在中国共产党的历史上有重要意义。"因为"这次会议讨论和解决了许多有关党和国家命运的重大问题"。会议期间，与会者敞开思想，敢于讲心里话，积极开展批

回首
1978

评与自我批评，包括对中央工作的批评。邓小平认为，这些都是党内生活的伟大进步，"对于党和人民的事业将起巨大的促进作用"。

邓小平的讲话分为四个部分，第一部分主要讲"解放思想是当前的一个重大政治问题"。他说，解放思想，开动脑筋，实事求是，团结一致向前看，首先是解放思想。"只有思想解放了，我们才能正确地以马列主义、毛泽东思想为指导，解决过去遗留的问题，解决新出现的一系列问题，正确地改革同生产力迅速发展不相适应的生产关系和上层建筑"，并且根据中国的实际情况，确定现代化道路、方针和措施。邓小平在讲话中明确指出，在干部当中特别是领导干部中间，解放思想这个问题并没有完全解决。"不少同志的思想还很不解放，脑筋还没有开动起来，也可以说，还处在僵化或半僵化的状态。"对此，他分析了四种原因：一是十多年来，林彪、"四人帮"大搞禁区、禁令，制造迷信，把人们的思想封闭在假马克思主义的禁锢圈里，不准越雷池一步。否则，就要追查，扣帽子，打棍子。二是民主集中制受到破坏，党内存在权力过分集中的官僚主义。这种官僚主义常常予以"党的领导"、"党的指示"的面貌出现，这是真正的管、卡、压。三是因为是非功过不清，赏罚不明，干和不干一个样，甚至干得好的反而受到打击，什么事不干的，四平八稳，却成了"不倒翁"。四是小生产的习惯势力还在影响着人们。

思想不解放，不从实际出发的本本主义也就严重起来了。"书上没有的，文件上没有的，领导人没有讲过的，就不敢多说一句，多做一件事，一切照抄照搬照转。"因此，"不打破思想僵化，不大大解放干部和群众的思想，四个现代化就没有希望。"

所以，邓小平指出，目前开展的关于实践是检验真理的唯一标准问题的讨论，实际上也是要不要解放思想的争论。"大家认为进行这个争论很有必要，意义很大。从争论的情况来看，越看越重要。"他引用毛泽东在延安时期讲过的一段话论述了解放思想的重要性:"一个党、一个国家,一个民族,如果一切从本本出发,思想僵化,迷信盛行,那它就不能前进,它的生机就停止了,就要亡党亡国。"因此,只有解放思想,坚持实事求是,一切从实际出发,理论联系实际,社会主义现代化建设才能顺利进行,中国共产党的马列主义、毛泽东思想的理论也才能顺利发展。"从这个意义上说,关于真理标准问题的争论,的确是个思想路线问题,是个政治问题,是个关系到党和国家的前途和命运的问题。"

第二部分主要讲"民主是解放思想的重要条件"。邓小平提出,解放思想,开动脑筋,"一个十分重要的条件就是真正实行无产阶级的民主集中制"。但是,邓小平认为,在目前这个时期,"特别需要强调民主"。因为,在过去一个相当长的时期内,民主集中制没有真正实行,离开民主讲集中,民主太少。现在敢出来讲话的,还是少数先进分子。这次会议先进分子多一些,但就全党全国来看,许多人还是不敢讲话。好的意见不敢讲,对坏人坏事不敢反对。"这种状况不改变,怎么能叫大家解放思想,开动脑筋?四个现代化怎么化法?"

为了给发扬民主创造条件,邓小平在讲话中重申了"三不主义",即"不抓辫子,不扣帽子,不打棍子。"他在讲民主问题时特意提到了"天安门事件"。会议期间,很多人呼吁为"天安门事件"平反,为的是伸张正义。为"天安门事件"平反,群众当然欢欣鼓舞。邓小平说,群众提了些意见是允许的,即使"有个别心怀不满的人,想利用民主闹一点事,也没有什么可怕。"在他看来,"一个革命政党,就怕听不到人民的声音,最可怕的是鸦雀无声。"现在,党内外小道消息很多,真真假假,这是对长期缺乏政治民主的一种惩罚。只要有了又有民主又有集中,又有纪律又有自由,又有统一

回首
1978

意志、又有个人心情舒畅、生动活泼的政治局面，小道消息就少了，无政府主义就比较容易克服。

邓小平坚持认为，对于思想问题，无论如何不能采用压服的办法。如果群众有一点议论，尤其是尖锐一点的议论，就要追查所谓的"政治背景"和"政治谣言"，就要立案，进行打击，"这种恶劣作风必须坚决制止"。这种状况实际上是软弱的表现，也是神经衰弱的表现。

鉴于经济管理体制权力过于集中，需要有计划地下放，否则不利于发挥国家、地方、企业和个人的积极性，不利于实现现代化的经济管理，所以，邓小平着重强调了发扬经济民主的问题。他主张给地方、企业和生产队更多的经营自主权。他解释说，中国有这么多的省、市、自治区，一个中等规模的省就相当于欧洲的一个国家，所以，有必要在统一认识、统一政策、统一指挥、统一行动之下，在经济计划和财政、外贸等方面给予更多的自主权。而当前最紧迫的是扩大厂矿企业和生产队的自主权，使每一个工厂和生产队能够千方百计地发挥主动精神。一个生产队有了经营自主权，一小块地没有种上东西，一小片水面没有利用起来搞养殖业，社员和干部就睡不着觉，就会开动脑筋想办法。全国有几十万个企业，几百万个生产队，如果都这样，就会创造很多财富，个人的收入就应该多一些。不讲多劳多得，不重视物质利益，对少数先进分子或许还可以，但对大多数群众来说就不行了。"如果只讲牺牲精神，不讲物质利益，那就是唯心论。"

第三部分主要讲"处理遗留问题为的是向前看"。这次会议的一个很大功绩就是解决了一些历史遗留问题，分清了一些人的功过，纠正了一批重大冤、假、错案。而解决历史遗留问题的目的，"正是为了向前看，正是为了顺利实现全党工作重心的转变。"邓小平明确表示，凡是过去搞错了的东西，"统统应该改正"。可是，有的问题不能一下子解决怎么办？邓小平建议"放到会后去继续解决。但要干净利落地解决，不要拖泥带水。"他还强调，对过去的遗留问题，也应当解决好。"犯错误的同志不做自我批评不好，对他们不做适当的处理不好。"不过，邓小平也觉得，要解决得十分完满是"不可能的"。

对于犯错误的人如何处理？邓小平认为，要"促进他们自己总结经验教训，认识和改正错误"。在大是大非的问题上，有了认识，作了检讨，"就要欢迎"。他告诫说，对人的处理要十分慎重，对过去的错误，处理可宽可严的，可以从宽处理。

在处理历史遗留问题上，邓小平还提到了一个极为敏感的问题，就是对毛泽东和"文化大革命"的评价问题。当时，国内国外都非常关注这个问题。所以，邓小平实事求是地肯定了毛泽东的伟大功绩。他毫不夸张地说，1927年大革命失败后，如果没有毛泽东的卓越领导，中国革命有极大的可能到现在还没有胜利。如果是那样的话，中国人民还处在三大敌人的统治之下，中国共产党还在黑暗中苦斗。所以说，"没有毛泽东就没有新中国，这丝毫不是什么夸张。"他对几百名高级干部说，毛泽东思想培育了整整一代人，"我们在座的同志，可以说都是毛泽东思想教导出来的。没有毛泽东思想，就没有今天的中国共产党，这也丝毫不是什么夸张。"有了这样的认识，邓小平表示，毛泽东思想永远是中国共产党、人民解放军、各族人民的"最宝贵的精神财富"。

但是，这并不是说，毛泽东就没有缺点和错误。"要求一个革命领袖没有缺点、错误，那不是马克思主义。"对此，邓小平主张"科学地历史地认识毛泽东同志的伟大功绩"。

关于"文化大革命"，邓小平认为，"也应该科学地历史地来看"。

回首
1978

405

毛泽东发动"文化大革命",是出于"反修防修"的需要。至于在实际过程中发生的错误,"适当的时候作为经验教训总结一下,这对统一全党的认识,是需要的。"尽管"文化大革命"已经成为中国社会历史发展的一个阶段,需要给予总结,但"不必匆忙去做"。因为对这样一个特殊的历史阶段作出科学的评价,需要做认真的研究工作,有些事情需要经过更长一点的时间才能充分理解和作出评价。所以,邓小平相信,到那个时候再来说明这一段历史,"可能会比我们今天说得更好"。

最后一部分主要讲"研究新情况,解决新问题"。邓小平表示,既然要向前看,就应该及时地研究新情况和解决新问题,否则"就不可能顺利地前进"。对此,他提出,要注意研究和解决管理方法、管理制度、经济政策三方面的问题。

在管理方法上,邓小平强调,要特别注意克服官僚主义。因为,中国的经济管理工作,机构臃肿,手续繁杂,效率极低,政治空谈往往淹没一切。而这些,过去又没有及时提出改革。如果"现在再不实行改革,我们的现代化事业和社会主义事业就会被葬送。"邓小平主张用经济方法管理经济,自己不懂的就应该向懂行的人学习,还要学习外国的先进管理方法。

邓小平在讲话中还提出了衡量经济工作的标准问题。他说,政治路线已经解决了,看一个经济部门的党委善不善于领导,领导得好不好,应该主要看这个经济部门实行了先进的管理方法没有,技术革新进行得怎么样,劳动生产率提高了多少,利润增长了多少,劳动者的个人收入和集体福利增加了多少。"这就是今后主要的政治"。如果离开了这个主要的内容,政治就变成空头政治,也就离开了中国共产党和人民的最大利益。

在管理制度上,邓小平认为,"要特别注意加强责任制"。就当时的情况来看，各地的企事业单位和各级政府机关面临的很大问题，就是"无人负责"。任务布置之后，究竟有没有落实，也就无人问津了，结果是好是坏，谁也不管。所以，"急需建立严格的责任制"。在邓小平在讲话中提出了"几定"的问题，而这个"几定"就是指"定任务、定人员、定数量、定质量、定时间等几定制度"。不仅引进项目要有几定，而且企业也要搞几定。现在，"打屁股只能打在计委和党委，这不解决问题，还必须打到具体人的身上才行。"同样，"奖励也必须奖到具体的集体和个人才行"。

怎样才能使责任制真正发挥作用？邓小平提出三条措施（1）扩大管理人员的权限；（2）善于选人，量才使用；（3）严格考核，赏罚分明。

在这次讲话中，邓小平还提出了一个非常著名的经济政策，即："要允许一部分地区、一部分企业、一部分工人农民，由于辛勤劳动成绩很大而收入先多一些，生活先好起来。"这部分生活先好起来后，就"必然产生极大的示范力量，影响左邻右舍，带动其他地区、其他单位的人们向他们学习。"这样，就"会使整个国民经济不断地波浪式地向前发展，使全国各族人民都比较快地富裕起来。"他把这个政策称为"大政策"，一个"能够影响和带动整个国民经济的政策"，并建议与会者"认真加以考虑和研究"。这个政策后来一再被研究者提起，成为中国特色社会主义理论的重要内容。

邓小平在讲话中还预见到在现代化的建设过程中，必然会出现许多不熟悉的、意想不到的新情况和新问题，"尤其是生产关系和上层建筑的改革，不会是一帆风顺的"，因为它涉及的面很广，涉及一大批人的切身利益，所以，"一定会出现各种各样的复杂情况和问题，一定会遇到重重障碍。"例如，企业的改组，就会发生人员的去留问题，国家机关的改革，相当一部分工作人员要转到别的工作。

回首
1978

邓小平估计,"这些问题很快就要出现"。于是,他要求对此"必须有充分的思想准备"。[54]

如何评价邓小平的上述讲话? 20 多年后,于光远在他写的一篇文章中这样说:讲三中全会吹响改革的号角,就集中表现在邓小平的这个讲话中。他认为,"邓小平在中央工作会议闭幕式上的讲话内容太丰富太深刻了"。[55]

江泽民在 1997 年召开的中共十五大上评价说,1978 年邓小平《解放思想,实事求是,团结一致向前看》这篇讲话,是在"文化大革命"结束以后,中国面临向何处去的重大历史关头,冲破"两个凡是"的禁锢,开辟新时期新道路、开创建设中国特色社会主义新理论的宣言书。

在 12 月 13 日的闭幕会上,汪东兴印发了一个书面发言材料,承认自己在"文化大革命"中说过错话、做过错事。他说:"同志们在这次会议上,对我提了很好的批评意见,我表示欢迎,诚恳接受。"他承认自己在"文化大革命"中"说过错话,做过错事",在粉碎"四人帮"后,也"说过错话,做过错事。"关于专案组的问题,他说:"同志们对中央专案一、二、三办的工作,提出了很多批评意见。我认为这些意见都是好的。在我分工主管的那一部分工作中有错误。在粉碎'四人帮'以后,对一些冤案、假案、错案的平反工作,重视不够,搞得不好,该及时平反的没有及时平反。"在这个问题上,汪东兴表示应承担主要责任。他还说,关于中央专案一、二、三办的材料,根据中央的决定,将全部移交中央组织部。林彪专案组和王张江姚专案组的材料,待中央决定后,分别移交有关部门。

在这份材料中,汪东兴承认在分管宣传工作期间,"发生了一些问题"。他说,1977 年 2 月 7 日,"两报一刊"发表的题为《学好文件抓住纲》的社论提到"两个凡是"的问题,"当时我是同意这个提法的,这篇文章是经过我看过上报中央审批的。后来看,这个提法是不妥当的,是不利于实事求是落实党的政策的。"关于真理标准问题的讨论,中央政治局常委于 11 月 25 日同北京市委和团中央负责人谈话时已经讲过,对此,汪东兴表示"完全同意"。他还承认,对于真理标准问题的文章,发现有不同意见和看法后,"没有及时组织领导好这个讨论,以便通过讨论,统一思想,统一认识。在这个问题上,我负有领导责任。"

汪东兴也不否认,在他领导的一些部门,以及由他负责的工作中,也存在着这样那样的缺点或错误,属于他的责任由他承担,属于部门或其他人的错误,他也负有责任。他甚至深信,自己所担负的职务与自身的能力是"不相称的",也是"名不副实的"。为此,他请求中央免去他兼的所有职务,等中央决定后,"认真地向有关同志移交"。他还表示,今后要"认真读点书,读马列和毛主席的著作,提高思想政治水平,吸取经验教训。特别要注意谦虚谨慎,维护党的团结。在党中央领导下,为实现社会主义四个现代化贡献自己的力量。"〔56〕

当天,华国锋也在会上发表了讲话。他首先对中央工作会议给予了高度评价,并且概括了四大成果:一是赞成从 1979 年 1 月起把全党的工作重点转移到现代化建设上来;二是彻底为"天安门事件"平反和解决了"文化大革命"遗留的几个比较重要的问题,并确定了解决这类问题的方针政策;三是讨论并修改了有关农业的两个文件,原则上确定了 1979 年、1980 年国民经济计划;四是酝酿讨论中央人事问题。

随后,华国锋讲了"两个凡是"的问题,并且承担了责任。关于这个问题,他解释说,他在去年 3 月中央工作会议上的讲话,从

回首
1978

409

当时刚刚粉碎"四人帮"的复杂情况出发，从国际共产主义运动历史上捍卫革命领袖旗帜的正反两方面经验出发，专门讲了在同"四人帮"的斗争中，全党同志尤其是党的高级干部，要特别注意捍卫毛主席的伟大旗帜的问题。在这种思想指导下，他讲了"凡是毛主席作出的决策，都必须维护；凡是损害毛主席形象的言行，都必须制止。"当时这样做的意图是，在放手发动群众，开展揭批"四人帮"的斗争中，绝不能损害毛主席的伟大形象。这就是刚粉碎"四人帮"的时候，华国锋一直考虑的问题。但是，后来他发现，"第一句话说得绝对了，第二句话，确实是必须注意的，但如何制止也没有讲清楚。"他承认当时对这两句话"考虑得不够周全"，现在看来，"不提'两个凡是'就好了"。他还说，1977 年 2 月 7 日，"两报一刊"社论在他这一思想的指导下，提出了"两个凡是"。华国锋认为，这"两个凡是"的提法就"更加绝对，更为不妥。"他也意识到，上述"两个凡是"尽管提法不一样，但"在不同程度上束缚了大家的思想，不利于实事求是地落实党的政策，不利于活跃党内的思想。"华国锋的讲话和"两报一刊"社论虽然是经过中央政治局讨论的，但他还是表示，主要责任由他承担。他说，在这个问题上，"我应该做自我批评，也欢迎同志们批评。"

关于真理标准问题，华国锋说，关于《实践是检验真理的唯一标准》这篇文章，由于我当时刚出访朝鲜回来，有许多事情亟待处理，没有顾上看。6、7 月间，中央常委几位同志先后给我谈过他们听到的有关这方面的一些情况。这个时候，我才知道对这篇文章有些不同的看法。中央政治局常委开会时，议论这个问题，认为这篇文章的主题是好的，但没有专门研究。后来，报纸上登这方面的文章多了，国内外反映也多了。叶帅考虑到国务院务虚会议开得很好，提议把搞理论工作的同志召集到一起，也开个务虚会，大家把不同意见摆出来，在充分讨论的基础上，统一认识，把这个问题解决一下，中央政治局的同志都赞成这样办。我想常委都在家时开会解决这个问题，因邓小平同志出访，结果在中央工作会议之前，这个会议一直没有来得及开。华国锋重申了 11 月 25 日中央政治局常委听取北京市委和共青团中央负责人汇报时关于真理标准问题讨论的一段话，说明"这是中央常委的意见"。〔57〕

据当事人说，华国锋的这个讲话，"会议出席者基本上是满意的"。他肯定中央工作会议充分发扬民主的精神，肯定了会议开得很好，虽然他做了些辩解，没有真正交心，但承担了"两个凡是"的责任。一个在党内担任最高领导职务的人能够做到这一点是不容易的。〔58〕

中央工作会议于 12 月 13 日闭幕，为什么又接着开了两天会？其中可能有三个原因：其一，中央政治局三位常委在会上发表讲话，需要听一听与会者的反映，直到都满意了，会议才能结束；其二，与会者还要讨论汪东兴的书面材料；其三，根据中央政治局的意见，这次中央工作会议和中共十一届三中全会精神合起来传达，具体办法要等三中全会结束时再定。不参加三中全会的同志以叶剑英、邓小平 12 月 13 日的讲话和华国锋的三次讲话为依据，向各省、市、自治区以及各大军区党委，中央党政军各部门党委、常委通气，所以，与会者需要花时间学习这些讲话。

回首
1978

6. 扭转乾坤的会议

　　中央工作会议结束后的第 3 天，即 12 月 18 日，具有重大转折
意义的中共十一届三中全会召开。出席会议的有 275 名中央委员和
候补中央委员，另有 9 人列席了会议。

　　中共十一大选出的中央委员和候补中央委员共 333 名，其中有
6 人已经去世，25 人因为有问题没有通知，还有 21 人因事因病请假，
所以，应出席会议的中央委员和候补中央委员应该是 281 人。另外，

1978 年 12 月 18 日至 22 日，中国共产党十一届三中全会在北京隆重举行。图为全会会场。

宋任穷、黄克诚、黄火星、胡乔木、韩光、周惠、王任重、习仲勋列席了会议。开幕那天，实际到会的中央委员和候补中央委员是275人，加上9名列席者，共284人。

根据会议日程安排，12月18日，会议分组讨论两个文件，即：《1979、1980两年经济计划的安排（试行草案)》、《农村人民公社工作条例（试行草案)》。

关于工作重点转移的问题，《1979、1980两年经济计划的安排》指出，中共中央决定，从1979年1月起，全党要把工作重点转移到现代化建设上来。这是"关系国家命运的战略决策"，体现了中国历史进程的客观要求，反映了全党全军全国各族人民的迫切愿望。它同中国共产党"历次至关重要的历史转变时机所作的伟大决定一样，必将极大地推进我们事业的发展，使我国政治、经济、军事、文化等各个领域出现突飞猛进的崭新局面。"这份文件还提到，为了适应工作重点的转移，适应加快现代化建设的需要，在经济工作上，必须实现三个转变：一是从上到下都要把注意力转到生产斗争和技术革命上来；二是从那种不计经济效果、不讲工作效率的官僚主义的管理制度和管理方法、转到按照经济规律办事、把民主和集中很好地结合起来的科学管理的轨道上来；三是从那种不同资本主义国家进行经济技术交流的闭关自守或半封闭自守状态，转为积极地引进先进技术，利用国外资金，大胆地进入国际市场。为此，需要在全国范围内进行一次思想大发动，大张旗鼓地进行实现四个现代化的宣传教育，统一认识，纠正各种保守的、错误的观念，解放思想，调动一切可以调动的积极因素。

当天晚上，华国锋发表了一个简短的讲话。他说，这次全会的任务，就是讨论通过中央政治局提出的关于从1979年起把全党工作重点转移到现代化建设上来的问题，同时审议并通过两个农业文件

回首
1978

和 1979 年、1980 年经济计划的安排，讨论人事问题和选举中央纪律检查委员会。他还说，中央工作会议赞同中央政治局作出的工作重点转移的重大决策，解决了为"天安门事件"平反和过去运动中遗留的一些重大问题，重新评价了一些担任过党政军重要领导职务的同志的功过是非，修改了关于农业的两个文件。会议期间，大家对中央几位领导同志和几个部门的工作提出了很多批评意见，一些同志不同程度地作了自我批评。中央政治局和与会同志认为，这次会议开得很好，为中共十一届三中全会做了充分准备，创造了有利条件。

考虑到中央工作会议已经开了 36 天，而且解决了一些重大问题，所以，中央政治局决定，中共十一届三中全会只开 5 天。

12 月 19 日，会议又印发了《中共中央关于加快农业发展若干问题的决定（草案）》，以及汪东兴、纪登奎、吴德、陈锡联的书面检讨。

当天，会议决定，中央专案组没有结案的案件，全部移交给中央组织部，各专案组从即日起停止专案工作；已经结案的档案移交给中央组织部；各专案办公室的文书档案一律封存，等中央处理。

在随后的 3 天里，与会者讨论了会议印发的几个文件，其中包括《关于中央纪律检查委员会组成问题的第三次报告》。

会议期间，与会者还对全会增补的中央委员、中央政治局委员、中央副主席人选表了态，对工作重点的转移、"两个凡是"、实践是检验真理的唯一标准、平反冤假错案，以及康生的问题发表了意见。

12 月 22 日，会议通过了《中共中央关于加快农业发展若干问题的决定（草案）》、《农村人民公社工作条例（草案）》、《1979、1980 两年经济计划的安排》。前两个文件先传达到县一级，征求意见，然后上报中央，再下发正式文件。后一个文件将由国务院下放，并建议国务院在修改后提交五届人大二次会议讨论通过。

同一天，会议还讨论了中共十一届三中全会公报。中央政治局根据与会者提出的意见进行了修改，准备于 12 月 24 日正式对外公布。

全会增选陈云为中共中央政治局委员、政治局常委、中央副主席；增选邓颖超、胡耀邦、王震为中共中央政治局委员；补选黄克诚、宋任穷、胡乔木、习仲勋、王任重、黄火星、陈再道、韩光、周惠等 9 人为中央委员，将提请中共十二大追认。

全会选举产生了中央纪律检查委员会，陈云为书记，邓颖超为第二书记，胡耀邦为第三书记，黄克诚为常务书记。

在当天的闭幕式上，华国锋发表讲话说，中共十一届三中全会，在中央工作会议做了充分准备的基础上，已经圆满地完成了预定的各项任务，决定从 1979 年起把全党工作重点转移到现代化建设上来，审议并原则通过了两个农业文件和 1979、1980 两年经济计划的安排，解决了过去运动中遗留的一批重大历史问题，重新评价了一些重要领导人的功过是非，加强了中央领导机构，成立了中央纪律检查委员会。

在会议期间，几位犯过错误的同志尽管不同程度地作了自我批评，表示要改正错误，而且还要作进一步的检查，但是，与会者还是不满意。华国锋认为，大家的不满是有理由的，但认识错误总得有一个过程，我们要善于等待，所以，对他们的自我批评应该表示欢迎。他表示，全会闭幕之后，中央政治局委员和政治局常委，将对与会者提出的批评和建议进行认真研究，妥善加以处理，并向下一次中央全会作出报告。

陈云的发言在会上引起强烈反响
华国锋宣布中央政治局的重大决定
围绕两个农业文件的争论
真理标准问题再次成为焦点
邓小平的"宣言书"
扭转乾坤的会议

回首
1978

华国锋着重谈了实现工作重点转移需要解决的几个问题。他说，全会结束后，从中央到地方的各级党组织，在较短的时间里如何顺利地实现工作重点的战略转移，把全国人民的智慧和力量集中到现代化建设上来，是我们首先必须解决好的一个十分重要的问题。

在谈到思想路线时，华国锋说，前一个时期，全国开展的关于真理标准问题的大讨论，对于解放思想，开动机器，砸碎林彪、"四人帮"的精神枷锁，进一步发扬实事求是、一切从实际出发、理论联系实际的学风，起到了积极作用。

华国锋在讲话中还谈到了如何正确对待毛泽东的问题。他说，中央工作会议和十一届三中全会解决了若干重要问题。这些问题中，有许多是同毛泽东有关系的，许多问题的错误处理是经毛泽东同意的。他估计在公报宣布和会议内容公开之后，党内外肯定会有很多人围绕毛泽东的评价问题发表议论。对此，他表示，全会公报和邓小平在中央工作会议期间的谈话，已经指明了对待这个问题的正确态度。

中共十一届三中全会只开了 5 天就结束了，对于它的意义，人们给予了高度的评价。1981 年通过的《关于建国以来党的若干历史问题的决议》指出："1978 年 12 月召开的十一届三中全会，是建国以来我党历史上具有深远意义的伟大转折。"这是中共十一届三中全会结束后不到三年，中共中央作出的历史结论。

1982 年，胡耀邦在谈到中共十一届三中全会的历史功绩时指出，中共十一大虽然宣告了"文化大革命"的结束，重申了建设社会主义现代化强国的任务，这对于动员群众起了积极作用。但是，这次大会的政治报告仍然肯定了"文化大革命"的错误理论、政策和口号，这就起了严重阻挠拨乱反正的消极作用。中共十一届三中

全会的历史功绩，就在于从根本上冲破了长期"左"倾错误的严重
束缚，端正了中国共产党的指导思想，重新确立了马克思主义的思
想路线、政治路线和组织路线。

随着时间的推移，人们更加深刻地体会到《决议》对中共十一
届三中全会所下结论的分量。20 年后，《人民日报》发表的一篇社
论指出，中共十一届三中全会的历史功绩在于：重新确立了解放思
想、实事求是的马克思主义思想路线；毅然抛弃了"以阶级斗争为
纲"的错误方针，把党和国家的工作重点转移到经济建设上来；形
成了以邓小平同志为核心的第二代中央领导集体；对"文化大革命"
遗留下来的若干重大的政治、思想和理论是非进行了认真清理；作
出了实行改革开放的重大决策。〔59〕

著名学者龚育之把中共十一届三中全会实现的历史转折概括为
十个方面：

第一，实现了思想路线的拨乱反正。"文化大革命"中，个人
崇拜盛行，实事求是的思想路线遭到破坏的状况达到极致。"两个凡
是"则是这种状况在"文化大革命"结束后的某种延续。十一届三
中全会批评和否定了"两个凡是"，为中国共产党恢复和重新确立了
解放思想、实事求是的思想路线。正如全会公报所指出的那样，"只
有全党同志坚持实事求是、一切从实际出发、理论联系实际的原
则，我们党才能顺利实现工作中心的转变，才能正确解决实现四个
现代化的具体道路、方针、方法和措施，正确改革同生产力迅速发
展不相适应的生产关系和上层建筑。"

第二，实现了政治路线的拨乱反正。这是最根本的拨乱反正。
建国之初，中国共产党就要求各项工作必须以发展生产为中心。中
共八大确定要以在新的生产关系下保护和发展生产力为主要任务。
这以后的失误，归根到底，就是抛开了八大路线，在社会主义基本

回首
1978

制度建立起来以后仍然以阶级斗争为纲，政治运动一个接着一个，没有集中力量进行经济建设。十一届三中全会果断地作出把全党工作的着重点和全国人民的注意力转移到社会主义现代化建设上来的战略决策。

第三，实现了组织路线的拨乱反正。以邓小平为核心的新的中央领导集体经过十一届三中全会在实际上建立起来，这是最重要的成果。正是从这个意义上说，这次全会实现了组织路线的拨乱反正，使重新确立的正确的思想路线和政治路线的贯彻，有了组织的保证。

第四，开始了系统地清理重大历史是非的拨乱反正。会议期间，解决了一些重大的历史遗留问题和一些重要领导人的功过是非问题，并且强调了"实事求是，有错必纠"的原则和平反冤假错案"还要抓紧解决"的任务。虽然全会没有条件解决"文化大革命"这个最大的历史是非和"文化大革命"以前的一系列重大历史是非，但全会公报已经宣布要在适当的时候对"文化大革命"加以总结。中共十一届六中全会通过的《关于建国以来党的若干历史问题的决议》解决了这个问题。从十一届三中全会到六中全会，完成了这一历史任务，从而完成了中国共产党指导思想的拨乱反正。

第五，提出了在转折时期，在纠正历史错误的时候，正确对待毛泽东的历史地位和毛泽东思想的科学体系的根本方针。全会公报肯定了"毛泽东同志在长期革命斗争中立下的伟大功勋是不可磨灭的"，并且强调"毛泽东同志是伟大的马克思主义者"。"他对于包括自己在内的任何人，始终坚持一分为二的科学态度。""党中央在理论战线上的崇高任务﹒就是领导、教育全党和全国人民历史地、科学地认识毛泽东同志的伟大功绩，完整地、准确地掌握毛泽东思想的科学体系，把马列主义、毛泽东思想的普遍原理同社会主义现代化建设的具体实践结合起来，并在新的历史条件下加以发展。"这个根本方针，既使我们能够实事求是地去指出和纠正毛泽东晚年的错误，又使我们能够客观地尊重我们党和人民奋斗的历史，不至于迷失方向，丧失我们的基本立足点。

第六，恢复了党的民主集中制的传统。在"文化大革命"及其以前的一段相当长的时间里，中国共产党内许多错误决策之所以能够形成并且难以得到纠正，就是因为个人专断发展起来，民主集中制受到严重破坏。粉碎"四人帮"后，恢复民主集中制的进程也是处在徘徊中前进的状态。十一届三中全会以及为它作准备的中央工作会议，发扬党内民主，领导层中多数人的意志能够在中央会议上表达，最高领导人的错误能够在中央会议上由多数来纠正。这就显示出真正实行民主集中制的巨大威力，使广大党员大大增强了对党的信心。

第七，作出了实行改革开放的新决策。从以阶级斗争为纲转变到以经济建设为中心，从僵化半僵化转变到各方面改革，从封闭半封闭转变到对外开放，这三大转变，同随即提出的坚持四项基本原则一道，构成十一届三中全会路线的基本框架。从此，改革开放成为中国共产党和国家历史发展的最引人注目的时代内容。

第八，启动了中国农村改革的新进程。全会认为，全党目前必须集中主要精力把农业尽快搞上去，因为农业这个国民经济的基础，这些年来受了严重的破坏，目前就整体来说还十分薄弱。农村的困境，迫使我们必须改革；农村的条件，又有利于改革在这里取得突破。全会通过的关于农业问题的决议，虽然还不能完全摆脱"左"的思想束缚，还写上了"不许包产到户"，但是总的精神是解放思想，实事求是，是放宽政策，搞活经济，是对于几亿农民"必须在经济上充分关心他们的物质利益，在政治上切实保障他们的民

回首
1978

主权利",所以总的作用,还是启动了改革。文件本身的缺点,也在改革的进程中得到修改和纠正。农村改革的迅速发展和显著收效,有力地带动了城市的改革。

第九,评估了中国外交政策的新进展。全会公报提到不久前缔结的中日和平友好条约和刚达成的中美建交协议。由此而进一步打开对外关系新局面,并且逐步作出关于战争危险、时代主题的新判断和外交战略的新转变,为我们集中力量进行现代化建设和实行改革开放,创造着有利的国际环境。

第十,展望了祖国统一的新前景。全会公报说:"随着中美关系正常化,我国神圣领土台湾回到祖国怀抱、实现统一大业的前景,已经进一步摆在我们面前。"由此引起用"一国两制"的方式来和平解决台湾、香港、澳门问题的新构想。[60]

由于这一系列根本性的转变,中共十一届三中全会的路线实际上取代了十一大的路线。正如邓小平在一次谈话中所说:"我们真正的转折点是1978年年底召开的十一届三中全会。三中全会制定了新的纲领、方针和政策,制定了新的思想路线、政治路线和组织路线。"

参考文献

〔1〕于光远等:《改变中国命运的41天——中央工作会议、十一届三中全会亲历记》,海天出版社1998年版,第74页。

〔2〕于光远等:《改变中国命运的41天——中央工作会议、十一届三中全会亲历记》,海天出版社1998年版,第78页。

〔3〕于光远:《改变中国历史进程的三十六天》,《百年潮》1998年第5期。

〔4〕朱佳木：《我所知道的十一届三中全会》，中央文献出版社 1998 年版，第 164—165 页。

〔5〕于光远：《改变中国历史进程的三十六天》，《百年潮》1998 年第 5 期。

〔6〕于光远：《改变中国历史进程的三十六天》，《百年潮》1998 年第 5 期。

〔7〕《陈云文选》（1956—1985），人民出版社 1986 年版，第 208—210 页。

〔8〕于光远等：《改变中国命运的 41 天——中央工作会议、十一届三中全会亲历记》，海天出版社 1998 年版，第 251 页。

〔9〕于光远等：《改变中国命运的 41 天——中央工作会议、十一届三中全会亲历记》，海天出版社 1998 年版，第 109—111 页。

〔10〕《邓小平同志在彭德怀同志追悼会上致悼词》，《人民日报》1978 年 12 月 25 日。

(11)《陈云同志在陶铸同志追悼会上致悼词》，《人民日报》1978 年 12 月 25 日。

〔12〕《中国共产党第十一届中央委员会第三次全体会议公报》，1978 年 12 月 22 日。

〔13〕于光远等：《改变中国命运的 41 天——中央工作会议、十一届三中全会亲历记》，海天出版社 1998 年版，第 88 页。

〔14〕于光远等：《改变中国命运的 41 天——中央工作会议、十一届三中全会亲历记》，海天出版社 1998 年版，第 63—64 页。

〔15〕于光远等：《改变中国命运的 41 天——中央工作会议、十一届三中全会亲历记》，海天出版社 1998 年版，第 194 页。

〔16〕参见张树军、高新民著：《共和国年轮》（1978），河北人民出版社 2001 年版，第 266—267 页。

〔17〕朱佳木：《我所知道的十一届三中全会》，中央文献出版社 1998 年版，第 90 页。

回首
1978

〔18〕于光远等:《改变中国命运的41天——中央工作会议、十一届三中全会亲历记》,海天出版社1998年版,第89页。

〔19〕于光远等:《改变中国命运的41天——中央工作会议、十一届三中全会亲历记》,海天出版社1998年版,第89页。

〔20〕朱佳木:《我所知道的十一届三中全会》,中央文献出版社1998年版,第90页。

〔21〕于光远等:《改变中国命运的41天——中央工作会议、十一届三中全会亲历记》,海天出版社1998年版,第90页。

〔22〕于光远等:《改变中国命运的41天——中央工作会议、十一届三中全会亲历记》,海天出版社1998年版,第286页。

〔23〕于光远等:《改变中国命运的41天——中央工作会议、十一属三中全会亲历记》,海天出版社1998年版,第90页。

〔24〕沈宝祥:《真理标准问题讨论始末》,中国青年出版社1997年版,第290页。

〔25〕转引自沈宝祥:《真理标准问题讨论始末》,中国青年出版社1997年版,第256页。

〔26〕参见沈宝祥:《真理标准问题讨论始末》,中国青年出版社1997年版,第257页。

〔27〕沈宝祥:《真理标准问题讨论始末》,中国青年出版社1997年版,第261页。

〔28〕沈宝祥:《真理标准问题讨论始末》,中国青年出版社1997年版,第261页。

〔29〕沈宝祥:《真理标准问题讨论始末》,中国青年出版社1997年版,第263页。

〔30〕《人民日报》1978年11月10日。

〔31〕《人民日报》1978年11月14日。

〔32〕《人民日报》1978 年 11 月 16 日。

〔33〕《人民日报》1978 年 11 月 16 日。

〔34〕参见《钟山》1988 年第 3 期。

〔35〕参见《钟山》1988 年第 3 期。

〔36〕转引自沈宝祥：《真理标准问题讨论始末》，中国青年出版社 1997
年版，第 281—282 页。

〔37〕《邓小平年谱》（1975—1997）（上），中央文献出版社 2004 年版，
第 444 页。

〔38〕于光远等：《改变中国命运的 41 天》，海天出版社 1998 年版，第
212 页。

〔39〕《邓小平年谱》（1975—1997）（上），中央文献出版社 2004 年版，
第 435 页。

〔40〕于光远等：《改变中国命运的 41 天——中央工作会议、十一届三
中全会亲历记》，海天出版社 1998 年版，第 212 页。

〔41〕《邓小平年谱》（1975—1997）（上），中央文献出版社 2004 年版，
第 439 页。

〔42〕于光远等：《改变中国命运的 41 天——中央工作会议、十一届三
中全会亲历记》，海天出版社 1998 年版，第 124—125 页。

〔43〕于光远等：《改变中国命运的 41 天——中央工作会议、十一届三
中全会亲历记》，海天出版社 1998 年版，第 112—113 页。

〔44〕于光远等：《改变中国命运的 41 天——中央工作会议、十一届三
中全会亲历记》，海天出版社 1998 年版，第 114 页。

〔45〕沈宝祥：《真理标准问题讨论始末》，中国青年出版社 1997 年版，
第 304 页。

〔46〕《实践论指引我们夺取现代化建设的胜利》，《人民日报》1978 年
12 月 26 日。

回首
1978

〔47〕《解放思想实事求是》，《人民日报》1978 年 12 月 29 日。

〔48〕《胡乔木文集》第 2 卷，人民出版社 1993 年版，第 112 页。

〔49〕《邓小平年谱》（1975—1997）（上），中央文献出版社 2004 年版，第 434 页。

〔50〕《邓小平年谱》（1975—1997）（上），中央文献出版社 2004 年版，第 435—441 页。

〔51〕《邓小平年谱》（1975—1997）（上），中央文献出版社 2004 年版，第 445—446 页。

〔52〕于光远等：《改变中国命运的 41 天——中央工作会议、十一届三中全会亲历记》，海天出版社 1998 年版，第 136 页。

〔53〕《邓小平年谱》（1975—1997）（上），中央文献出版社 2004 年版，第 448 页。

〔54〕《邓小平文选》第 2 卷，人民出版社 1994 年版，第 140—153 页。

〔55〕于光远等：《改变中国命运的 41 天——中央工作会议、十一届三中全会亲历记》，海天出版社 1998 年版，第 142 页。

〔56〕于光远等：《改变中国命运的 41 天——中央工作会议、十一届三中全会亲历记》，海天出版社 1998 年版，第 150—151 页。

〔57〕于光远等：《改变中国命运的 41 天——中央工作会议、十一届三中全会亲历记》，海天出版社 1998 年版，第 145—147 页。

〔58〕于光远等：《改变中国命运的 41 天——中央工作会议、十一届三中全会亲历记》，海天出版社 1998 年版，第 148 页。

〔59〕《伟大的丰碑辉煌的岁月》，《人民日报》1998 年 12 月 18 日。

〔60〕《龚育之论中共党史》（下），湖南人民出版社 1999 年版，第 514—518 页。

后 记

在本书写作过程中参考了大量的文献资料，在此谨向提供这些资料的个人、出版单位，以及新闻部门表示诚挚的感谢。参加本书编写的同志还有：谢为红、相天东、李力、柯扬、徐锋等，他们都是长期从事这方面研究和教学的中青年学者。

由于时间仓促，作者水平有限，加之掌握的资料不够全面，因此，书中难免存在不足之处，欢迎广大读者批评指正。

作 者

2008 年 1 月

回首
1978